国家出版基金资助项目

教育身体史研究丛书

主编　周洪宇

被遮蔽的世界

——教育身体史研究引论

周洪宇　李艳莉　著

山西出版传媒集团　山西教育出版社

图书在版编目（CIP）数据

被遮蔽的世界 ：教育身体史研究引论 / 周洪宇，李艳莉著. — 太原 ：山西教育出版社，2019. 8
（教育身体史研究丛书 / 周洪宇主编）
ISBN 978 - 7 - 5703 - 0551 - 3

Ⅰ. ①被… Ⅱ. ①周… ②李… Ⅲ. ①教育史—研究—中国 Ⅳ. ①G529

中国版本图书馆 CIP 数据核字（2019）第 164795 号

被遮蔽的世界——教育身体史研究引论
BEI ZHEBI DE SHIJIE——JIAOYU SHENTI SHI YANJIU YINLUN

出 版 人 雷俊林
责任编辑 刘 超 白 宁
复　　审 刘晓露
终　　审 郭志强
装帧设计 王耀斌
印装监制 蔡 洁

出版发行 山西出版传媒集团 · 山西教育出版社
（太原市水西门街馒头巷 7 号 电话：0351 - 4729801 邮编：030002）
印　　装 山西新华印业有限公司
开　　本 720 × 1020 1/16
印　　张 30. 25
字　　数 462 千字
版　　次 2019 年 10 月第 1 版 2019 年 10 月山西第 1 次印刷
书　　号 ISBN 978 - 7 - 5703 - 0551 - 3
定　　价 89. 00 元

序 言

接天莲叶无穷碧，映日荷花别样红

“毕竟西湖六月中，风光不与四时同。接天莲叶无穷碧，映日荷花别样红。”这是南宋诗人杨万里所作的脍炙人口的七言绝句《晓出净慈寺送林子方》。全诗以六月杭州西湖的荷叶、荷花为题，通过对杭州西湖美景的极力赞美，生动地描绘了诗人驻足在六月的杭州西湖美景中送别友人林子方的情景，曲折地表达了对友人的眷恋之情。“接天莲叶无穷碧，映日荷花别样红”两句诗中，诗人用一“碧”一“红”色彩鲜明对比的句子，突出了六月的西湖中莲叶、荷花给人的视觉冲击力。翠绿的莲叶无穷无尽，涌到天边，使人感到置身于一望无际的碧海之中；而粉红的荷花在阳光的映照下，显得更加明艳动人。全诗先写感受，再叙实景，从而造成一种先虚后实的效果，使人虽未亲至西湖，却也能感受到六月西湖“不与四时同”的美丽风光。它启示人们：六月西湖的荷叶无穷无尽，但是日光映射下的荷花更加夺目，荷花在太阳的照耀下必然要绽放出更加绚丽、更加迷人的色彩。同样，一切新生的、美好的事物，通过汲取相关养分，必能冲破束缚，不断发展，展现出自己别样的魅力。教育身体史正是这样一枝“映日荷花”，在当前教育史学蓬勃发展，教育史研究领域逐渐扩展，以及教育活动史、教育生活史相继提出的背景下，正以其独有的研究特色，向教育史学界宣告她的翩然来临和蓄势待发。

近十年来，笔者在倡导和推动教育活动史、教育生活史的同时，深感教育身体史与教育活动史、教育生活史关系十分密切。教育身体史是教育活动史的一个有机组成部分，同时又具有自身的相对独立性。教育身体史是教育活动史、教育生活史的拓展和升华，也是教育史学进一步拓展的研究对象和研究领域。毋庸置疑，身体与每个人息息相关，人首先作为身体存在。当然，身体是生理存在与历史、文化、社会、教育所构建的意义存在的共同体，它成为人自我感知、理解存在以及参与实践活动的起点和中介点。因此，要认识人，认识人的生成、存在以及实践活动，就必须研究身体。当前，身体已经引发哲学、史学、社会学、人类学等学科的高度重视，深刻影响了人文社会科学。我国教育学界的一些研究者也进行了探讨，指出教育学的身体转向有助于回到人的感觉和体验，最终体现完整有尊严的生命存在，实现对人的生命关怀。[①] 在此形势下，教育史研究很有必要以教育参与者的

---

① 具体参见：孙元涛．身体问题的教育学思考[J]．教育理论与实践，2006(10).

李政涛．身体的“教育学意味”：兼论教育学研究的身体转向[J]．教育理论与实践，2006(11).

李冲锋．学校里的身体：学生的身体遭遇[J]．教育理论与实践，2006(12).

闫旭蕾．身体：透视教育的视角[J]．教育理论与实践，2007(4).

闫旭蕾．谈“隐身”与“显身”的教育研究[J]．华东师范大学学报(教育科学版)，2007(3).

邱昆树，闫亚军．教育中的身体与身体教育[J]．教育学术月刊，2010(11).

闫旭蕾．“身体—主体教育”之探[J]．教育研究与实验，2014(2).

李柯柯，扈中平．教育中“身体”的解放与自由[J]．教育研究与实验，2015(1).

“身体”这一全新视角对教育历史变迁进行重新梳理，考察“身体”演变对其的意义，开拓教育身体史研究领域。在此，教育身体史研究是教育史学新生长点，是一扇洞见教育史，特别是教育活动史、教育生活史研究的门窗，也可望成为教育史学研究的下一个热点，吸引诸多学者参与，并产生出一批面向普通教育参与者、“接地气式”服务教育发展和改革的教育史学研究成果。因此，有必要立足当前，着眼长远，通盘考虑，早作谋划。为此，笔者在积极组织教育活动史研究、主编“教育史学研究新视野丛书”（10册）、“中国教育活动史专题研究丛书”（第一、二辑，20册）和《中国教育活动通史》（8卷本）的同时，也在思考教育活动史如何进一步深化开展，特别是开拓教育生活史、教育身体史等新的研究领域的问题。一方面，结合教育活动史研究，积极着手开展教育生活史理论探索，并撰写近现代中国教育家陶行知、杨东莼以及日本教育家牧口常三郎的生活史论著，汇编成一套“教育生活史研究丛书”。另一方面，结合教育活动史研究、教育生活史研究，积极探索教育身体史的理论研究。在笔者的影响下，一批中青年学人踊跃投身教育身体史研究之中，撰写发表了多篇论文。摆在读者面前的这套“教育身体史研究丛书”，就是近年大家共同努力的结果。

一

什么是教育身体史？它与教育活动史以及其他人文社会科学是什么关系？教育身体史要研究哪些具体内容呢？

教育身体史是专门研究和重点考量历史上教育参与者因教育乃至时代、社会环境影响下“身体”的生成与改变，以及他们的“身体”变化对教育、社会、时代产生何种影响的研究领域。因教育参与者“身体”的在场，教育身体史以对教育参与者的生命关怀为精神内核，紧扣教育参与者的生命、生存、生活的研究诉求和主旨。教育身体史的提出并非是无源之水，一蹴而就，身体哲学、身体史等学科已先行起步并不断发展，因而教育身体史是这些学科在教育史研究中的综合应用和发展，体现了教育身体史研究借鉴相关学科充实教育史、教育身体史研究，并将身体哲学、身体史、身体社会学等作为教育身体史研究重要学理支撑的本真追求。当然，任何一个研究和理论，并不可能也不能完全照搬其他学科的相关理论，教育身体史研究也是如此。它不是教育身体史研究者对身体史、身体哲学、身体社会学等相关学科概念、研究范式的简单套用，而是研究者根据身体哲学、身体史、身体社会学等相关学科对"身体"概念的理解、"身体"的类型、研究框架等，在自己对教育参与者的独有特点、教育史研究的独有特性等理解的基础上，着力突出教育场域内教育参与者的"身体"，而非其他活动场域中非教育活动主体的"身体"，最终形成教育身体史研究所应有的言之有理、持之有故的"身体"概念、研究范式等。同时，因研究对象的独特性，使得教育身体史研究有别于身体史、身体哲学等研究。还必须指出的是，教育身体史在国际上刚刚兴起，国内外学界尚未对教育身体史研究做出成熟且权威的概念界定。[①] 在此，还非常有必要分析教育史、身体史、教育身体史、身体教育史四者之间的相互关系。

首先，就教育史和身体史的关系来看，二者均是教育身体史、身体教育史的上位概念，且二者之间是并行交叉关系。教育史中一旦涉及研究教育参与者"身体"时，无疑会与身体史的相关研究内容相交叉，而身体史研究中一旦选定学生、教师等教育参与者作为研究对象时，无疑又会与教育史交叉。其次，从教育身体史、身体教育史之间的关系来看，两者均是教育史、身体史的下位概念，且均是因教育史和身体史交叉而形成的研究领域，二者之间是并行关系。同时，教育身体史和身体教育史之间也有一定的交叉。教育身体史是教育参与者"身体"通过教育的"化""育"而促成的生成和变化，凸显了对教育参与者群体的"身体"关注和生命关怀，会涉及"身体教

① 2016年8月17—20日，芝加哥罗耀拉大学举办的第38届教育史国际常设会议的主题为"教育与身体"（*Education and the Body*），尚未对教育身体史做出权威且成熟的概念界定。

育”的历史，而身体教育史从“身体教育”出发，更为强调通过“身体”教育，实际上更多为通过体育，以外在身体的强健而内化、提升其内在灵魂，从此出发，身体教育史一定意义上相当于体育史。故而教育身体史会涉及身体教育史，其研究范围一定程度上大于身体教育史研究范围，身体教育史也会与教育身体史中部分研究内容相重合。因此，教育身体史和身体教育史二者之间是并行交叉关系。最后，从教育史、身体史和教育身体史、身体教育史之间的关系来看，教育史、身体史是教育身体史、身体教育史的上位概念，会涵盖教育身体史、身体教育史的相关研究内容。教育身体史、身体教育史是教育史、身体史的下位概念，相关研究也会涉及教育史、身体史，四者可能会有重合和交叉。与此同时，教育身体史、身体教育史因针对专门的“教育身体”“身体教育”而作为独有的研究对象，具有自己独有的研究特色，也会因此而有部分研究内容保留在教育史、身体史研究之外。因此，在研究教育身体史时还需要做到不能完全割裂其与教育史、身体史、身体教育史的关系，注重吸收后三者的研究成果，形成区别和联系，在比较和借鉴中进一步充实和完善教育身体史研究。

教育身体史有广义和狭义之分。从广义上看，教育身体史研究一切教育参与者“身体”的历史，根据教育参与者所处的教育场域，可以包括学校教育身体史、家庭教育身体史、社会教育身体史三大类，它们均可以与特定时间段组合；从狭义上讲，教育身体史主要研究学校场域内的教育者与受教育者“身体”的历史，研究对象主要集中于各类学生、教师、教育行政人员等。同时，无论广义还是狭义的教育身体史研究，按照研究对象的年龄、性别、所处时代等，又可以细分为某一时期某一类型教育参与者的教育身体史，如民国时期大学教师的身体、男女大学生的身体等。在此需要指出的是，狭义的教育身体史研究是研究重点，但是广义的教育身体史研究亦需要齐头并进，这既是构建完整系统的教育身体史研究的需要，也能对当前各类型的教育参与者形成借鉴。

总之，教育身体史是教育活动史、教育生活史研究的拓展和升华，是专门研究教育参与者“身体”，考察其“身体”的生成和变化以及凸显对教育参与者生命关怀的学术研究领域。不仅如此，教育身体史也是教育学、历史学、社会学、人类学、心理学等学科内容相互交叉而形成的一个研究领域，在学术源头上属于教育活动史、教育生活史的范畴，从整体上看是教育史，特别是教育活动史、教育生活史研究的延伸。教育身体史是教育史研究的一个新的发展方向，也是未来需要集中突破的重要研究领域。

二

为什么要研究教育身体史？教育身体史研究的提出具有学术价值和现实意义。教育身体史作为教育史、教育活动史的细化和分支，对于完善教育史学科建设，特别是教育活动史研究，具有重要意义。同时，对“身体—主体”的重视，以“身体”关注教育参与者的生存、实践、生活及其中赋予和交叉的历史、社会、文化意蕴等，体现了对人的生命关怀以及对马克思主义以人为本的坚持。此外，教育身体史作为教育活动史、身体史学的延伸，是当前国内外教育史学界的“新宠”，有助于引领研究潮流，凸显我国教育史学研究的国际地位。当然，随着目前教育学界等对“身体”转向的重视，教育身体史所提供的历史借鉴和启示与教育学一道致力于服务教育改革。

首先，研究教育身体史是完善教育史学科建设，特别是教育活动史学科建设的需要。毋庸置疑，学科主干在发展过程中随着新鲜知识养料的汲取，在原有基础上衍生出许多分支学科。“从整个学科之林着眼，这种遍野的主干式树状结构图景比起原来的主干式结构图景来说，不仅要壮观得多，而且是主干式整体结构的历时性变化。”① 教育参与者的“身体”是教育活动进行的主体和载体，“身体”在场才能实现教育参与者的存在、自我构建。因此，研究教育史、教育活动史必然要研究教育身体史，教育身体史才能展现

① 陈燮君. 学科学导论：学科发展理论探索[M]. 上海：生活·读书·新知三联书店，1991：62—63.

源远流长的教育活动中不同教育参与者的体验。同时，教育身体史也实现了教育活动史研究的细化、深化，是其重要组成部分。可以说，教育身体史作为教育史学新生长点，是教育史、教育活动史研究主干式结构中的树状结构之一。它必然能成为教育史学科建设的新生长地，有助于完善教育史、教育活动史学科建设，且进一步摆脱学科发展困境。

其次，研究教育身体史是坚持马克思主义关注人本、实践、生存的追求。综观中外教育史，就是一部教育参与者身体被降格、压制、规训或升格、反抗、解放的历史，其中蕴含了历史、社会、文化各种因素对教育参与者身体的影响。当然，以往教育史研究中，教育参与者的身体多被研究者视而不见或隐藏，直接导致教育活动没有主体，教育史研究“见物不见人”。教育身体史关注“身体”，促成教育史研究的“身体”转向，才能真正发现教育活动中的教育参与者，焕发和关注其生命体验，并以此为核心点透视身体连接的历史、社会、文化意蕴，[①]这全面体现了对人的生命关怀及坚持马克思主义关注人本、生存、实践、人全面发展的追求，有助于“从现实活动的有生命的个人出发，即从人的实践活动本性也即自由自觉的类生活本性出发，把人的生存与一般生命存在物的生命活动区别开来”[②]。

再次，研究教育身体史是顺应历史学，尤其是对国际教育史界研究潮流的适应。世界史学研究的趋势已由宏大叙事转向关注基层、还原活生生的主体的人的历史活动，加之现实社会中涌现出来新疾病、新观念等，共同加速了历史学者将身体作为其研究主题和关注的热点问题之一。[③]因此，身体史学于20世纪90年代起为史学界所瞩目。相比史学界涌现出的一些研究成果而言，国内外教育史学界则步伐略显落后。教育身体史研究的提出，是中国教育史学界适应和引领世界史学研究趋势的表现。2015年召开于伊斯坦布

① 李柯柯，扈中平．教育中“身体”的解放与自由[J]．教育研究与实验，2015(1)：16.

② 邹诗鹏．实践—生存论[M]．南宁：广西人民出版社，2002：61.

③ 杜丽红．西方身体史研究述评[J]．史学理论研究，2009(3)：125，127.

尔的第37届教育史国际常设会议中，教育身体史作为“新宠”引人注目，[①]成为下一届芝加哥年会的主题。2016年，第38届教育史国际常设会议在芝加哥召开，其主题为“教育和身体”，体现了国际教育史学研究的努力。目前仅有德国、巴西等国的学者在从事相关研究，研究力度、研究范围等还需要加大。因此，教育身体史研究不仅是适应、完善史学研究，也将会通过系列成果为国内外史学界带来新的资料、信息和关注点，从而引领国际教育史学研究，彰显中国教育史学界的地位和影响。

最后，研究教育身体史是为当代教育改革提供借鉴与启示的需要。“历史学家的作用既不是热爱过去，也不是使自己从过去中解脱出来，而是作为理解现在的关键来把握过去、体验过去。”[②]教育现实改革是教育史研究的起点，也需要教育史研究提供丰富的史料以供现实思考、借鉴。以当前教育实践中的学生为例，他们的身体被特定时空、制度等规训和管制。教育身体史在对某一时期学生群体“身体”进行梳理时，可以再现史实，并以此为基础思考对学生身体实施何种规训和管制，如何进行身体规训与管制，以及应为身体提供什么样的时间、空间才是合理的，[③]教育实践如何解放身体等问题。此外，当代社会影响下教育参与者可能出现的文身、美容、塑身、同性恋、性教育等新情况，更是促使教育史研究者须从事教育身体史研究，帮助教育参与者通过透视历史上教育参与者“身体”的生成，更好地了解自己和检视自己的存在状况。[④]可以说，教育身体史研究关注特定时空中教育参与者的“身体”，注重探讨他们身体的压制与解放，与之相关的感觉、情感、情绪等内在与服饰、发型、身材等外在改变，以及时代、文化等对身体的影

---

① 具体参见该会议的论文集：Prof. Dr. Ali ARSLAN. *Culture and Education Abstract Book* 中 *The doctors and the students' body*, *touching bodies during and after school*: *dynamics of self-restraint in early monitorial pedagogy*,等。

② ［英］E. H. 卡尔. 历史是什么？［M］. 陈恒，译. 北京：商务印书馆，2010：110.

③ 李冲锋. 学校里的身体：学生的身体遭遇［J］. 教育理论与实践，2006(12)：9.

④ 黄金麟. 历史、身体、国家：近代中国的身体形成(1895—1937)［M］. 北京：新星出版社，2006：3.

响，与教育研究和“显身”的教育研究[①]不分轩轾、其道一体，共同推动教育实践改革，关注“真正的人”的生存，真正实现主体教育，发挥教育活动主体的主观能动性，使教育参与者走向“身心合一”。

三

我们已经理清了教育身体史研究是什么，了解了研究教育身体史具有重要的学术价值和现实意义，那么如何研究教育身体史呢？教育身体史研究的开展，需要重视扎实丰富的史料支撑、多维的研究方法，这决定着研究的整体构架，是研究顺利进行的基础。除前述两点奠定的基础外，还需要绝佳的内容展现，“内容是根本，表现力是检验研究方法的重要参照”[②]。因此，教育身体史研究还需要着眼于学术表现力。

在史料上，树立多维史料观。著名史学家陈寅恪曾言：“一时代之学术，必有其新材料与新问题。取用此材料，以研求问题，则为此时代学术之新潮流。”[③]因此，挖掘新史料或重新精读旧史料是史学、教育史学研究革新的途径之一。多维史料观就是“要突破以往教育史学研究中只重视地上史料、正史史料以及文字记录即文献史料的狭隘史料观，拓宽史料的来源”，力求“地上史料与地下史料并重、正史史料与笔记小说史料并行、文字记录或文献史料与口述史料并举”。[④]目前，史学研究、身体史研究、教育史研究等已经注重采取新史料，如形象史学注重运用传世的岩画、造像、铭刻、器具、书画、服饰等一切实物作为证据，结合文献来考察史实，[⑤]有些身体

① 闫旭蕾．谈“隐身”与“显身”的教育研究[J]．华东师范大学学报(教育科学版)，2007(3)：20.

② 周洪宇．教育生活史：教育史学研究新视域[J]．教育研究，2015(6)：113.

③ 陈寅恪．陈寅恪集·金明馆丛稿二编[M]．北京：生活·读书·新知三联书店，2001：266.

④ 周洪宇．学术新域与范式转换：教育活动史研究引论[M]．武汉：华中科技大学出版社，2011：9.

⑤ 中国社会科学院历史研究所文化史研究室．形象史学研究2011[M]．北京：人民出版社，2012：前言.

史研究则利用地方志、出土文献[①]等进行。研究者已经拓宽的史料需要教育身体史研究者予以借鉴，除已有文献资料外，还要充分利用与教育参与者相关的教具、留存的教育建筑物、服装等实物资料，且需要拓展医学体检和诊病记录资料、“民间宗教材料、礼俗资料、笔记文集、报纸杂志、政府档案乃至田野考察与口述史料等”以及“小说、散文、歌谣、词曲等文学资料”。[②]通过形象直观且真实、原汁原味的史料，清晰地再现教育参与者的“身体”生成。

在研究方法上，坚持多维理论与研究方法。教育身体史是教育史和身体史交叉而形成的新的研究领域，从诞生之日起就深受交叉学科丰厚养分的滋养。当然，教育身体史的发展不能仅依赖于教育学和历史学，还需要其他学科为其奠定基础。这一意识自清末我国黄绍箕提出设想、柳诒徵撰成的第一本《中国教育史》出版时即已明确，全书“涉及哲学、历史学、社会学、人类学、民俗学、民族学、教育学、教育心理学、教育病理学等学科”[③]。因此，教育身体史应重视跨学科的理论研究，具备多维视野，坚持多维理论与研究方法，可以借鉴和吸收历史学、教育学、社会学、人类学、政治学、经济学等社会科学乃至数学、统计学、生态学、系统论等自然科学的理论、方法，打破学科壁垒，充分吸收各学科理论的优点和长处。[④]就教育身体史的具体研究方法而言，则包括研究的理论基础、一般研究方法、具体研究方法三个层次。研究方法的理论基础一方面指马克思主义的唯物史观、经济决定理论、人民群众创造历史等史学理论，一方面指兰克、斯宾格勒、布罗代尔等史学理论中值得借鉴之处。一般研究方法主要是指哲学思维方法在社会历

① 具体参见：刘孝圣．医疗与身体：以先秦两汉出土文献为中心[D]．台北：台湾大学文学院中国文学研究所硕士论文，2009．该硕士论文借助湖南长沙马王堆等先秦两汉出土的医疗文献，对古代与身体相关的脉学、对疾病的认识、养生方法、诊病等进行研究。

② 刘宗灵．身体史与近代中国研究：兼评黄金麟的身体史论著[J]．史学月刊，2009(3)：96.

③ 杜成宪，崔运武，王伦信．中国教育史学九十年[M]．上海：华东师范大学出版社，1998：8.

④ 周洪宇，李艳莉．论教育活动史研究的多维视野[J]．江汉论坛，2013(7).

史研究中的应用，有历史分析法、阶级分析法、比较分析法等。具体研究方法则分为两部分：一是历史学科一般使用的历史考证法、文献分析法、口述历史法等，二是跨学科的田野调查法、个案分析法、心理分析法、计量分析法等。[①] 教育身体史研究首先注重以马克思主义唯物史观作为理论基础，强调教育参与者的主体性和社会对其的施力。在此基础上，会根据研究不同群体的“身体”的不同特点采取比较法，也会因再现某一群体的“身体”发展趋势使用计量分析法，研究某一个体的“身体”采用个案研究法，或倾听过去教育参与者“身体”的真实故事采用口述历史法，或再现教育参与者身心统一等采用心理分析法。在具体研究中，教育身体史并不刻意追求堆砌研究方法，而是尊重研究内容所需，采取合适合理的研究方法。

在学术表现力上，善叙事理和逻辑分析并行，注重研究成果的多元化。教育身体史研究首先要尊重史料，如实展现教育参与者“身体”的历史，同时还要注重融合如下两点：第一，教育身体史研究要重视教育叙事的表现形式。教育参与者的“身体”与个人生活密切相关，在翻阅他们留存的日记、回忆录等，或采取口述史的形式对健在的教育参与者进行研究时，不难发现身体的舒适与否直接影响日常生活。在此，教育身体史与教育生活史一致，要采用叙事的手法，应用文学语言生动地描述教育参与者身体的生成等，使读者能够身临其境地感知历史上教育参与者身体的“遭遇”。第二，教育身体史研究还需要深化逻辑分析。教育参与者的“身体”是一个复杂构成，集生理和社会存在为一体，在对教育身体进行如实、生动的再现时，还需要融合其他学科的相关理论进行深刻分析，为读者建构哲学、社会学、政治学等思考，提升研究的理论性。第三，教育身体史还注重研究成果的多元化。教育身体史研究成果主要为学术论文、学术专著，但不能仅局限于学术论文、学术专著。在此，我们必须肯定的是，教育身体史研究成果的表现形态除前

① 周洪宇．学术新域与范式转换：教育活动史研究引论[M]．武汉：华中科技大学出版社，2011：36.

述最常见的两种外，报告、小说、电影、电视剧、照片等都应是教育身体史研究成果的表现形态。

总之，无论是史料、研究方法还是学术作品的表现形式，都是教育身体史研究所必须要重视的因素。一部好的教育身体史学术作品应该具有如下特征：一是文学的语言，以生动活泼的方式，将史料和作者自身的分析融合其中；二是在个体与群体、不同层次人群以及不同区域特点的对象处理上着眼于具体的细节，留下教育参与者“身体”的生动呈现和分析；三是要放低学术研究者的姿态，善于向中国传统文学、中国传统史学学习。研究的智者往往是将复杂的问题简单化。教育身体史研究需要不断寻觅史料以成其信，不断创新研究方法以成其达，不断展现精准的表现力以成其活，走一条体现微言大义、形象生动和富有表现力的学术发展道路，不断推动学术研究迈入新境界。

四

本丛书七个专题既有教育身体史的基本理论研究，又有教育身体史的个案研究，也有教育身体史的图像呈现以及教育身体史研究资料汇编，其内容涉及教育身体史研究的重要主题。本丛书力图用感性的文字表达理性的思考，用逻辑的思维解读历史文本，用翔实的史料还原过往的“教育身体”，用叙事的语言构建多彩的教育世界。

其中，笔者和山西大学副教授李艳莉博士合著的《被遮蔽的世界——教育身体史研究引论》，是国内外第一本专门探讨教育身体史这一新兴教育史学研究领域的专著，旨在介绍何为教育身体史、如何开展教育身体史研究、国外教育身体史研究进展，并附以实例说明。据此，全书主要对如下几方面内容进行了探讨和研究。第一，教育身体史：教育史学新生长点。主要对为什么研究教育身体史、何以能研究教育身体史、教育身体史的基本内涵，以及教育身体史研究的多维价值四个方面的问题进行了探讨。第二，国外教育身体史研究进展与展望。教育身体史研究除了要回归历史学这一“主体”，还要回归“主流”，即要注重吸收和融入国外相关研究成果。目前，国外虽然没有明确界定教育身体史是什么，研究成果还较少，但是教育史国际常设会议第37、38、39、40届年会对“教育和身体”进行了探讨，本部分主要介绍国外相关研究成果，致力于向国内传达相关信息并为国内研究者提供借鉴。第三，教育身体史研究的学理支撑。基于教育身体史研究的提出并非“无源之水，无本之木”，而是身体哲学、身体教育学、身体史学、身体社会学、身体美学、身体人类学等不同学科的已有研究成果共同推动和相互借鉴的结果，故而此部分主要对这些提供学理支撑的学科的已有研究进展进行梳理，并对教育身体史研究更好地开展提供借鉴和启示。第四，教育身体史研究的具体开展。主要对教育身体史的史料来源、研究方法、学术表现力三个方面进行研究，以及如何为教育身体史研究的具体开展搜集并提供史料、采取何种研究方法和研究成果最终如何表现等形成理论先导。第五，教育身体史研究的具体案例。主要呈现教育身体史研究的具体案例，方便读者参考。第六，附录。主要将一些教育身体史研究成果附于书末，并对其进行评价和分析，以更好地推进教育身体史研究成果的发展。

笔者和华中师范大学周娜博士、曲阜师范大学副教授姜丽静博士合编的《身体、教育与历史读本》，试图反映国际教育身体史研究整体图景，旨在成为引导国内更多学人接触、了解和实践教育身体史研究的桥梁。为帮助读者梳理整体脉络，编者把收入的论文分成理念与方法、疾病与教育、规训与教育、文化与教育、情感与教育五部分。第一部分“理念与方法”。该部分选编加拿大学者Mona Gleason的《身体、隐喻与方法：教育史研究中具身理论的重要意义》等4篇文章。该部分意在从学术层面帮助我们了解西方教育身体史研究受到哪些学科的影响，呈现他们探究教育与身体关系的理念及方法，同时梳理出西方教育身体史研究方法的转向，以及伴随这种转向不断突破的历程。第二部分“疾病与教育”。该部分选编美国学者Stephanie M.

Spencer的《身体的书写：女生小说中的性别化疾病及健康问题》等3篇文章。在疾病史的框架内展开关于身体与教育的研究，为国际教育史学界所关注。教育史下的疾病史与身体史研究，弥补了以医疗、疾病与生命为中心的社会史研究对人的存在与身体遭遇的终极关怀的忽略。第三部分“规训与教育”。该部分选编德国学者Marcelo Caruso的《发生在教室里的同一：19世纪西班牙和爱尔兰小学里不同的教学仪式》等3篇文章。身体是被动的、被宰制的、被改造与规范的，成为身体史研究的主要理念，这一理念也为教育身体史研究者所承继。该部分选编的3篇文章着重探讨了在国家主义、民主主义、工业化等的驱动下，近代制度化教育对身体的驯化。第四部分“文化与教育”。该部分选编德国学者Michael Annegarm和Anne Bruch的《战争期间教育影片中殖民地的身体》等4篇文章。当身体被视为历史性的存在，被视作经历和符号来加以研究，身体的文化隐喻受到学者们的关注，上述4篇文章以身体隐喻视角切入教育历史，洞察教育活动如何建构了教育参与者的身体认知，这种身体认知究竟如何贯穿于教育活动中，以及如何影响了宏大的教育历史，甚至教育参与者的存在状态。第五部分“情感与教育”。该部分选编巴西学者Cynthia Greive Veiga的《校园中身体的文明化或野蛮化及其过程中呈现出的情感、社会与历史张力》等4篇文章。受国际史学情感史、情绪史研究的影响，教育史学者认识到“教育空间”的形成及其产生的影响，情感、情绪扮演着重要角色。因此，教育身体史与情感史的结合成为教育身体史研究的新取向之一。本部分试图反映这种新取向，以飨读者。

笔者和华中师范大学周娜博士合著的《具身视角——国际教育身体史研究前沿》，意在通过介绍国际教育身体史研究新进展，引起国内研究者对其的关注及思考，从而留意在未来研究中引入新视角，推动教育身体史研究的纵深性发展。本书拟从以下六部分展开论述：第一部分是绪论，基于鼓励教育身体史研究者对国际前沿的研究方法和学术理念多些认识和领悟的目的，探讨该书研究的意义、目的及研究内容。第二部分为具身理论介绍，从三个角度介绍具身理论，即目前普遍认可的具身理论定义，具身理论兴起的社会、经济、学术发展背景及具身理论给教育史研究带来的改变。第三部分为全球教育身体史研究脉络梳理，从全球的角度把握教育身体史的发展取向与趋向，从初兴期的医学身体史到发展期的身体政治史与文化身体史，继而到当前的具身教育史研究时代。当然，特别强调该发展脉络并非此消彼长，而是相互补充、完善。本书用第四章、第五章两部分展现当前“国际具身教育史研究”。第四章从美国、加拿大、法国、德国和英国这几个主要西方国家入手介绍；第五章主要介绍巴西、墨西哥、意大利、西班牙、中国台湾地区、韩国的研究情况。选取每个国家及地区有代表性的研究者及其著作，作为探究各个国家或地区研究概况的切入点。第六章是具身教育史学发展展望，从具身视角下教育史研究特点（遵循身心一体、心智合一、根植原则）、具身视角下教育史研究趋向（身体、情感、空间等多视角交融，打破教育史研究的教育封闭性，跨学科成为必需，跨文化、跨区域的联动研究加强）两个角度对具身教育史学前景做出展望。

笔者和岭南师范学院魏珂博士所作《图说教育身体史》，是国内第一本专门以图说形式探讨教育身体史这一新兴教育史学研究领域的专著。全书分为九个部分，分别为史前流光（神话时代的教育身体）、诸圣风韵（先秦教育身体）、秦汉倜傥（秦汉时期的教育身体）、魏晋风骨（魏晋南北朝时期的教育身体）、隋唐气度（隋唐五代时期的教育身体）、宋元理学（宋元时代的教育身体）、明清意蕴（明清时代的教育身体）、民国新潮（民国时期的教育身体）及新学激荡（中华人民共和国时期的教育身体）等。本书通过近3万字、约150幅图片，反映古往今来的教育身体流变，突出人的身体、教育身体史的学术视野。该书追求学术性、生动性与现实性三者的有机统一。

笔者和山西大学李艳莉副教授、华中师范大学周娜博士、岭南师范学院魏珂博士正在合编的《身体史、教育身体史、身体教育史》，是第一本将国内身体史、教育身体史、身体教育史相关代表性研究论文或经典论著相关部分以资料汇编的形式呈现出来的读本。读者可以借助本书迅速了解身体史、教育身体史、身体教育史已有研究。本书以经典研究提供借鉴，与教育身体史理论研究、国际教育身体史研究进展、图说教育身体史以不同形式共同推动教育身体史的发展。

岭南师范学院魏珂博士所著《归属与自主——近代大学生教育身体史研究（1895—1937）》属于教育身体史的一项个案研究，也是身体史视角下的近代大学生教育研究。本书通过梳理1895年至1937年我国大学生的相关史料，考察他们的身体变迁史，进而探讨国家与学生身体的归属关系规律，揭示影响学生身体发展的教育因素。基于这种思路，本书首先探讨和分析了近代大学生身体的发展与变化，然后指出近代大学生身体发展呈现出的特点。对近代大学生的发展与变化，本书主要从六个角度进行剖析：一、大学生身体如何从家庭之身转变为学校之身，进而成为国家之身；二、近代大学如何努力把学生身体纳入学校的时空规训之中及学生对规训的因应与抗争；三、大学如何对学生身体进行野蛮化和卫生化改造，以塑造学生强健的体格；四、近代大学生的身体由“修身”向“修形”转变是如何发生的；五、大学生思想、生理的追求特征；六、探讨在民族存亡的社会大背景下大学生的生死观。基于上述剖析，本书指出近代大学生身体发展与国家之间的关系呈现出归属与背离的曲线：当国家危机严重时，身体的归属性开始变强，身体自主性变弱；当个人和国家矛盾加强时，身体自主性变强，归属性变弱。近代大学生的身体发展路线体现了其身体归属与身体自主间的统一与矛盾，大学生处身其间的应对与纠葛的历史是教育由“传统”向“现代”的变化历程的一个具身化面向。与此同时，本书认为近代大学生身体发展呈现出五个特点，即身体归属国家化、身体形塑外向化、身体活动自由化、身体规训人性化、身体表现多元化。

华中师范大学周娜博士所著《臣属与自觉——近代中国女学生身体生成趋向探析》也属于教育身体史的一项个案研究，也是身体史视角下的近代女子教育研究。本书主要包括五个章节。第一章是绪论：该部分从研究缘起、概念界定、研究综述、研究理论与方法等几个角度介绍该研究的绪论性问题。第二章是多重力量交织：近代女学生身体生成历史语境。作为后面各章节的时代依托和历史论说的落笔基础，该章节强调近代女学生身体生成是在国族建构与女权主义进入且二者在中国遭遇后不断纠结、互构的话语力量中进行的。第三章是规训与臣属：民族国家话语与女学生身体。该部分从强壮身体养成、服饰变革、女学生剪发等方面论证国族建构话语对女学生身体的模塑。第四章是唤醒与自决：女权学说与学生身体。女学是兴女权的重要保障，女学生可谓是在女权话语下诞生的。女权话语形塑了女学生，反之，女学生推动女权的纵深发展，体现女学生身体的自决化。第五章是陶冶与建构：教育早期化建制与女学生身体。主要从钟点时间的引入、卫生建制、科学技术等方面讨论现代化建制对女学生身体的触动及改变。

总之，这套丛书力求做到在传统的教育思想史、教育制度史之外，以身体史的理论和方法，叙述教育历史中的教育参与者及教育参与者的“教育身体”，从微观的角度透视参与教育实践的教育参与者的“教育身体”，为宏观上理解处于社会中的教育参与者的“教育身体”如何在经济、教育、文化的不同影响下而生成和变化，以及教育参与者的“教育身体”如何影响经济、教育、文化等，进而收到见微知著、以史鉴今的效果。由于教育身体史研究在国内尚处于新兴阶段，很难找到前人比较成熟的研究成果来参考借鉴，只能是“草鞋无样，边打边像”。大家的初衷能否如愿，有待读者评议，敬请读者不吝赐教。

参与本丛书的其他各位作者，大都是笔者指导的博士生，大家对于积极深化教育身体史研究，推动教育史学科建设都有强烈的共识，也充满了热情和使命感。我们经常交流思考和体悟，每天都能感受到研究教育身体史以及以此为视角观照教育身体的乐趣，这是局外人较难体会的一种乐趣和情感。

在本丛书的出版过程中，我们得到了山西教育出版社刘立平总编辑以及刘晓露、刘超编辑等人的大力支持。在这套丛书陆续面世之际，谨此表达笔者及研究团队全体成员对山西教育出版社各位可敬可爱的编辑的衷心感谢！

周洪宇

2018年11月12日

于华中师范大学教育学院

目　录

Contents

第一章
教育身体史：教育史学新生长点

身体与每个人息息相关，人首先作为身体存在。当然，身体是生理存在与历史、文化、社会、教育所构建的意义存在的共同体，它成为人自我感知和理解存在的起点和中介点。要认识人，认识人的生成和存在，必须要研究身体。当前，身体已经引发哲学、社会学、历史学、人类学等学科的重视，深刻影响了人文社会科学，我国教育学界一些研究者也进行了探讨，指出教育学的身体转向，有助于回到人的感觉和体验，体现完整有尊严的生命存在，最终实现对人的生命关怀。[①] 在此形势下，教育史研究很有必要以教育参与者的“身体”这一全新视角对教育历史变迁进行重新梳理，考察“身

---

① 具体参见：孙元涛．身体问题的教育学思考[J]．教育理论与实践，2006(10)．

李政涛．身体的“教育学意味”：兼论教育学研究的身体转向[J]．教育理论与实践，2006(11)．

李冲锋．学校里的身体：学生的身体遭遇[J]．教育理论与实践，2006(12)．

闫旭蕾．身体：透视教育的视角[J]．教育理论与实践，2007(4)．

闫旭蕾．谈“隐身”与“显身”的教育研究[J]．华东师范大学学报(教育科学版)，2007(3)．

邱昆树，闫亚军．教育中的身体与身体教育[J]．教育学术月刊，2010(11)．

闫旭蕾．“身体—主体教育”之探[J]．教育研究与实验，2014(2)．

李柯柯，扈中平．教育中“身体”的解放与自由[J]．教育研究与实验，2015(1)．

体”演变对其的意义，构建教育身体史。教育身体史是教育史学的新生长点，是一扇洞见教育史、教育活动史研究的门窗，且因为“回归身体，就是回归教育生活”，就是回到以身体为核心的生命、生活体验，[①]故教育身体史又是教育活动史、教育生活史的深化和延伸。教育身体史从教育场域中教育参与者的“身体”入手，通过与其相关的时空、服饰、发型、疾病等，呈现特殊历史、社会、文化环境下教育参与者“身体”的变化，突出对其的生命关怀，体现马克思主义关注人本、实践、生存的追求，对完善教育史、教育活动史学科建设，引领国际教育史界研究潮流，以及服务当前教育改革，都有较强的意义。

第一节　为何研究教育身体史

为何要研究教育身体史？教育身体史缘何会成为教育史学的新生长点？这是研究教育身体史需要考虑的首要问题。研究教育身体史，主要有以下几方面原因，一是马克思身体思想的发现和阐释，二是百年教育史学科发展的反思，三是回归教育活动的起点和教育学科逻辑起点，四是身体研究尤其是身体史的出现，五是国外教育身体史研究的凸显。

一、马克思身体思想的发现和阐释

20世纪80年代“回归马克思”的学术活动，促使马克思实践唯物主义不再因循苏联模式或从已经加工翻译的资料去二次理解马克思，而是从原著出发重新解读，即由历史的、辩证的唯物主义发展为历史的、辩证的、实践的三位一体的唯物主义，[②]且从单纯的阶级斗争模式的阐释中走出来，承认

① 李政涛．身体的“教育学意味”：兼论教育学研究的身体转向[J]．教育理论与实践，2006(11)：9.

② 周洪宇．学术新域与范式转换：教育活动史研究引论[M]．武汉：华中科技大学出版社，2011：415.

历史是人的活动，要从主体、实践、生存、生活几个维度去理解。在此值得注意的是，谈及前述主体、实践、生存、生活几个关键词时，马克思关于身体的思想不容忽视。绕过人的身体来谈其生存和实践，相当于无源之水、无本之木。身体解放才是阶级解放、人类解放以及人实践—生存的前提和根本。在此，马克思看到了身体的物质性和根本欲求，肯定了人的自然属性，提出“人们为了能够‘创造历史’，必须能够生活。但是为了生活，首先就需要衣、食、住以及其他东西”①。因此，人要生存、存在和实践，首先必须满足身体的基本物质需求；人具有社会属性，这又使得人的物质身体依托于其所在的社会和阶级获得社会性进而成为存在主体。在此，马克思呈现了“自然化身体”和“社会化身体”，也“赋予了身体更多的内涵和丰富性，身体终究成为解放的历史主体”②，成为鲜活的生命存在。当然，马克思身体思想并不像尼采、梅洛-庞蒂等身体哲学思想那样受到重视，但是其“唯物史观接近于身体哲学”，凸显了人的身体在历史发展和人的实践的主体生成过程中的作用。

毫无疑问，马克思主义哲学是我国教育史研究的理论基础和灵魂，是对其发展起指导和决定作用的思想理论因素，决定着其发展方向和生命活力。马克思主义哲学主要包括马克思辩证唯物主义、历史唯物主义和唯物辩证法与认识论。“与此前所有哲学家的志向不同，马克思的志业不是建构抽象的理论，而是捍卫人的现实生命。”③因此，在对马克思主义哲学重新解读和阐释的过程中，马克思关注人的现实生活的追求，身体思想“浮出水面”，研究者也看到了马克思身体思想对尼采、梅洛-庞蒂等身体哲学思想的影响。教育史研究中，应及时把握和关注马克思主义哲学，注重历史的、辩证的唯物主义的同时，还要积极汲取和借鉴其对“身体”的阐释、“身体”的作用等相关身体思想，进而捍卫人的生命、关注人的生存。在关注历史上教育活动主体，关注其生命、生存和实践的基础上，真正把握历史上教育活动

① ［德］马克思，恩格斯．马克思恩格斯选集：第1卷［M］．北京：人民出版社，1972：58.

② 邹诗鹏．转化之路：生存论续探［M］．北京：中国社会科学出版社，2013：199.

③ 郭春明．捍卫人的现实生命是马克思哲学的志业［N］．中国社会科学报，2015-11-26.

主体的“身体”，以“身体”透视其生命、生存和实践，进而通过“身体—主体”“身体—生命”“身体—生存”“身体—实践”等几个维度，凸显和总结教育史研究中活动主体的“身体状态”“生存状态”，并最终实现通过教育使教育活动主体由身体的简单“存在”向“活得更好”转变。

二、百年教育史学科发展的反思

教育身体史作为教育史学的拓展和新生长点，它的提出必然与教育史学科反思密切相关。自1904年中国教育史学诞生以来，至今已经走过110余年的历程。在研究者的辛勤努力和耕耘下，教育史研究取得了可喜的成绩，学科地位也已经确立。在肯定以往成绩的同时，我们必须清晰正视自20世纪90年代以来中国教育史学研究正处于发展困境之中。如何摆脱发展困境，赢得学科的生存价值以及永葆发展黄金期？解决途径之一即为不断更新思维进行学科反思，以求学科建设更加完善。在对学科建设进行探究和反思时，我们无法绕过教育史学应研究什么这一起点命题。厘清并不断拓宽教育史学的研究对象，对于开展和充实教育史学研究意义重大，一定程度上决定着教育史学研究内容的确定和体系的组织。[①] 搜寻中国教育史学的各种权威著述，可以发现其研究对象“主要集中于教育人物思想与教育制度变迁，教育人物思想研究也仅仅是就教育史上的精英人物进行研究，教育制度也偏向宏观制度变迁概览”，这忽视了教育思想和教育制度发生和发展中极为重要的前提——教育活动。因此，研究教育史，必须研究和重视教育活动史。[②]

当前，教育活动史研究正在循序渐进地开展。事实上，仅停留和满足于教育活动史研究还远远不够，故而教育生活史研究亦随之跟进，拓展和升华了教育活动史研究。[③] 毋庸置疑的是，教育活动主体的教育活动、教育生活

① 杜成宪，崔运武，王伦信．中国教育史学九十年[M]．上海：华东师范大学出版社，1998：115.

② 周洪宇．学术新域与范式转换：教育活动史研究引论[M]．武汉：华中科技大学出版社，2011：引论2—6.

③ 周洪宇，刘训华．多样的世界：教育生活史研究引论[M]．福州：福建教育出版社，2014：3.

"是社会及其全部价值存在与发展的本原，是人的生命以及作为个性的发展与形成的源泉"[①]，但是教育活动、教育生活的前提又必须是教育者和受教育者两大教育活动主体有"生命—实践存在"，而他们的"生命—实践存在"又以在世存在的身体为前提。从此出发，揭示和再现教育者的"身体"，凸显对其的生命关怀，是教育史、教育活动史、教育生活史研究的题中之义。不仅如此，教育思想史和教育制度史中也无法绕过"身体"这一命题。无论是儒家、道家还是法家等，其教育思想或涉及"修身""身正"等命题，或掺杂了对教育主体"身体"规训的思想，或是对教育主体的"生命关怀"等。因此，教育身体史研究提出，直面教育活动主体的鲜活"身体"存在，原先教育思想和教育制度宰制下苍白无力的教育主体获得了生机与活力，也为重新阐释教育思想史和教育制度史提供了全新思路，且"身体"也成为教育史、教育活动史回归教育活动主体的根基。

三、回归教育活动的起点和教育学科逻辑起点

人的活动是社会及其全部价值存在与发展的本原，通过人的活动不断生成现实的世界。其中，教育活动又是影响人的活动的关键性因素，也是人生成和发展的重要关键性因素。根本原因在于教育活动既是处理社会关系的活动，也是改造主观世界的活动，是人类活动的重要形式之一。无论是人的活动还是人的教育活动，均是人的"身体"在其中的活动。没有人的"身体""教育身体"参与其中，人的活动、人的教育活动便不复存在。因此，在关注人的活动、人的教育活动时，一定要回到活动、教育活动的起点——"身体""教育身体"，这才能真正体现关注人的活动、人的教育活动以及真正关注人及其生命。无法想象，人的活动、人的教育活动离开"身体""教育身体"如何去找寻其发力主体等。因此，教育身体史研究的提出正是体现了回归教育活动的起点，也是把人的教育活动起点——"教育身体"放在极其重

① 瞿葆奎，吴慧珠，蒋晓．教育学文集·课外校外活动[M]．北京：人民教育出版社，1991：3.

要位置的本真追求，能更好地关注教育活动在“教育身体”的发力下的生成、演变以及教育活动与“教育身体”间的互相作用关系。因此说，教育身体史研究的提出，首先体现了找寻人的教育活动发力主体的本源、本体的学术追求。

不仅如此，一门学科在其研究过程中首先应该确定自己的逻辑起点。一般而言，逻辑起点被认为是一门学科最常见、最简单、最抽象的范畴，也是学科研究对象系统中的核心要素。具体来说，逻辑起点具有如下几个特点：逻辑起点应与研究对象相互规定；逻辑起点是一切矛盾的“胚芽”，是事物全部发展的雏形；逻辑起点应当是以物或其他直接存在承担的社会关系；逻辑起点同时也是历史的起点。[①] 毋庸置疑，教育学作为一门学科，教育史作为教育学和历史学的一门交叉学科，在开展研究前也应该先确定自己的逻辑起点，才能更好地找寻和确定自己独特的研究对象，追寻教育活动发生的起点和雏形以及历史发生的起点，以此推动学科研究在回归逻辑起点的基础上进一步发展。“教育身体”是教育活动的发力主体，是教育现象、教育问题等产生的主体，而人的教育活动、教育现象、教育问题等恰恰是教育学的研究对象，教育学、教育史研究关注教育活动、教育现象、教育问题等，无疑必须关注产生教育活动、教育现象和教育问题的“教育身体”。因为“教育身体”的基本性、主体性、最基础性、动态性、生成性等，“教育身体”才是教育学、教育史研究真正的逻辑起点。因而，教育身体史研究的提出，也体现了教育学研究、教育史研究要回归教育学真正逻辑起点的追求。

四、身体研究尤其是身体史的出现

毫无疑问，每个人都有身体，身体对每个人而言“既是最私密的存在，

① 瞿葆奎．教育学的探究[M]．北京：人民教育出版社，2004：353—355.

又是最公共的符号”[①]，是其生存、存在和实践的基础。因此，早在古希腊时，苏格拉底、柏拉图等先哲就在探讨身体和身心关系，逐步明确了扬心抑身的思想倾向，强调灵魂高于身体，“我思故我在”。近代，尼采则开启了身体复活的时代，呼吁以“身体为准绳”。[②]身体研究在西方哲学转向的背景下开始兴起，身体问题也成为20世纪哲学的最主要论题之一，如萨特、梅洛-庞蒂等部分或完整地开启了身体主体理论。[③]受身体哲学、福柯、梅洛-庞蒂等理论以及资本主义消费文化等影响，身体研究于20世纪80年代蓬勃兴起。同时，奥尼尔、阿姆斯强、特纳等的《现代社会中的五种身体》《身体的政治解剖学》《身体与社会》《身体的历史》等著作纷纷出现，进一步推动身体由原来隐含的研究对象变成研究热点以及全新研究视角。[④]此后，社会学、人类学、美学、历史学、教育学等相关学科以身体为切入点和交叉点，涌现出了身体社会学、身体美学、身体人类学、身体叙事学、身体史学、身体教育学等。在我国，受西方身体研究、传统身体理论资源的发掘以及消费社会的兴起等影响，杨大春、彭富春、张再林、刘小枫、汪民安、侯杰等来自哲学、历史学等学科的学者开始关注和推动身体研究，相关研究成果纷纷涌现，身体哲学、身体政治学、身体美学、身体史学等交叉学科开始出现和不断发展。

其中，教育身体史作为教育学和历史学的交叉学科，与身体史的关系最为密切，身体史的相关研究成果可以为教育身体史研究提供借鉴。目前，国内外身体史研究注重身体史学理论探索和相关作品双向进行。在西方，费侠莉总结身体史朝着再现和感知两条路径进行。[⑤]在我国，杨念群、李喜所、侯杰、余新忠等对服装、头发、瘟疫等进行了研究，侯杰、杜丽红、刘宗灵

① 杨念群，黄兴涛，毛丹．新史学：多学科对话的图景：下[M]．北京：中国人民大学出版社，2003：689.

② 杨莹慧．“身体”研究综述[J]．青年时代，2015(13).

③ 杨大春．身体的神秘：20世纪法国哲学论丛[M]．北京：人民出版社，2013：前言．

④ 欧阳灿灿．当代欧美身体研究批评[M]．北京：中国社会科学出版社，2015，1. 英国社会学家特纳(Bryan S. Turner)为代表的学者一般认为20世纪80年代身体研究在社会科学领域大规模兴起。

⑤ [美]费侠莉．再现与感知：身体史研究的两种取向[J]．蒋竹山，译．新史学，1999(4)：129—143.

等则或介绍西方身体史学理论、研究进展，或构建身体史学理论。在我国台湾，黄金麟、杨儒宾、黄俊杰等学者分别研究了身体观、身体生成史等。鉴于身体史的不断发展和强大生命力，历史学家冯尔康将身体史列为中国社会史研究的第九大发展趋势，且称其或许会改变人类历史。① 在其他学科身体研究蓬勃兴起、身体交叉学科纷纷出现以及身体史研究不断发展的情势下，教育史研究不能再一味“熟视无睹”。② 我们通过教育史看到了历代教育的逐步演变、发展和成形，却不追究一个教育主体及其“身体”是怎样形成的。事实上，学制的改变、各种兴学等，无非是希望通过一些落实到身体改造的活动来达到振衰起弊的效果。③ 因此，我们在研究教育史时，必须和应该明确提出教育身体史研究，且应将教育者和受教育者的“身体”放置到研究核心地位，展现对“身体”和生存的关注，审视其生成和变化，凸显生命关怀，并以“身体”为焦点审视教育变迁。

五、国外“身体与教育”史的凸显④

如果我们将视线放到国外教育史界，会发现国外同行已经开始涉及研究教育者和受教育者的身体。德国教育史学会唯一的会刊《教育史年刊》为例，该刊物每年一个主题，其中2005年的主题为“健康、身体、教育”，

① 冯尔康. 中国社会史概论[M]. 北京：高等教育出版社，2004：69.

② 具体参见：论教育活动史研究的多维视野[J]. 江汉论坛，2013(7).

论教育活动史多维视野的实现途径[J]. 湖北大学学报(哲学社会科学版)，2014(2).

两篇文章提出了身体史是教育活动史多维视野实现途径之一，已经意识到身体史研究对教育活动史研究的意义，但尚未明确提出教育身体史研究。随着认识逐步深化，教育身体史研究被明确提出。

③ 姚霏. 近代中国女子剪发运动初探(1903—1927)：以“身体”为视角的分析[J]. 史林，2009(2)：53.

④ 国外史学界没有明确提出教育身体史，因研究成果多是教育者和受教育者身体的历史，故暂且定为“身体与教育”史。

2012年的主题为“教育史中的‘情绪’”[①]。同时，教育史国际常设会议（ISCHE）2015年第37届会议中，来自德国、巴西、美国、葡萄牙、智利、中国等诸多国家的研究者亦从不同维度撰写了相关论文，推动教育身体史研究。在“身体与教育”这一主题下，研究者研究了童子军及身体展现、学生身体、学校空间与学生身体触摸和锻炼、宗教符号与学生身体构建等，还涉及了身体感官功能的嗅觉、恐惧和悲伤等情绪史。以教育史国际常设会议常设工作组（SWG）议题四为例，其题目如下表1-1所示。

表1-1 第37届ISCHE常设工作组论文主题

研究者国别	学校里的身体触摸
巴西	为个人适应的教育：巴西学校防治精神障碍的建议
巴西	巴西童子军及身体展现（1910—1941）
土耳其	教育仪式的突变：土耳其的例子
智利	表达国家情绪的身体——智利中等教育中学生身体的连续性和关键细节及其民族主义
葡萄牙	医生和学生的身体
德国	在学校期间和学校后的身体触摸：1800—1815年前后早期监管教育学中自我克制的动力
墨西哥	公共和私人接触空间的学校浴室：触摸身体的学校设计和技术的历史（1870—1940）
巴西	恰当的触摸身体：学校中的性行为和性取向（里约热内卢，1930）
中国	探索中国女童教育（1840—1912）：福柯方法对女童身体教育的启示

由此，国外教育史在新史学、新文化史和现代社会科学等的影响下，研究范围与主题不断扩大。除注重在传统史学引导下的教育制度和教育政策研究外，教育与身体、女性主义教育史、教育情感史等均逐步显现。2016年8月17—20日于芝加哥罗耀拉大学召开的第38届教育史国际常设会议

① 孙益，张乐，罗小连. 20世纪90年代以来的德国教育史研究：以德国教育史学会和《教育史年刊》为核心的考察[J]. 外国教育研究，2014(8)：16—17.

(ISCHE)，其主题是“Education and the Body”，相关论文关注了女性身体、学校课桌的变迁、帝国化身体等。[①] 鉴于国外教育史研究中“身体与教育”的凸显，我国教育史学界更需要以敏锐的触角去把握和关注教育活动主体的“身体”，提出教育身体史，以相关理论探索和研究成果实现与国外同行的对话和交流。当然，国外相关研究还属于起步和探索期，还存在一定的不成熟性。但是，这也不妨碍教育身体史研究的提出和开展。相反，教育身体史研究的提出，随之而来的扎实的理论探索和成果更加有益于彰显我国教育史研究在国际教育史界的地位。

第二节　何以能研究教育身体史

继回答“为何研究教育身体史”这一问题之后，“究竟能不能研究教育身体史”“教育身体史研究能否顺利开展”又成为教育身体史研究提出后必须解答的问题。当然，我们对于这些问题的答案依旧是肯定的。如前所述，其他学科的身体研究成果和理论建构既是要求教育身体史研究必须提出和进行的原因之一，也相应地为教育身体史研究得以进行提供了理论支撑。此外，史料的日益丰盈和充实以及教育史研究团队的不断壮大，都为教育身体史研究的顺利开展增加了砝码。

一、相关学科身体研究的支撑[②]

如前所述，哲学、社会学、历史学、美学、政治学、人类学等学科的身

① 教育史国际常设会议第38届年会摘要[EB/OL]. http: //www. ische. org / wp-content / uploads / 2016 / 09 / ISCHE-38-Program-Book. pdf.

② 关于各学科身体研究进展，之后的“教育身体史研究的学理支撑”会详细展开，在此仅初步涉及，以说明其他学科的理论构建和研究成果有助于教育身体史研究顺利开展。

体研究均已兴起并不断发展。这些学科亦对身体的认识、身体的分类以及如何进行身体研究等相关问题进行了探讨，并形成了一定的理论模式。其中，关于身体的认识，苏格拉底、柏拉图、亚里士多德在灵魂优于身体的引导下，指出身体是器官的组合，身心分离。梅特里认为身体和其他物体一样，能被理性地观察、认识及掌握，人的心灵状况决定于人的机体状况，提出“有多少种体质，便有多少种不同的精神，不同的性格和不同的风俗”[①]。尼采提出身心合一，身体不止是器官组合，还是本能和欲望，“它们在解释现实的同时构建了现实”[②]。梅洛-庞蒂则认为身体是认识世界的主体，身体是人在世存在的基础。还有社会学家等提出的身体是被建构的身体等诸多观点。关于身体的分类，有福柯的被规训的身体，奥尼尔的五个身体之分，黄金麟的国家化、法权化、时间化和空间化身体之分，也有消费态身体、医疗态身体、技术态身体、性别态身体、规训态身体之分，也有身体器官、器官功能、器官形塑、器官装饰物等之分，以及被管制的身体、被圈闭的身体、群体的身体等之分。关于如何进行身体研究，有身体人类学提倡的走入现场的田野观察，也有教育学的教育叙事，或是历史学应用档案、图片等解读身体、疾病等，有自传、日志、历史史实还原等各种成果形式。此外，与历史上各个时期的身体相关的服装、装饰、整容、医学、发型、疾病等相关研究成果也逐渐增多。通过哲学、社会学、教育学、政治学、美学等相关学科的已有研究成果，研究者在开展教育身体史研究时可以有据可依、有章可循。其中，关于身体的界定有助于研究者更好地界定何谓身体、何谓教育者和受教育者的身体，身体史学、身体人类学等采用的研究方法可以为教育身体史研究所采纳和借鉴，身体史学中关于教育者和受教育者的史料也可以为教育身体史研究者提供资料线索，关于身体的分类有助于确定研究思路和研究框架，这些均为深入推动教育身体史研究打下了坚实的理论基础。

---

① [法]拉·梅特里. 人是机器[M]. 顾寿观，译. 北京：商务印书馆，1959：17—18.

② Eric Blondel. Nietzsche：The Body and Culture：Philosophy as a Philogical Genealogy. London：The Athlone Press，1991：206.

二、史料的日益丰盈和充实

梁启超曾明确指出："史料为史之组织细胞，史料不具或不确，则无复史之可言。"① 可见，史料对史学研究的作用巨大。同样，教育身体史研究的顺利推进，也离不开史料的奠定和支持。受社会史和文化史影响，教育史研究中可供选择和支配的史料类型不断增多，呈现地上和地下史料、正史史料和笔记小说史料、文字史料或口述和图像等史料并存的局面，它们均有助于推进教育身体史研究。以地下史料来说，随着考古工作的推进，各种地下史料逐步面世。以南昌西汉海昏侯墓考古为例，考古人员在清理玉覆面的过程中，透过玉璧的圆孔，能看到墓主人刘贺的牙齿。刘贺遗骸的一口牙齿保存得比较好，但从门牙缝来看，刘贺生前多少有些疾病。这些牙齿已送往中国社科院考古研究所进行DNA检测。专家称，通过DNA检测，有望了解刘贺生前的病理特征、身体状况等情况。② 此外，考古出土的竹简、文献，如马王堆医书、张家山汉简、阜阳汉简、武威医简、周家台秦简、居延汉简、敦煌汉简等先秦两汉医疗文献，其中可以窥见诊法与治则、对身体和疾病的认识、各种疗法和养生方法。③ 从笔记小说史料来看，受新文化史和社会史影响，教育史研究中逐步重视信件、日记、回忆录、小说、散文、歌谣、词曲等各类新史料。其中，"三言二拍"、《红楼梦》《赵子曰》等小说中传达了当时的身体观，《宋教仁日记》《胡适日记》《蔡元培日记》《朱希祖日记》《郁达夫日记》等，可以发现留学生、大学教师身体的疼痛，这些疼痛感觉等不适对其上课、科研等有着不可忽视的影响。④ 如朱希祖在日记中曾写

① 梁启超．中国历史研究法[M]．长沙：岳麓书社，2010：36.

② 中国六大考古新发现　西汉海昏侯墓居首位(组图)[EB/OL]．http：//cnews. chinadaily. com. cn/2016-05/07/content_25132359_4. htm，2016/5/13.

③ 刘孝圣．医疗与身体：以先秦两汉出土文献为中心[D]．台北：台湾大学文学院中国文学研究所硕士论文，2009.

④ 刘宗灵．身体史与近代中国研究：兼评黄金麟的身体史论著[J]．史学月刊，2009(3)：97.

道，因为伤风，“身体疲乏。本拟请假，因八时上课，电话亦不及通，只得抱病去授课，匆忙出门，忘却眼镜未带，空讲一小时，讲义字不能见也”[①]。从图像、器物、电影等史料来看，在图像史学、影视史学、形象史学等影响下，照片、录像、画作、影像、器物等各种史料均被重视，如丁钢、毛毅静指出教育影像应作为一个研究领域，通过研究《阿甘正传》《美丽人生》《高考1977》《美丽的大脚》《一个都不能少》等电影，以及《改革开放30年》等纪录片在内的国内外教育影像，可以在文字史料和教科书夹缝中窥探教育史的另一鲜活面容，促使教育历史篇章写得生动形象、趣味盎然。[②] 国外一些教育史研究者已经开始将电影应用到教育史研究中，如法国巴黎索邦大学《青少年敏感的革命：让·维果的〈操行零分〉与法国寄宿制学校文化》再现了法国寄宿制学校的规训、体罚、呵斥以及学生的反抗。[③] 此外，一些口述史料，如《胡适口述自传》《抹杀不了的罪证：日本侵华教育口述史》《我是一个工农兵学员》以及北京师范大学出版社“教育口述史系列”等口述资料也为教育身体史研究提供了真实可靠的“在场者”的身体资料。

三、研究队伍的不断壮大

科学研究的顺利开展离不开一定数量的科研人员的支持和推动。毋庸置疑，教育身体史研究的提出、开展，同样需要研究队伍的支持和保障。可喜的是，我国教育史研究队伍逐渐稳步扩大，成员构成逐步多元化和全面化。田正平教授在总结改革开放30年来教育史学科建设所取得的成就时曾指出，“从20世纪80年代教育史学科地位恢复以来，经过20多年的努力，至2007年，全国已有11所高校获得教育史博士学位授予权，约20所高校获得

① 朱希祖．朱希祖日记：上[M]．北京：中华书局，2012：181.

② 毛毅静，丁钢．别样的历史叙事：作为一个研究领域的教育影像[J]．教育研究，2013(1)：15.

③ Prof. Dr. Ali ARSLAN. ISCHE37 Culture and Education Abstracts[M]. Istanbul，2015：241—242.

教育史硕士学位授予权，全国高校每年招收教育史专业硕士、博士生约百名。教育史国家重点学科在2000年前全国仅有1个，到2007年增加至3个，在整个教育科学的各分支学科中，教育史国家重点学科数位居第二”。同时，教育史研究队伍构成呈现多元化和年轻化，即分别表现为研究队伍中来自哲学、历史学、社会学、文学等专业的研究者增多，硕士、博士生数量增多且逐渐成为学科研究的佼佼者。[①]从全国范围内整体审视教育史研究队伍，可以发现其数量不断增加，研究素养的不断提升，为教育身体史研究进行提供了人力上的支撑。笔者的研究团队同样聚集了一批近年来在学术界崭露头角的中青年学者，他们多是来自全国综合大学或师范大学的教授或博士生导师。以笔者所提出和进行的教育活动史研究为例，其重要成员有华中师范大学、厦门大学、天津大学、河南大学、湖北大学、曲阜师范大学、江南大学、宁波大学等校的教授、副教授、博导。这些成员均出版过教育史学术著作，积累了丰富的研究经验，且来自不同院校，有助于思想沟通和交流学术，是一支稳定、长期、综合、素养较高的研究队伍。同时，一些博士和博士生作为新锐力量正在不断贡献新能量。就教育身体史研究来看，富于理论素养和编写经验的教育活动史研究团队依旧可以成为教育身体史研究的重要参与者和主要贡献者，积极探索教育身体史研究的理论基础、开展路径，并推动教育身体史系列著作、论文的发表和出版等。同时，在教育身体史研究构想最初萌生之际，笔者即组织当时新入学的博士生积极关注这一研究，已有部分博士生以此为选题作博士论文，有些博士生还参加了教育史国际常设会议，吸收和借鉴国外“身体和教育”研究成果，为教育身体史研究提供相关材料。由此，无论是全国范围内的教育史研究队伍，还是教育活动史研究团队，均为教育身体史研究可能进行提供了潜在的人力资源。相信教育身体史研究正式提出并取得相应的影响后，全国各地会有越来越多的研究者积极主动参与其中，更加有力地夯实和完善教育身体史研究。

① 田正平．老学科 新气象：改革开放30年教育史学科建设述评[J]．教育研究，2008(9)：13.

第三节　教育身体史的基本内涵

任何一个全新研究领域的展开，总是从认识论、方法论以及价值论三方面着手进行，这样有助于人们清晰地开展以及认可该项研究。教育身体史研究的展开亦如此，首先必须回答教育身体史是什么，重点探讨哪些问题。

一、何谓“身体”和“教育身体”

研究教育身体史，涉及“身体”“教育”“教育身体”三个核心词，因此讨论的起点自然避不开界定“身体”“教育身体”这两个词。这样，才不致使得因核心概念语焉不详而导致教育身体史研究遭受争议。

（一）身体

1. 汉语语境中的“身体”

一方面，从古代汉语语境中看“身体”的含义。关于“身”，《说文解字》曰：“身，躬也，象人之身。”[①]在此，以“躬”解释“身”，说明“身”的含义在于人的生理学意义上的躯体的总称。《疏》指出：“身，自谓也。”以生理性的肉体称谓自己，“身”又可以指代本人、自身、生命等含义。从中国古代常见的“平身”“老身”“妾身”等提法来看，“身”既可以是身体的某一动作完成后站正，也可以指代某一类人本人。关于“体”，《说文解字》曰：“体，总十二属也。”[②]“体”或指的是身体，或是四肢，或是践行，或是体察、体验等。最早“身”“体”连称，见于《孝经·开宗明义

① [东汉]许慎．说文解字[M]．北京：中华书局，1963：170.

② [东汉]许慎．说文解字[M]．北京：中华书局，1963：170.

章》："身体发肤，受之父母，不敢毁伤，孝之始也。立身行道，扬名于后世，以显父母，孝之终也。"[①] 在此，"身体发肤"更多指的是从父母那里靠遗传获得的生理学意义上的肉体以及头发等附属物。"身体"的物质性是人孝顺，也是其生命存在的前提，其价值在于形成对自己身体的正确认识，珍惜身体、珍爱生命成为自己的责任。当然，"立身行道"才是孝顺的终结，也就是在爱护物质性身体的前提下，爱护自己的名声，提升自己的精神素养。中国古代汉语语境的"身体"虽然指涉身体的具体部位，明确身体的物质性、生理性、医学性等，但是也可以引申出"本人""自我""生命"以及"实践""践行"等多种含义。

另一方面，从现代汉语语境来看，以《现代汉语词典》对"身"的解释来看，指的是"身体""生命""人的品格和修养"等八个不同含义；对"体"的解释有"身体""物体""文字的书写形式""亲身（经验）；设身处地"等。[②] 这些单就两个词的解释，与古代汉语语境有相似之处。但是就"身体"的解释来看，指的是"一个人或一个动物的生理组织的整体，有时专指躯干和四肢。"[③] 该词条还专门配图解释人的身体的器官构成。由此来看，或许是"长期以来西医身体观念的浸淫，以及社会现代化进程中所裹挟的科学主义与唯物主义观念的影响"[④]，现代汉语语境中的"身体"主要是指人体或动物的血肉之躯，是由各种不同器官、肌肉、神经系统等构成的肉体。

2. 西方语境中的"身体"

从西方语境来看，"身体"一词源于拉丁文"corpus"，意指某个可感知对象或一定数量的某物质（物理学），在法学、政治学范畴也可以表示社团、组织；在一般意义上指生物的形态与物质外观（生物学、人类学）。[⑤]

① 杜占明. 中国古训辞典[M]. 北京：北京燕山出版社，1992：99—100.

② 中国社会科学院语言研究所词典编辑室. 现代汉语词典[M]. 北京：商务印书馆，2016：1158，1287.

③ 中国社会科学院语言研究所词典编辑室. 现代汉语词典[M]. 北京：商务印书馆，2016：1159.

④ 欧阳灿灿. 当代欧美身体研究批评[M]. 北京：中国社会科学出版社，2015：4.

⑤ [德]克里斯蒂娜·冯·布劳恩，英格·斯蒂芬，等. 科学中的性别[M]. 史竞舟，译. 北京：人民出版社，2014：65.

不难理解，这一解释传达了古希腊以来人们对身体所做的二元分立，身体被划分为肉体和精神。苏格拉底认为灵魂是不朽的，肉体是有限的，“死就是灵魂和肉体的分离；处于死的状态就是肉体离开了灵魂而独立存在，灵魂离开了肉体而独立存在”①。作为苏格拉底的学生，柏拉图全盘继承了苏格拉底的观点，认为身体是灵魂的坟墓和囚笼，灵魂优于身体。时间延续到漫长的中世纪以及笛卡尔哲学，身心依旧是两分的，且身体是罪恶的渊源，也是非理性的、偶然性的和无关紧要的，并且它是灵魂的“敌人”。因此，基督教徒要实现精神境界的提升，其一生的追求是要克服肉体欲望的阻碍。因此，笛卡尔的“我思故我在”彻底地总结了灵魂主导、身体机械和附属的身体观。放置到资本主义社会初期的身体，其地位依旧如此，身体是罪恶的，由道德控制和管理。同时，身体也只是生殖机器以及生产工具，只有不断劳作才能存在，才能减轻罪恶。韦伯曾指出，新教徒认为身体只是“作为完成上帝‘生养众多’的命令而充当为上帝增加荣耀的手段”，且“人生目的自身就涉及工作，保罗的‘若有人不肯工作，就不可吃饭’”的箴言无条件地适用于每个人。② 正是在这种认识基础上，身体的全部物质性都被驯服、调动以及利用起来，成为资本主义社会积累财富的工具。

西方身体觉醒和从历史屈辱的阴影中走出来，“获得了自身的光亮，成为光源、尺度、标准和出发点”，且成为存在的中心，缘于尼采。③ 在尼采看来，身体是“一系列本能与欲望”，是解释和建构现实的基础。此后，现象学创始人胡塞尔区分了“身体”和“肉体”，指出“身体自身的特征在于它是感知的身体”“在感知行为中主动运动着的身体”。④ 海德格尔提出“此在”概念，指出人在世界中存在，与存在的世界相互构成。梅洛-庞蒂在此

① [古希腊]柏拉图．斐多：柏拉图对话录之一[M]．杨绛，译．沈阳：辽宁人民出版社，2000：13.

② [德]韦伯．新教伦理与资本主义精神[M]．苏国勋，覃方明，赵立玮，等，译．北京：社会科学文献出版社，2010：102.

③ 汪民安．尼采、德勒兹、福柯：身体和主体[EB/OL]．http：//www. docin. com/p-910530898. html，2016/5/17.

④ [德]埃德蒙德·胡塞尔．生活世界现象学[M]．倪梁康，张廷国，译．上海：上海译文出版社，2002：58.

基础上，以“身体图式”“身体—主体”，昭示了身体是人存在的基础，也使得人与世界建立联系，是其“理解力”的一般工具。[①] 当然，在此还必须提到福柯对“身体”的认识，他认为身体而非心灵是社会组织的中心，也发现了“身体政治”，指出身体铭记着历史的痕迹，而历史则不断规训、管理、改造着身体。身体被知识所生产，被权力所规训，被话语所煽动。[②] 当然，福柯更多地看到了身体的被压制和被惩罚，身体静默和无声地服从各种权力，没有看到身体的主动性。在这一点上，福柯与尼采、胡塞尔、海德格尔、梅洛-庞蒂等不同，后者指出身体是有能量的，可以不断生成、增强和外溢，从而主动、积极地在世界中存在和应对各种活动。

就中西方关于“身体”的界定来看，身体的界定多样且在不同时期有所变化，整体呈现以下几种代表性观点：第一，“身体”被看作是与精神对立的躯体或肉体；第二，“身体”被理解为社会性、历史性、文化性存在的身体，“是一套通过它的外观、尺寸和装饰的属性对一个社会的价值观进行编码的手段”[③]；第三，将身体与权力意志等同，身体就是权力意志；第四，身体和力是一体的，它不是力的表现形式、场所、媒介或战场，而是力本身，是力和力的冲突本身，是竞技的力的关系本身；第五，将身体视为整体生命的情状。

就教育身体史研究来看，我们首先主张肯定“身体”，且“身体”首先是身心合一，“身体”和灵魂同时存在，地位平等，而非“身体”是罪恶的渊薮。此外，“身体”存在的前提是“肉体”，是各种器官、神经系统、头发和服装等身体附属物、装饰物的统一。因此，“身体”范畴较广，不仅指人的身躯，还包括服饰、卫生、健康（体检）、运动、生病、性、死亡、感受、观念。同时，正因为身体的“在场”，我们的生命、存在也“在场”。当然，“身体”除物质性存在外，它成为我们认识世界和理解力的中介。因为“身体”存在，我们得以感知空间、时间。此外，“身体”并非被动的、消极存在的，

① [法]梅洛-庞蒂．知觉现象学[M]．姜志辉，译．北京：商务印书馆，2001：300.

② 周丽昀．现代技术与身体伦理研究[M]．上海：上海大学出版社，2014：41.

③ [英]丹尼·卡瓦拉罗．文化理论关键词[M]．张卫东，译．南京：江苏人民出版社，2006：104—105.

也会积极、主动地应对世界。总体来看，身体是物质的，也是非物质的；身体是稳定的，也是可以生成的；[①] 身体会承受外力的雕刻，也会主动应对和反抗外力；身体是有个体差异、有性别的身体，也是群体、共同的身体；身体是各个器官分立的身体，也是整体的、综合的身体。

（二）教育身体

从对“身体”的界定出发，结合教育活动的特点、要素等，“教育身体”必须是具有教育身份的教育者和受教育者的“身体”，其“身体”依据时间、空间等不同标准可以进行相应的细化和拓展。

具体来说，按照其“教育身体”所处的空间来看，依托其所处的教育场域，广义上有学校空间、家庭空间以及社会空间的教育者和受教育者的“身体”，狭义上主要是学校空间的“教育身体”。在此，学校空间的“教育身体”指涉位于教室、宿舍、操场以及办公室等不同学校空间内的教师、学生以及教育管理者的“身体”。当然，“教育身体”还有国别、区域之分，如中国、外国的“教育身体”。这些又可以与前述空间相结合，组合为“宏观—中观—微观”空间下的“教育身体”。此外，具有教育者和受教育者身份的“身体”有时也会因抗议、示威等不同活动而发生空间上的游移，成为街道上等不同空间内“游行的身体”等。

按照“教育身体”所处的时间来看，有不同历史发展阶段的教育者和受教育者的“身体”，如远古时期、奴隶社会时期、封建社会时期以及资本主义社会时期的“教育身体”；也有特定时间下某一空间或教育场域中的教育者和受教育者的“身体”，如上学时间或是放假期间、上课时间或是课余时间等不同时间段、钟点的教育者和受教育者的“身体”。

按照“教育身体”的构成来看，有教育者和受教育者的“物质性身体”，即其感官以及头发、服饰等附属物，如教育者和受教育者的眼鼻口耳、神经系统及这些感官的功能，以及“教育身体”附属的头发、校服、服

① 史敏．中国现代女性身体史研究述评[J]．史学月刊，2017(2).

装、装饰等，也有教育者和受教育者的“精神性身体”，即教育者和受教育者的感受、体验、喜怒哀乐等。同时，无论是肉体还是精神的“教育身体”，有时还会出现各种疾病，对“教育身体”的各类疾病研究亦不能避免。

按照“教育身体”承受的外力和生成来看，有接受外力规训和教化的教育者和受教育者的“身体”，如接受儒家教化、封建教条的“教育身体”，“军国民思想”影响下的“教育身体”，体罚、管理条例等规训下的身体；也有主动反抗外力和自我塑造的教育者和受教育者的“身体”，即对规训或是对外界不满时“教育身体”的抗争，或是教育主体为自身更加完满而主动锻炼和塑造的“教育身体”。

按照“教育身体”的个别化和群体化来看，有不同性别、不同年龄的教育者和受教育者的“身体”，也有某一年龄段、某一教育阶段的教育者和受教育者的“身体”。在此，需要注意区别男女教育主体的“教育身体”，也要注重刻画小学、中学以及大学等不同教育阶段的教育主体“教育身体”的变化和变迁。

二、何谓身体史

身体史，顾名思义，是“身体的历史”，研究人类“身体”变化、生成以及奥秘的历史。随着哲学研究“身体转向”及福柯思想尤其是其《规训与惩罚》一书的深入影响，女性主义的兴起，后工业社会下“追求欲望的身体”[①]出现等，历史学家开拓了身体史这一历史研究新领域。真正意义上的身体史研究于20世纪七八十年代兴起。早期身体史研究者的假设是，身体只有我们感知时才存在，因此身体史研究必须与其认识融为一体。在研究时，他们多采用后结构主义或结构话语中的表现手法，主要考察身体隐喻。此后，身体史研究者主张仅关注身体隐喻，不免否定了身体的真实存在和真实体现，故而主张隐喻研究与实证相结合，积极推动社会学、人类学等相关学

① [英]布拉恩·特纳．身体与社会[M]．马海良，赵国新，译．沈阳：春风文艺出版社，2000：19—22.

科方法的借鉴。美国学者费侠莉将此总结为再现和感知的历史，且二者不是也不能相互隔离，再现为感知提供了基础，感知又提升了再现。

就身体史研究的理论基础和相关支撑来看，历史学、哲学、社会学、人类学、医学、心理学等学科为其理论、方法奠定了相应基础。其中，作为历史学的分支领域，历史学中的考古、考证等方法均可以为身体史所应用，考古资料等可以为完善身体史研究提供在场证据；哲学、社会学等学科对“身体”的界定，对“身体”的分类，是身体史研究中“身体”的概念、分类的理论来源。如黄金麟的《历史、身体、国家——近代中国的身体形成（1895—1937）》就借用了社会学的相关理论研究成果，其中特纳、福柯、韦伯等人对“身体”的思考均成为其思想资源。此外，人类学等学科中的田野调查、深描等方法，可以作为身体史研究者的研究方法之一。医学、生理学等学科中关于人身体的解剖、分析以及对各种感官的认识，心理学学科对人的头脑、神经系统等与心理关系的看法，都为全方位研究身体史提供了相应材料。

就身体史研究的范围来看，历史学家研究了身体的表象、身体器官功能，推进如何形成相应的观念，还有一些则通过睡眠时间刻度研究，从中辨识出社会权力结构。[①] 身体史研究还被丰富为医疗史、疾病史、性别史等诸类。可以说，身体史研究包罗万象，纵横交错。为了更系统、更深入地展开身体史研究，侯杰将其划分为身体器官史研究、器官功能史研究、生命关怀史研究、身体视角史研究、综合身体史研究五个层次。其中，身体器官史认为人的身体由具体器官组成，人体器官也非解剖学意义上的器官，身体器官史研究脸面、手、足、皮肤、头发等身体器官；器官功能史从研究触觉、听觉、味觉、姿势等器官功能研究做起，也会研究梦史、恐惧史等；生命关怀史认为“身体”与生命密不可分，对生命关怀同样可以纳入身体史研究之中，其中与生命关怀最密切的疾病医疗史、社会福利救济史等研究中，均不仅是再现疾病、救济，而是体现出对人的生命的关怀和思考的终极追求；身体视角史从“身体”入手，注重“身体”是象征性的观念产物，通过“身体”理解和考察历史；综合身体史注重身体史研究与心态史、政治史、宗教

---

① 李宏图．当代西方新社会文化史述论[J]．世界历史，2004(1)：36.

史、表象史等交叉，挖掘身体史与多学科的融通，且从他学科视角解读身体。无论是身体器官史、器官功能史，还是生命关怀史、身体视角史、综合身体史，不仅关注身体本身，更关注身体器官承载的特有的历史文化。[①]

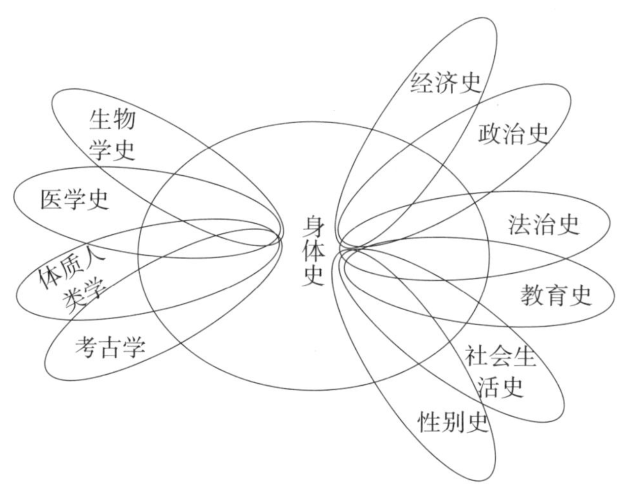

图1-1　身体史研究范围示意图

〖资料来源：魏珂．归属与自主：近代大学生教育身体史研究（1895—1937）［D］．武汉：华中师范大学博士论文，2017.〗

总体来说，身体史不仅研究历史上生理的身体，也研究文化的身体，被建构的身体。同时，身体史研究既关注整体的身体，也关注个别的身体以及身体的各个部分。身体史研究因“身体”的复杂性、多样性和与社会的互动、沟通性，呈现研究内容多元、研究范围全面的特点。同时，身体史研究意义较大。它首先是一个新兴研究领域，有别于传统政治、经济、文化等史学领域，可以在全新的研究视角和方法下，解读新的或是原先的旧材料，实现史学学术研究变革。此外，身体史还有较强的现实意义。身体史研究可以通过再现和总结历史上某些人在接受、经历国家政策与政治意识形态、社会文化等影响后，“身体”如何被塑造且怎样生成等经验，使当前“身体”更好地完善和提升。当然，无论是身体史研究推动理论完善，还是为实践提供借鉴，其最终目的是关注人的“身体”，进而体现“身体”和社会的双重建构，实现对人的生命的关怀。

① 侯杰，姜海龙．身体史研究刍议［J］．文史哲，2005(2)：6—9.

三、何谓教育身体史

（一）教育身体史是什么

在对“身体”“身体史”相关概念进行梳理和界定后，教育身体史是什么也逐步明晰。可以说，教育身体史是专门研究和重点考量历史上教育参与者因教育乃至时代、社会环境影响下“身体”的生成与改变，以及他们的“身体”变化对教育、社会、时代产生何种影响的研究领域。因教育参与者“身体”的在场，教育身体史以对教育参与者的生命关怀为精神内核，紧扣教育参与者的生命、生存、生活的研究诉求和主旨。

教育身体史的提出并非是无源之水，因身体哲学、身体史等学科已先行起步并不断发展，因而教育身体史是这些学科在教育史研究中的综合性应用和发展，体现了教育身体史研究借鉴相关学科充实教育史、教育身体史研究，并将身体哲学、身体史、身体社会学等作为教育身体史研究重要学理支撑的本真追求。当然，任何研究和理论，不可能也不能完全照搬其他学科的相关理论，教育身体史研究也如此。它不是教育身体史研究者对身体史、身体哲学、身体社会学等学科相关概念、研究范式等的简单套用，而是研究者根据身体哲学、身体史、身体社会学等相关学科对“身体”概念的理解、“身体”的类型、研究框架等，在自己对教育参与者的独有特点、教育史研究的独有特性等理解的基础上，着力突出教育场域内教育参与者的“身体”，而非其他活动场域中非教育活动主体的“身体”，最终形成教育身体史研究所应有的言之有理、持之有故的“身体”概念、研究范式等。

同时，研究对象的独特性也使得教育身体史研究有别于身体史、身体哲学等研究。还必须指出的是，身体史、教育身体史、身体教育史在国际上才刚刚兴起，国内外学界也尚未对教育身体史研究做出成熟且权威的概念界定。[①] 在此，还非常有必要分析教育身体史、身体教育史、教育史、身体史四者之间的相互关系。

① 2016年8月17—20日，芝加哥罗耀拉大学举办的第38届教育史国际常设会议的主题为“教育与身体”（Education and the Body），尚未对教育身体史做出权威且成熟的界定。

首先，就教育史和身体史的关系来看，二者均是教育身体史、身体教育史的上位概念，且二者之间是平行交叉关系，教育史中一旦涉及研究教育参与者“身体”，无疑会与身体史的相关研究内容相交叉，而身体史研究中一旦选定学生、教师等教育参与者作为研究对象，无疑又会与教育史交叉；其次，就教育身体史、身体教育史之间的关系来看，两者均是教育史、身体史的下位概念，且均是因教育史和身体史交叉而形成的研究领域，二者之间是并行关系。同时，教育身体史和身体教育史之间也有一定的交叉。教育身体史是教育参与者“身体”通过教育的“化”“育”而促成的生成和变化，凸显了对教育参与者群体的“身体”关注和生命关怀，会涉及“身体教育”的历史，而身体教育史从“身体教育”出发，更为强调通过“身体”教育，实际上更多为通过体育，以外在身体的强健而内化、提升其内在灵魂，从此出发，身体教育史一定意义上相当于体育史。因此，教育身体史会涉及身体教育史，其研究范围一定程度上大于身体教育史研究范围，身体教育史也会与教育身体史中部分研究内容相重合。二者之间并行交叉。最后，就四者关系来看，教育史、身体史是教育身体史、身体教育史的上位概念，涵盖二者的相关研究内容。与此同时，教育身体史、身体教育史因针对专门的“教育身体”“身体教育”作为独有研究对象，具有自己的独有研究特色，也会因此而有部分研究内容保留在教育史、身体史研究之外。因此，在研究教育身体史时还需要做到不能完全割裂其与教育史、身体史、身体教育史的关系，注重吸收后三者的研究成果，形成区别和联系，在比较和借鉴中更好地充实和完善教育身体史研究。

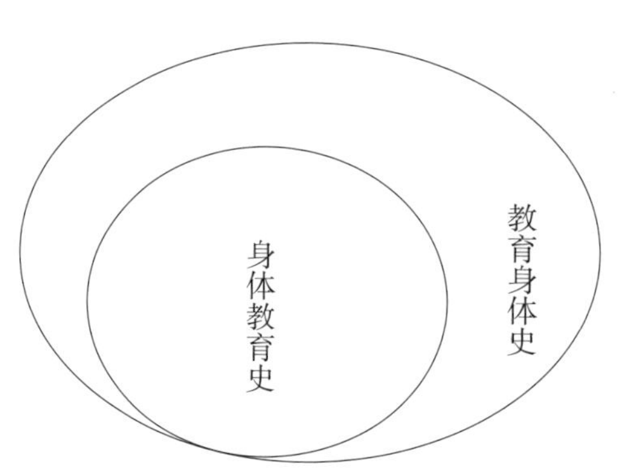

图1-2　教育身体史和身体教育史关系示意图

（二）教育身体史的研究内容

教育身体史有广义和狭义之分。从广义上看，教育身体史研究一切教育参与者“身体”的历史，根据教育参与者所处的教育场域，教育身体史可以包括学校教育身体史、家庭教育身体史、社会教育身体史三大类，它们均可以与特定时间段组合。从狭义上讲，教育身体史主要研究学校场域内的教育者与受教育者“身体”的历史，研究对象主要集中于各类学生、教师、教育行政人员等。同时，无论广义还是狭义的教育身体史研究，按照研究对象的年龄、性别、所处时代等，又可以细分为某一时期某一类型教育参与者的教育身体史，如民国时期大学教师的身体、男女大学生的身体等。在此，需要指出的是，狭义的教育身体史研究是研究重点，但是广义的亦需要齐头并进，这既是构建完整系统的教育身体史研究的需要，也能为当前各类型的教育参与者提供借鉴。

从身体史视角出发，教育身体史研究内容还会有所变化，并在上述广义、狭义之分基础上予以细分，进行更为详细的研究。前面曾提到身体史研究范围的划分，即身体器官史研究、器官功能史研究、生命关怀史研究、身体视角史研究、综合身体史研究五个层次。此种划分虽未必完整、准确，仅是“根据研究经验所做的研究前瞻”①，也有可能有交叉重合，但是为教育身体史研究范畴细化提供了参考标准。据此，教育身体史研究可以还原历史上教育参与者的器官史、器官功能史、生命关怀史等研究内容。这些研究内容与广义、狭义教育身体史研究相组合，可以形成特定历史时期某类教育参与者的器官史、器官功能史、生命关怀史、身体视角史、综合身体史研究。

就教育身体器官史来看，可以研究教育参与者的头发、脚、身材等的变化，还可以探讨装饰和雕塑器官的服饰、文身等，并探寻承载的教育影响、蕴含的文化观念等。以研究女学生的剪发为例，能够深入发现女性进入学堂后的观念变化及当时女性的觉醒和与家庭的抗争等，还可以研究女学生、女

① 侯杰，姜海龙．身体史研究刍议[J]．文史哲，2005(2)：5.

教员的着装、高跟鞋等，能发现追求美和时尚等观念、女明星示范等驱使下女学生对身体的形塑；就教育器官功能史而言，可以尝试研究教育参与者的饮食、恐惧、性等。这一部分在身体史研究中还未展开，但值得注意的是，情感史已经引发国际历史学界的关注，[①] 因此，教育身体史必须“未雨绸缪”，对教育参与者的触觉、听觉、嗅觉、味觉等感觉以及恐惧、悲伤等各种情绪进行研究。如研究大学教师时，查阅其留存日记，整理身体疼痛等对日常教学的干扰，《朱希祖日记》等大学教师日记中便记录了此类情形，以此透视身体因素对个人抉择的影响。在教育生命关怀史中，可以结合教育参与者留存的疾病体检资料等，研究其疾病医疗史、卫生保健史、体育强身史等。如研究新式学堂兴起和西方体育运动观念进入的社会背景下，分析当时学生对体育运动的认识，学校对学生作息的安排、学生置身的学校各种场地和设施、体育运动的提倡与体育课程和竞赛的安排、饮水和食物的搭配等内含的身体养护意识和关怀行为，进而分析革新自强自立的决心和勇气。研究教育身体视角史，则可以以身体为媒介，透视教育身体经历何种历史变迁，教育身体的时空化等。此处的“身体”仅为“象征性的观念产物”，这类研究中，并不研究教育参与者实然实在的“身体”，更多的是研究特定时期下教育参与者身体与空间、社会公共领域的关系，力图总结他们身体内涵的丰富性和象征性。综合教育身体史研究中，凸显教育身体史与其他学术领域的交叉、综合研究，这一点也是研究者必须重视的，应以“身体”为核心形成教育史研究的多维视野。[②] 以教育身体史与政治史的综合为例，近代大学教师在国破家亡而无法拯救民族危亡的情境下，作为时代精英的他们是如何认识自己身体，以何种身体特征呼唤民众意识等，而这种认识又是如何影响宏大历史的。

---

① 2015年8月24日举办的第22届国际历史科学大会，会议主题为“书写情感的历史”，第一场会议围绕“情感、资本主义和市场”的主题进行，第二场会议的主题为“情感和‘他者’的塑造”，第三场会议的主题为“身体和空间中的情感”。人的身体是情感的载体，情感需要身体表现，因身体所处时空不同情感有异，这对教育身体史研究有所启示，且部分成果可以借鉴、吸收，推动教育身体器官功能史研究。

② 具体参见：周洪宇，李艳莉．论教育活动史研究的多维视野[J]．江汉论坛，2013(7)．

周洪宇，李艳莉．论教育活动史多维视野的实现途径[J]．湖北大学学报（哲学社会科学版），2014(2)．身体史是教育活动史多维视野实现途径之一，它会融合其他如心理史学、比较史学等实现途径，也会在下述多学科性中融合其他学科，进一步丰富和充实研究。

当然，教育身体史的研究内容绝不是固定的，按照多种身体理论，我们还可以进行划分，如依据约翰·奥尼尔区分的“世界身体、社会身体、政治身体、消费身体、医学身体”[①]，或依据教育身体观念、教育身体保养、教育身体形象、教育身体规训和解放、教育身体的时空变化等，或根据黄金麟研究近代中国身体划分的国家化身体、法权化身体、时间化身体、空间化身体进行相应的教育身体史研究。如此划分研究内容，可能有些与上述有所重合，但是均把握和强调以身体史视角审视教育活动场域中的教育参与者在教育等因素影响下“身体”的生成与变化，亦强调作为主体的教育参与者的“身体”对教育乃至社会、文化等的影响，更多地表达作为教育活动主体的人的声音。[②]

（三）教育身体史的多学科性

教育身体史的综合研究指出，这一研究具有综合性。事实上，无论是综合研究，还是前四种研究类型，均需要交叉相关学科的知识，做到以历史学、教育学为主，且广泛学习和采用其他学科的知识、理论、技术和方法。“身体的主题总是处于历史、医学、人类学、艺术、哲学、宗教、政治、种族、性别和经济的交汇处。”[③]因此，教育身体史研究必然具有跨学科特色而呈现综合性研究，比如哲学中身心观的变迁、关注人的生存与解放、马克思主义对身体史研究的启示等。

从历史学来看，教育身体史呈现过去教育参与者在教育活动中的“身体”，直接刻画位于特定时空中教育参与者的器官、喜怒哀乐、疾病、服饰、发型等细微之处，呈现教育历史场域中生动立体的人，赋予其生命关怀，避免了“只看见了历史遗骸，却不见了历史灵魂”[④]。可以说，教育身体史研究中“身体”的进入，促进了史学研究的人本走向，揭示历史主体身

① [美]约翰·奥尼尔．身体形态[M]．张旭春，译．沈阳：春风文艺出版社，2000．编者的话1.

② 章立明．中国身体研究及其人类学转向[J]．广西民族研究，2008(2)：52.

③ 杜丽红．西方身体史研究述评[J]．史学理论研究，2009(3)：125，127.

④ 钱穆．中国史学名著[M]．北京：生活·读书·新知三联书店，2005：12.

体生成的奥秘，进一步推动学术变革和研究方法更新。

从心理学来看，正如具身认知指出，“认知与身体、与身体的构造与功能、与身体的感觉运动系统紧密交织在一起，身体是一个具体的身体，是一个活生生的、与自然环境和文化环境交互作用的有机体”[①]。教育身体史中的“身体”同样如此，会突出历史上教育参与者身体的构造、功能等物理属性和感知觉系统与心理体验的紧密联系、互相影响。通过对历史上教育参与者身体的物理感受、感觉运动图式等进行再现，以其与认知的紧密关系，分析他们表达的抽象思想和复杂感情，力图勾勒一定历史情境下教育参与者的身心互动。

从生理学来看，教育参与者的“身体”是一种生理存在，教育身体史研究势必需要融合人体生理解剖学等相关知识，以更好地了解教育参与者的身体构造，也会在此路径下注重展现某一时期教育参与者的生命活动特征，细胞、神经、内分泌等身体调节系统的特点，还会在如考古实物资料、体检资料等资料对比中，延续性地突出不同时期或不同地区教育参与者生理体征的变迁。这是当时教育活动开展的最基本前提，可以了解当时采取此种教育活动的初衷及展现不同教育活动的实效。

从人类学来看，教育身体史研究的所有成果都与教育参与者的“身体”发生关系，紧扣与其身体相关的民俗和禁忌、象征意义等，本身与人类学、教育人类学[②]不谋而合，教育身体史研究者利用人类学的深度访谈、参与观察、口述史等扎实的田野工作进行研究时，既保证其“在场”从教育参与者的口述、感受中获得更为可信的资料，又使其以“身体”的文化建构为研究对象时，几乎“成为不折不扣的人类学家”[③]，力求真实，动态还原当时不同文化情境下教育参与者“身体”变化和生命、生活体验，文化和身体间的塑

① 叶浩生. 西方心理学中的具身认知研究思潮[J]. 华中师范大学学报(人文社会科学版)，2011(4)：153.

② [德]克里斯托弗·乌尔夫. 教育的历史人类学：问题与方法[J]. 北京大学教育评论，2007(4)：130. 此处他指出教育人类学的许多新近研究成果都涉及身体，《身体的复出》一书出版，对历史人类学意义重大，也使得身体成为人类学研究的中心对象。

③ [美]费侠莉. 再现与感知：身体史研究的两种取向[J]. 蒋竹山，译. 新史学，1999(4)：129.

造、影响等，实现了对教育参与者生命关怀的最终诉求。

从社会学来看，教育参与者的“身体”不仅是“自然存在的产物，它受到社会规范和社会经验的影响”[①]，还是一种公共符号系统。社会形塑、规训教育参与者的“身体”，由他们“身体”串联的诸如服饰、发型、性别、美容等蕴含的各种复杂象征意义，就会体现教育参与者的社会身份、社会分层和各种社会关系，所处的时空位置也可以揭示当时宏观社会结构的风貌、观念以及分层、流动和变迁等，同时，教育参与者围绕“身体”的主动设计和开发等，传达了他们在特定社会时空背景下个体社会化及主动施力于社会变革的信息。

从政治学来看，我国古代政治学乃是一种根植于“身体”的“身体政治学”，强调身国合一，[②]因而教育参与者的“身体”与政治学间的密切关系也值得研究。无论是儒家提倡的修身治家，还是朝代更替中的剪发易服等，都离不开身体这一核心以实现重塑身体政治。同理，教育场域中的各类教育参与者不可避免地受到国家权力推广与影响而重新认识自己的身体和被重塑身体政治。就教育生态圈来说，师生、教育管理者与被管理者如何认识自己的身体，这些会影响其对教育管理、教育活动的认识和行为等。通过教育身体史与政治学的研究，可以更好地透视政治折射下的教育参与者身体重塑，亦可以身体这一全新视角重新理解传统的教育管理思想和制度。

四、教育身体史研究的文本借鉴

目前，身体史研究在国内外学术界已经有一定的发展，彼得·伯克将身体、性别研究列入新文化史研究范畴之一，[③]冯尔康则专门将“身体史”列

① 连新，胡晓红．身体：社会学的新视域[J]．山西师大学报(社会科学版)，2015(1)：143.

② 张再林．中国古代身体政治学发微[J]．学术月刊，2008(4)：22.

③ 杨豫，李霞，舒小昀．新文化史学的兴起：与剑桥大学彼得·伯克教授座谈侧记[J]．史学理论研究，2000(1)：144.

为中国社会史研究的第九大发展趋势。[①] 相应地，身体史研究的相关成果也进入学术界和公众的视线。

从西方身体史著述来看，德国学者恩斯特·坎托罗维奇的《国王的两个身体——中世纪政治神学研究》指出国王拥有普通的和神圣的两个身体，并率先采用了身体隐喻的方法进行了研究。费侠莉的《繁盛之阴——中国医学史中的性（960—1665）》从中国传统医疗文化史的角度探讨性别观念和身体问题。[②] 栗山茂久的《身体表现性和希腊与中国医学的分歧》区别了异质文化下医学对身体的不同理解。高彦颐的《步步生莲——绣鞋与缠足文化》《缠足——“金莲崇拜”盛极而衰的演变》以女性独有的“绣鞋”“缠足”入手，在绣鞋、医书等资料辅助下展现了女性的缠足史以及她们作为缠足主体对此的认识。如上三位史学家，在身体史研究中强调了“再现”和“感知”两条路径推入和互动，既如实地展现了身体演变史，也突出了历史情境中主体的感知。[③]

从国内身体史著述来看，余新忠的《清代江南的瘟疫与社会——一项医疗社会史的研究》以学术目光的敏锐性对生命、疾病给予了特殊对待，将疾病传播视为一种社会表现形式，并把抵抗疾病的过程与官府、地方精英、基层民众的反应策略联系起来加以考察，以疾病展现了江南社会变迁的另一番景象。[④] 真正西方意义并具有理论自觉意识的身体史研究当推杨念群的《再造“病人”——中西医冲突下的空间政治（1832—1985）》，该书以“身体”再现和思考了晚清以来“东亚病夫”如何生成、再造和演变的历史，并聚焦了这一群体身体上杂糅的西方势力和一系列政治制度变革。[⑤] 杨兴梅的《身体之争——近代中国反缠足的历程》将近代中国缠足和反缠足者均纳入当时历史背景中平等看待，考察了部分省市反缠足运动的实效及运动过程中各主体的态度、行为变化等。此外，国内史学界——如侯杰从身体史理论

① 冯尔康. 中国社会史概论[M]. 北京：高等教育出版社，2004：69.

② [美]费侠莉. 繁盛之阴：中国医学史中的性（960—1665）[M]. 甄橙，译. 南京：江苏人民出版社，2006.

③ [美]高彦颐. 缠足：“金莲崇拜”盛极而衰的演变[M]. 苗延威，译. 南京：江苏人民出版社，2009.

④ 余新忠. 清代江南的瘟疫与社会：一项医疗社会史的研究[M]. 北京：中国人民大学出版社，2003.

⑤ 程郁华. 发现身体：西方理论影响下的中国身体史研究[J]. 历史教学问题，2013(3)：98.

入手对身体史研究范畴的划分等，杜丽红对国内外身体史研究进展的总结，陈蕴茜从中山装具有的身体规训功能与服装形塑国民的身体政治等——身体力行深化身体史研究。同时，身体史研究也出现了相关博士论文。

从台湾地区的身体史著述来看，梁其姿的《中国麻风病概念演变的历史》对古代麻风病概念流变及原因进行了分析，指出疾病概念变化既有经典医学思想影响，也明显受到各时代的道教思想、医者和患者的社会背景、地域等复杂社会文化因素的影响。黄金麟的《历史、身体、国家——近代中国的身体形成（1895—1937）》一书以国家化、法权化、时间化和空间化身体建构了近代身体的变化和生成历程。杨儒宾、杜正胜、邱仲麟、祝平一、蒋竹山、李贞德、陈元朋等则借助期刊这一阵地，分别论述了古代的身体观、割股疗亲中渗透的孝道与不孝、女性身体禁忌与战争、古代文身与社会风俗和时尚等。在这些著述中，或分析了身体观，或以“身体”为切入点较为生动直观地再现了当时的观念、时代风貌等，让人耳目一新，更为真切地理解和审视了当时的历史。

与此同时，教育中的“身体”受到关注，相关研究的理论和实践应用成果有所增加，闫旭蕾的《教育中的“肉”与“灵”——身体社会学研究》对“国家——工具身体”“道德——纪律身体”“时空——制度身体”等不同类型的身体进行了区分，且通过学校场域中的真实例子分析了各类身体的规训及传达的象征意义等。熊和平的《学生身体与教育真相》考察了中小学生的发型、口感、时空与学生命运的关系、性别意识等，指出身体现象学切入教育研究和实践对于具体人的发现、教育实践解读有不可替代的意义。[①]身体社会学、身体现象学对当前教育实践的思考，也为教育身体史研究提供了问题意识和逻辑框架的指导。

① 熊和平．学生身体与教育真相[M]．杭州：浙江大学出版社，2014.

第四节　教育身体史的多维研究价值

教育史学的主体与主流是教育史研究的基本问题。对此认识，不仅直接关系到如何看待教育史学的基本属性和研究内容，而且也关系到教育史学研究者今天是否能够更好地应对教育史学所面临的危机与挑战，走出眼下困境，充分发挥作用，体现教育史学的学术价值和现实意义。教育身体史作为历史学，尤其借鉴和吸收身体史研究范式，体现了回归学科主体的追求，且通过不断深化，作为教育史、教育活动史的细化和分支，对于完善学科建设具有重要意义。同时，对“身体—主体”的重视，以“身体”关注教育参与者的生存、实践、生活及其中赋予和交叉的历史、社会、文化意蕴等，体现了对人的生命关怀及对马克思主义以人为本的坚持。此外，教育身体史作为教育活动史、身体史的延伸，是当前国际历史学和国际教育史学重点探讨的话题和研究的新趋势，有助于引领和回归世界研究主流，凸显我国教育史学研究的国际地位。当然，随着目前教育学界对“身体”转向的重视，教育身体史所提供的历史启示，与教育学一道致力于服务教育改革。

一、回归主体，完善教育史学科建设的需要

学科主干在发展过程中随着新鲜知识养料的汲取，在原有基础上衍生出许多分支学科。“从整个学科之林着眼，这种遍野的主干式树状结构图景比起原来的主干式结构图景来说，不仅要壮观得多，而且是主干式整体结构的历时性变化。”[①] 教育史学科从1904年诞生以来，其在发展过程中，通过汲取新鲜知识养料，其学科体系和分支学科体系不断完善。教育史学科中有教育思想史、教育制度史、教育活动史，也有教育通史、教育断代史、教育专题史等。此外，教育专题史研究中还有学前教育史、家庭教育史、社会教育

① 陈燮君. 学科学导论：学科发展理论探索[M]. 上海：生活·读书·新知三联书店，1991：62—63.

史，以及小学教育史、初等教育史、高等教育史、师范教育史、职业教育史、留学教育史，也有民族教育史、地方教育史等，还出现了专门以呈现和整理教育史料为主的教育史料整理等。可见，随着研究对象的拓展、教育史学理论的更新、观念的转变，教育史分支学科日渐拓展，研究领域也进一步扩展。教育身体史研究正是在其他学科身体研究的基础上提出的，实现了教育史研究对象的拓展，且引入身体史学理论研究，更新教育史学理论并促进教育史研究观念的转变。教育身体史研究认为教育参与者的"身体"是教育活动进行的主体和载体，"身体"在场才能实现教育参与者的存在、自我构建。因此，研究教育史、教育活动史必然要研究教育身体史，教育身体史才能展现源远流长的教育活动中不同教育参与者的体验。同时，教育身体史也实现了教育活动史研究的细化、深化，实现了由教育者和受教育者的"教育活动"向其活动之所以产生的"身体"拓展，也更为直接地通过描述教育活动主体"身体"，凸显了教育参与者在"教育活动"中的生存状态，成为教育活动史的重要组成部分。可以说，教育身体史作为教育史学科的新生长点，是教育史、教育活动史研究主干式结构中的树状结构之一。它必然能作为教育史学科建设的新生长地，有助于完善教育史、教育活动史学科建设，进一步摆脱学科发展困境。

二、坚持马克思主义关注人本、实践、生存的追求

马克思主义哲学通过对黑格尔哲学、意识形态以及旧唯物主义、资本的批判等，揭露了黑格尔哲学在"绝对精神"自我实现中对人生命和价值的随意践踏，意识形态对人实践活动的僭越，旧唯物主义的症结在于预设了超历史、超实践之物，资本主义分工造成了人的异化。基于此，马克思提出"全部人类历史的第一个前提无疑是有生命的个人的存在"，要关注人的实践活动，关注人的全面发展，捍卫人的现实生命。[①] 综观中外教育史，就是一部

① 郭春明．捍卫人的现实生命是马克思哲学的志业[N]．中国社会科学报，2015-11-26.

教育参与者身体被降格、压制、规训或升格、反抗、解放的历史，其中蕴含了历史、社会、文化各种因素对教育参与者身体的影响。当然，在以往的教育史研究中，教育参与者的身体，多被研究者视而不见或隐藏，直接导致教育活动没有主体，教育史研究中“见物不见人”。教育身体史关注“身体”，促成教育史研究的“身体”转向，以“身体”实现教育参与者的“在场”，真正发现和挖掘教育活动中教育参与者的实践活动，全方位透视教育参与者在教育活动影响下“身体”的变化，以此审视教育活动与教育参与者的双向互动，焕发和关注其生命体验，关怀人的现实生命及其价值，并以此为核心点透视身体连接的历史、社会、文化意蕴。[①] 可以说，教育身体史研究通过教育参与者“身体”“生命”在场，全面体现了对人的生命关怀及坚持马克思主义关注人本、生存、实践、人全面发展的追求，有助于“从现实活动的有生命的个人出发，即从人的实践活动本性也即自由自觉的类生活本性出发，把人的生存与一般生命存在物的生命活动区别开来”[②]。

三、引领国际教育史界研究潮流

世界史学研究的趋势已由宏大叙事转向关注基层、还原活生生的主体人的历史活动，加之现实社会中涌现出来的新疾病、新观念等，共同加速了历史学者将身体作为其研究主题和关注的热点问题之一。[③] 因此，身体史学于20世纪七八十年代兴起，九十年代起为史学界所瞩目。在此形势下，国内外史学界出现了疾病史、医疗史、缠足史、剪发史等相关研究成果，这些成果通过关注疾病、身体器官、身体器官的附属物等，剖析了其中的身体政治、身体规训等，还再现了其中社会、文化对身体的建构及这些群体或个人的“身体”对社会、文化建构的主观应对。相比国内外史学界涌现出的一些研究成果而言，国内外教育史学界则步伐略显落后，还未将关注点转移到教

① 李柯柯，扈中平．教育中“身体”的解放与自由[J]．教育研究与实验，2015(1)：16.

② 邹诗鹏．实践—生存论[M]．南宁：广西人民出版社，2002：61.

③ 杜丽红．西方身体史研究述评[J]．史学理论研究，2009(3)：125，127.

育者和受教育者的“身体”上。教育身体史研究的提出，是中国教育史学界适应国内外身体史学研究趋势的表现，因其关注教育者和受教育者的“身体”，能通过研究对象的拓展等，为身体史、教育史、教育活动史研究添色加彩。毋庸置疑，教育身体史研究从教育者和受教育者的“身体”入手，凸显对其的生存关照和生命关怀，有助于凸显身体史、教育史、教育活动史研究“人本”“实践”“生命”的价值追求。值得注意的是，2015年在土耳其首都伊斯坦布尔召开的第37届教育史国际常设会议中，教育身体史研究作为“新宠”引人注目，与会人员对某一时期、某一地区的教育仪式、童子军的身体等进行了关注。[①] 因为研究意义重大，“教育和身体”又成为下一届年会的主题。2016年，第38届教育史国际常设会议在芝加哥罗耀拉大学召开，其主题为“教育和身体”，体现了国际教育史学研究的努力。目前仅有德国、巴西等国的学者在从事相关研究，研究力度、研究范围等还需要加大。可以说，教育身体史研究不仅是适应、完善史学研究，也将会通过系列成果为国内外史学界带来新的资料、信息和关注点，从而引领国际教育史学研究，彰显中国教育史学界的地位和影响。

四、服务和推动当前教育改革

英国史学家卡尔曾指出，“历史学家的作用既不是热爱过去，也不是使自己从过去中解脱出来，而是作为理解现在的关键来把握过去、体验过去。”[②] 可以说，一切历史研究，均有其现实关照的内容。教育史研究也不例外，教育现实改革是教育史研究的起点，也需要教育史研究提供丰富充实的史料以供现实思考、借鉴。教育身体史研究的提出，同样有助于为当前教育改革提供相关的历史资料，提供相应的启迪。以当前教育实践中的学生为

① 具体参见该会议的论文集：Prof. Dr. Ali ARSLAN. *Culture and Education Abstract Book* 中 *The doctors and the students' body, touching bodies during and after school: dynamics of self-restraint in early monitorial pedagogy*，等。

② ［英］E. H. 卡尔．历史是什么？［M］．陈恒，译．北京：商务印书馆，2010：110.

例，他们的身体被特定时空、制度等规训和管制。教育身体史在对某一时期学生群体“身体”进行梳理时，可以史实再现，并以此为基础思考对学生身体实施何种规训和管制，如何进行身体规训与管制以及应为身体提供什么样的时间、空间，[①] 教育实践如何解放身体等问题。此外，当代社会影响下教育参与者可能出现的文身、美容、塑身、同性恋、性教育等新情况，更是促使教育史研究者须从事教育身体史研究，帮助教育参与者通过透视历史上教育参与者“身体”的生成更好地了解自己和检视自己的存在状况。[②] 可以说，教育身体史研究关注特定历史时期内某一时空中教育参与者的“身体”，注重探讨他们身体的压制与解放，与之相关的感觉、情感、情绪内在与服饰、发型、身材等外在改变，以及时代、文化等对身体的影响，与教育研究和“显身”的教育研究[③] 不分轩轾、其道一体。教育身体史研究提供的历史素材又为教育研究、教育现实改革提供参考依据，它们各司其职、互相补充，教育身体史研究与教育理论研究共同推动教育实践改革关注“真正的人”的生存，真正实现主体教育，发挥教育活动主体的主观能动性，使教育参与者走向“身心合一”。

① 李冲锋．学校里的身体：学生的身体遭遇[J]．教育理论与实践，2006(12)：9.

② 黄金麟．历史、身体、国家：近代中国的身体形成(1895—1937)[M]．北京：新星出版社，2006：3.

③ 闫旭蕾．谈“隐身”与“显身”的教育研究[J]．华东师范大学学报(教育科学版)，2007(3)：20.

第二章
国外教育身体史研究进展与展望

中国教育史学要想得到更大发展和更大繁荣，需要走向世界，走向历史学，在与历史学，特别是国际历史学和教育史学界的互动中了解对方，展示自身实力与风采。中国教育史学不能在封闭中徘徊，而应在开放中发展。只有先汇入主流，才有可能成为主流，才能在世界教育史学界赢得自己的一席之地，真正建立起自己的学术话语权。[①]因此，教育身体史研究要想取得成绩，需要密切关注国际历史学、国际教育史、国际教育身体史研究动态。教育史国际常设会议（International Standing Conference of the History Education，ISCHE）在英国学者布朗·西蒙等发动下，于1978年9月在比利时鲁汶成立，其目的在于推动和促进国际教育史研究的交流与合作。ISCHE在利用会议和出版物等多种形式影响教育史研究动态之外，还根据特定主题、研究目标设立了常设工作组（Standing Working Groups，SWG），其研究兴趣主要集中于教育史上跨文化的影响、性别研究等，[②]也会根据最新研究动态等有所

① 周洪宇．偏离了主体与主流的中国教育史学[J]．华东师范大学学报(教育科学版)，2016(4)：1—14.

② 杨汉麟，李贤智．新史学视野下教育史研究的转向：基于国际教育史常设会议的分析[J]．河北师范大学学报(教育科学版)，2008(3)：36.

调整。ISCHE作为国际历史学会（ICHS）正式成员之一，积极参与国际历史学会的学术活动。自1978年成立至今，ISCHE已成功举办了40届年会。[①] 2015年于伊斯坦布尔召开的教育史国际常设会议第37届年会“教育与文化”中涉及了“教育身体”研究，从常设工作组的论文题目和摘要来看，该次年会讨论的内容不仅有教育与文化、具身认知与文化适应、教育仪式、教师批判性思考等，还有身体与情感、对学科发展数据的搜集和分析等，讨论范围相当广泛。2016年在美国芝加哥罗耀拉大学召开的第38届年会主题为“教育与身体”，专门就“教育身体”进行了相关研究，涉及与身体相关的疾病、规训等多方面。2017年在阿根廷布宜诺斯艾利斯召开的第39届年会主题为“教育与解放”，涉及了“教育身体”研究。2018年在德国柏林召开的第40届年会主题为“教育与自然”，也涉及了“教育身体”研究。基于此，本章专门对四届年会中的相关研究内容进行了整理和分析，以期为当前国内教育身体史研究提供借鉴。

第一节　ISCHE37“教育与文化”的“教育身体”研究[②]

2015年6月24日至27日，第37届教育史国际常设会议在土耳其伊斯坦布尔召开。这次会议的目的在于检验历史发展进程中教育与文化的关系，会议的子主题、SWG和专家小组中均涉及了“教育身体”。

---

① 1979—2008年历届年会讨论主题及举办地点参见：杜成宪，邓明言．教育史学[M]．北京：人民教育出版社，2004：342.

杨汉麟，李贤智．新史学视野下教育史研究的转向：基于国际教育史常设会议的分析[J]．河北师范大学学报(教育科学版)，2008(3)．其中第37页据前书进行整理。2013年拉脱维亚第35届年会会议主题“教育与权力”，2014年伦敦第36届年会会议主题“教育，战争与和平”。

② 相关内容参考了ISCHE37摘要集整理，资料来源于http：//2015. ische. org/wp-content/uploads/2015/07/ische2015_abstract-book. pdf.

一、会议子主题中的“身体”研究

第37届教育史国际常设会议子主题有6个，其研究侧重点分别如下表2–1所示。

表2–1 ISCHE37“教育与文化”子主题表

1. 文化范式与教育	文化影响下的不同教育目的、教育的重要性和教育价值；几个世纪以来，个人主义和集体主义文化价值观及其影响下的教育；不同文化下对等级制度、公平、自由、民主等概念的看法，以及这些概念如何通过教育传输；教育在文化变迁中的角色；在文化交互影响下被接受和拒绝的教育要素；教育贷款，等。
2. 跨文化互动主体	文化变迁中的先锋教育家、教育机构和组织、教师协会、教育期刊、媒介和国际组织等。
3. 语言与教育	古代—中世纪—现代的教学语言；教学语言对各种文化的影响；教学语言与教化；母语教育和个人、机构的发展；语言变革和对教育的影响；外语教育和文化互动，等。
4. 宗教与教育	美索不达米亚和埃及的僧侣教育；古代中国、印度和土耳其教育；早期犹太人的宗教教育；安提阿、亚历山大、罗马基督教教育理论、组织和学校的建立；大教堂学校、大学和经院教育；不同文化下对世俗教育的看法；文化变迁和世俗教育。
5. 符号、英雄、故事和神话	从历史的观点来看，诸如管理者或讲师的权利符号；学校和教室设计；在教育环境下使用如旗帜、十字架、画押、星星等符号的含义；使用关乎人事的符号、神话和故事传达关于文化中什么是有价值的，等。
6. 仪式和常规	升旗仪式、早会、背诵保证和圣歌；可以变成传统、习惯的国庆节和特殊纪念日和其他事件；几个世纪以来，教育仪式和常规如何发生以及它们如何通过教育重建文化和价值，等。

综上表2–1可见，“教育与文化”虽然没有明确提出“教育和身体”，但是其中涉及文化对教育的影响，而符号、权利符号、旗帜等，升旗仪式、国

庆节等仪式和常规，学校和教室设计，这些都是与“身体”“教育身体”最密切相关的规训、权利以及空间等。

二、SWG中的教育身体史研究

不仅如此，常设工作组（SWG）的SWG2和SWG4专门涉及了性别和教育以及学校里的身体触摸，具体如下表2-2所示。

表2-2 ISCHE37常设工作组SWG2和SWG4主题及论文题目表

序号	SWG2——性别和教育：跨国世界中的性别、权利关系和教育	SWG4——学校里的身体触摸
1	赛格德大学《匈牙利教育期刊专业讨论中的女性教师（1887—1891）》	巴西北里奥格兰德联邦大学《为个人适应的教育：巴西学校防治精神障碍的建议》
2	日内瓦大学《进步主义教育运动中的跨国贵格会教徒网络：两位女教育家的肖像（1910—1950）》	巴西马林加州立大学《巴西童子军及身体展现（1910—1941）》
3	巴西马林加州立大学《跨国运动中的身体、性别和教育：从巴西童子军活动扩张中探索理论的可能性（1907—1941）》	伊斯坦布尔大学《教育仪式的突变：土耳其的例子》
4	温彻斯特大学《帝国语境下女性教育观念的对比和跨国传统》	智利《表达国家情绪的身体：智利中等教育中学生身体的连续性和关键细节及其民族主义》
5	伊利诺伊香槟分校《今天我们中的一些人有第四种选择——通过教育进入世界》	波尔图大学《医生和学生的身体》
6	乌贝兰迪亚联邦大学《海伦·帕尔木在里约热内卢出版的报纸妇女专栏中的教育（1959—1961）》	洪堡大学《在学校期间和学校后的身体触摸：1800—1815年前后早期监管教育学中自我克制的动力》

（续表）

序号	SWG2——性别和教育：跨国世界中的性别、权利关系和教育	SWG4——学校里的身体触摸
7	希腊《巴尔干战争期间以希腊女孩Arsakeion学校接受教育在其国家角色中的作用为案例（1912—1914）》	墨西哥《公共和私人接触空间的学校浴室：触摸身体的学校设计和技术的历史（1870—1940）》
8	美国《多萝西的战争：伯明翰闪电战期间的教育和性别》	巴西圣保罗大学《恰当的身体接触：学校中的性行为和性取向（里约热内卢，1930）》
9	弗林德斯大学《在gipsy hill training college的生活和学习》	华中师范大学《探索中国女童教育（1840—1912）：福柯方法对女童身体教育的启示》
10	多伦多大学《与帝国拉近关系的一项事业：第二次世界大战期间加拿大心理学家对伯明翰儿童的跨国表达》	

就SWG2来看，从“性别和教育：跨国世界中的性别、权利关系和教育”出发，第1篇文章《匈牙利教育期刊专业讨论中的女性教师（1887—1891）》中，匈牙利学者专门从教育期刊入手探讨了女性教师；第3篇文章为巴西马林加州立大学卡洛斯·哈罗德·朱尼尔所作，他专门从巴西1907年发起的巴西童子军运动和1910年成立的指导会运动入手，探索跨国运动中的身体、性别和教育。在文中，他指出自2002年开始，巴西学者便大规模地对童子军运动或者指导会宣传期间人们身体、教育和跨越国界方面进行了表征分析。通过20世纪最初几十年发表在教育和童子军杂志上的文章，文章试图分析指导会运动中巴西女孩的初次出现等；第7篇文章是希腊学者Polly Thanailaki所作，他以希腊女子学校Arsakeion为例，研究了女子学校如何在巴尔干战争期间（1912—1914）塑造和影响着巴尔干地区希腊人的国民意识和国家情感，并回答了为什么女子学校Arsakeion被认为承担了国家保护者的重任这一问题。

就SWG4来看，学者们指出：“在学校里，我们似乎从来没谈过这么多关于身体的话。我们从来没有对教师和学生的个体需求、愤怒、悲伤或幸福等主题给予如此多的关注。”在此情势下，教育史研究者更应该探讨过去学校理论和实践中的身体是怎样的。

SWG4的论文中，第1篇文章是巴西学者所写，专门分析了一位医生提出的治疗和预防儿童精神失常的建议，而通过阅读相关书籍也可以了解当时学生的异常行为、疾病、精神失常。同时，作者在文中还分析了国家又是如何看待这些精神失常及力图通过预防和治疗精神失常的相关措施来维护社会秩序。

第2篇文章同样是巴西学者所作，专门对1907年巴西童子军运动中的身体训练进行了研究，指出童子军运动兴起是基于对学生自然属性的身体的思考，并以一种思考学生身体本性的教育实践方式呈现出来，让学校接受游戏、户外活动等，促使学校教育转型。

第3篇是土耳其学者所作，专门就教育仪式进行了研究。该文研究的目的在于确定从土耳其帝国时期到共和国时期仪式和身体的关系是怎样变化的。该文明确仪式可以被定义为一种“模式化的符号表现”，并通过“互动仪式”和通过仪式对土耳其的教育仪式进行讨论：第一点是“互动仪式”（戈夫曼，1967）。互动仪式神圣化并权威性地将教师和学生的身体通过基本的日常活动、面部表情、手势、服饰和符号区别开来。第二点是杰内普（1960）和特纳（1967）的“通过仪式”的概念。“通过仪式”构建了学校或教室的归属感。在这一标题下，文章将讨论毕业典礼、开学典礼以及课堂仪式中的身体表现。

第4篇中智利学者Pablo Toro Blanco以情感史与身体史的融合为视角，以问题为导向，在考察1870—1960年智利教育对学生身体的形塑而激发学生国民意识和国民情感的教育事实基础上，试图回答：教育如何在不同时期通过身体影响学生既存的情感？青年人的情感如何通过一定的身体行为，例如学校体操和爱国仪式，得以宣泄？在智利近百年的中等教育中，学生情感、国家主义与学生相应的身体表达之间的关系模式应当如何认识？

第5篇是葡萄牙学者Anabela Amaral和Margarida Louro Felgueiras所作，该文主要通过那些标题涉及的卫生学、闭合空间、人体工程学以及学校空间的卫生工程学等主题的医学期刊和医学论文，探讨如何用医学视角观察学生的身体，且医学是如何通过学生身体渗透到组织机构和学校实践中的。该文认为，医学干预是一套对教师和学校当局的戒律，作为一个纪检机构对学生的身体产生影响，并使他们身体强健的意愿和道德观点变得更加坚定。在一定程度上，强健的身体会暗示身体想要强健的意愿，并且为保护个人和集体生活做出适当的举动。

第6篇是洪堡大学Marcelo Caruso所作，探讨了导生制初兴时期师生之间、生生之间身体接触的变化。在近距离观察导生制学生身体调节状态后，发现其中一个重点是课堂中身体动态的独特编排，展示在教学中较为频繁的动作和协调的位移。第二种情况是监督人员及被监督者中间存在着极其模糊的身体接触。第三种情况讨论显示的是在教室，尤其是教室的桌椅解决了学生四处分散的问题，并在一定程度上避免了身体接触。在此基础上，得出在导生制初兴期并非严格地避免任何身体接触的结论，同时，探讨了导生制教学组织下欲望、克己和肉体间冲突的动态变化。

第7篇是墨西哥学者Die-Cinvestav所作，专门就学校卫生间进行了研究。作者通过浏览建筑计划、国家规定、学校建筑的历史，以及他们使用的自传和日记的历史，讨论学校的浴室是怎样变成特定的身体配置以及个人身体的专用场所。同时，作者在集中参考阿根廷和墨西哥1870年到1940年的学校浴室的设计和规则时，会思考和研究这些设计是如何组织学校学生的身体的，尤其是那些包含私人接触和公共行为的地方，以及这些设计是如何被塑造得既适用于本地又能向国际化发展的。

第8篇是巴西学者Diana Vidal所作，以《恰当的身体接触：学校中的性行为与性取向（里约热内卢，1930）》为题讨论了医学话语体系对巴西20世纪30年代学校性教育及学生性倾向的影响。为探讨这一问题，学者对20世纪30年代学校的性行为和在巴西同时间内所写的性教育手册进行调查研究。在研究已有材料后，文章主要指出了学校教育中注重在课堂或媒体上科学地讨论性教育。在课堂讨论的话题中，有如何检查被弄脏的公交车座位以防感染，有在公厕如厕时用卫生纸覆盖在马桶坐垫上的预防措施。这种知识，最初由卡洛斯传授给教师培训学校的学生，随后为每一个市级学校所用。

最后一篇由华中师范大学周娜所作，专门从福柯理论出发，探索1840—1912年中国女童教育，以探究女性身体教育。基于福柯的身体理论，文章主要分析了教师是如何通过女子教育形成女子身体教育的一系列特质和计划。它还讨论了教会女子教育与普通女子教育在女子身体教育形成方面的差异，并探讨哪种话语和权利关系推动了清末时期女子教育的身体教育的产生。

三、专家小组中的教育身体史研究

第37届教育史国际常设会议还设有专家小组（Panel），这次专家小组的会议主席是卢森堡大学的Geert Thyssen，评论人是英国伯明翰大学的Ian Grosvenor。这次专家小组也涉及了“身体”研究，具体有感官和感官建构、味觉教育、仪式与教育、情绪和情感等。

表2-3　专家小组中的教育身体史研究表

主题	论文题目
感官和感官建构：教育的跨感官视角和融入文化适应	（1）剑桥大学Catherine Burke《战后英语小学和婴儿学校环境下触摸、到达和活动的设计（1946—1972）》 （2）斯德哥尔摩大学Joakim Landahl《极大的分水岭：导生制到教师主导教学变迁中的感官分析》 （3）卢森堡大学Geert Thyssen《有气味的童年和嗅觉教育：欧洲中西部卫生和休闲改革的嗅觉史（1860—1960）》 （4）比利时列日大学Viktoria von Hoffmann《16—18世纪当代欧洲早期的味觉教育》
文化同步？历史视角下的教育仪式和路径	（1）洪堡大学《拥挤教室的同步化：19世纪西班牙和爱尔兰小学的多样化路径》 （2）洪堡大学《行军练习：日本和德国学校政治仪式的同步化（1873—1918）》 （3）美国罗耀拉大学《一、二、三，眼睛盯着我：美国学校儿童注意控制和重建的教育学实践（1900—2000）》
教育史和情绪的历史：拉丁美洲的方法论问题	（1）巴西坎皮纳斯大学：《清洁和危险：巴西学校教材中的恐惧修辞》 （2）洪堡大学《19世纪早期拉丁美洲教育中的宗教情绪》 （3）智利阿尔贝托·乌尔塔多大学《这是我们的本性：悲伤、痛苦及其他——智利教材和教育演说中发现和重新定义少年情绪（1930—1970）》

就上表来看，“感官和感官建构：教育的跨感官视角和融入文化适应”，与会者指出，早在20世纪90年代的教育史研究中，Pogeler等学者们对教育的视觉景观、听觉景观、视听景观、物质景观、空间景观、可食用景观以及多模式景观的研究都有较多的关注。同时，此次专家小组讨论会力求在跨学科视角下汇集多感官教育观，作为包含具身学习（和／或其中的假想）在内的文化适应的现实中心。座谈将致力于解决在“感性认识论”的特定文化背景之下，设想何种角色具有特殊的“感知”并“掌握”等问题。

在此主题的论文中，第1篇是剑桥大学Catherine Burke所作的《战后英语小学和婴儿学校环境下触摸、到达和活动的设计（1946—1972）》，该文指出在探索世界的过程中，婴儿的首次感知经验来自于触摸。触觉已经受到众多学者的重视，包括实物教学课在内的教学方式以及视觉障碍下的触觉参与。可以说，手与认知功能之间的关系已经确立，并且一直以来被教师和其他人所认可，触摸的敏感度也因此明确地隐含在学习过程中。因此，在调查和分析1946年到1972年英格兰和威尔士针对孩子的学校建筑设计的建筑公告基础上，该文着重探讨战后英语学校建筑设计中手、触摸、延伸及运动的使用构想。

第2篇是斯德哥尔摩大学Joakim Landahl所作的《极大的分水岭：导生制到教师主导教学变迁中的感官分析》，该文的目的是讨论感官、权力以及教育变革三者之间的关系。该文的第一种假设是权力与感官之间有着密切的联系。感官在体验、构建和抵抗权力关系上扮演着至关重要的角色。第二种假设是，教育的改变在感知方面是可以理解的。基于此，他指出，教师主导课程教学与导生制在视觉方面最大的不同是，前者不仅创造了一个全景空间，还创造了一种学生与教师间新的概略关系。在听觉方面，它赋予了“沉默”一词全新的意义。

第3篇是卢森堡大学Geert Thyssen所作的《有气味的童年和嗅觉教育：欧洲中西部卫生和休闲改革的嗅觉史（1860—1960）》，该文旨在研究卢森堡的休闲及卫生措施的“气味景观”，指出露天学校、度假村等场所中的设计至少在一定程度上是抵制钢铁工业等带来的嗅觉污染等。同时，该文从

"新文化历史"角度的"嗅觉"出发，其在阶级、种族、性别及（感知到的）健康等方面，以特殊的体验方式促进和帮助建立他人与自我的关系。同时，气味是非物质的，然而在网络内部，它将与情感、记忆在本质上联系起来，当然这也是通过身体与感知体验。

第4篇是比利时列日大学Viktoria von Hoffmann所作的《16—18世纪当代欧洲早期的味觉教育》，文章指出16世纪到18世纪期间，发生在欧洲的文明进程导致对身体和社会行为的控制越来越多。身体控制在教育中扮演着重要的角色，更为重要的是它涉及对过去社会的理解，影响了我们的日常生活。其中，相关书籍表达了标准规范和理想行为，教育孩子必须学会掌握自己的动作和控制他／她的身体。可以说，这次研究是通过味觉历史的镜头来启发感官和身体教育的历史。近代早期欧洲味觉概念的发明，突出了这一特定文化对当代的规范和行为的多重影响，特别是那些关于自我与世界之间的物质接触，自我与他人、自我与自我。

就"文化同步？历史视角下的教育仪式和路径"来看，第1篇《拥挤教室的同步化：19世纪西班牙和爱尔兰小学的多样化路径》是德国洪堡大学教育学院教育史教授马塞洛所作，该文基于当时的调查档案、国家公布的诸多材料和教研报告，从不同方面探讨了1840—1870年西班牙和爱尔兰小学的教学实践，分析了混合小组教学和相互授课相关决定的意义模式。该文指出相关研究可以分析每个环境重构分组和班级管理的时间特征，有助于对19世纪小学教学改革的速度和形态进行文化阐释。

第2篇《行军练习：日本和德国学校政治仪式的同步化（1873—1918）》同样是德国洪堡大学学者所作。作者指出，同步在现代化进程中扮演了一个重要的角色，如格林威治平均时间于1885年在日本被介绍，是一个划时代变革的例子，因为它表明同步的一个前所未有的规模。在此基础上，本论文着重探讨了日本政府是如何同步学校生活，尤其是学生的身体运动。在1880年后的全国学校系统巩固时期，行军练习成为一种通过带有抽象概念的统一的个体步态的"体现国家"的方式。与此同时，作者指出，这个转型来自于普鲁士军事教育模式上的自上而下的改革压力，就此在行军技术和意义方面进行对照，认为当时德国、日本对军事主义狂热崇拜的出现，极大地促进了两国学校生活和学生身体运动的同步性。

第3篇是美国罗耀拉大学的诺亚·索贝所作，文章题目是《一、二、三，眼睛盯着我：美国学校儿童注意控制和重建的教育学实践（1900—2000）》。文章指出随着时间推移，捕捉和保持儿童注意力已成为教育理论和实践长期关注的问题，因而，论文主要对1900—2000年整个20世纪美国教育中所采取“注意获得”的不同技术的动力和轮廓进行了研究。在此基础上，作者力图为注意力获得和同步之间的关系提供一个分析焦点，在“以教师为中心”和“以学生为中心”的教学法中去“捕捉”儿童注意力变化和儿童注意控制的差异。

就“教育史和情绪的历史：拉丁美洲的方法论问题”来看，史学理论中新兴的一个新视角为情绪史，致力于澄清历史上的情绪的作用，且情绪史也开始影响拉丁美洲史学。在教育史研究中，如美国罗耀拉大学的诺亚·索贝开始关注情绪史与教育史研究。

第1篇是巴西坎皮纳斯大学学者所作的《清洁和危险：巴西学校教材中的恐惧修辞》，文章指出情绪在驱动个人行为符合社会期望中发挥着重要作用。在此基础上，作者回顾了20世纪上半叶巴西教材中呈现给孩子的卫生流程，并尝试分析和考虑了如下问题：学校如何通过教材中的概念，以叙述的方式塑造孩子的行为、管理他们的情绪？这些教材对于情绪、恐怖的主要参考依据是什么？那些是在健康、卫生和道德基础上可以接受的行为吗？等等。面对这些问题，作者介绍了将情感的内容渗透到学校教材中的方法，涉及卫生知识和健康的生活方式，这是符合“卫生理性”标准的。基于此，该文的结论为，通过教材提供给孩子的卫生流程，旨在控制他们的行为，管理自己的情绪。

第2篇是德国洪堡大学学者所作的《19世纪早期拉丁美洲教育中的宗教情绪》一文专门研究了19世纪早期拉丁美洲教育中的宗教情绪，指出19世纪早期拉丁美洲新成立的共和国面临着关于形成新公民的重大挑战。爱和忠诚的个人情绪不应该指向旧的西班牙君主制，而应该指向西班牙共和国。通过对文本的教学，也将学校社团的关系建立在校办竞赛和公共活动中，学生们展示了他们的知识和他们对国家的热爱。

第3篇是智利阿尔贝托·乌尔塔多大学学者所作的《这是我们的本性：悲伤、痛苦及其他——智利教材和教育演说中发现和重新定义少年情绪（1930—1970）》。在该文中，作者指出最近教育史学的一个显著的研究兴趣在于研究情感与社会和文化元素间的关系。在这种背景下，该文聚焦于智利近半个世纪的中等教育，试图识别和描述教材与文献中存在和使用的特定情绪，寻求建立一个对话之间的情感体验。

四、“个人摘要”中的教育身体史研究

除6个子主题、SWG以及Panel中涉及教育身体史研究外，个人摘要中也如此。论文摘要集共收录了197篇个人摘要，因篇幅有限，不再赘述，对其进行整理后发现内容涉及多个研究主题，如跨文化交流中的教育，[①]性别和儿童教育，尤其是不同时期和地区的女性教育，[②]教材、教具和教育期刊研究，[③]影视史学及其电影中再现的或某时期、某地区的教育生活，[④]仪式、符号和身体等。就其中的教育身体史相关研究具体如下表2-4。

① 阿根廷圣马丁将军国立大学《跨文化交流的代言人：阿根廷中等教育配置的外国教师的角色》，洪堡大学《永恒的信仰还是适应？赫尔巴特在中国接受过程中的文化争论(1901—1919)》，尼日利亚伊巴丹大学《外语教育对非洲本土生活和文化的毁灭性后果：西方教育中的尼日利亚的经验》等。

② 伊斯坦布尔大学《第一次世界大战期间奥特曼帝国女性教育：欧洲“女学生”》，西班牙拉拉古纳大学《攻克北部关乎女子中等教育的矛盾：西班牙佛朗哥早期女士学位的提案》，希腊克里特大学《性别重建和社会阶级身份：奥斯曼帝国时期希腊女子精英学校》，阿根廷圣约翰大学《教育和政治：20世纪妇女的纳入及教育乌托邦》等。

③ 巴西米纳斯联邦大学《器具和书写支持》，波兰波美拉尼亚大学《波兰人民共和国期间的儿童杂志中的家庭》，意大利佛罗伦萨大学《一段与众不同的历史：法西斯后意大利初高中学校的教材和教学》，美国法灵顿教育学院《19世纪美国公立小学教材中的种族和遗传》，阿根廷国立大学《阿根廷学校启蒙教材中的图片(1884—2014)：一项调查的简介》等。

④ 巴黎索邦大学《青少年敏感的革命：让·维果的〈操行零分〉与法国寄宿制学校文化》，伊斯坦布尔大学《哈米德阿卜杜勒二世统治期间受教育女性的文化生活》，洪堡大学《教育史中的虚构电影和大量文本分析：理论和方法论的思考》，美国加利福尼亚大学伯克利分校《美国的早晨：里根时期的高中电影及生活》等。

表2-4 个人摘要中的教育身体史研究表

序号	作者单位	文章标题
1	法国里昂第二大学	《宗教符号在葡萄牙共和国身体的构建》
2	美国法灵顿教育学院	《19世纪美国公立小学教材中的种族和遗传》
3	葡萄牙波尔图大学	《科英布拉大学法律教育实践和仪式（1950—1970）》
4	希腊克里特大学	《性别重建和社会阶级身份：奥斯曼帝国时期希腊女子精英学校》
5	意大利巴西利卡塔大学	《“向你致敬，意大利！”：法西斯主义期间意大利学校教材中的仪式》
6	意大利圣心天主教大学	《意大利聋哑教育的文化变迁：唐·塔拉推动的口唇法（1832—1889）》
7	墨西哥瓜达拉哈拉大学	《19世纪墨西哥瓜达拉哈拉省初等学校的考试仪式》
8	卢森堡大学	《疾病和孱弱却造就了钢铁的身体：卢森堡户外学校的教育理想和日常仪式（1913—1964）》
9	巴西乌贝兰迪亚联邦大学&圣卡塔琳娜州联邦大学	《巴西传统的领域：天主教仪式和常规》
10	西班牙阿尔卡拉大学	《学校文化的图像、仪式和常规（西班牙，1950—1970）》
11	巴西乌贝兰迪亚联邦大学	《巴斯托斯公立学校：巴西共和国寺庙的仪式》
12	立陶宛维尔纽斯大学	《苏维埃时代及后苏维埃时代的立陶宛学校的仪式》
13	巴西巴拉那州大学&圣心天主教大学	《巴西新州公民爱国庆祝及其仪式（1937—1945）》
14	德国教育史研究图书馆	《GRD音乐教育的实践和仪式》

在如上几篇论文中，来自美国、法国、德国、墨西哥、巴西、立陶宛、希腊等国的学者围绕“教育身体”，分别就与其相关的种族和遗传、仪式等进行了研究，尤以仪式研究居多。其中，《宗教符号在葡萄牙共和国身体的构建》指出，存在主义认为时间和空间促使政治、经济、宗教留下了它们的记号，福柯也认为身体是根植于政治、权力之中的。文章利用教材、法律、

媒体、教育杂志和插图、纪录片和演说等资料，注重分析葡萄牙君主制转换为共和制时“教育身体”在其中起的连续性和中断性作用，如何辨识和想象可塑的“教育身体”在两种政治制度之中这两个问题；以其中与“教育身体”相关的仪式研究来看，《“向你致敬，意大利！”：法西斯主义期间意大利学校教材中的仪式》，作者试图在深入分析教师登记簿和学生抄写本等新材料的基础上，查证由法西斯主义提倡的仪式所产生的影响。该文指出法西斯通过当时的各种庆典和节日等，让孩子们不仅是在教室中信仰他们的信条，在日常生活中也如此。通过学生穿着校服、向国王致敬、唱赞美诗歌等仪式，力图使人们对政权价值忠诚。《疾病和孱弱却造就了钢铁的身体：卢森堡户外学校的教育理想和日常仪式（1913—1964）》以1913—1964年卢森堡社会变迁中不断扩大的钢铁业为标志，指出工业化推动了移民率的增加和生活水平的下降，而这又是肺结核传播的主要原因，也使得通过护理身体和特殊饮食以增进儿童健康和幸福的行业和机构出现，露天学校便是应对此挑战而出现的。《学校文化的图像、仪式和常规（西班牙，1950—1970）》一文中，西班牙学者以图片作为资源来研究学校文化中的仪式和常规。通过教育影像学，研究教育身体史可以很好地透视其中的仪式、常规。在此，作者以其中的图片为例，对教师所在的空间位置进行了剖析。《意大利聋哑教育的文化变迁：唐·塔拉推动的口唇法（1832—1889）》一文中，研究者对残疾的教育身体进行研究，与符号、仪式等不同，专门就聋哑教育中的口唇法进行了研究。

总体来看，以上呈现的第37届教育史国际常设会议涉及的教育身体史研究，与身体史、西方古典身体史研究具有相同的特点，即具有跨学科、多视角和多方法的特点。[①] 社会学、医学、哲学等不同学科的研究成果、理论和方法、资料都被应用其中。同时，就已有研究来看，西方学者从社会性别视角对“教育身体”进行了研究，如专门对女性教师和女学生身体进行了研究；也有社会学视角下的身体器官研究，如导生制到导师制下感官的变化；也有医学视角的“教育身体”研究，如从医学档案中分析“教育身体”，也审视教材和教

① 裔昭印．西方古典身体史研究与历史书写[N]．光明日报，2016-09-15.

科书中的种族和遗传等；也有些学者还从宗教的视角出发审视了“教育身体”的形成和变化；等等。同时，论文中还关注了身体和情绪，体现了国际历史研究的潮流。当然，已有研究还是较多从社会学视角关注与“教育身体”相关的仪式，注重应用福柯等理论分析特定背景下“教育身体”仪式和常规。

第二节 ISCHE38“教育和身体”研究主题及进展①

2016年8月17日至20日，第38届教育史国际常设会议在美国芝加哥罗耀拉大学召开。这次会议的主题是“教育和身体”。该次会议主要对教育中人的身体的位置、教育身体的接触、“身体”和“教育身体”的概念、身体视域下应该采用何种视角和理论去研究教育史、不同的教育身体类型、历史上教育身体的形塑和不同的教育身体的移动等进行思考和探索。本次年会吸引了来自美国、德国、英国、法国、巴西、尼日利亚等多个国家的研究者参与，研究者围绕主题做了专题演讲并提交了相关论文300余篇。

一、不同国家提交相关论文概况

具体来说，来自美国、德国、英国、法国、巴西、尼日利亚等各国共提交论文336篇，各国论文分布如下表2-5所示。

表2-5 ISCHE38各国提交论文数

国家	篇数(篇)	所占百分比(%)	排名
美国	61	18.15	1

① 相关内容参考了ISCHE38摘要集整理，资料来源http：//2015. ische. org/wp-content/uploads/2016/07/ische2016_abstract-book. pdf.

（续表）

国家	篇数(篇)	所占百分比(%)	排名
巴西	54	16.07	2
法国	20.5	6.10	3
德国	17	5.06	4
瑞士	14	4.17	5
卢森堡	12	3.57	6
匈牙利	11	3.27	7
墨西哥	11	3.27	7
西班牙	10	2.98	8
意大利	9.5	2.82	8
丹麦	9	2.68	9
葡萄牙	8	2.38	10
尼日利亚	8	2.38	10
奥地利	8	2.38	10
加拿大	8	2.38	10
英国	7.5	2.23	11
哥伦比亚	7	2.08	12
阿根廷	6	1.78	13
瑞典	5	1.48	14
中国	5	1.48	14
芬兰	4	1.19	15
土耳其	4	1.19	15
荷兰	4	1.19	15
比利时	3	0.89	16
波兰	3	0.89	16
以色列	3	0.89	16

（续表）

国家	篇数(篇)	所占百分比(%)	排名
老挝	3	0.89	16
智利	2	0.59	17
斯洛文尼亚	2	0.59	17
俄罗斯、爱沙尼亚、挪威、南非、澳大利亚、印度、拉脱维亚、韩国	1	0.29	18

从上表来看，第38届ISCHE吸引了来自全球30多个国家的学者，这些国家又分布于北美洲、南美洲、欧洲、亚洲、非洲、大洋洲六大洲，美国、巴西、法国、德国、瑞士、卢森堡、匈牙利、墨西哥、西班牙、意大利、丹麦、葡萄牙、尼日利亚、奥地利、加拿大、英国、哥伦比亚、阿根廷、瑞典、中国均提交了5篇以上论文，尤以美国、巴西两国提交相关论文居多，其次为法国、德国，提交论文均在15篇以上，与第37届ISCHE提交相关论文的国家大体相似。

二、专题演讲中的“教育身体”研究

ISCHE38摘要集中有4篇专题演讲，具体如下表2-6所示。

表2-6 ISCHE38主题发言一览表

序号	国家／学校	题目
1	加拿大／英属哥伦比亚大学	物质、隐喻和方法：教育史中体现的核心作用
2	美国／罗耀拉大学	芝加哥和密西西比，种族，暴力和教育：1955年艾米提尔事件
3	巴西／马林诺林联邦州立大学	学校身体的文明／非文明化及情感、社会、历史张力
4	美国／伊利诺伊大学	可教育性、障碍性和家庭的形成：美国收养法的案例

从上表4个专题演讲来看，第1篇专题演讲《物质、隐喻和方法：教育史中体现的核心作用》由加拿大英属哥伦比亚大学教育学系Mona Gleason教授所作，因其比较擅长儿童和少年教育史以及性别、身体、种族和国家等主题演讲，其研究关注了儿童因社会不公平、种族、阶级、性别、年龄以及在教育中的角色等不同环境而被形塑的不同经验；第2篇主题演讲是美国罗耀拉大学教授Elliott Gorn所作的《芝加哥和密西西比，种族，暴力和教育：1955年艾米提尔事件》。作者主要结合1955年来自芝加哥的14岁黑人小孩Emmett Till因访问密西西比亲属时向白人杂货店老板娘吹口哨而被白人绑架、虐待乃至谋杀的故事，分析了当时情境下的种族、暴力，并就黑人的人权维护进行了分析，而这一案件成为美国黑人民权运动兴起的契机之一；第3篇主题演讲《学校身体的文明/非文明化及情感、社会、历史张力》由巴西马林诺林联邦州立大学的教育史教授Cynthia Greive Veiga所作，其比较擅长情绪史和学校身体的纪律规训。作者主要对19世纪到20世纪巴西公立学校的身体进行了研究，展现了穷人、黑人、混血儿童的身体以及文明概念和市民权利的发展，同时还对身体和情感、市民身份形成进行了研究；第4篇《可教育性、障碍性和家庭的形成：美国收养法的案例》是美国伊利诺伊大学Sandy Sufian教授所作，主要对美国1945年以后的收养和残疾教育进行了研究，突出了对残疾的、有障碍的身体的研究。

三、个人摘要中的“教育身体”研究

除4篇主题演讲外，ISCHE38论文集还登载了336篇相关论文的摘要。经过对这些摘要的整理发现，论文主要对教育史中“身体”缺乏以及对不同类型的“身体”“教育身体”等进行了研究，而后者更是成为各国学者关注的焦点。

（一）教育史中“身体”的回归

正如摘要集首页所述，ISCHE38选择“教育和身体”是希望参会者对教育中人的身体的位置进行思考和探索，围绕这一宗旨，有学者专门就教育史中“身体”的回归进行了理论探究。其中，来自尼日利亚哈特湾港大学的Yusuf Maigida Abdulrahman在《概念澄清的历史和当前身体缺乏的教育史》中指出，从隐喻的意义上讲，历史实际是过去身体的历史。但是目前教育史研究中“身体”，尤其当前“身体”的缺位，对身体的概念也尚未界定。同时，教育史研究中要注重“当前”这一概念，不能仅关注过去。卢森堡大学的Karin Priem以及英国伯明翰大学的Lan Grosvernor《身体的控制、视觉描绘及教育史表述的重新探讨》一文指出，过去几十年关于身体的教育知识因为视觉研究而激增。目前，视觉研究一方面主要用于分析学校文化和学校建筑，另一方面则应用于视觉研究教育科学等。当然，视觉研究不能局限于这两方面。该文指出教育中的视觉研究与身体、意识关系密切，因此教育史研究者应检验教育史研究中图像和图像技术如何涉及人类心灵、情绪及可感觉身体。瑞士伯根大学Undine Sabrey所作的《向知识转移：身体和客体》，在哲学和知识考古学视角下挑战传统的教育史研究。本文指出无论是桌子、床还是走路的姿势等，都会形塑人的身体并影响人的心灵；教育史研究应开放全新研究视域，考虑人的身体和心灵，关注特定空间、时间的人的身体的运动。加拿大渥太华大学Tim Stanley所作的《重新思考教育史：学校作为历史空间，国家化神话及日常生活》指出，许多历史书写，包括教育史研究，它们的框架被限定于国家化范式，且内容也被限定于国家化内容。教育史研究通过福柯的知识考古学对学校空间的描述，以及学校空间如何影响人，可以重新思考教育史，也可以在更为广阔的视域下书写多样化的教育史。

（二）不同的“教育身体”研究

ISCHE38摘要集除明确教育史研究中“身体”要回归，并进行了初步的理论探索外，相关论文还结合“身体”的不同界定、各种身体理论等对不同的“教育身体”进行了研究。在此，按照前述福柯、侯杰、黄金麟等关于身体、身体史的陈述和相关研究，发现研究成果具体集中从规训的身体、疾病的身体、国家化的身体、空间的身体、时间化的身体、性别的身体、种族化的身体、身体器官与装饰、教育学理论和书籍、图像中的身体、宗教的身体等多方面进行了研究。

1. 规训的身体

福柯在《规训与惩罚》一书中展示了“巴黎少年犯监管所”规章，规定了少年犯的日常作息时间，展现了不同时间段“身体”的具体行为和所需安置的空间，这代表了一种惩罚方式。[①] 因此，身体在任何一个社会里都受到一定的控制和管理，教育活动中的教育参与者也不例外。通过对学生、教师等身体管理，一定程度上可以保障教育活动顺利进行，培养符合社会规范的、更为完满的人。ISCHE38 摘要集中呈现了较多关于“规训的身体”的研究成果，主要就学校纪律与学生身体的控制和管理、对学生的体罚和惩罚、教材或杂志等传达的身体管理等进行了研究。

就学校纪律和学生身体的控制、管理方面来看，芬兰于韦斯屈莱大学 Karoliina Puranen 所作《芬兰初中纪律中身体的意味（1890—1910）》、美国宾夕法尼亚大学 MaryAnn 所作《学生身体，州的身体：半个世纪以来艺术生的管理》、西班牙阿卡拉大学 Maria del Mar Del Pozo Andres 所作《无纪律身体的流行：教育纪律化时期学校的骚乱图像》、英国剑桥大学 Catherine Burke 所作《脚、腿和现代学校的“动起来”》、巴西里约热内卢联邦大学 Tatyana Marques de Macedo Cardoso 所作《佩德罗二世时期学习的纪律实践：教学法和观察法》、来自墨西哥 DIE-CINVESTAV 的 Alicia Civera 所作《在农村寄宿学校中的控制的身体》、美国新泽西学院 Blythe 所作《年轻儿童身体的管理：美国进步主义学校中工作的影响》、法国里昂第二大学和巴黎第五大学 Matamoros 所作《当女孩阅读时：19 世纪法国身体的纪律和阅读实践的控

① [法]米歇尔·福柯. 规训与惩罚：近代监狱的诞生[M]. 刘北成，杨远婴，译. 北京：生活·读书·新知三联书店，2003：6—7.

制》、奥地利因斯布鲁克大学Ulrich Leitner所作《福利院隔离空间中的空间和身体管理的相互影响》、墨西哥学者Rosalia Menindez所作《教育的精英化和现代性：教室和学校空间中身体的管理》、老挝大学Christine所作《美国教师身体的管理：19世纪80年代至20世纪30年代夏季恢复活力的处方》、美国学者Jason所作《同性恋的身体和管理的想象：20世纪70年代美国的三次袭击》等，均是其中的代表作。这些论文涉及了对儿童的身体、女性的身体、同性恋的身体、教师的身体的管理。

就学生身体的体罚和惩罚来看，美国纽贝里图书馆Jill Gage所作《威斯敏斯特的鞭打：威斯敏斯特学校中的惩罚和知识生产》、美国田纳西大学的Kelley所作《无持续的恶作剧：田纳西公立学校中的体罚》、英国伯明翰大学Alison所作《身体的控制：维多利亚中期精神错乱儿童的态度》、巴西戈亚斯联邦大学Maurides Batista Macedo所作《教学法和身心的规训：20世纪20年代到50年代巴西内陆学校的戒尺和其他惩罚》、匈牙利赛格德大学Allila所作《匈牙利教育教材中的体罚》、巴西戈亚斯联邦大学Rubia-Mar Nunes Pinto所作《巴西捕捉身体的心脏（1891—1960）：生命政治的规训》、西班牙马拉加大学Camen所作《儿童不能老实坐：托儿所中的儿童运动》、美国芝加哥伊利诺伊大学David所作《精心安排／设计的争论／分歧，校服、公共宿舍，法律强迫及黑人生活的未来》、斯洛文尼亚学者Branko所作《19世纪末20世纪初卢布尔雅娜中学校法庭作为管理身体的空间：生动教育学的争论》、意大利佛罗伦萨大学Glacomo Spanmpani所作《身体惩罚：欧洲影片中肉体惩罚的工具及实践》等，都涉及了身体惩罚。这其中既有惩罚工具戒尺、惩罚的场所法庭和通过体罚实现的规训，也有影片等传达的惩罚和惩罚工具。

此外，巴西学者Luciaa所作《儿童杂志O Tico-Tico及其巴西女孩的身体管理（1905—1921）》，研究了巴西女孩在阅读儿童杂志《O Tico-Tico》时，身体被其中的知识引导而实现管理和自我管理。

2. 疾病／残障的身体

除被纪律、知识、工具等规训外，身体因遗传、环境等因素还可能出现不适、患病等，同理，教育活动中的教育参与者也会存在疾病的“教育身体”。与疾病的“教育身体”相对应，还会出现对疾病的“教育身体”的防治，诸如改造教育参与者所在的教室、学校，启用校医并应用一定的医疗药方等。ISCHE38摘要集中来自各国的参会者就此呈现了相应的研究成果。就残障的身体及其教育来看，卢森堡大学Shaghayegh Amiri Nadimi所作《一项关于改善“智力缺陷”儿童教育中采用新的数学概念的历史研究》、葡萄牙里斯本大学Maria Romeiras Amado所作《安东尼：19世纪葡萄牙州教育部的盲人秘书》、波兰波美拉尼亚大学Danuta Apanel所作《历史变迁情境中的残疾儿童》、美国罗彻斯特理工学院Christopher A. N. Kurz所作《聋哑人身体的发现：美国聋哑人教育的起源和扩散研究》和《聋哑人的身体和19世纪的体育教育》、以色列本—古丽巴大学Renana Kristal所作《有疾病者的犹太人身份：耶路撒冷为失聪者所建立的特殊学校（1902—1948）》、巴西圣保罗大学Alexsandro do Nascimento Santos所作《智商缺陷儿童的教育作为一个领域：圣伦罗州的智慧及20世纪早期特殊智商儿童教育的兴起》等涉及了智力、感官等有残障的儿童及其教育。

就疾病的身体和防治来看，美国洛瓦大学Kristen所作《绝望的疯癫，几乎是疯子：纽约城市关于“身体”不健康教师的战争》、意大利都灵大学Paolo Bianchini所作《意大利医学教育学机构和“修正”教育学：都灵Marro研究所》、巴西所作《巴西医疗卫生学的药方和多维身体的制造》、美国南加利佛尼亚大学Gina Greene所作《日光治疗法和“黑暗的疾病”：可视化建筑和露天学校》、墨西哥莫雷洛斯州自治大学Lucia Martinez Moctezuma所作《墨西哥农村学校中教师、家长和医疗人员与麻疹、天花的对抗（1890—1920）》、西班牙所作《基因，身体和自我：20世纪早期结核病，社会政府和健康——意识行为的提倡》、哥伦比亚国立大学Ana Maritza所作《20世纪20年代到90年代哥伦比亚健康作为教育学实践》、德国洪堡大学的Sabine Reh所作《一个人必须说出特定的儿童时代的疾病，一个人也必须说出教师的疾病——20世纪90年代身体的解释》、法国社会科学高等研究院Nancy Gonzalez Salazar所作《19世纪乌拉圭学校，预防的关键在于反对童工天花》、英国利物浦约翰摩尔斯大学Geert Thyssen所作《健康教育的重新想象：身体、儿童的感官阅读以及青少年肥胖和饮食无序（1920—2020）》等涉及了历史上与身体相关的各类疾病，如天花、麻疹及肥胖等，并展现了当时社会为防治相应疾病而做出的努力。

3. 国家/帝国/殖民化身体

毋庸置疑，身体是个人的身体，但身体也属于国家，是国家的资本，也成为国家存亡和发展的根本和基础。在此，教育空间成为国家/帝国化身体实现和塑造的场所，其间的身体教育、防卫教育等努力也成为形成国家化身体的努力。[①] 当然，当一个国家被侵略时，该国的“身体”也会被侵略国塑造为殖民化身体。由此出发，ISCHE38摘要集中刊载的相关论文也涉及了对国家/帝国/殖民化身体的展现。其中，瑞士洛桑大学Ingrid所作《19世纪瑞士体育教育中“国家化”市民的教育》、香港教育学院Klaus Dittrich所作《帝国化身体：欧洲和美国教师在朝鲜政府学校（1883—1910）》、德国柏林大学和德国教育史图书馆Britta Behm所作《“有效身体”的构建——西德身体政治和“帝国化教育实践”的形成》、美国艾格尼斯科特学院Katharine Kennedy所作《德国基础学校中的身体教育的纳粹化》、以色列亚实基伦学术学院Zehavit所作《托管时期犹太复国主义者教育系统中身体图像：传统、革命、驱逐》、德国国际教科书研究所Michael等所作《战争时期教育电影中的殖民化身体》、美国肯塔基州立大学Roland Sintos Coloma所作《作为管理问题的殖民化身体：菲律宾人和英帝国化的固执》等涉及了德国的纳粹政策下的身体塑造，犹太复国主义下的身体以及菲律宾的殖民化身体。而瑞士苏黎世大学Rebekka Horlacher所作《语言和文化背景下身体教育和国家化身体构建的不均衡》、瑞典乌普萨拉大学Larsson所作《保卫国家的教育：第二次世界大战期间瑞典中等学校中年轻人的防卫教育》则呈现了该国通过身体教育、防卫教育等努力，使得这些运动成为学校活动的重要组成部分，从而保证该国学生能转变为保卫国家的重要力量。

① 石艳. 我们的“异托邦”：学校空间社会学研究[M]. 南京：南京师范大学出版社，2009：128.

4. 空间的身体

毫无疑问，身体是人和外在世界的结合点，而身体存在于世界之中是存在于一定的空间之中，身体存在的空间在人力等因素下也是经常会发生改变的，空间的改变也会影响人的身体。空间对于身体，是一种人文和社会化的结果。对于教育活动来说，教育参与者存在的最重要空间是学校空间。学校空间也非一成不变，其中建筑物的排列、建筑物的面积安排、学校不同位置摆放的各种图片、学校空间的整洁与否等，均与学生发展息息相关。因此，教育活动中会注重教育场所的选取和安置等。[①] 不仅如此，学校空间中还存在一种生命政治，也会生产出被规训的身体。可以说，通过学校空间中教室空间的分配、桌椅的安置、洗浴空间、宿舍空间等的配置与划分、隔离卫生空间并控制疾病等，实现了通过空间的规制，身体被附以“现代性”的特质，诸如清洁、有序、精确、富有能量等，而这又与前述的规训的身体不谋而合。[②]

ISCHE38摘要集刊载的相关论文也涉及了空间的身体，主要认为学校是学生身体存在的最重要的空间，也是身体形成和发展的最重要场所。不仅如此，学校空间也存在一种生命政治。其中，瑞士苏黎世大学Marianne Helfenberger所作《19世纪瑞士学校建筑物和身体》、西班牙马里加大学Francisco所作《学校空间和学校卫生学：两个相关但不总联系在一起的问题》、巴西圣保罗大学Ana Beatriz Maia所作《高等教育及其空间的争论：校园作为一个身心形成的空间》、南非共和国南非大学J. Seroto所作《身体和政治空间：南非训练学院中身体教学的一项历史考察》、阿根廷罗萨里奥国立大学Maria Silvia Serra所作《身体所占据的空间：学校的生活经验》、奥地利因斯布鲁克大学的Nichaela Ralser、Ulrich Leitner、Flavia Guerrini所作《触摸形式下的合法化和非合法化——隔离区空间的交互作用及身体管理：公立幼儿园教育学改革中的建筑位置的意味的个案研究》等都是代表作。

① 谢妮．教育与身体：学校日常生活中的身体[M]．贵阳：贵州人民出版社，2010：150—151.

② 陈晨．现代性的游移：清华学校的时间、空间与身体规训[M]// 庄孔韶．人类学研究：第3卷．杭州：浙江大学出版社，2013：85—86.

除此之外，研究成果还涉及了空间移动的身体，如美国纽约市政档案馆David M. Ment所作《移动的教育者：进步主义教育追求下的中国人和美国人》、美国东密歇根大学Paul J Ramsey所作《移动的身体：全球化教育背景下的移民儿童》、美国堪萨斯大学John L Rury所作《移动的身体：美国大都市中的白种人大迁移及其自我空间的连续性》等文章涉及了此主题。他们主要就全球范围内或都市移民等，展现了人的身体在不同国别空间下的流动和转移，而人的身体在移动过程中也会因吸收当地的文化而发生变化，或是通过自己身体的示范而影响当地社会。

5. 性别的身体及性别教育

毋庸置疑，人的身体是在世存在的身体，还是有性别区分的身体，分为男性的身体和女性的身体。性别同身体器官一样，首先表现为生理性征，同时，也是身体与世界和他人打交道的一种方式。但是，性别同身体器官也有不同，那就是性征是有别的、秘密的、个人性的，也有一定的社会文化烙印。因此，性别兼具生理和社会属性。[①] 当然，因为社会、教育等相关因素的影响等，还会出现超越性别的身体。由于男性和女性身体的差异，二者在行为方式、思维模式等方面也会存在差异。不仅如此，社会在对待性别的身体时也会有一定差异，在看待男性时更多的是坚毅、刚强、理性、控制等，看待女性时则更多的是温柔、感性、柔弱等，这也使得针对二者的教育活动有一定差异。当然，随着女性主义、女权运动等兴起，女性教育也开始有所改变。

从性别的身体和性别教育出发，ISCHE38摘要集刊载的相关论文涉及女性的身体及其教育，也涉及了男性的身体及其教育。就第一方面来看，巴西米纳斯吉拉斯州联邦大学Elisangela所作《女性身体的舞蹈教育：20世纪30年代巴西米纳斯吉拉斯》、巴西马托格罗索联邦大学Elizandra de Siqueira Chitolina所作《马托格罗索州的女性教育：巴西共和国早期的女性教育的设计》、美国惠顿大学Linda Eisenmann所作《美国高等教育中女性大学校园：性别身体的影响》、奥地利因斯布鲁克大学Flavia Guerrini所作《危险空间——受伤害的女孩：关心儿童过程中性别和空间的相互依存》、美国弗吉

① 欧阳灿灿. 当代欧美身体研究批评[M]. 北京：中国社会科学出版社，2015：141.

尼亚大学Lindsey Elizabeth Jones所作《排除血亲，清白具身化：工业学校为有色人种女孩排除性征教育学（1915—1940）》、芬兰坦佩雷大学Mervi Kristiina Kaarninen所作《更加勇敢和更加美观——20世纪40年代芬兰女孩的虚构》、美国奥克拉马大学Dinae Karns所作《医学教育和身体：波士顿妇女的健康书籍与女性医学教育系统的构建》、巴西库里奇巴大学Karl lorenz所作《20世纪早期巴西的女性身体教育及其“巴西种姓”的再生》、瑞典马普萨拉大学Johannes Westberg所作《国家服务中性别身体的产生：瑞典先锋安东桑特森的女子身体教育》、芬兰图尔库大学Marjo Nieminen所作《20世纪50年代芬兰微电影中学校女性身体的被管理和被解放》、美国罗耀拉大学Ruby Glade Oram所作《我去时是小孩，出来时是一个完美的小姐：性别教育和被遗忘的芝加哥露西花女子技术学校（1927—1960）》、意大利马切塔拉大学Irina Paert所作《旧政权下女性交谈中的身体和心灵规训：17世纪到19世纪罗马圣洁概念的交谈案例》等均是此方面的研究成果，突出了当时情境下国家和各类报刊、电影等对女性教育的设计和理想，对女性身体、形象的期许以及特殊环境下排除女性性别的教育等。就第二方面来看，瑞士西北应用科学与艺术大学Florence Hofmann所作《男人体内的疯狂》、美国密歇根州立大学Matthew Pauly所作《肌肉教学：敖德萨男孩的庇护所（1905—1917）》、卢森堡大学Ira Plein所作《定义和重新定义工作男性的身体：卢森堡钢铁工业时期工人的视觉重建》、美国罗耀拉大学Ann Marie Ryan和Charles Tocci所作《市民的对话：美国男性的“新学习”》等则研究了男性的身体，涉及男性身体的独特特点，对男性实施的相关教育等。此外，美国威斯康星大学麦迪逊分校Sun Young Lee所作《性别化身体的韩国化：朝鲜多元化家庭的历史化》则是探索了国际化和跨国化背景下不同种类的身体被制造，且性别化身体如何满足国家的需求以成为特定种类的人。

6. 教育学理论中的“身体”

如前所述，受意识哲学的影响，教育学理论中“身体”经常处于缺位状态。事实上，如果仔细审视蒙台梭利、裴斯泰洛齐、杜威、王阳明、陶行知等古今中外教育家、教育学家的著述，会发现身体的具体操作和训练、身体的“行”和“做”是放在一个重要位置的。以蒙台梭利为例，她认为感觉教育的主要目的是通过训练儿童的注意力、比较和判断力，使儿童的感受性更加敏捷、准确、精练。令人遗憾的是，蒙台梭利主要还是侧重把“感觉训练”作为教育的一种技术或途径，而没有上升到具有整体性和本体性的“身体”层面上思考。同时，后人对蒙台梭利的这些思想重视不够，在启蒙思想的支配下，以科学、理性为特征的现代性教育进一步缩小了身体及其感觉在教育发展中的空间。[①] 由此，我们必须重视回归身体，教育学研究也必须回归身体，通过身体思考教育学，这才能体现对人及其生命的关注，促成人生命的真正存在。

由重新审视教育学中的“身体”，ISCHE38 摘要集也汇聚了解读有关教育学家教育学理论中的“身体”。其中，瑞士苏黎世大学 Rebekka Horlacher 所作《职业还是解放教育？裴斯泰洛齐教育理论中“手”的角色》、墨西哥 DIE-CINVESTAV 的 Dussel 所作《两部早期关于儿童和学校教育中的旧习打破和教育学：进步主义教育中打破旧习者的姿势中矛盾情绪的反映》、巴西圣卡洛斯联邦大学 Alessandra Arce Hai 所作《在福禄贝尔、德可乐利、蒙台梭利、桑代克和杜威之间的爱丽丝里斯：巴西学前教育中的身体构建》、美国罗耀拉大学 Gerald Lee Gutek 所作《1913 年第一次蒙台梭利国际训练课程中的身体》、瑞士西北应用科技大学 Lukas Boser 所作《手作为教育学的目的》等分别解读了裴斯泰洛齐、蒙台梭利、德克罗利、杜威等教育学理论中“手”角色，蒙台梭利感觉训练中“身体”的解读以及对巴西学前教育身体建构的影响。

摘要集中除解读了教育学理论中的“身体”外，还分析了相关著作、学校报告、绘画作品、期刊等陈述的“身体”，其中，西班牙阿尔梅里亚大学 Ana 等人所作《伯纳迪诺〈佛罗伦萨药典〉中手的陈述》、巴西利亚大学的 Ingrid Dittrich Wiggers 和坎皮纳斯州立大学 Carmen Lucia Soares 所作《马里奥安德里奥儿童绘画作品中的身体实践和保利斯塔儿童》、哥伦比亚巴兰基亚大西洋省大学 Luis Alarcon 所作《19 世纪哥伦比亚军事手册男性身体的陈

① 李政涛. 身体的“教育学意味”：兼论教育学研究的身体转向[J]. 教育理论与实践，2006(11)：7.

述》、德国柏林大学Cristina所作《不/合适的身体：德国基础学校报告中学生身体结构和适应性》、美国肯塔基州立大学James Charles Albisetti所作《更健康的德国人身体：弗雷德里皇后的著作》、巴西米纳斯吉拉斯联邦大学Marilene Oliveira Almeida所作《教学图中的身体运动：阿图斯-佩勒基能动教学法的艺术现代化起源》、巴西圣保罗大学Rosane Michelli de Castro等所作《巴西教育学期刊与教师训练机构中身体知识或是教学法中的纪律（1827—2011）》、葡萄牙波尔图大学Ana Isabel Dias所作《葡萄牙中等教育地理课程和实践中科学知识的具身化：Finisterra期刊的案例》、匈牙利佩奇大学Laszlo Galantai所作《标记着的身体——19世纪晚期犹太学校教材中正统的身体的重新表述》、加拿大特伦特大学Carolyn Helen Kay所作《德国儿童战争艺术作品中的德国身体：第一次世界大战期间与笨拙敌人的对抗》、匈牙利赛格德大学Attila所作《20世纪二三十年代匈牙利学校报告书中的教育身体》、巴西大学Aline Casulari Pinhate所作《身体接触和漂亮的奥秘：O Cruzeiro杂志的女性图像》、英国温彻斯特大学的Stephanie M.Spencer和阿卡迪亚大学的Nancy G. Rosoff所作《身体的书写：学校女生日记中的性别、疾病和健康》、日本九州大学Wen Wen Wang所作《好妻子和智慧母亲的超越：人仁季刊文章中中国女中学生的分析》等通过对出版物、绘画作品等的分析，有助于明确当时社会对“身体”的标准以及个人对身体的认识等。

7. 宗教的身体

每一个民族都有宗教信仰。“一种宗教，当其兴起之时，总是足以解决整个人生问题的。但既兴起之后，因其植根于信仰，其说往往不易改变。”[①] 可以说，无论是在中国，还是在国外的美国、英国等诸多国家，有基督教、伊斯兰教、印度教、佛教、道教等存在，而各种教徒人数也数量较大。在此，人信仰宗教或归属于宗教时，往往从身体出发。以韦伯所著《新教伦理与资本主义精神》中对新教徒的描述为例，展现了新教徒对身体的控制和要求。可以说，宗教“始于人类对其生命有限、个体死亡的自觉的体验，以及由此所产生的对这种生命有限、个体死亡的超越的愿念”，因而通

① 吕思勉. 中国通史[M]. 北京：群言出版社，2015：224.

过“身体”、生命的在场或压制等，最终实现生命的永恒等。[①]就“宗教的身体”这一身体类别，ISCHE38摘要集中也呈现了来自俄罗斯、美国、印度等不同国家学者的相关研究，如《俄帝国时期（1773—1820）耶稣会士作为“学校人员／身体”和“学生身体”》《女性宗教教师：20世纪60年代（1958—1974）至80年代新时代面向世界》《之前比属刚果殖民化传教士教育中的身心是怎么样？让我们审视20世纪50年代宣传电影是如何发言的》《在库里蒂巴为德国移民而设的天主教学校（1896—1938）：规训的身体和保卫灵魂》《最高种姓印度徒女子的教育：20世纪早期印度安妮贝桑女子贵族学校的案例》《抑郁的身体：美国天主教修女会见习神职人员的形成（1945—1965）》《学生身体成为伊斯兰——精神，宗教及其桑给巴尔学校的身体》等。由此，学者们审视了基督教、伊斯兰教等不同宗教如何通过具体活动来烙印学生、教师的身体，进而使其成为宗教所期望成为的人。

8. 身体和情绪

斯宾诺莎曾这样界定情绪：“把情绪理解为使身体的活动力量得以增加或者减少、促进或者阻碍的身体的情状，以及这些情状的观念。如果我们能够知道其真正的原因，我就称之为主动情绪，否则就只能称为被动情绪。”[②]因此，每个人的身体中都会有各种各样的情绪，如喜、怒、哀、乐、疲倦等。同时，外在环境和个人也会通过身体管理自己的情绪，而人们也会将个人情绪通过日记、绘画等记录下来。目前，国际社会已经开始重视情绪的历史，第22届国际历史科学大会主要议题2便是“书写情感的历史”，涉及了情感和“他者”的塑造、身体和空间的情感、书写历史上的情感：理论和方法三场讨论。ISCHE38既顺应了国际历史科学大会的研究主题，也延续了ISCHE37中对情绪的关注，其摘要集同样涉及学校空间的情绪，其中，如《罚金刑时期和学校疲劳：葡萄牙教育期刊中的论述》《焦虑，影响和暗示：MACOS和多媒体教室（1963—1974）》《17世纪欧洲身体主题下情绪的管理》《政治意识的培养：玛莎努斯鲍姆及其情绪的历史》《灯

① 张再林．中国古代宗教观的身体性[M]．人文杂志，2006(6)：28—35.

② [德]赫尔曼·施密茨．身体与情感[M]．庞学铨，冯芳，译．杭州：浙江大学出版社，2012：7.

光下的骄傲和憎恨》《难怪他们生病和害怕学习：美国教学机构中学术身体的恐惧（1830—1836）》《“钢铁时期”的“愉悦感官的布局”：未来受教育工人身体的时空（1900—1940）》《自然情绪的管理规则：希伯来学校中本地人和新来者的身体》等，都是其中的代表作，分别对学校疲劳、焦虑、情绪的关联、学习恐惧以及感官愉悦等进行研究。

9. 身体感官等身体研究

除了如上规训的身体、性别的身体等研究成果外，ISCHE38摘要集中还对身体器官、身体装饰、身体接触等进行了研究。

第一，身体器官和身体装饰。其中，加拿大尼普森大学John Allison所作《胡须，教师和教育：络腮胡子体现的智慧（1880—1945）》、华中师范大学教育学院周娜和周洪宇所作《头发作为隐喻：民国时期女子学校中头发问题的探索》、来自墨西哥DIE-CINVESTAV的Suanna Ayala Reyes和Elsie Rockwell分别所作的《手的恰当性和手的反应：在恰帕斯州高低木偶表演中手势的交互作用》《手及手势在墨西哥农村学校机构中的文化渗透》、巴西圣保罗大学Marineide Oliveira Silva所作《合作教育和马托格罗索州农村学校的器官》等，专门对胡子、头发、手等身体感官进行了研究，明确了身体器官不单纯是身体器官，其中蕴含了一定的社会象征意义，可能络腮胡子更多是有智慧的象征，而民国时期女子剪发有个人追求男女平等、爱好美等追求成分在其中。不仅如此，社会对手、手势等具体表达也有要求，因为手的具体动作也掺杂了社会要求；而来自巴西米纳斯吉拉斯联邦大学的Marilene Oliverira Almeida等所作《穿着打扮的艺术：学校文化中校服作为重要表达的分析》、华中师范大学教育学院邓凌雁《历史视角下的中国学校制服（1904—1945）》等则就校服所传达的社会要求和自我诉求等进行了研究。

第二，改造的身体和身体技术。人的身体依赖于自然，但是要通过一定的社会关系和社会实践才能实现自身。随着科技的发展，人的“身体”会被技术改造。ISCHE38摘要集中也聚集了关于身体技术的思考，如《解剖技术的学习：文艺复兴时期接触的技术》《成长和学习的身体：19、20世纪葡萄牙学校设施中的优生思想和人体工程学问题》《我们能替代肉体的教师吗？荷兰教学器材的历史》《训练人类身体的艺术：巴西精神病学校幼童身体的形成（1910—1927）》等探索了解剖技术的学习、学习器具中的人类工程学以及教学器材能否取代肉身的教师、人类身体通过技术的修复等。由此观之，教学活动中的这些技术源于身体，是满足人类需要而产生的，同时这些技术也会改变人类的身体。[①]

第三，交往的身体和身体接触。人和人通过身体来交往，身体接触是人们实现交往的途径之一。可以说，合理的身体接触才能使交往成为可能。在教育活动中合理的身体接触同样也很重要，以《为师有道——对外汉语教师修炼指南》为例，其中一点为“不可以跟学生有身体接触”，此点写道：

> 中文老师通常因为自己成长的经历以及中国人对身体接触没有那么敏感的原因，加上对外国可爱孩子的喜爱，大多在刚开始教学的时候，会跟自己的学生有一些身体接触。比如，拍拍学生的肩膀，鼓励说：“做得好!”有的还会摸摸头。在我们眼里这些都是很自然的事，我们上学的时候，有几个人没有得到老师拍肩膀的鼓励呢？
>
> 但是对于外国的孩子，绝对不行！[②]

由此看出，不同国家教育活动中教师和学生对身体接触的标准有所差异，身体接触也赋予了不同的情感意味。ISCHE38摘要集中也不乏此类研究，如《身体间的接触：19世纪晚期到20世纪早期阿根廷国家初中学校起源中的标准、经验》《既不近也不远：智利寄宿学校学生身体接触中的附属情感意味》《葡萄牙国家化政权时期男子中等学校中身体接触的纪律和政治具身化》《身体和边界：理解影响下的后布朗时期校车政策》等分别就阿根廷、智利、葡萄牙、美国等国家初中、寄宿学校，以及男子中等学校、校车等空间内学生间身体接触的标准、情感意味以及身体接触的原则等进行了探讨。

① 周丽昀．现代技术与身体伦理研究[M]．上海：上海大学出版社，2014：66.

② 曾凡静，鲍思欢．为师有道：对外汉语教师修炼指南[M]．北京：北京大学出版社，2014.

第四，生理的身体及性教育。人的身体首先是一种肉体存在，有饮食男女的基本需求，对于学校教育中难以回避的性教育，摘要集的研究中专门就性教育的概念、性的标准等进行了研究。其中，ISCHE38摘要集中的《威廉敏娜普鲁士性教育的概念》《心灵必须去弥补性：芝加哥赫尔馆的性教育和性标准》《匈牙利课本中的性教育》《性知识，道德价值及性教育中的身体》《20世纪意大利从“难以启齿的身体”到性教育：不完全变迁的故事》等都是代表作。

第五，种族的身体。人生存的空间、遗传等先天自然属性，一定程度上决定了种族身体特征。同时，种族身体又与历史进程、社会文化规约等后天社会属性存在互为逻辑的关联。[①] 实际上，种族的身体也存在于不同学校教育当中，如美国社会中黑人身体和白人身体的存在。从此出发，ISCHE38摘要集也有相关研究，如《不同学校的“科学兴趣”：英国科学教育中种族化和性别化身体的生产》《错误教育下黑人身体的被掩盖：博伊斯、伍德森和美国种族恐惧的本质》等涉及了科学教育中种族身体的概念等是如何传达的，美国黑人身体在相关错误教育中被遮盖等。

四、ISCHE38的研究特点及不足

ISCHE38摘要集的相关研究成果具有如下几方面特点：

第一，明确提出了教育史研究应重视“身体”回归。ISCHE37中已经涉及了教育史研究中的“身体”，但是并没有明确将此作为会议主题。ISCHE38摘要集的首页便明确了教育史研究中“身体”应该回归，思考“身体”在教育史中的位置。可以说，在哲学、教育学、历史学等学科“身体转向”的影响下，教育史研究也开始关注“身体”。ISCHE38明确提出教育史研究应重视“身体”，并刊发相关论文，为教育史研究注入了新鲜的血液。

第二，研究了规训的教育身体等多种教育身体。如前所述，无论是哲

① 王晓路．自然属性与社会属性：种族与身体的权力场[J]．文化研究，2015(3).

学、社会学还是教育学、历史学等学科，均在“身体”概念的基础上开始注重身体的分类，这也成为研究者开展研究时得以确定研究框架的依据之一。ISCHE38摘要集中，各国学者从福柯等身体理论出发，涉及了规训的身体、空间的身体、性别的身体、国家化的身体等多种教育身体，这些研究成果也成为教育史研究中可资借鉴的“教育身体”分类，也成为“教育身体”分类不断完善的基础。

第三，涉及了情绪和身体等最新的研究动态。ISCHE37已经涉及了情绪和身体，ISCHE38摘要集也如此。可以说，情绪史目前是国际历史学界的研究重心。ISCHE38摘要集中涉及了学校的学习恐惧、疲劳等，这些也成为教育史、历史学研究中比较新颖的研究内容。因此，ISCHE38顺应了历史学研究潮流，也成为教育史研究中应注重开拓的全新研究领域。

第四，突出了本国教育身体研究内容的特色。教育史研究要注重顺应和彰显国际研究潮流，但是也要突出本国教育史研究特色。ISCHE38摘要集的论文在研究“教育身体”时突出了本国的“教育身体”，如卢森堡大学的研究内容注重卢森堡钢铁工业下的“教育身体”，巴西学者则注重童子军活动，瑞士学者突出裴斯泰洛齐的教育理论，印度学者则研究了印度徒的女性教育等。ISCHE38摘要集突出了本国的相应研究特色，这也是教育史研究者需要努力的方向之一。

当然，ISCHE38摘要集中对“教育身体”的界定，如何研究历史上的“教育身体”等理论问题还涉及不够，这也是教育身体史研究中需要注意的。

第三节 ISCHE39“教育和解放”的“教育身体”研究

2017年7月18日至21日，第39届教育史国际常设会议在阿根廷布宜诺斯艾利斯的布宜诺斯艾利斯大学召开。这次会议的主题为“教育与解放”。通过整理其会议摘要集，发现相关论文也涉及“教育身体”。

一、ISCHE39“教育和解放”摘要中涉及的“教育身体”①

ISCHE39“教育和解放”相关论文的文章题目及作者如下表2-7所示。

表2-7　ISCHE39“教育和解放”的“教育身体”研究

序	作者	题目
1	AISENSTEIN, Angela Marcela MARTÍNEZ, María Dolores MELANO, Ignacio	《体育教育的自治和传统：20世纪三四十年代阿根廷教师培训机构“有助于改善种族的身体和道德健康”》
2	AMARAL, Anabela/FELGUEIRAS, Margarida/ROCHA, Juliana	《成长和学习的身体：19、20世纪葡萄牙学校设施中的优生思想和人体工程学问题》
3	ANDRADE DE MELO, Victor	《当身体被触摸的时候，19世纪上半叶在里约热内卢的舞蹈教育经历》
4	BASKA, Gabriella HEGEDŰS, Judit	《男人和女人？匈牙利君主时期托儿所和小学教育中的性别表现》
5	CRUZ, Marcia Terezinha J. O.	《科英布拉大学的学生及其身体：Queima das Fitas②的人种学研究（2012—2013）》
6	DELIO, Luis	《乌拉圭教育中的卫生保健》
7	DIAS SOUZA, Carlos Eduardo	《巴伊亚、里约热内卢和布宜诺斯艾利斯之间的阿比里奥-塞萨尔-博尔赫斯：作为政治工具的身体的解放》

①相关内容参考了ISCHE39摘要集整理，资料来源：https：//www. ische. org/wp-content/uploads/2018/05/ISCHE-39-Abstract-Book. pdf.

② 科英布拉的Queima das Fitas是最古老、最著名的学生委员会，由学生会的Associação AcadémicadeCoimbra成员组成。它于第二学期（从5月的第一个星期五00:00开始），连续8天举办大型学生庆祝活动。在此期间，举办一系列音乐会和表演，还包括大学生游行、体育活动、欢乐球以及许多其他公共活动，使科英布拉成为一个充满活力的城市。

（续表）

序	作者	题目
8	DOS SANTOS MEURER, Sidmar	《从学校课程的历史中质疑教育改革：巴西巴拉那州小学改革中的活动、纪律和功利等课程结构的概念（1901—1921）》
9	DUSSEL, Inés	《一个业余爱好者儿童游戏相册中的接触与交融（阿根廷，1902）》
10	FERNANDES DOS SANTOS, Andre Vitor SERRA FERREIRA, Marcia	《殖民灵魂：巴西高等教育考试如何管理我们是谁和应该成为什么样的人》
11	GREIVE VEIGA, Cynthia	《切勿触摸！黑人儿童身体的社会回避与解放的悖论（巴西，20世纪的第一个十年）》
12	HEROLD JUNIOR, Carlos	《南美洲的身体与教育：巴西、阿根廷和乌拉圭童子军扩张的比较分析》
13	HEROLD JUNIOR, Carlos	《童年与自然主义：20世纪50年代巴西裸体与身体教育》
14	HUBER, Matthias	《“当我得到那种感觉……”——童年和青年的情感与解放》
15	KRAUSE, Sabine	《迷恋一种感觉？青年运动中的情感解放》
16	OJEDA, Carolina María	《1976年至1983年独裁统治时期学校的性和敏感性，拉普拉塔市Rafael Hernández国立学校的案例》
17	ORBUCH, Ivan Pablo	《性别和身体：阿根廷的女性体育运动》
18	PALL ORIANI, Angélica	《巴西圣保罗农村学校教育中的女性化教学和文明努力：初步思考》
19	PÉCHIN, Juan	《触摸式教学话语及流散：科学性定义下性教育与性别规制》
20	PERLSTEIN, Daniel	《边疆进步主义：美国西南部的种族、殖民者殖民主义、帝国主义和教育》

（续表）

序	作者	题目
21	PURANEN,Karolina	《芬兰中学的性别、学校纪律与民族建设（1905—1925）》
22	SARDI,Valeria	《课堂中的身体边界：教师培训与中学教育的辩证法》
23	SEROTO,Johannes	《身体的政治：18世纪南部非洲凯普殖民地“土著野蛮人”的体现》
24	TORO BLANCO,Pablo	《拯救身体，拯救祖国：种族的防卫对教育——体恤政策的影响（智利，1940—1943）》
25	VIDAL,Diana	《巴西的新教育、种族和体罚》

从上表来看，因为本次会议的会议主题并不是专门的“教育和身体”，所以与“教育身体”相关的论文较少。当然，来自不同国家的教育史研究者也围绕“教育身体”这一主题进行了相关研究，涉及了“教育身体”的解放、“教育身体”的规训和纪律以及不同性别的“教育身体”、殖民主义的“教育身体”等，与“教育与解放”的会议主题紧密相连。

二、相关论文中“教育身体”研究

与ISCHE38不同，本次会议涉及的“教育身体”研究较少，对不同类型的“教育身体”涉及也较少，主要是对规训和解放的身体、国家/帝国/殖民化身体、性别的身体、身体的健康和保健、养育以及身体的接触进行了研究。

（一）规训和解放的身体

在对规训的身体进行研究时，研究者主要是借助福柯的《规训与惩罚》等理论，对不同国家和地区的“教育身体”的纪律、惩罚等进行了研究，思考了学校纪律与民族建设的关系等问题。如VIDAL，Diana《巴西的新教育、种族和体罚》一文指出，尽管苏姗于1929年发表了对体罚的思考的文章，指出了巴西人的体罚是不合法的。但是体罚依旧盛行，而且大多数学校会使用一种木棍去打学生的手。基于此，该文力图揭示教育话语与社会、文化现象的不统一。除了对巴西的体罚进行研究外，PURANEN，Karolina所作的《芬兰中学的性别、学校纪律与民族建设（1905—1925）》，以20世纪初芬兰中学实施的惩罚为重点，考察学校纪律与国家建设的关系。该文使用了福柯的理论，强调了监督和纪律在教育中的重要性，也注重揭示当实施惩罚时人是如何感知的。在此，作者比较关注不同性别的学校纪律如何定义以及男性和女性公民在学校纪律中如何产生。与规训的身体相反的是身体的解放。DIAS SOUZA，Carlos Eduardo所作《巴伊亚、里约热内卢和布宜诺斯艾利斯之间的阿比里奥-塞萨尔-博尔赫斯：作为政治工具的身体的解放》主要对博尔赫斯推动奴隶、儿童的解放所做的贡献进行了研究。

（二）国家／帝国／殖民化身体

HEROLD JUNIOR，Carlos所作《南美洲的身体与教育：巴西、阿根廷和乌拉圭童子军扩张的比较分析》，对南美洲的巴西、阿根廷、乌拉圭的童子军的“教育身体”进行了研究。SEROTO，Johannes所作《身体的政治：18世纪南部非洲凯普殖民地“土著野蛮人”的体现》从福柯、特纳以及女权主义关于权力、政治与身体的研究出发，指出近几十年来，人体与政治的关系已经成为民族认同中的一个突出节点，权力和社会调节人体的实践和政治已成为后殖民主义和非殖民主义运动所关注的问题之一。但是，在福柯、女权主义理论家以及特纳之前，对身体政治的研究是边缘的。以此出发，文章对18世纪非洲殖民地中“土著野蛮人”的身体政治进行了研究。此外，TORO BLANCO，Pablo所作《拯救身体，拯救祖国：种族的防卫对教育——体恤政策的影响（智利，1940—1943）》，主要分析了智利1940—1943年间激进统治者在“保卫种族运动”中推动颁布的一整套公共教育政策。这些公共教育政策以照顾和保护身体为导向，以实现拯救身体、拯救国家的目的，最终构建“国家化的身体”。

（三）性别的身体

如前所述，人的身体是在世存在的身体，还是有性别区分的身体，分为男性的身体和女性的身体。基于此，研究者对“教育身体”进行研究时，依然绕不过“性别的身体”这一研究主题。其中，《男人和女人？匈牙利君主时期托儿所和小学教育中的性别表现》一文对匈牙利君主时期托儿所和小学教育中的教师的性别变化进行了研究。文章使用了由宗教和教育部部长逐年撰写的相关法案和账单以及匈牙利职业教育出版社（全国妇女教育）出版的相关著作等，指出最初托儿所教学似乎对男性来说是一个合适的职业，然而随着时间变化，女性开始更加适合幼儿园教学，这一转变如何发生值得探讨。小学教师之间如何发生同样的过程——虽然有些延迟——同样值得探讨。此外，《性别和身体：阿根廷的女性体育运动》《巴西圣保罗农村学校教育中的女性化教学和文明努力：初步思考》等文对女性的体育运动，以及学校中女性的教学和女性的文明化进行了研究。

（四）身体的健康和保健、养育

关于身体的健康和保健、养育这一主题，在前几次年会中并没有涉及。本次年会AMARAL，Anabela/FELGUEIRAS，Margarida/ROCHA，Juliana所作《成长和学习的身体：19、20世纪葡萄牙学校设施中的优生思想和人体工程学问题》旨在分析学生身体是如何被医生和教师所观察、训练和调节的。该文搜集了医学期刊和医学院学生提交的相关论文，从中专门选择了标题中提到卫生、人体工学家具和健康的论文。作者专门研究了医学期刊中相关论文的观点是如何渗透到学校中去的。文章指出，学校作为公民再生的重要机构，有责任照顾好学生的身体，增强学生的体质。因此，医生会谴责学校的校舍和学校不够卫生和健康，不利于学生身体的成长。因此，相关医学观点指出：学校的课桌等必须有利于纠正学生身体的畸形，使在校学生健康成长。不仅如此，医学观点还会影响学校的教学方法、儿童食品、课时安排等。HEROLD JUNIOR, Carlos所作《童年与自然主义：20世纪50年代巴西裸体与身体教育》对巴西20世纪50年代的裸体运动进行了研究，指出对裸体主义运动的研究有助于凸显整个20世纪对身体自然状态的释放，有助于实现教育价值。

（五）身体的接触和触摸

身体有动作，身体之间必然会有所接触，而且身体动作如何呈现，身体之间的如何接触、接触的维度等，一定程度上可以透视人的态度和经验、审视人与人之间的关系。CRUZ, Marcia Terezinha J. O.所作《科英布拉大学的学生及其身体：Queima das Fitas的人种学研究（2012—2013）》专门对科英布拉大学最古老、最著名的学生委员会Queima das Fitas的学生间的动作、接触进行了研究，指出学生的经验是通过身体动作、说话和面部表情等来表现的。DUSSEL，Inés所作《一个业余爱好者儿童游戏相册中的接触与交融（阿根廷，1902）》通过阿根廷业余摄影协会的儿童游戏相册，呈现了互动中儿童的身体互相接触，以及儿童的身体是如何连接在不同的空间的，等。GREIVE VEIGA, Cynthia所作《切勿触摸！黑人儿童身体的社会回避与解放的悖论（巴西，20世纪的第一个十年）》，旨在探讨在巴西共和国成立、扩大教育和工业化的过程中，学校和儿童杂志中避免接触黑人儿童身体的情况。该文指出，在奴隶制时期，与黑人身体的接触是通过压迫性的身体关系（强迫劳动、鞭打、强奸）和物理空间的分离而发生的，此后亦是如此。

此外，相关研究还对与“教育身体”相关的情感、情绪进行了研究，如HUBER，Matthias所作《“当我得到那种感觉……”——童年和青年的情感与解放》指出在童年早期情感对于未来生活中的依恋有影响。情绪有助于理解青年的个体发展中的身份形成功能。KRAUSE, Sabine所作《迷恋一种感觉？青年运动中的情感解放》指出情感是交流思想的媒介。

三、ISCHE39“教育身体”的研究特点及不足

本次年会对规训的身体、国家/帝国/殖民化身体、性别的身体，以及触摸的身体、教育身体和情绪这些已有的研究主题进行了研究，也尝试对身体的养育和保健这一主题进行研究，并与“教育与解放”的会议主题相结合，有助于从“解放”的维度进一步拓展关于“教育身体”的研究。具体来说，ISCHE39摘要集的相关研究成果有如下几方面特点：

第一，延续了教育史研究中的“教育身体”研究。ISCHE37中已经涉及了教育史研究中的“教育身体”，ISCHE38摘要集的首页便明确了教育史研究中“教育身体”应该回归，思考身体在教育史中的位置，ISCHE39摘要集继续注重“教育和身体”研究，进一步呼应了教育史研究中的“身体转向”，也延续了教育史研究注重“教育身体”的研究传统。

第二，继续重视规训的教育身体等多种“教育身体”研究。如前所述，在“身体”概念的基础上身体的分类，是研究者开展相关研究时得以确定研究框架的依据之一。ISCHE38摘要集中，各国学者从福柯等身体理论出发，涉及了规训的身体、空间的身体、性别的身体、国家化的身体等多种教育身体，这些研究成果也成为教育史研究中可资借鉴的“教育身体”分类，也成为“教育身体”分类不断完善的基础。ISCHE39摘要集中依旧从不同维度研究“教育身体”，且注重拓展分类，有助于丰富“教育身体”的相关研究。

第三，依旧重视凸显本国教育身体研究的特色。教育史研究要注重顺应和彰显国际研究潮流，但是也要突出本国教育史研究特色。ISCHE38摘要集的论文在研究“教育身体”时突出了本国的“教育身体”，如卢森堡大学的研究内容注重卢森堡钢铁工业下的“教育身体”，巴西学者则注重童子军活动，ISCHE39也如此，对巴西童子军、科英布拉大学的身体等进行了研究。

当然，ISCHE39摘要集仍然未对“教育身体”进行界定，对如何研究历史上的“教育身体”等理论问题还涉及不够，这也是教育身体史研究中需要注意的。

第四节 ISCHE40“教育和自然”的“教育身体”研究

2018年8月29日至9月1日，第40届教育史国际常设会议在德国柏林洪堡大学举行，会议主题为“教育与自然”，相关论文也涉及了“教育身体”。

一、ISCHE40“教育和解放”摘要中涉及“教育身体”[①]

ISCHE40“教育和解放”相关论文的题目及作者如下表2-8所示。

表2-8 ISCHE40“教育和解放”的“教育身体”研究

序号	作者	题目
1	Karin Priem,Frederik Herman	《身体经济：20世纪初期职业教育资本主义取向与职业取向》
2	Esther Berner	《通过“节奏”重新征服自然：19世纪之交的身体和运动概念（德意志）》
3	Renana Kristal	《失明是自然的》
4	Gabriella Baska	《学校纪律处分——19世纪匈牙利体罚冲突与现代教育学》
5	Malcolm Thorburn	《约翰·杜威：身心关系的本质与明天的学校》
6	Maria Romeiras Amado	《自然、理智与全纳教育：海伦凯勒学校个案研究》
7	Anna Debè	《体操作为智力缺陷儿童的教育工具——19世纪至20世纪米兰的“Istituto SanVincenzo”》

① 相关内容参考了ISCHE40摘要集整理，资料来源https：//www. erziehungswissenschaften. hu-berlin. de/de/historische/book-of-abstracts_final. pdf.

（续表）

序号	作者	题目
8	张乐	《在“医学与教育病理学”之间——德语教学中疾病隐喻概念的批评话语分析（1890—1933）》
9	Lynn Fendler	《美国学校饮食的无味历史》
10	Carlos Herold Junior	《巴西裸体运动中的身体、教育与自然（1950）》
11	Marisa De Picker	《残疾人的相互依存康复与自然畸形：比利时和法国大战伤残军人再教育为农村劳动力（1914—1925）》
12	周娜	《旅行身体——近代中国女童教育之旅（1910—1940）》
13	Rachel Ramos Souza	《卢梭〈爱弥儿〉中的教育、身体与自然》
14	Meng (Stella) Wang	《帝国儿童时代和殖民学校建筑：欧洲儿童在香港的学校体验（1881—1941）》
15	Janka Balogh	《自然作为准教师：自然环境中的空间对舞者心灵的影响》
16	Melinda Földiné	《瑜伽与瑜伽生活方式的出现：生活改革与改革运动的一个自然组成部分》
17	Paolo Alfieri	《女性身体在学科与自然之间：20世纪上半叶意大利女性运动的功能主义》
18	Véra Léon	《通过摄影师镜头的性别：职业选择过程的本质与技巧（1945—1975）》
19	Anna-Kaisa Kristiina Ylikotila	《20世纪初芬兰社会的性别化教师教育》
20	Edward William Whiffin	《狩猎男孩：20世纪初英国公立学校自然世界的探讨》
21	Sophie Rudolph	《种族的本质：20世纪80年代图画文本中澳大利亚社会描写中的殖民矛盾》
22	Maria Luce Sijpenhof	《种族主义话语的转变？荷兰种族主义中的种族盲目主义与生物种族主义的重新出现（1968—2017）》

（续表）

序号	作者	题目
23	Sylvain Wagnon	《心理卫生与优生学：儿童利益与国家利益之间反映的两个观念》
24	Heloísa Helena Pimenta Rocha	《治愈身体，照亮灵魂的自然》
25	Sandy Brewer	《“向可爱的小身体倾斜”：普罗维登斯平版画公司与1920年主日学校教室的亲密设想》
26	Angélica Pall Oriani	《20世纪初优生、卫生与农村学校的思考》
27	Ellie Simpson	《作为教育者的自然？身体在战后英国正规性教育教学中的地位》
28	Catherine Holloway	《学校池塘：从“必要”的地方到小学的废弃空间》
29	Diana Vidal	《女性的天性？巴西小学教师的性别表征（1920—1930）》
30	Paolo Alfieri	《20世纪末意大利女子体操与女子小学教师培训》
31	Samuel Ribeiro dos Santos Neto	《身体、身体实践与自然的教育：20世纪20年代圣保罗新闻界的陈述》
32	Sylvia Wehren	《人性对抗动物性：18世纪下半叶德国父亲日记中的体育与儿童的性格》
33	Iveta Kestere	《苏联“新人”中的女性身体》
34	Irena Stonkuviene	《苏联“新人”的使命：征服和改变自然》
35	Frederik Herman	《都市与自然混搭：企业摄影与学徒在运输中的身体》

从上表来看，因为本次会议主题是“教育和自然”，并不是专门的“教育和身体”，所以与“教育身体”相关的论文较少。当然，来自不同国家的教育史研究者也围绕“教育身体”这一主题进行了相关研究，涉及“教育身体”的规训和纪律、不同性别的“教育身体”、残疾的“教育身体”、教育学理论中的“教育身体”、“教育身体”与饮食、“教育身体”与自然、空间的“教育身体”等。

二、相关论文中“教育身体”研究

本次会议主要是对残疾的“教育身体”、不同性别的“教育身体”、教育学理论中的“教育身体”、“教育身体”与自然、移动的“教育身体”、“教育身体”的规训和纪律等进行了研究。

（一）残疾的身体

身体会因遗传、环境等因素影响而可能出现不适、患病等情况，“教育身体”因遗传、与外界环境接触等因素，同样会出现缺陷、残疾等。Anna Debè所作《体操作为智力缺陷儿童的教育工具——19世纪至20世纪米兰的“Istituto SanVincenzo”》一文专门就19世纪至20世纪米兰的Istituto SanVincenzo进行了研究。Istituto SanVincenzo是由米兰的牧师Luigi Casanova的倡议而产生的。体操是一种有价值的教育工具，有趣并可以激发孩子的愉悦感，吸引孩子的注意力，因此它有助于引导有智力缺陷的儿童意识到自己的身体并实现对其的教育和改造。张乐所作《在“医学与教育病理学”之间——德语教学中疾病隐喻概念的批评话语分析（1890—1933）》试图分析疾病在德国教育中的隐喻概念。Marisa De Picker所作《残疾人的相互依存康复与自然畸形：比利时和法国大战伤残军人再教育为农村劳动力（1914—1925）》利用大量的文件和医学报道等资料，分析了当时国家如何鼓励残疾士兵与自然界打交道，恢复其与自然和自己身体的联系，对伤残士兵残疾的身体如何恢复并成为农村劳动力进行了研究。Heloísa Helena Pimenta Rocha所作《治愈身体，照亮灵魂的自然》一文分析了20世纪前几十年在巴西出版的、面向小学健康与卫生教学理念的学校教科书中自然的表现。有的书中写到健康才是幸福的，且配有穿着考究且在田野奔跑的微笑的男孩、女孩的图片。可以说，这些书不仅侧重于措辞，而且侧重于涉及儿童身体与自然关系的图像。身体、健康、自然和情感也成为判断这些指导教学工作的书是否科学适用的重要依据。

（二）教育学理论中的身体

摘要集中主要对杜威和卢梭等人教育学理论中的“身体”、身心关系进行了研究，如 Malcolm Thorburn 所作《约翰·杜威：身心关系的本质与明天的学校》，主要从杜威的《选择性中途职业写作》一书出发，指出，对杜威来说，习惯不仅仅是重复性的事件，更多的是通过个人后天进入社会形成的倾向，这种倾向能够显示出感觉和判断。学习者的思想和情感可以成为一种灵活习惯的一部分，它揭示了独立的思想、批判性的探究、观察、实验、预见。Rachel Ramos Souza 的《卢梭〈爱弥儿〉中的教育、身体与自然》专门对《爱弥儿》中的身体观、身体和自然的互动进行了研究。文章指出，卢梭认为身体在自然教育中占有突出的地位，并且通过与环境的互动而成长。同时，身心都应该被锻炼，以提供全面、均衡的教育。基于此，卢梭主张建立一个教育模型，对身体进行教育，强调身体运动和体育锻炼的重要性并涉及身体的力量和灵活性以及情感和道德价值。

（三）性别的身体

性别的身体一直是身体研究的重心之一，其中，女性的身体更是成为研究者着力研究的主题。ISCHE40 同样对女性的身体进行了相关研究。其中，Paolo Alfieri 所作《女性身体在学科与自然之间：20 世纪上半叶意大利女性运动的功能主义》指出第二次世界大战后的女性解放进程逐渐推动了女性身体运动的自由和自发性。Véra Léon 所作《通过摄影师镜头的性别：职业选择过程的本质与技巧（1945—1975）》从在职业选择过程出发，思考了女孩和男孩是如何体验职业规范的传递，它们是如何呈现的等问题，该文指出，大多数时候女性被认为是自然美的化身，她们成为被摄影凝视的特权对象，而男性则被描绘成这种凝视的首选对象。Anna-Kaisa Kristiina Ylikotila 所作《20 世纪初芬兰社会的性别化教师教育》，其研究目的主要是从收集到的数据中找出理想的男女教师之间的差异，最后文章得出的结论是，对教师候选人的期望很大程度上取决于性别。Diana Vidal 所作《女性的天性？巴西小学教师的性别表征（1920—1930）》对巴西小学教师的性别表征进行了研究。Iveta Kestere所作《苏联“新人”中的女性身体》指出苏联“新人”的概念适用于两性，暗示着男女的绝对平等。因此，为成为苏联“新人”，男孩和女孩必须一起学习，在塑造新型男性的过程中，女性的性别差异必须被抑制。

（四）身体和自然

探寻千余年的文化，会发现古代先贤早已经提出了“天人合一”的思想理念，人的身体与自然的紧密关系与生俱来，人的身体只是整个自然构成的一部分。自然会赋予身体所需的养分，而身体也需要顺应、回归自然或是因自然而改造。因此，身体与自然的关系，也成为教育学理论中无法避开的一个重要话题。Carlos Herold Junior所作《巴西裸体运动中的身体、教育与自然（1950）》对巴西裸体运动中的身体、身体和自然进行了研究。该文指出，巴西裸体运动的思想和实践记录可以追溯到20世纪30年代。然而，直到20世纪50年代，通过发行宣传其活动的杂志，该运动才变得更加引人注目。裸体运动的提倡者将身体及其教育置于他们关注的核心，主张教育、身体应该回归自然。Janka Balogh，András Németh所作《自然作为准教师：自然环境中的空间对舞者心灵的影响》指出蒙特维尔塔社区的理想是身体与自然是共生关系。因此，自然环境是对舞蹈者进行教育的最好老师。Samuel Ribeiro dos Santos Neto所作《身体、身体实践与自然的教育：20世纪20年代圣保罗新闻界的陈述》旨在解读20世纪20年代圣保罗市新闻界有关身体与自然的表现，特别是分析最广义的户外身体活动。Edward William Whiffin所作《狩猎男孩：20世纪初英国公立学校自然世界的探讨》就英国在公立学校里，男生们如何接触并参与狩猎进行了研究，探究自然世界的狩猎及其狩猎语言是如何渗透到公立学校男生的军国主义和种族主义意识的。Sylvia Wehren所作《人性对抗动物性：18世纪下半叶德国父亲日记中的体育与儿童的性格》主要从父亲日记中的记载出发，探寻了体育与儿童性格社会性和自然性养成的关系。

（五）空间的身体

梅洛–庞蒂以身体为标准把空间分为两部分：身体空间和外部空间。他指出："因为我有一个身体……我属于空间和时间，我的身体适合和包含空间和时间。"[①] 因此，身体总会存在于一定空间之中，也会与空间之间发生交互作用。基于此，本次会议中研究者依旧对空间的身体进行了研究，如Catherine Holloway所作《学校池塘：从"必要"的地方到小学的废弃空间》从通过包括普罗登报告在内的教育报告和法案来审查学校池塘的使用出发，探寻池塘这一学校空间在促进儿童探索自然和环境方面所起的教育作用。《香港学校生活中的感觉记忆、日常空间（1921—1961）》一文则主要关注儿童运动和学校空间的感官体验。通过对学校内部、外部设计的跟踪，特别注意空间、建筑和感官之间的联系，揭示殖民学校建筑塑造儿童道德和身体状况的方式。此外，作者指出儿童的空间体验，包括活动和感官，是由建筑形式和身体运动同时塑造的。因此，活动、身体运动和感官之间的相互作用定义了儿童在这个空间中的存在方式。

身体处于一定的空间之中，也会在不同空间之中移动，因此，探寻教育身体的空间移动也是教育身体史研究的主题之一。周娜的《旅行身体——近代中国女童教育之旅（1910—1940）》主要对1910—1940年中国女童旅行中的身体移动进行了研究。

此外，摘要集中还涉及了规训的身体，如Gabriella Baska，Judit Hegedüs所作《学校纪律处分——19世纪匈牙利的体罚冲突与现代教育学》，通过对50篇文章进行分析，指出作为最高优先价值的纪律和秩序，主要是从作为塑造未来母亲的理想中展开。同时，身体和饮食也成为研究者进行研究的主题之一，如Lynn Fendler在《美国学校饮食的无味历史》中指出美国国家学校午餐法案于1946年在美国签署为法律。从那时起，教育政策和学术界对学校食品的研究主要集中在食品安全、校餐对学业成绩的影响、学校食品补贴的资格和学校食品项目的成本效益四方面。

① [法]梅洛–庞蒂．知觉现象学[M]．姜志辉，译．北京：商务印书馆，2000：186.

三、ISCHE40“教育身体”的研究特点及不足

本次年会研究者对规训的身体、性别的身体、空间的身体等进行研究，并力求与“教育与自然”的会议主题相结合，对身体与自然间的关系进行了研究。具体来说，ISCHE40摘要集的相关研究成果有如下几方面特点：

首先，继续注重“教育身体”的研究和探讨。如前，ISCHE37中已经涉及了教育史研究中的“教育身体”，ISCHE38摘要集的首页便明确了教育史研究中“教育身体”应该回归，ISCHE40摘要集与ISCHE39摘要集一样，继续注重“教育和身体”研究，进一步呼应了教育史研究中的“身体转向”，也延续了教育史研究注重“教育身体”的研究传统。

其次，与“教育与自然”主题的结合丰富了“教育身体”研究。如前所述，在“身体”概念的基础上身体的分类，是研究者开展相关研究时得以确定研究框架的依据之一。ISCHE37、ISCHE 38、ISCHE39摘要集中，各国学者从福柯等身体理论出发，涉及了规训的身体、空间的身体、性别的身体、国家化的身体等多种教育身体，这些研究成果也成为教育史研究中可资借鉴的“教育身体”分类，也成为“教育身体”分类不断完善的基础。ISCHE40摘要集中依旧从不同维度研究“教育身体”，还注重与“教育与自然”会议主题相结合，专门研究了身体与自然的关系等，有助于从“自然”的角度出发丰富“教育身体”的相关研究。

最后，研究者依旧重视从本国出发研究“教育身体”。教育史研究要注重顺应和彰显国际研究潮流，但是也要突出教育史研究的本土特色。ISCHE38、ISCHE39摘要集的论文在研究“教育身体”时突出了本国的“教育身体”，ISCHE40也如此，对苏联“新人”、巴西的裸体运动等进行了研究。

当然，ISCHE40摘要集与前述几次会议相同，仍然未对“教育身体”进行界定，如何研究历史上的“教育身体”等理论问题还涉及不够，这也是教育身体史研究中需要注重的。

第三章

教育身体史的理论资源（上）①

身体是我们生命的物质基础，身体也是我们存在的表现形式之一，是社会建构的产物。人们的日常生活总与“身体”相伴，“身体”是人们最为熟悉的词语和最常探讨的话题之一。然而长期以来，身体却被归属为医学、生物学、解剖学等自然科学理所当然的研究对象，在人文社会科学中则一直处于“缺席”的地位，真可谓“视而不见，存而不论”。近年来，身体逐渐被人文社会科学“问题化”，这不仅出现在哲学、历史学、社会学、人类学、美学、艺术等学科，也出现在后结构主义、后现代主义、女性主义、精神分析和文化研究等领域，形成了持续至今的“身体”研究热潮。仔细审视不难发现，人类教育实践活动也与“身体”相伴相生，教育史其实就是一部教育参与者身体生成和改变的历史。教育史学科研究中也存在“身体”缺席的问题。在此，教育身体史作为专门以身体史为视角切入和考察教育参与者“身体”变化及对教育、社会、时代产生何种影响的研究领域，真正体现了回到

① 本章主要就哲学、历史学以及教育学已有的身体研究进行阐述。教育身体史作为教育史的研究领域之一，其最直接的学科基础为哲学、历史学、教育学，下一章就社会学、美学、人类学等学科提供的理论资源进行再现、分析。

教育史本源，回到对教育参与者生命关怀的本真追求。当然，教育身体史作为教育史研究的新生长点，其提出并非一蹴而就，既是教育史研究不断走向关注人及其生命体验的需要和追求，也是哲学、历史学、教育学等学科已有成果和相关理论共同推动和相互借鉴的结果，这些学科下属的身体哲学、身体史学、身体教育学等研究为教育身体史研究提供了坚实的学理基础。在教育身体史研究提出之际，非常有必要展现和整合哲学、历史学、教育学等相关学科与“身体”相关的研究内容，以求进一步深化教育身体史研究，并为今后从事教育身体史研究提供相关借鉴和参考。

第一节　身体哲学研究进展及启示

哲学是一切自然科学和社会科学的规律的总和，故而哲学是一切学科的基础和逻辑起点。在教育身体史研究中，哲学是其学理基础之一。毫无疑问，哲学体系和流派庞杂，有唯心主义、唯物主义之分等，在此，教育身体史研究首先建立在马克思主义哲学基础上，坚持唯物主义自然观和历史观的统一，认为存在决定意识，意识反作用于存在，实践是人类存在的基本方式，肯定人的全面发展以及人的价值等。此外，随着哲学的不断发展，身体哲学异军突起，其研究成果直接面对“身体”，探讨身心关系，有助于为教育身体史研究思考身体何谓、身心关系等本源问题提供直接借鉴。

一、身体哲学的已有研究进展

哲学作为世界观和方法论的统一，影响着人的思维范式。在意识哲学指导下，人们普遍认为精神第一，身体无关紧要。这一哲学传统可以追溯到古希腊时期，从彼时开始直到20世纪初期的哲学研究中，心灵、精神、理性是身体的主宰，身体被等同于肉体，且是一种个性、欲望、历史全无，与日常生活无关而被遗忘的身体。苏格拉底、柏拉图等先哲均将身体和灵魂对立和分开，并认为“凡是灵魂都是不朽的”[①]，等同于身体的肉体则因其易变、偶在、不确定，被视为永恒灵魂的坟墓，人要控制肉体欲望而追求优于身体的灵魂。中世纪基督教神学延续了古希腊身心二元分离的传统，奥古斯丁等神学家指出肉体是精神的“敌人”，要控制和束缚肉体欲望，最终实现对灵魂提升。笛卡尔“我思故我在”更是进一步彰显了“思”的价值，正是因为精神才体现了人的存在，且人的身体不在场情形下依旧可以“思”，可以存在。身体本身不过是一个事物，是一具肉体，是一副“皮囊”，不具备任何意志，任何感觉都是精神的属性。可以说，身体在场反而会因其干扰性阻碍精神。因此，笛卡尔之前的意识哲学呈现身心对立，意识第一而身体降格为肉体的局面。[②]当然，他们虽贬抑“身体”，身体完全是被动的物质实体，使“身的哲学”成了一个被哲学遗忘的角落，[③]但“身体”、身心关系也被“心的哲学”提及，这为日后社会环境变化中，哲学家重新思考和认识“身体”、身心关系并策反意识哲学提供了依据。

值得注意的是，马克思赋予了意识物质基础，坚信“有生命的个人的存在”才是历史发展的动力，且通过满足人的需要肯定了人的身体存在。[④]在马克思看来，人的身体是自然和社会的统一。具体来说，马克思身体概念的维度有三，即“身体既是需要的身体，表征了生命的受动性；身体也是生产的身体，体现了生命的能动性；身体更是审美的身体，是超越功利、能受一体的生命体”[⑤]。可以说，马克思身体概念直接指向鲜活生命。当然，马克思并没有明确提出“身体”研究和“身体”转向。尼采率先举起了还原身体地位的大旗，提出“要以身体为准绳”，肉体才是人的存在的根本，人之为

① [古希腊]柏拉图．文艺对话集[M]．朱光潜，译．北京：人民文学出版社，1959：119.

② [法]K．德拉康帕涅．关于梅洛-庞蒂的一次谈话[J]．国外社会科学，1981(8)：59.

③ 李伯聪．免疫系统和身体的“超我”[J]．自然辩证法研究，1996(6)：2.

④ [德]马克思，恩格斯．马克思恩格斯选集：第1卷[M]．北京：人民出版社，1995：85.

⑤ 燕连福．马克思关于身体概念的三个维度[J]．贵州社会科学，2014(11)：11.

人的根基。由此，尼采彻底打破了身心二元分立。[①] 尼采关于身体的定位有偏重身体本能和欲望的嫌疑，但为现象学追问何谓身体，为身体重回生存中心奠定了基础。胡塞尔指出，身体不仅是感官的集合，其自身特征在于“它是感知的身体”[②]。柏格森突出身体体验和情感是生命哲学的基础并提出了绵延论。海德格尔则提出存在者“境遇性”和“有死性”的属性，进一步落实了存在者的时空性、历史性，而非因灵魂永恒而得存在和永生。他还提出“此在”“现身”“体悟”概念，突出了存在者与世界相互认识和沟通的关系和方式。意识哲学，尤其是生命哲学中逐渐凸显的身体认识，到梅洛-庞蒂借鉴前人基础和仔细思考时真正提出，他构建了真正的身体哲学。梅洛-庞蒂指出身体是肉体和灵魂的统一，且“我的身体”是“我”在世的方式和“‘理解力’的一般工具”[③]，在此，他提出“身体图式”概念，探讨了人通过身体打开现象场，实现与世界的互动。[④] 同时，“我的身体”具有时间性和空间性，这是身体的双重维度。到梅洛-庞蒂，身体是人存在的基础，生活和实践世界是身体的世界被清晰确立，推动了哲学研究中身体复位和身体哲学研究的兴起。在梅洛-庞蒂之后，施密茨、唐·伊德等继续探究身体，如施密茨提出身体性感知，回归身体体验，唐·伊德将身体分为物质、文化和技术三种身体。

在西方身体哲学影响下，国内学界也开始了身体研究，呈现解读西方身体哲学著述和梳理中国身体哲学两条路径。其一，学界对西方身体哲学解读主要集中于杨大春、庞学铨、张曙光、张庆熊等学者的研究成果，而这些研究成果中又以对梅洛-庞蒂的身体哲学解读最多，涉及梅洛-庞蒂身体现象学中“身体—主体”指归，身体与空间、时间，身体与语言、他者等的分析，也比较了梅洛-庞蒂身体理论与胡塞尔、海德格尔等的异同。同时，他们也指出身体哲学和意识哲学的区别。其二，梳理中国身体哲学，以张再林

---

① [德]尼采. 权力意志[M]. 张念东，凌素心，译. 北京：中央编译出版社，2000：37—38.

② [德]埃德蒙德·胡塞尔. 生活世界现象学[M]. 倪梁康，张廷国，译. 上海：上海译文出版社，2002：58.

③ [法]梅洛-庞蒂. 知觉现象学[M]. 姜志辉，译. 北京：商务印书馆，2001：300.

④ 臧佩洪. 身体、现象与世界：梅洛-庞蒂早期身体问题研究[J]. 江海学刊，2006(2)：37—41.

用力最多。他通过对中国传统经典、传统哲学理论范式重新认识后，确定中国古代哲学与西方传统意识哲学的不同之处在于，前者是一种后意识身体范式的哲学，经历了先秦身体哲学挺立、宋明身体哲学退隐以及明清身体哲学回归的流变历程。在此，张再林明确重新发现中国古代哲学的身体性，有助于中国古典哲学正本清源和为生活世界回归奠定基础。[①] 此外，周瑾明确中国哲学作为一种生命之学，既是“心的学问”，又是体之于“身”的实修之学，“变化气质”“得其受用”云云，无论如何不能与“身”无关。因此，对中国哲学作“身心”整全的观照，可能更为真切。对中国思想来说，更是身不离心、言身必及心，因此所谓的身体实为身心整体——身心互渗的共同体。[②] 此外，学界还对中国古代身体观进行了研究，如杨儒宾指出传统儒家身体观具有意识、形躯、自然气化和社会身体四个方面。黄俊杰在对相关研究进行评介的基础上，提出了身体观研究的三个新视野，即作为思维方法、作为精神修养呈现和权力展现场的身体。[③] 周与沉《身体：思想与修行——以中国经典为中心的跨文化观照》[④]、张艳艳《先秦儒道身体观及其美学意义》[⑤] 等，系统梳理了中国传统独特的身体观念，探寻一套迥异于西方的思想体系。需要指出的是，不仅是身体哲学对身体予以关注，科技哲学下的认知科学方向也对具身认知进行了研究，指出认知科学在身体现象学影响下，明确身体性是基本的，认知是具身的，具身性对我们认知和体验的作用通过身体图式和身体意向系统的功能获得。[⑥] 这一研究也影响了近年来心理学研究中具身认知的兴起。

---

① 张再林. 从“纯粹”到“不纯粹”：一种身体现象学的观照[J]. 学术月刊，2007(1)：41—44.

② 周瑾. 多元文化视野中的身体：以早期中国身心思想为中心[D]. 杭州：浙江大学博士论文，2003.

③ 黄俊杰. 中国思想史中“身体观”研究的新视野[J]. 现代哲学，2002(3)：55—66.

④ 周与沉. 身体：思想与修行：以中国经典为中心的跨文化观照[M]. 北京：中国社会科学出版社，2005.

⑤ 张艳艳. 先秦儒道身体观及其美学意义[D]. 上海：复旦大学博士论文，2005.

⑥ 参见：徐献军. 具身认知论[D]. 杭州：浙江大学博士论文，2007.

何静. 身体意向与身体图式：具身认知研究[D]. 杭州：浙江大学博士论文，2009.

二、身体哲学于教育身体史研究的启示

总体来看，身体哲学更多是与意识哲学相对而言。其中，“意识哲学将意识和身体截然二分，将意识视为远比身体根本或本质的实体，从而把意识抽象化、神秘化”。身体哲学则反对关于意识的这一形而上学的理解，它从现象学“面向事情本身”的原则出发，将身体视为意识的根据，意识的起点和归宿。[①] 身体哲学为教育身体史研究提供的启示为，研究教育身体史必须了解哲学、身体哲学，这是至关重要的，身体哲学中身体的找回要求教育史研究中身体必须回归，教育身体史研究中的身体是身心合一体，且身体是时间和空间的统一体。

（一）教育身体史研究必须思考哲学问题

哲学、身体哲学、马克思主义身体思想等，均对身体是什么、身心问题以及如何阐释身体与文化、社会间的关系等做出了最一般的阐释，也对人的自然属性和社会属性等进行了思考。在此基础上，马克思主义哲学还提出人的解放，对人的生命关怀的诉求，而这也成为教育身体史研究提出后所确立的研究精神内核和最终目的。同时，凡是哲学思考的问题，如笛卡尔的身心二元、梅洛-庞蒂的身体主体和身体的时空问题等，对于教育身体史研究都是重要的，有助于研究者明确其研究中身体何谓、思考与教育者和受教育者身体密切相关的方方面面等。可以说，哲学，尤其是身体哲学对教育身体史研究的价值在于，为教育身体史研究者确立了研究的精神内核，也为研究者阐释史料以及思考相关问题提供了一种思维路径，那就是如何看待教育者和受教育者的身体，如何看待其身心关系以及教育者和受教育者如何主动建构其身体等。也就是说，哲学通过一种抽象思考，为教育身体史研究提供了一种普遍性的思考，提升教育身体史研究的阐释高度和价值追求。

① 张曙光．身体哲学：反身性、超越性和亲在性[J]．学术月刊，2010(10)：30.

（二）教育史研究中的“身体”必须回归

身体哲学与传统意识哲学最大的区别之处在于，遗忘、遮蔽、缺场的身体重新被找回，身体是人意识的起点和认识世界的中介。哲学是“教育的最一般方面的理论”[①]，不同哲学观带动教育研究的相应变化。身体哲学对人的身体、生命的关注，扭转了以往意识哲学过多抬高灵魂，贬抑身体的局面，也改变了其引领下的教育史研究仅看到教育思想和教育制度而视而不见教育参与者活动、生活、生存和身体的局面。可以说，在身体哲学、马克思主义身体思想引领下，使得教育史研究在研究教育思想史和教育制度史之余，开始将“身体”回归，真正关注教育活动发力体的“身体”——教育者和受教育者的“身体”。同时，身体哲学为教育身体史研究确定了教育身体不再局限于生物学和医学视角下的肉体，而是肉体、承载社会意义、身心合一和认识世界丰富意义的身体的基本基调，促使教育身体史研究成为可能，也实现了关注教育参与者“身体”和生命的基本理论立场，为挖掘蕴藏于教育身体中的感觉、体验等提供了分析依据，有助于探寻教育参与者“身体”与社会、他者互动中承载的丰富社会意义。

（三）教育身体史研究的“身体”身心合一

身体哲学认为“身体”不仅是物质性、生理性肉体，还是身心合一体。身体是肉体和心灵的统一，不存在身体是灵魂的坟墓以及身体阻碍灵魂的提法，二者同等重要。因此，教育身体史研究中的“身体”首先有遗传意义上的、生理学意义上的身体之说，这是教育者和受教育者从事教育活动的前提。教育身体史研究对历史上教育者和受教育者生理学意义上身体的剖析，有助于明晰教育者受教育者生理性身体的变迁，有助于明确如何改进身体以及当时相关教育政策出台的原因等。当然，教育身体史研究中还必须认为教育者和受教育者是身心合一体，也就是他们既有生理性身体，也有其精神、

① [美]杜威. 民主主义与教育[M]. 王承绪，译. 北京：人民教育出版社，2001：350.

思想，生理性身体是精神存在的基础，精神提升和思考有助于生理性身体改变。从此出发，教育身体史研究中的教育者和受教育者的生理性身体会接受社会、文化的影响，而因为其具有精神、思维以及主观能动性，他们还会自主建构社会、文化对其身体的改变。

（四）教育身体史研究的“身体”时空合一

身体哲学认为身体总是处于特定时空之中。因此，教育身体史研究中首先会分析特定空间内的教育者和受教育者的身体，有幼儿园、中小学、大学等学校空间内的教育者和受教育者的身体，学校空间里还有教室、宿舍、食堂、图书馆以及操场等不同空间内的身体。同时，还有非学校空间内的身体，非学校空间内可能包括田野、街道、商店等空间内的教育者和受教育者的身体。在此，教育者和受教育者在学校空间内，如在教室、宿舍等不同场所的“身体”如何统一和疏离，在图书馆内如何管理自己身体；同时，“‘此在’的意义是时间性”[①]，人的存在和体验是按照顺序排列的，“主体是时间的”[②]，二者有必然关系。教育者和受教育者“身体”存在于特定时期，也在特定时间内存在，时间赋予了当时教育参与者的“身体”，时间可能也会规定和约束教育者和受教育者的“身体”，教育者和受教育者也会根据时间分配和管理自己的“身体”。就此来看，教育身体史研究中要注重把握特定时空或是时空合一的教育者和受教育者的“身体”。

当然，身体哲学还探讨了表达和语言的身体，身体的感知、感觉，身体观等，在此，教育身体史研究要注重分析语言和身体的关系和某一群体的“身体语言”，了解其传达的意义，强调剖析身体感知、感觉等，以教育的角度分析不同历史时期的教育身体观。可以说，身体哲学涉及的身体找回、身心合一、空间和时间下的身体、身体语言以及身体感觉、身体观等为教育身体史研究提供了哲学思考的依据。

---

① ［德］海德格尔．存在与时间［M］．陈嘉映，王庆节，译．北京：生活·读书·新知三联书店，2006：377.

② ［法］梅洛-庞蒂．知觉现象学［M］．姜志辉，译．北京：商务印书馆，2001：469.

第二节 身体史学研究进展及启示

教育史是教育学和历史学交叉而成的一门学科，具有双重的学科属性。因此，教育史学与历史学关系十分密切，历史学为教育史研究提供研究理论、研究方法等，历史学的走向一定程度上影响教育史学的走向。近年来，身体史学研究在历史学研究中异军突起，逐渐兴盛，成为热门话题，其研究范式为教育史研究提供了相关借鉴。当前，身体史学研究在理论探究以及针对“身体”相关的研究成果方面已经取得了一定进展，涉及了身体史研究的理论探索和具体研究成果展现。在理论探索中，身体史研究者对身体史研究路径、研究范畴和类型等进行了分析；在身体史研究具体研究成果中，研究者对缠足、剪发、服饰、疾病等进行了研究。总体来说，身体史研究者的理论和历史研究成果为教育史研究者提供了一定的参考模式，也为教育身体史研究提出后如何更好地操作提供了思路和相应的启示。

一、身体史学的已有研究进展

20世纪七八十年代，历史学受西方社会科学，尤其是福柯“身体”研究的影响、女性主义研究的兴起以及消费社会中对“身体”的凸显等，逐步分化出专门的身体史研究，且日益成为热门研究话题。在此之前，《主人与奴隶》（1933）、《国王的两个身体——中世纪的政治神学研究》（1957）等便关注了身体研究，后者更提出国王具有普通和神圣两个身体，即一方面是有性别的、具有生殖能力、会犯错误、会换代循环等的自然身体，另一方面是非物质的、神圣的超自然身体。[①] 综观西方身体史研究，费侠莉指出其研究

① ［斯洛文］斯拉沃热·齐泽克．因为他们并不知道他们所做的：政治因素的享乐［M］．郭英剑，等，译．南京：江苏人民出版社，2007：310.

路径为再现和感知（经验），且首先透过再现开启研究旅程，将身体视为符号，如高彦颐提出缠足研究因历史记载中未曾留下当事人的“声音”，故而“沉默实践下”只能还原历史意义而不能从中还原明代妇女如何看待缠足及她们如何感觉身体。而后，在芭芭拉·杜登带领下，西方身体史开启感知取向，其著作《肤下的女人——18世纪德国一位医生的病患》认为身体是在社会文化产生之前便存在，也是表达自我感觉的载体。身体分为肉体和精神自我，男女身体。在此认识下，杜登展现了妇女对痛苦等的认识、体验。[①]此外，费侠莉《繁盛之阴——中国医学史中的性（960—1665）》从中国传统医疗文化史的角度探讨性别观念和身体问题，栗山茂久《身体表现性和希腊与中国医学的分歧》区别了异质文化下医学对身体的不同理解，二人在身体史研究中强调了“再现”和“感知”两条路径推入和互动，既如实地展现了身体演变史，也突出了历史情境中主体的感知。

就西方身体史研究主题来看，主要集中于医学和疾病史、性别史、身体政治史[②]以及身体文化史等方面研究。[③]其中，法国学者大卫·勒布雷东《人类身体史和现代性》一书从社会学和文化学的角度分析身体在人类精神和生活中占据重要地位的深刻原因，指出现代社会往往区别对待人和人的身体——后者通常被看成是某种被动的占有物，而不是一个血肉之躯的特定根源。本书在法国出版后，受到了持续的关注，作者提出了一种在学术界极具影响的观点——身体具有特殊的地位，是自我存在和自我表现的不可缺少的舞台，同时还是个体的标志，形成了与外界的界限。[④]约翰·罗布等的《历史上的身体——从旧石器时代到未来的欧洲》主要考察了人类身体从旧石器时代直至当今的欧洲如何被理解、被认知，作者发展出一种对待过去的多标量取径，并吸收跨学科专家团队的工作成果，借此审视过去4万年间身体在生

① [美]费侠莉. 再现与感知：身体史研究的两种取向[J]. 蒋竹山，译. 新史学，1999(4)：140.

② 2005年第20届国际历史科学大会在澳大利亚悉尼召开，20个圆桌会议议题之一是“身体的政治”。

③ 相关代表性著作可参见：杜丽红. 西方身体史研究述评[J]. 史学理论研究，2009(3)：123—133.

④ [法]大卫·勒布雷东. 人类身体史和现代性[M]. 王圆圆，译. 上海：上海文艺出版社，2010.

活、艺术和死亡中如何被对待。[①] 俄罗斯学者Б.Н.米罗诺夫的《帝俄时代生活史》虽不是身体史作品，但该书从士兵的身高开始展开论述，详细描述了18、19世纪俄国的生活史，书中的主体资料来自于士兵入伍前的体检档案，为从身体视角研究历史提供了典范。[②]

此外，法国学者主编的《身体的历史》三卷本对医学、性别、宗教身体等多有涉及。具体来说，法国学者乔治·维加埃罗主编的《身体的历史（卷1）》将对身体的研究时间段定位于从文艺复兴到启蒙运动时期，对教会和身体、公共的身体、身体的解剖以及“非人的身体”进行了研究，论及了文学作品中的畸形人，以及国王拥有自然的、生理的身体和国家的权威与象征的身体；[③] 法国学者阿兰·科尔班主编的《身体的历史（卷2）》从医学的身体，宗教的身体，艺术的身体，身体的社会形象以及身体的接触和身体的疼痛，身体的矫正和整形、修饰、锻炼等身体的不同方面谈及了法国大革命时期到第一次世界大战期间的人们的“身体”；[④] 法国学者让-雅克·库尔第纳主编的《身体的历史（卷3）》分别涉及医学的身体、性别化身体、普通的身体、畸形身体、身体与战争、可视化的身体。各个章节的内容谈及了身体与疾病，如放射性身体、遗传性身体、身体与性的解放、身体锻炼、身体鉴定和测量、身体遗传、身体的苦难和集中营中的身体、消耗身体、电影中和体育表演中的身体和舞台表演中的身体。[⑤] 不仅如此，与身体相关的

---

① [英]约翰·罗布，奥利弗·J. T. 哈里斯. 历史上的身体：从旧石器时代到未来的欧洲[M]. 吴莉苇，译. 上海：格致出版社，2016.

② [俄]米罗诺夫 Б Н. 帝俄时代生活史：历史人类学研究(1700—1917年)[M]. 张广翔，许金秋，钟建平，译. 北京：商务印书馆，2013.

③ [法]乔治·维加埃罗. 身体的历史：卷1 从文艺复兴到启蒙运动[M]. 张竝，赵济鸿，译. 上海：华东师范大学出版社，2013.

④ [法]阿兰·科尔班. 身体的历史：卷2 从法国大革命到第一次世界大战[M]. 杨剑，译. 上海：华东师范大学出版社，2013.

⑤ [法]让-雅克·库尔第纳. 身体的历史：卷3 目光的转变：20世纪[M]. 孙圣英，赵济鸿，吴娟，译. 上海：华东师范大学出版社，2013.

诸如种族、食物、服饰、身体姿势、身体与殖民、性别和情感[①]等研究日益扩展。如丹麦学者尼罗普《接吻的历史》、美国学者汤姆·卢茨《哭泣——眼泪的自然史与文化史》、美国学者吉姆·道森《尴尬的气味——人类排气的文化史》、美国学者佩吉·里夫斯·桑迪《神圣的饥饿——作为文化系统的食人俗》、法国学者罗塞林·雷伊《疼痛的历史》、美国学者托马斯·拉科尔《孤独的性——手淫文化史》、加拿大学者麦克拉伦《二十世纪性史》[②]等均是代表作品。

总体来看，这些研究范畴大体按照感知路径进行，大多注重从社会学、哲学等不同学科去分析身体，突出历史上身体的感觉以及注重解读其中夹杂的各种潜在意义。当然，在专门的身体史研究出现之前，年鉴学派、生活史等研究也涉及了“身体”研究。以年鉴学派为例，布罗代尔《15—18世纪的物质文明、经济和资本主义》曾涉及日常饮食、饮料、住宅和服装，描述了它们与身体舒适、时尚的关系。[③]阿利埃斯，杜比所著《私人生活史》（5册）也在展现私人生活的历史演变中呈现了私人的身体，其中如《私人生活

① 2010年第21届国际历史科学大会在荷兰阿姆斯特丹召开，议题还涉及历史和种族、历史上的食物和服装、性别和教育。2015年第22届国际历史科学大会在济南召开，共有四大主题。其中之一为“历史上的情感”（Historicizing Emotions），足见有关情感、情绪（affect）和感情（feeling）的研究已经在近年成为一种国际性的历史学潮流。情感史研究的首倡者之一，美国社会史家彼得·斯特恩斯指出，情感史的研究首次将历史研究的重心，从理性转到了感性的层面，代表了历史学的一个崭新方向。早在1980年，斯特恩斯便与妻子萝·斯特恩斯在《美国历史评论》上提出了“情感学”研究的必要。“情感学”一词由斯特恩斯夫妇自造，指的是情感表达的社会性，也即一个社会在某一时期情感表现比较一致和认可的方式。

② [丹麦]尼罗普．接吻的历史[M]．许德金，方伟，沈巍岗，译．北京：华龄出版社，2002.

[美]汤姆·卢茨．哭泣：眼泪的自然史与文化史[M]．庄安祺，译．上海：上海社会科学出版社，2003.

[美]吉姆·道森．尴尬的气味：人类排气的文化史[M]．沈跃明，译．上海：上海人民出版社，2004.

[美]佩吉·里夫斯·桑迪．神圣的饥饿：作为文化系统的食人俗[M]．郑元者，译．北京：中央编译出版社，2004.

[法] 罗塞林·雷伊．疼痛的历史[M]．孙畅，译．北京：中信出版社，2005.

[加] 麦克拉伦．二十世纪性史[M]．黄韬，王彦华，译．上海：上海人民出版社，2007.

[美] 托马斯·拉科尔．孤独的性：手淫文化史[M]．杨峻峰，黄洁芳，王丹，译．上海：上海人民出版社，2007.

③ [法]布罗代尔．15—18世纪的物质文明、经济和资本主义：第一卷[M]．顾良，施康强，译．北京：生活·读书·新知三联书店，2002.

史II——肖像》有身体的图片，身体的变化，身体所处的空间及其因环境和社会条件变化而所处空间的变化，穿着衣服的身体以及与身体相关的知觉、情感、孤独、亲密等。《私人生活史V——现代社会中的身份之谜》的第二部分“秘密的历史?”涉及了避孕的合法化、堕胎的合法化以及身体与性之谜、心理疾病、衰老、死亡等问题。[①] 以生活史的经典著作《蒙塔尤——1294—1324年奥克西坦尼的一个山村》为例，该书第一部分“蒙塔尤的生态：居所与牧羊人”中对蒙塔尤的环境、牧羊人的心态等进行了研究；第二部分“蒙塔尤考古：从举止到神话”分别对举止与性行为、克莱格家人的性欲、对儿童的情感和对人生的划分、村子里的死亡、心态工具——时间和空间、对于自然和命运的态度等进行了研究，而这些均是谈及“身体”所必不可少的，也或多或少地谈及了与“身体”相关的时间、空间以及身体感官、身体功能等。[②] 由此观之，涉及个人生活，大多会围绕“身体”展开，这才能真正展现生活和深化生活。此外，古典学者奥斯邦《古典希腊身体的历史书写》是将文献资料和身体图像资料结合起来重构古希腊史的一次有益尝试。该书对于书写身体史的重要启示就是，对于人类历史的重构，既要依靠文本和口述的资料，也要利用大量的图像与考古资料；身体史是包括西方古典历史在内的人类历史不可或缺的内容，建立在可见的视觉资料基础上的身体写作也是历史叙述的一条重要路径。[③]

目前，身体史研究在国内外学术界已经有一定的发展，英国著名历史学家彼得·伯克将身体、性别研究列入新文化史研究范畴之一，[④] 冯尔康则专门将“身体史”列为中国社会史研究的第九大发展趋势。[⑤] 相应地，在西方身体史研究的影响下，我国身体史研究于20世纪90年代紧随其后展开。国

① [法]菲利浦·阿利埃斯乔治·杜比. 私人生活史V：现代社会中的身份之谜（现当代）[M]. 宋薇薇，刘琳，译. 哈尔滨：北方文艺出版社，2016.

② [法]埃马纽埃尔·勒华拉杜里. 蒙塔尤：1294—1324年奥克西坦尼的一个山村[M]. 许明龙，马胜利，译. 北京：商务印书馆，2011.

③ 裔昭印. 西方古典身体史研究与历史书写[N]. 光明日报，2016-09-15.

④ 杨豫，李霞，舒小昀. 新文化史学的兴起：与剑桥大学彼得·伯克教授座谈侧记[J]. 史学理论研究，2000(1)：144.

⑤ 冯尔康. 中国社会史概论[M]. 北京：高等教育出版社，2004：69.

内史学界围绕身体史学理论构建以及医疗和疾病、与剪发相关的身体政治、女性身体等古近代具体层面的身体史两条路径展开。就前者来看，侯杰、杨念群等用力最多。侯杰思考了身体史研究的层次，即划分为身体器官史、器官功能史、生命关怀史、身体视角史以及综合身体史研究。[①]杨念群则提出现代政治是体制运作的问题，也是“个人”的“身体”被形塑和规训的过程，同时“空间”带来的位置感影响观念，故而理解政治史时应该挖掘细微身体感觉，以此透视制度变化。[②]陆溪在回顾我国宋代女性身体史研究基础上，指出身体史研究要重视身体是与外界环境积极互动的社会文化微观象征，身体的发展与变化趋势也对社会思潮、社会文化产生具有共同性和差异性的反馈。在具体研究中，身体史研究要尝试“身体范式”的广泛应用且可尝试应用图像、出土文书、石刻材料等多种史料进行身体史研究，并且引入多元化的历史学研究方法进行身体史研究。[③]程郁华认为身体史研究必须要突出人为中心，还可以从研究者生活困境出发进行切身研究，凸显社会价值。[④]史敏指出“身体”乃历史性的“生成”，身体史研究就是要在线性的时间逻辑中，呈现出历史语境中社会主流意识形态在相应权力机制的配合下，对身体的形塑性以及由此而生的切身体验，在此维度中实现更精微、更深刻地理解和把握历史。在此基础上，史敏梳理了中国现代女性身体史研究成果，指出当前中国现代女性身体史研究中，身体概念莫衷一是、含混不清，由此导致了女性身体史研究问题意识不明晰，身体史研究对理论预设的依赖性较强，对研究者提出了较高理论学养要求等问题。同时，在身体史研究中，还应注意无论“身体”上的思想文化意义有多强，都不可忽视其生物性基础，身体史研究的价值关切是关照普通个体的历史生命样态，需要具有强烈的人道主义意识，多着眼于权力（国家理性）身体阶段，今后应加强对

---

① 侯杰，姜海龙．身体史研究刍议[J]．文史哲，2005(2)：5—10.

② 杨念群．“感觉主义”的谱系：新史学十年的反思之旅[M]．北京：北京大学出版社，2012：280—296.

③ 陆溪．宋代女性身体史的国内研究回顾[J]．妇女研究论丛，2011(4).

④ 程郁华．发现身体：西方理论影响下的中国身体史研究[J]．历史教学问题，2013(3)：97—100. 他所倡导的切身自传研究，教育学界熊和平已经进行，下述身体教育学中提到了此点。

中国现代女性知识身体和伦理（自我支配）身体的历史性呈现与剖析。[①]此外，徐前进还梳理了法国身体史研究的起源和方法，对法国身体史研究的相关著作、卢梭的身体和福柯的身体等进行了再现，指出法国身体史研究是法国年鉴学派的遗产，身体史表面关注身体结构和处境，实际更为关注那些受权力、意志等支配的身体。[②]

在身体史具体研究中，杨念群、余新忠、梁其姿等对“再造病人”、瘟疫、麻风病等进行了研究。真正具有西方意义并具有理论自觉意识的身体史研究当推杨念群的《再造“病人”——中西医冲突下的空间政治（1832—1985）》，该书以“身体”为视角，用数十幅相互衔接的场景，通过西医传教士、赤脚医生等，探讨了晚清以来的中国人如何从“常态”变成“病态”，又如何在近代被当作“病人”来加以观察、改造的漫长历史，思考了“东亚病夫”这一群体身体上杂糅的西方势力和一系列政治制度变革。由此，作者指出“治病”已不再是单纯的治病，而是变成了政治和社会制度变革聚焦的对象，个体的治病行为也由此变成了群体政治运动的组成部分。[③]余新忠的《清代江南的瘟疫与社会——一项医疗社会史的研究》以敏锐的学术目光看待生命、疾病，将疾病传播视为一种社会表现形式，并把抵抗疾病的过程与官府、地方精英、基层民众的反应策略联系起来加以考察，通过疾病展现了江南社会变迁的另一番景象。[④]冯尔康、李喜所、王尔敏等涉及了剃发、剪发的研究，其中，冯尔康《清初的剃发与易衣冠——兼论民族关系史研究内容》就清初的剃发和反剃发背后的原因进行了剖析，且指出发式、衣装的选择受制度、职业、生产方式和各民族传统等因素影响。就此来看，民族关系史研究中要注意民族的衣冠、发式在民族交往中所起的作用。[⑤]李喜所《辫子问题与辛亥革命》则指出男子留辫与否本是风俗习惯，但是清代便成为政治问题。在此，李喜所集中论述了留辫在清代的泛政治化倾向以及

---

① 史敏．中国现代女性身体史研究述评[J]．史学月刊，2017(2).

② 徐前进．法国身体史研究的起源与方法[J]．史学理论研究，2018(3).

③ 杨念群．再造“病人”：中西医冲突下的空间政治[M]．北京：中国人民大学出版社，2006.

④ 余新忠．清代江南的瘟疫与社会：一项医疗社会史的研究[M]．北京：中国人民大学出版社，2003.

⑤ 冯尔康．清初的剃发与易衣冠：兼论民族关系史研究内容[J]．史学集刊，1985(2).

剪辫在晚清成为革命与否的标志和共和国的身体象征问题。[①] 陈蕴茜对中山装的研究指出，中山装不仅作为一种服装，更作为一种规训、身体政治施加于受众身上，并逐渐被其内化，习惯成自然。[②] 汤晓燕关于法国大革命时期妇女服饰的变迁，指出服饰是一种态度的表达，也是阶层的区分等，其承载的文化和政治话语等错综复杂，整体再现了法国大革命时期妇女服饰因社会变迁而在式样等方面的变换，而这亦体现了妇女对自己的"身体"及与"身体"密切相关的服装的思考，通过服装传达法国妇女在时代等影响下的追求等。[③] 杨兴梅、蒋竹山、姚霏、林雨春等研究了女性剪发、缠足，"女体与战争"以及"宋代女性和妓女身体"等。杨兴梅在对近代中国反缠足的研究中，指出政治化反缠足中，社会中婚嫁观念、审美观念、女性如何看待缠足以及家庭经济负担等因素，均应在缠足研究中予以考虑。因此，在近代女性反缠足历程中，研究者必须看到国家推行反缠足的政治动因，也必须正视反缠足过程中女性个人、女性家庭等因素对其反缠足等的影响。[④] 在这些著述中，或分析了身体观，或以"身体"为切入点较为生动直观地再现了当时的观念、时代风貌等，让人耳目一新，更为真切地理解和审视当时的历史。同时，身体史研究也激发了年轻学者的学术热情，涌现出了一批相关的博士论文，谈及了不同时期的女性身体、妓女身体等，也涉及了身体社会史等的研究。[⑤] 其中，程亚丽的《从晚清到五四——女性身体的现代想象、建构与叙事》将中国现代女性身体的生成分成国家化阶段和个体化阶段：国家化阶段是中国现代女性身体受到了现代民族——国家变革、革命等社会主导话语权

① 李喜所．辫子问题与辛亥革命[J]．社会科学研究，2001(6).

② 陈蕴茜．身体政治：国家权力与民国中山装的流行[J]．学术月刊，2007(9).

③ 汤晓燕．革命与霓裳：大革命时代法国女性服饰中的文化与政治[M]．杭州：浙江大学出版社，2016.

④ 杨兴梅．身体之争：近代中国反缠足的历程[M]．北京：社会科学文献出版社，2012.

⑤ 参见：刘成纪．汉代美学中的身体问题[D]．武汉：武汉大学博士论文，2005.

程亚丽．从晚清到五四：女性身体的现代想象、建构与叙事[D]．济南：山东师范大学博士论文，2007.

柳雨春．宋代妓女若干问题研究：立足于身体史的考察[D]．武汉：武汉大学博士论文，2011.

曾繁花．晚清女性身体问题研究：基于若干报刊的考察D]．广州：暨南大学博士论文，2011.

邱志诚．国家、身体、社会：宋代身体史研究[D]．北京：首都师范大学博士论文，2012.

张德安．身体教育的历史(1368—1919)：关于近世中国教育的身体社会史研究[D]．天津：南开大学博士论文，2014.

力的支配，向理性化层面生成的阶段；个体化阶段是女性受到了男女交际、生养抚育、服饰装扮、体态动作等新话语的形塑，向个体化层面生成的阶段。曾繁花的《晚清女性身体问题研究——基于若干报刊的考察》主要探讨了晚清女性足部、面部的修饰，分娩场域的生命拯救，关注女性身体健康的专门场所——女子医院以及女子追求健康的形体美几方面的内容。邱志诚《国家、身体、社会——宋代身体史研究》对“宋代身体认识的进步”，以及“国家与身体：宋代刑罚与身体”“教育与身体：生徒身体规训方式的潜移”“社会与身体：文身与缠足”四方面进行了研究，呈现了宋代的身体观、国家对身体的规训以及教育中的身体等。张德安《身体教育的历史（1368—1919）——关于近世中国教育的身体社会史研究》从身体史的角度出发，通过考察近世以来教育活动对身体的塑造历程，透视这一时期国家、社会、个体的历史变迁及互动关系，进而尝试以“身体教育的历史”为线索，对近世以来的历史图景予以展示，对身体与社会的变革予以解读。在此基础上，作者主要分析和考察了身体的尊卑表现与礼仪教育、身体的体育和卫生教育、有关身体与性别教育和性教育的发展历史、关于身体教育中的身体哲学，以及由此衍生出的教育身体的理念及在政治主导下，具有国族属性的身体如何在历史中被驯化和建构几方面的问题，指出作为教育对象的身体，自由性与非自由性、主动性与被动性同在，本身即是在各种关系的均衡和抉择中探索和寻求存在的方式。

以台湾地区的身体史著述来看，梁其姿的《麻风：一种疾病的医疗社会史》[①] 对古代麻风病概念流变及原因进行了分析，指出疾病概念变化有经典医学思想影响，也明显受到各时代的道教思想，医者和患者的社会背景、地域等复杂社会文化因素的影响。黄金麟相关著述有《历史、身体、国家——近代中国的身体形成（1895—1937）》《政体与身体——苏维埃的革

① 梁其姿．麻风：一种疾病的医疗社会史［M］．朱慧颖，译．北京：商务印书馆，2013.

命与身体，1928—1937》[1]。其中，前一本著作呈现了4种身体，即国家化、法权化、时间化和空间化身体，通过4种身体建构了近代身体的变化和生成历程。[2]后一本著作与以往书写革命史、苏维埃革命史注重阐释政权更迭和阶级斗争有所不同，基于更贴近“人”的角度来认识历史的发展，作者将研究视角转移到革命中人身体的处境和遭遇，再现了童子军、三青团、官方身体以及少先队、儿童团、革命的身体、妇女的身体等。游鉴明于2009年推出的《超越性别身体——近代华东地区的女子体育（1895—1937）》则以中国现代女子体育发展为主线，呈现了学校、新闻媒体、广告、社会舆论等现代社会运行机制中的话语/文化微权力对中国现代女性身体的控制性生成功能。同时，该书尤为重视从身体审美层面历史性地关切现代女性的“生命和生活”。[3]此外，杨儒宾、杜正胜、邱仲麟、祝平一、蒋竹山、李贞德、陈元朋等则借助期刊这一阵地，分别论述了古代的身体观、割股疗亲中渗透的孝道与不孝、女性身体禁忌与战争、古代文身与社会风俗和时尚、《笑林广记》这一明清笑话中的身体与情欲、古代的文身风尚[4]等。同时，台湾地区的相关硕士、博士论文也涉及了身体史研究，进一步深化了身体史研究，如近年来有一批博士硕士论文围绕古代思想家的身体观展开研究，其中包括孔子、孟子、庄子、朱熹、王阳明、戴震等人的身体思想和身体观，如蔡璧名《身体与自然——以〈黄帝内经素问〉为中心论古代思想传统中的

① 黄金麟．政体与身体：苏维埃的革命与身体，1928—1937［M］．台北：联经出版事业股份有限公司，2005.

② 黄金麟．历史、身体、国家：近代中国的身体的形成(1895—1937)[M]．台北：联经出版事业股份有限公司，2000.

③ 游鉴明．超越性别身体：近代华东地区的女子体育(1895—1937)[M]．北京：北京大学出版社，2012.

④ 参见：邱仲麟．不孝之孝：唐以来割股疗亲现象的社会史初探[J]．新史学，1995(1).

祝平一．身体、灵魂与天主：明末清初西学中的人体生理知识[J]．新史学，1996(2).

蒋竹山．女体与战争：明清厌炮之术“阴门阵”再探[J]．新史学，1999(3).

李贞德．从医疗史到身体文化的研究：从“健与美的历史”研讨会谈起[J]．新史学，1999(4).

黄克武，李心怡．明清笑话中的身体与情欲：以《笑林广记》为中心之分析[J]．汉学研究，2001(12).

陈元朋．身体与花纹：唐宋时期的文身风尚初探[J]．新史学，2003(1).

身体观》、[①] 张成林《先秦儒道二家身体意蕴对当代身体理念的影响痕迹》、[②] 王岫林《魏晋士人之身体观》等，[③] 也有从体育方面探讨身体观的，如朴贵顺《16世纪以后中、日、韩的武艺身体观比较研究——以明朝、江户、朝鲜时期的武艺书为中心》[④] 等，还有从规训角度探讨身体史的，如台湾暨南国际大学苏晓倩的硕士论文《身体与教育——以日治时期台湾实业学校的身体规训为例（1919—1945）》，探讨近代学校如何影响身体的形成。当然，上述成果过于强调规训，一定程度上抹杀了教育中学生身体的主体性。[⑤] 台湾大学李正伟通过对台湾光复时期（1945—1948）、全面经济恢复时期（1949—1964）、中华文化复兴运动及全面实施九年国民义务教育时期（1965—1975）等几个历史时期的政权意识形态、社会结构与历史背景的分析与探究，揭露了隐匿在台湾中小学校园空间组织与形式中种种意识形态教化的表征与再现情况。

国内身体史研究主要集中于近代的疾病、医疗、剪发、缠足、服饰等几方面的研究，剪发、缠足、服饰等身体史研究又注重多剖析其中的“身体政治”，有些研究中较少谈及在场者的“身体感受”及其作为“身体—主体”如何影响社会。此外，清代以前古代身体史研究、教育参与者的身体研究、喜怒哀乐等情绪史研究还比较欠缺。

---

① 蔡璧名．身体与自然：以《黄帝内经素问》为中心论古代思想传统中的身体观[D]．台北：台湾大学博士论文，1995.

② 张成林．先秦儒道二家身体意蕴对当代身体理念的影响痕迹[D]．台北：台湾师范大学博士论文，1995.

③ 王岫林．魏晋士人之身体观[D]．台北：台湾中山大学博士论文，2005.

另外有：周翊雯．从《庄子》到《庄子注》的身体观研究：以“身体工夫”为研究核心[D]．台南：台湾成功大学博士论文，2008.

黄继立．“身体”与“工夫”：明代儒学身体观类型研究[D]．台北：台湾大学博士论文，2009.

④ 朴贵顺．16世纪以后中、日、韩的武艺身体观比较研究：以明朝、江户、朝鲜时期的武艺书为中心[D]．台北：台湾师范大学博士论文，2009.

⑤ 苏晓倩．身体与教育：以日治时期台湾实业学校的身体规训为例(1919—1945)[D]．南投：台湾暨南国际大学历史研究所硕士论文，2004.

二、身体史学于教育身体史研究的启示

国内外身体史的理论探索和疾病医疗、性别等相关研究，为教育身体史研究提供了可资借鉴的研究范式。教育身体史研究可以借鉴相关划分类型，对教育参与者的器官、器官功能等进行研究。同时，身体史研究中对教育参与者身体研究的不足，也使得教育身体史研究可以研究各个时期教育参与者的日常作息、课桌、服装、体检等，探寻各个时期教育对教育参与者的身体期待、身体规训或生命关怀，以及教育参与者身体对学校时间安排、空间、课程设置等的反应，也可以分析社会对学校学生身体的影响和学生以自己的身体如何参与到国家、社会中等。具体来说，身体史学为教育身体史研究提供的启示有以下几方面。

（一）教育身体史研究注重再现和感知双重推动

事实上，无论是西方还是中国的身体史研究，均是从再现和感知两条路径推动的。其中，再现主要是如实呈现历史上的“身体”，认为在场者的“缺席”，使得研究无法再现其真实感受；感知则认为因“身体”承载文化，且是人感觉的载体，因而要注重挖掘其真实感受。再现和感知不是截然对立的，再现是感知的基础，感知有助于更好地解读再现。因此，在教育身体史研究中，要注重再现和感知的双向互动和互为补充。教育身体史研究中，首先要注重如实再现教育者和受教育者的“身体”，即描述某一时期其疾病、缠足和放足、剪发、服饰等情形和变化。在此基础上，还要以“体悟”的方式分析其“感受”，分析教育参与者对疾病、缠足和放足、剪发、服饰的变化和感知。其中，如涉及民国时期女学生剪发研究时，既要描述其发型的变化，还要对其中承载的文化意义，女生对剪发的认识等进行剖析。当然，在研究中，可能存在男女研究者因性别差异、身体状况不同等，而对女生剪发、缠足等意识在解读上有所偏差，此种问题要尽量规避。

（二）教育身体史研究注重研究内容多样化

中西方身体史研究主要对医疗史、疾病史、服饰史、剪发史、缠足史等进行了研究，这些研究内容可以为教育身体史研究所借鉴，形成教育者和受教育者的医疗史、疾病史、服饰史、剪发史、缠足史等研究。此外，教育身体史研究还可以专门研究教育者和受教育者“身体”器官，如头、鼻、脸等，以及器官功能，即嗅觉、味觉等，也可以关注特定时空内的教育者和受教育者的“身体”。总之，根据身体史已有研究内容，加之教育者和受教育者“身体”的个性，尽可能扩充教育身体史研究内容。同时，研究者在研究这些主题时，还在以往关注上层人物的身体史的同时，关注小人物的身体史。以医疗史为例，研究者还积极推进“英雄”以外的小人物的医疗史、疾病史研究，即开始关注医生、病人、产婆等。[①] 就此，教育身体史研究中除了要关注知名教育者和受教育者的“身体”，还要将视线下移到普通和基层的教育者和受教育者的“身体”。

（三）教育身体史研究注重理论维度提升

身体史研究除按照再现和感知研究路径推动外，还通过身体史学理论和身体史研究成果双向进行。在身体史学理论中，研究者思考了身体史是什么及身体史的研究范围。这对教育身体史研究的启示在于，教育身体史研究必须注重构建教育身体史学理论，思考教育身体史是什么，教育身体史研究采用什么研究方法，教育身体史研究范畴，教育身体史史料来源，教育身体史如何具体开展，国外教育身体史学研究进展等问题。就教育身体史研究是什么这个问题来说，主要会从理论范畴思考教育者和受教育者的“身体”的历史，考虑研究包括学校、社会和家庭空间在内的教育者和受教育者的“身体”；就采用的方法来看，会在考虑文献法、历史法的基础上，思考如何针对特定历史时期内某类教育者和受教育者“身体”采用何种方法，如针对当

① 梁其姿．面对疾病：传统中国社会的医疗观念与组织[M]．北京：中国人民大学出版社，2011.

前学校空间的学生，可能会更多地应用叙事、调查、访谈等方法。总体来说，在史学理论及其他学科理论范式影响下，教育身体史研究要注重理论品质提升，从而更好地为研究具体开展提供指导。

第三节　身体教育学研究进展及启示

早在1905年，王国维在其编著的《教育学》一书中指出教育宗旨“在使人为完全之人物”，“完全人物”就是使人的各方面能力协调发展。人的能力主要有身体能力和精神能力两种。“发达其身体，而萎缩其精神，或发达其精神，罢敝其身体，皆非所谓完全者也。完全之人物，精神与身体必不可不为调和之发达……三者并行，而得渐达真、善、美之理想，又加以身体之训练，斯得为完全之人物，而教育之事毕矣。”[①] 可见，教育学领域内早已有著作谈及了人必须重视“身体”，只是由于过多关注“身体”的生理属性或受意识哲学影响等，这一传统逐渐被丢失。实际上，没有身体，便没有教育活动参与者，教育活动参与者的身体在场使得教育活动存在。在教育理论和实践中，学校卫生学、教育病理学、人体生理解剖等学科和课程的开设，教育学教材中“人的身心发展特点”“中小学生生理特点”中涉及对中小学生神经系统、器官发展特点等表述，说明身体在教育学中并非“默默无闻”，教育学者意识到了身体养护的意义。但从名称和内容来看，这种身体更多的是生理学、卫生学解剖意义上的身体，忽视了教育参与者身体承载的社会意义等。可见，教育学研究由于受意识哲学的影响，忽视了教育参与者身体的整全性和身心统一等。在哲学研究身体转向以及回归教育、教育学对人生命、生存关怀的本真追求等的共同作用下，教育学界开始改变以往的研究取向，于近20年来提出教育学要注重身体转向，构建身体教育学，[②] 确立

① 姜东斌，刘顺利．王国维文选(注释本)[M]．天津：百花文艺出版社，2006：208—210.

② 刘良华．“身体教育学”的沦陷与复兴[J]．西北师大学报(社会科学版)，2006(3)：43—47.

整全身体观，[①]关注教育参与者的身体、生命，[②]以及必须转向“显身”教育研究，[③]注重身体的解放，重新审视受教育者在教育过程中的情感体验、感官体验和身体表达。[④]唯有如此，才可实现对其体验和感觉的转向、回归教育生活且可探讨身体、社会和文化的互动。[⑤]

一、身体教育学的已有研究进展

总体来看，教育学领域中的身体研究主要集中探讨了身体的本质及属性、身体的惩罚和规训、教育时空、身体与道德教育、身体装饰和感官与教育等方面。

第一，就身体的本质及属性，法国学者梅洛-庞蒂曾言，“世界的问题，可以从身体的问题开始。”要探讨身体的问题，必须清晰身体到底是什么，有什么特点。基于此，教育学研究者指出教育学研究中长期以来存在“身体”的缺席或认识不够的问题。因此，教育学研究者首先剖析教育学中身体认识的偏差，进而思考身体是什么这一问题。研究者认为教育学中的身体除生理含义，还具有精神性，是身心合一体，人生命存在的基础，也是联系人与世界的媒介和自我的展现，一种实践模式和行动系统，承载社会、历史、

① 孙元涛．身体问题的教育学思考[J]．教育理论与实践，2006(10)：5—8.

② 刘铁芳．生命情感与教育关怀[J]．湖南师范大学社会科学学报，2000(5)：67—68.

③ 参见：闫旭蕾．教育中的“肉”与“灵”：身体社会学研究[D]．南京：南京师范大学博士论文，2006.

闫旭蕾．谈“隐身”与“显身”的教育研究[J]．华东师范大学学报(教育科学版)，2007(3)：17—27.

闫旭蕾．身体：透视教育的视角[J]．教育理论与实践，2007(4)：6—9.

④ 陈乐乐．具身研究的兴起及其教育学意义[J]．苏州大学学报(教育科学版)，2016(3).

⑤ 李政涛．身体的“教育学意味”：兼论教育学研究的身体转向[J]．教育理论与实践，2006(11)：6—10.

文化等的聚集点；[①] 同时，有研究者还划分了不同类别的“身体”，如：李冲锋划分了被管制、被规训、被淹没、被圈挡、被开除的身体和群体的身体。[②] 闫旭蕾的《教育中的“肉”与“灵”——身体社会学研究》对“国家——工具身体”“道德——纪律身体”“时空——制度身体”等不同类型的身体进行了区分，且通过学校场域中的真实例子分析了各类身体的规训及传达的象征意义等。罗儒国根据身体的内涵与类型分析，将教师身体分为“外在身体”和“内在身体”两种类型。前者是社会赋予教师的社会形象或职业形象，因而是一种象征性身体；后者是一种客观实体，包括自在身体和自为身体。其中，自在身体是指活生生的、被激发的感官身体或生理性身体；自为身体是被体制化、社会化的客观身体，它是自我建构和社会建构的产物。[③] 冯合国基于现象学指出，现象学语境下的身体是灵肉一体之身（身体主体）、“亲密无间”之身（身体间性）、能言说之身（身体语言）以及身体本体（“世界之肉”）之身。现代教育关怀“身体”，则是从灵肉一体之身（身体主体）出发，使现代教育不是“抑身”而是“重身”；从“亲密无间”之身（身体间性）出发，建构师生之间“共主体”（交互主体）为核心的和谐一致性；从能言说之身（身体语言）出发，现代教育应该使用“身体语言”；从身体本体（“世界之肉”）之身出发，形成现代教育“从内部入手”的运作路径。[④] 楚江亭、郭德侠基于当代学术界的身体研究进展，指出已有研究主要对作为规训对象的身体、文化符号的身体、自然与社会混合体的身

---

① 闫旭蕾．“我有身体”与教育[J]．濮阳职业技术学院学报，2005(1)：15—16.

闫旭蕾．个体社会化之管窥：身体社会学视角[J]．教育研究与实验，2008(4)：22—26.

何芳．人之身体的教育关注[D]．开封：河南大学硕士论文，2009.

邱昆树，闫亚军．教育中的身体与身体教育[J]．教育学术月刊，2010(11)：14—15.

冯合国．由“反身”到“正身”：现代教育的身体转向[J]．湖南师范大学教育科学学报，2013(3)：52—59.

② 李冲锋．学校里的身体：学生的身体遭遇[J]．教育理论与实践，2006(12)：6—9.

③ 罗儒国．教学生活的反思与重建[M]．济南：山东人民出版社，2009：131—132.

④ 冯合国．现代教育中的“身体”关怀：基于梅洛-庞蒂身体现象学的视角[J]．现代大学教育，2015(6).

体、影射社会形态的身体等几类身体进行了研究。[①]

第二，就身体的惩罚和规训来看，自古至今，教育与规训同在，规训落脚在教育活动主体的“身体”层面。[②]金生鈜在其著作《规训与教化》和《德性与教化》中提出，规训是现代性教育的显著特征，也是教育现代性的核心议题。人在教育中被规训状态是现代性教育的一种危机，因为规训不仅使我们的自我实现面临着阻碍和困难，而且使我们的公共生活面临着危机和风险。[③]胡君进对福柯教育规训思想进行了研究，指出身体是福柯教育规训思想的焦点，通过身体生成及治理来考察权力机制的具体运作是福柯的重要意图。福柯教育规训思想具体到学校的实践事务，学生的身体是学校权力刻画的表面，学生的身心问题是学校权力刻画后留下的痕迹。把握住教育规训中的身体概念，就是要揭示现代学校围绕学生身体而建立的权力技术机制，而这一机制主要表现为监视学生身体的技术、惩罚学生身体的技术和考核学生身体的技术。[④]徐冰鸥、孟燕丽指出，重新认识和定义学生的身体，是学生身体解放的逻辑起点；学校在制度和监督、检查层面要凸显对学生身体的人文关怀，教师在课堂教学中要关怀学生身体的自由发展，同辈群体互助和自我的抵抗和规避是学生身体解放的超越之路。[⑤]李忠、尹春玲指出，关注教育中的身体问题，要消解教育对身体的非人道规训，使物质身体与精神身体全面协调发展，使“人的全面发展”从可能变为现实。[⑥]

此外，金生鈜、王有升等还结合中小学教育实践对教育规训进行了研究。其中，金生鈜就某小学教师强制学生拿小刀刮脸的事件指出，教育“规

① 楚江亭，郭德侠．身体教育：一个有待拓展的领域：当代学术界身体研究新进展及教育启示[J]．国家教育行政学院学报，2018(7)：8—14.

② 谭斌．论教育学中关于“生活世界”的话语[J]．南京师大学报(社会科学版)，2001(1)：76—82.

③ 金生鈜．规训与教化[M]．北京：教育科学出版社，2004：2.

金生鈜．德性与教化[M]．长沙：湖南大学出版社，2003.

④ 胡君进．论教育规训中的身体[J]．教育理论与实践，2018(4)：3—7.

⑤ 徐冰鸥，孟燕丽．学校教育中学生身体的在场、规约与解放[J]．山西大学学报(哲学社会科学版)，2018(6).

⑥ 李忠，尹春玲．论身体教育：教育人学视域的身体及身体教育[J]．当代教育科学，2018(10)：3—7.

训化”导致对儿童生命价值的僭越。① 王有升从《小学生日常行为规范》等国家规范和课程表、着装等学校规范入手，再现了学校空间中被规训的“教育”。② 张东娇、顾明远研究了学校监视器赋予管理者对师生监视的无形权力。③ 熊和平则从课程入手，指出其对学生身体规训日益隐秘，课程更应关怀学生身体。同时，熊和平《学生身体与教育现象》一书则是从现代学生身体出发，从身体现象学出发，谈及了学校对学生发型管理的身体标准化规训、零食管理制度的味觉和口感规训以及课堂姿态的身体规训等。④ 谢妮的《教育与身体——学校日常生活中的身体》⑤ 以民族志的范式，从时间、空间、活动三个方面探讨学校日常生活是如何促使学生身体守规矩的。胡春光所作《规训与抗拒——教育社会学视野中的学校生活》一文，通过作者对一线教育长期的观察与实践，再现了现行的教育体制中规训无处不在，而学生对规训抗拒微弱的情况。⑥ 何芳《清末学堂的身体规训》则专门研究了我国清末学堂的身体规训，她以1895—1911年存在的新式学堂规章制度为基本对象，充分结合各种学堂文本、媒体文献、视觉资料、民俗资料等，聚焦清末新式学堂是如何通过身体规训把学生塑造为国民这一论题。全文主要就国家、学堂等对学生身体的卫生规训，时间管理，学生身体的服饰选择以及女学生身体美的重新定义四个问题进行了研究，着重以清末学堂学生身体的国有化、学生身体的公共管理、学生身体的政治归属以及学生身体的国民义务四个方面的作用来诠释国民身体的塑造过程。⑦ 此外，一些硕士论文对身体

① 金生鈜.“规训化”教育与儿童的权利[J]. 教育研究与实验，2002(4)：10—11.

② 王有升. 被规限的“教育”：学校空间中教师与国家的互动[D]. 南京：南京师范大学博士论文，2002.

③ 张东娇，顾明远. 学校教育沟通的影响因素及其干预性策略[J]. 教育研究，2003(5)：17—22.

④ 熊和平. 课程与身体：微观权力观的视角[J]. 比较教育研究，2006(11)：10—14.

熊和平. 学生身体与教育真相[M]. 杭州：浙江大学出版社，2014.

⑤ 谢妮. 教育与身体：学校日常生活中的身体[M]. 贵阳：贵州人民出版社，2010.

⑥ 胡春光. 规训与抗拒：教育社会学视野中的学校生活[M]. 武汉：华中师范大学出版社，2011.

⑦ 何芳. 清末学堂的身体规训[D]. 上海：华东师范大学博士学位论文，2009.

规训进行了个案研究，戴军等分别研究了中小学等校学生的身体规训。[①] 因此，在研究基础上，研究者一致指出必须尊重学生身体、生命基础上合理应用身体规训，身体规训要与尊重、生命自然生长和谐统一。[②]

第三，就教育时空来看，时空构成了人生存、发展的基本维度，[③] 教育活动总在一定时空中进行，教育时空的合理构建有助于教育主体自然成长。[④] 基于此，何敏结合生命教育理念提出要对课堂教学时空进行重构，让师生充分享受人的存在意义。[⑤] 马维娜提出时空结构影响知识的分配方式与话语权力的运作，[⑥] 且学校时间功利化、“未来化”，在为时间而牺牲人等规训下，会导致学生身体片段化、冷漠化和机械化，[⑦] 因而学校教育时间要“取法自然”，[⑧] 从生命教育理念出发对课堂教学时空进行重构，让师生充分享受人的存在意义。

第四，就身体与道德教育而言，道德教育面对鲜活的人，身体成为审视道德教育的结点，是德性得以展现的实践模式。[⑨] 胡金木考察了身体由蔑视—压制、忽视—隐匿走向尊重—凸现的变迁历程，道德教育则也经历了救赎式—理性化—生命化嬗变。这提示道德教育要从身体出发，实现身体、精

① 参见：戴军．基础教育中学生身体规训问题研究[D]．长春：东北师范大学硕士论文，2006.

孙兆凤．规训：职业高中学生学校生活世界的个案研究[D]．北京：北京师范大学硕士论文，2005.

王娟．教室中的身体：对W校初中生身体规训的个案研究[D]．北京：首都师范大学硕士论文，2008.

陈建国．“微观权力”视角下的学校身体规训：以江苏省H市Y小学为例[D]．上海：华东师范大学硕士论文，2009.

陈坚．延续的痛苦：身体社会学视域中的农村教育研究[D]．长春：东北师范大学博士论文，2009.

江挺．中小学生假期的身体踪迹研究：基于福柯身体话语理论的视角[D]．宁波：宁波大学硕士论文，2014.

简文萍．幼儿园里的规训[D]．上海：华东师范大学硕士论文，2013.

姚玮．以身体社会学的视角审视幼儿园教育时空中的身体规训[J]．金华：浙江师范大学硕士论文，2014.

② 戴军，于伟．身体规训及其合理性论析[J]．教育科学研究，2008(5)：3—7.

③ 宋剑．时空的教育学意蕴：博尔诺夫教育人类学的独特视阈[J]．教育理论与实践，2009(5).

④ 张志先．教育的时空问题[J]．新疆师范大学学报(哲学社会科学版)，1995(1).

⑤ 何敏．教育时空问题初探[D]．上海：华东师范大学博士论文，2003.

⑥ 马维娜．教学时空的双重建构[J]．课程·教材·教法，2004(12)：17—22.

⑦ 桑志坚．作为一种规训策略的学校时间[J]．湖南师范大学教育科学学报，2014(5)：31—35.

⑧ 侯海凤．儿童的时间观念与儿童教育时间的“取法自然”[J]．学前教育研究，2009(8)：32—36.

⑨ 闫旭蕾．论身体的德性[J]．教育理论与实践，2008(5)：16—20.

神完美。王强认为要确立“身在论”作为道德教育的哲学基础，才能实现现代情境下道德教育对人自身的关切。谭维智从道家庄子的观点入手，指出庄子把人的身体处置到一个与万物共同的归宿，以一种宇宙视角看身体，因而使身体与道德联系起来，进而得以解决道德教育问题，此种方式比西方中世纪对身体的禁锢更具道德教育意义。徐山明确要进一步构建身体德性规范，培养学生体验身体德性情感和激发学生潜在身体德性肯定意识。[①]研究者一致认为，“身在论”的道德教育，才能实现对人自身的关切。

第五，就身体装饰、感官与教育等来看，人的身体由器官、装饰器官的服饰等构成，虽然发型、服装等看似不起眼，但是作为“身体”的装饰物，或是“身体”的表达等，其承载的社会、历史、文化等多重影响则需要仔细探究。以此出发，教育学界的研究者也专门对教育参与者，尤其是学生的发型、服装等进行了研究。其中，闫光才、熊和平、龙宝新、陈玉华等对此进行了关注，指出学生的发型作为一种日常教育生活的表征需要教育者审思，校服作为一种身份标识则是“一种被习惯化的非教育元素”，会产生一种表征意义和功能性特征，一定程度上会被默认为思想品德教育、加强学校常规管理，且有利于社会对学生身心健康的保护和监督的象征。当然，校服有时候并不能很好地执行这些功能，也容易给学校教育造成一定的不良影响。[②]王海英、周全等则分别研究了教育参与者的感官功能、情绪等。[③]除上述主

---

① 胡金木. 压制、隐匿与凸显：道德教育中的身体转向[J]. 教育理论与实践，2007(10)：35—38.

王强. 道德教育与身体关系省思[J]. 南京师大学报(社会科学版)，2008(1)：73—78.

谭维智. 道德教育中的身体处置问题：道家庄子的观点[J]. 华东师范大学学报(教育科学版)，2011(1)：68—74.

徐山. 塑造身体德性：学校体育的德育使命[J]. 教学与管理，2014(11)：120—122.

② 闫光才. 校服的一种文化阐释[J]. 教育科学研究，2005(3)：15—16.

钱洁. 校服：一种身体管理策略[J]. 教学与管理，2007(9)：17—19.

陈玉华，李雁冰. 校服：一种被习惯化的非教育元素[J]. 上海教育科研，2009(3).

熊和平，王睿. 身体标准化缘何从“头”开始：中小学生的发型管理研究[J]. 全球教育展望，2012(12)：63—70.

③ 王海英. “凝视”与“倾听”：感官社会学视野下的师生观[J]. 教育理论与实践，2005(11)：54.

周全. 学校恐惧论[D]. 上海：华东师范大学博士论文，2013.

题外，熊和平及学生[1]以实际调查、教育类影视、个人自传视角切入并思考了身体问题，如《学生身体与教育真相》，即通过调查、访谈等考察了中小学生的发型、口感、时空与学生命运的关系、性别意识等，指出身体现象学切入教育研究和实践对于具体人的发现、教育实践解读有不可替代的意义。[2]《教育类影视中学生身体的“抗诉”方式》等则表明可以从生动的影像流动和鲜活的切身体会中，直观地捕捉教育身体生成的记忆。

第六，身体与教学研究。让身体再次回到教学课堂是近年来教学论呼吁与探索的重心所在。唐松林、范春香从学理上探讨了身体与教学的关系，身体具有接物联天、悟真启智、孕情育意、率性臻美诸特质，从而决定了“身体—教学”关系的整体的、建构的、道德的和艺术的特性。杨晓《让“身体”回到教学》一文回顾了历史上夸美纽斯、裴斯泰洛齐、杜威等在身体方面做的探索和努力，介绍梅洛-庞蒂的学说，明确身体、世界和意义不能分离，而是一个浑然的整体，并提出了建设性的建议。杨澄宇指出在世界形态由传统走向现代的过程中，可以把身体可以分为自然的身体、社会的身体和超越的身体，而基于此三种身体观的语文当是整体的、在世的与自足的。语文教育在走向现代化之时，应厘清三者的关系和分野。语文的本体论探究应着力于身体之间、身体与世界之间的差别与裂缝。[3]

第七，教育身体史研究。教育身体史是身体史与教育史的交叉学科，主要探讨教育场域中各个主体身体的发展变化及其影响。从理论方面，主要有周洪宇、李艳莉刊发于《教育研究》的《教育身体史——教育史学新生长点》，专门强调教育身体史是教育史研究的一个新生长点，系统论述了教育身体史的内涵、宗旨、研究方法和研究意义，为本研究的进一步开展提供了理论基础。此外，《身体——重构教育活动的另一可能》从身体史的发展和

① 参见：王睿，熊和平．教育类影视中学生身体的“抗诉”方式[J]．教育学术月刊，2012(11)：18—21．王睿．沉重的身体：近三十年来教育类电影中的身体现象研究[D]．宁波：宁波大学硕士论文，2013．熊和平．知识、身体与学校教育：自传视角[J]．教育学报，2014(6)：22—29．

② 熊和平．学生身体与教育真相[M]．杭州：浙江大学出版社，2014．

③ 杨澄宇．回向身体的观念：对语文教育理论的一种探索[J]．华东师范大学学报(教育科学版)，2017(6)．

特点等探讨以身体视角研究教育史的可能性和策略。[①]《论教育身体史的学理支撑》则从身体哲学等六个方面论述了教育身体史研究可以开展的学理支撑。具体研究方面，有从规训角度探讨的，如魏珂的《近代中国小学生身体形塑研究》借助民国时期小学生的日记，搜集了其中关于学校、教师等对小学生进行身体规训的具体做法及小学生对身体规训的相关看法等，以此剖析和探讨近代小学生的身体规训和身体变化。[②]有从身体隐喻角度探讨的，周洪宇、周娜的《隐喻的身体——民国时期学校中的女子“剪发问题”》主要探讨了女子剪发背后隐含的象征意义。该文指出，五四时期“女性自决”意识觉醒，剪发被符号化为女性对独立的追求，女学生剪发渐兴；20世纪二三十年代，时尚话语与国家话语先后主导着女学生剪发问题，女学生剪发渐渐普及，但头发问题依然未摆脱“妇运国家化”的历史命运。[③]有从身体生成的角度探讨的，《对晚清女子学堂中女子身体生成的考察（1898—1912）》一文则着重探讨女学生身体形成中的国家与文化隐喻问题。[④]另有李忠等的《从规训到尝试解放：人学视域下的晚清身体教育变革》、于洋《异化·僭越·启蒙——〈红楼梦〉与明清女性身体教育》、魏珂《校园中的“文化”与“身体”——民国时期大学的“拖尸”研究》分别从人学、女性学、文化学等方面探讨教育与身体的关系。[⑤]

第八，具身理论与身体研究。除上述主题外，有研究还结合具身认知这一心理学新兴的研究领域对身体进行了研究，叶浩生认为具身认知挑战了以

① 李艳莉．身体：重构教育活动的另一可能[J]．教育学术月刊，2014(5).

② 魏珂．近代小学生身体形塑研究[J]．华东师范大学学报(教育科学版)，2016(4).

③ 周洪宇，周娜．隐喻的身体：民国时期女子剪发问题[J]．华东师范大学学报(教育科学版)，2016(4).

④ 周洪宇，周娜．对晚清女子学堂中女子身体生成的考察(1898—1912)[J]．河南大学学报(社会科学版)，2016(5).

⑤ 李忠，亓婷婷，郝洁．从规训到尝试解放：人学视域下的晚清身体教育变革[J]．华东师范大学学报(教育科学版)，2016(4).

于洋．异化·僭越·启蒙：《红楼梦》与明清女性身体教育[J]．华东师范大学学报(教育科学版)，2016(4).

周洪宇，魏珂．校园中的“文化”与“身体”：民国时期大学的“拖尸”研究[J]．湖南师范大学教育科学学报，2017(3).

身心二元论为基础的教育与教学观，裨益身体重返教育。[①] 陈乐乐指出，教育学上身体的复归是当务之急，相应地，教学论、知识论和方法论的具身性应该得到重视。[②] 尹自强、刘海萍将具身认知融入到学校课堂行为规范和学校管理中，[③] 提出二者要从抑身走向扬身，重视学生生成理解。[④] 周娜、周洪宇指出，具身理论为教育史提供了新理论与新方法，作为一种理论，具身观强调历史研究中身体的在场性与参与性，挑战“离身”教育史学的认识论研究范式，推动教育史研究的“身体转向”。基于此，该文指出具身观不但向教育史学者提供思考教育历史及其变迁的新视角，同时为话语分析、隐喻等方法在教育史学的应用提供了理论依据。此外，关注情感则是具身视角下教育史研究的应然之态，具身观有助于沟通教育身体史与教育情感史，推动教育情感史由“治理研究”视角向关涉身体的“情绪史”推进。[⑤]

二、身体教育学于教育身体史研究的启示

教育学研究中已经提出身体转向，厘定了教育学意义下的“身体”并非传统生理学、卫生学中的身体形态、身体发育等狭隘理解，而是在身体哲学基础上明确摆脱“扬心抑身”和还原身体的原本位置，指出身体是生理意义和精神意义的统一，也是社会、文化等意义的承载点，进而又提出构建“身体教育学”与传统知识教育学相区别，突出“文明其精神，野蛮其身体”的题中之义。[⑥] 此外，身体的本质和属性、身体规训等理论探讨相关研究内容也为教育身体史研究中确定身体的概念、分类，以及研究与身体相关的仪式、姿势、发型和服装、感官和感官功能等提供了参考和理论分析依据。

---

① 叶浩生．身体与学习：具身认知及其对传统教育观的挑战[J]．教育研究，2015(4)：104—114.

② 陈乐乐．具身研究的兴起及其教育学意义[J]．苏州大学学报(教育科学版)，2016(3).

③ 尹自强．基于具身认知的课堂行为规范新探[J]．教学与管理，2014(5)：100—102.

④ 刘海萍．从“身”开始：具身认知对学校管理的启示[J]．全球教育展望，2015(9)：47—55.

⑤ 周娜，周洪宇．身体、隐喻与教育：教育史研究中的具身视角[J]．苏州大学学报(教育科学版)，2017(4)：36—44.

⑥ 文明其精神，野蛮其身体[N]．中国教师报，2008-01-09.

（一）更新教育史研究中的已有研究思路

在已有教育史研究中，在“知识教育学”影响下亦存在“知识教育史”的研究倾向。翻阅教育史教材会发现，对教育家教育思想进行阐释时，从人性论开始，并没有涉及教育家对身体的认识；对历代教育制度和政策进行阐释时，更多的是将政策、法令等呈现出来即可。也就是说，在教育思想史和教育制度史研究中，看到的更多的是“知识”，看不到不同人性论下对教育者和受教育者“身体”的形塑和他们的主动反映。事实上，教育史的这种研究思路总体呈现的是教育者和受教育者的“沉默”，因此，以教育者和受教育者的“身体”切入，可以带来对教育家思想和教育制度、政策的全新解读。以《子路、曾皙、冉有、公西华侍坐》为例研究时，教育思想史侧重总结孔子因材施教、循循善诱的教育方法。阅读原文，会发现孔子针对子路等的回答依次是“哂”“喟然叹曰”。以教育身体史为研究思路可将孔子作为教育者的神情完全展现，更能鲜活生动地展现因材施教。此外，教育制度史也可以审视具体制度、政策下教育者和受教育者的“身体”变化。以教育身体史入手，有助于更新已有研究思路，以“身体”为切入点有助于完善已有研究。

（二）完善教育史及教育学分支学科建设

教育学研究中已经提出“身体教育学”，指出“知识教育学”及其教育实践是一种“反身体”的教育，最终导致教师培养出来的学生只能是没有身体的工具。“身体教育学”对学生而言，可以“野蛮其身体，文明其精神”。但是，目前教育学视域下的身体研究主要集中于教育学原理、教育社会学等分支学科，对身体转向、身体规训、教育时空等进行了一定的研究，而教育史、比较教育学等相关二级学科则或研究较少，或没有涉及。就教育史来看，教育史与身体息息相关，教育史要走出之前“见物不见人”的窠臼，深化教育史、教育活动史研究，“身体”必须凸显于教育史研究中，构建和完善教育身体史。就比较教育学来看，国外教育学中对身体的研究进展可依靠其予以引介，形成借鉴。当然，教育学分支学科对身体研究不限于前面两个分支学科，教育人类学、课程与教学论等都应关注各自研究方向的身体研究，透视其中身体在社会、国家、文化等多方力量下的变迁，对学生的影响等。

（三）关注某一历史时期具体教育情境“身体”研究

就上述研究主题来看，教育学研究身体转向的背后更多地关注的是探讨身体是什么、身体的分类等概念化言说，很少谈及具体教育情境中的身体研究主题，比如口感、手势、发型、表情、身体配饰、身体的空间知觉等，对于教育者和受教育者身体秘密的解读才是身体教育学的首要任务。[①] 教育身体史研究中，第一步必然要厘清教育者和受教育者的“身体”和“身体”分类。这些在哲学、身体教育学中已经明确，即身体首先是物质性身体，同时也是精神性身体，且是身心合一体，承载社会文化意义。研究者在把握这些界定和基本坚持后，还要明确其是存在于“鲜活生活世界中的教育者和受教育者，是具有独特个性的人，是在具体情境下具有独特体验的人”[②]，根据研究情形和研究对象予以独特的具体解读。也就是说，在研究某一历史时期的教育者和受教育者“身体”时，研究其身体感官，身体感觉，身体附属物以及与身体相关的教室、宿舍等微观研究主题，侧重于解读具体教育情境下这些“身体”中蕴藏的权力和管理机制，以及教育者和受教育者的“身体”秘密，这样才能真正关注鲜活的教育活动、教育生活，以及其中存在的教育者和受教育者的真实感受和存在。

① 熊和平．学生身体与教育真相[M]．杭州：浙江大学出版社，2014：前言4—5.

② [法]梅洛-庞蒂．眼与光[M]．杨大春，译．北京：商务印书馆，2007：56.

第四章
教育身体史的理论资源（下）

哲学为教育身体史研究提供最基础、最一般的理论支持，教育学、历史学交叉而成为教育史、教育身体史，因此，前两者又与教育身体史研究关系最为密切，为教育身体史研究提供研究对象、研究方法、研究规范等支持。当然，教育身体史研究的理论资源绝不仅仅是这三个学科。正如清末我国黄绍箕提出设想、柳诒徵撰成的第一本《中国教育史》出版时便明确，全书“涉及哲学、历史学、社会学、人类学、民俗学、民族学、教育学、教育心理学、教育病理学等学科”[①]。因此，教育身体史研究在寻求哲学、教育学、历史学的“帮助”的同时，还需要汲取社会学、人类学等学科的养分。当前，社会学、人类学、美学、心理学、文学等均已密切关注“身体”，依次形成身体社会学、身体人类学、身体美学等分支学科，这些学科的已有研究进展及其研究成果均可以为教育身体史研究“拿来”吸收，针对自身研究特点为自己所用。

① 杜成宪，崔运武，王伦信．中国教育史学九十年[M]．上海：华东师范大学出版社，1998：8.

第一节　身体社会学研究进展及启示

马克思曾言，人是自然属性和社会属性的统一，人的属性更大程度上体现在社会属性上。人是在社会中存在和发展的，因此不可避免地受到社会文化的建构。同时，“教育的目的是为儿童将这个符号体系内化提供便利条件。教育会根据他们所处的身体文化规范他们的语言、手势、感情表达、感觉感知等，符号体系造就了他的身体，授权他去理解他人的身体模式并与他人交流”[①]。就此，教育活动中的教育者和受教育者会接受整个宏观、中观、微观社会场域的影响、造就和规范，会接受整个大社会环境中政治、经济、文化等的影响，接受社会组织和制度的建构，也会接受学校环境中各类文化的影响。教育者和受教育者与整个社会、学校间的被建构和规训，以及他们的反映和反抗等，都成为社会学研究的题中之义。就社会学已有研究成果来看，身体社会学已经对某类群体接受社会文化建构、“身体规训”等进行了研究，这也为研究教育身体史提供了全新思路。

一、身体社会学的已有研究进展

从中国身体史研究中涉及的剪发、留辫以及中山装等的研究可以看出，自国家建立后，人的身体不再是单纯的肉体，而是社会政治生活和社会价值规范的重要展现。涂尔干、韦伯、戈夫曼等社会学家的理论中较早地涉及了身体，如涂尔干将人的身体分为生理性和社会化两种，韦伯在《新教伦理与资本主义精神》中再现了新教伦理的资本主义对身体享受的压制和对身体潜能的最大程度开发，戈夫曼在“拟剧论”中传达了人在“剧场中”有意识地

① [法]大卫·勒布雷东．日常激情[M]．白睿，马小彦，王蓓丽，译．上海：上海文艺出版社，2014：9.

控制身体语言、仪态等，并举了中国古代的一位县官在前后台“身体”及服饰等表现各异的例子。但是，真正引发社会学以及其他人文学科中身体研究热潮的是福柯，他提出“身体政治”“身体规训”“身体惩罚”“身体权力技术”等概念，并从国家权力出发对身体的规训进行研究。在其经典著作《疯癫与文明》中再现了对疯人的禁闭，这实际上就是对身体的禁闭，故而社会组织会尽可能进行身体性的管理，束缚身体，约束身体本身的不羁能量。在其另一本名著《规训与惩罚》中，福柯又展现了监狱对人的监视、控制，再一次重新定义了“身体政治”和“规训权力”。在此基础上，福柯明确指出“人的身体是一个工具或媒介”。正因为人的身体具有可变性，且“处于流变过程中，它顺应于工作、休息、庆祝的不同节奏，它会因药物、饮食习惯和道德律等所有这一切而中毒，它自我阻抗”[①]。正是由于身体的这一特性，身体会在权力微观物理学影响下被控制在“一个强制、剥夺、义务和限制的体系中”[②]。在福柯勾画的身体政治中，时间、空间等这些重要分析概念不再是纯粹的物理意义上的时间、空间，而是集仪式、命令、纪律为一体的时间和空间，人的身体在特定时间、空间被规训和控制。福柯开创的“身体政治”逐步成为政治社会学的主流话语，且带动了社会学家探索身体和社会机制的交互作用。社会学家埃利亚斯、克里斯·希林、布迪厄、特纳、奥尼尔等均进行了相关努力，如埃利亚斯在考察西方文明过程中也是身体被文明化的过程，希林的《文化、技术和社会中的身体》从第二章至第八章依次展现了古典的身体、当代的身体、工作态身体、运动态身体、音乐态身体、社交态身体、技术态身体，在将身体放在技术、社会、文化之中考察时，阐释了技术和身体的相互作用，让我们看到了现代科技的迅猛发展是如何作用于人的身体，技术手段又是如何穿越物质身体与文化身体，进而重塑了人类的身体形态。在此基础上，希林提出身体是社会构成过程中的多维中介。[③] 布迪

① [法]米歇尔·福柯. 福柯集[M]. 杜小真，编选. 上海：上海远东出版社，2003：157.

② [法]米歇尔·福柯. 规训与惩罚：近代监狱的诞生[M]. 刘北成，杨远婴，译. 北京：生活·读书·新知三联书店，2015：9.

③ [英]克里斯·希林. 文化、技术与社会中的身体[M]. 李康，译. 北京：北京大学出版社，2011.

厄提出了身体是被“惯习”和“场域”共同作用的产物，且不同资本决定的不同阶层品位等亦通过身体体现。英国学者罗素将身体分为医学的身体、宗教的身体、运动的身体、性别的身体、残疾的身体、工作的身体、消费的身体、衰老的身体、训练的身体、控制的身体、镜像的身体、交往的身体等。[①] 弗兰克提出了他的身体行动模式，根据身体自我控制、欲望程度、身体与自我及他人的关系，将身体分为规训的身体、镜像的身体、支配的身体、交往的身体4种理想类型。[②] 奥尼尔在《身体五态——重塑关系形貌》则提出了身体是一种拟人化制度，指出拟人论是人与世界相处时的一种本能反应，具有创造性的力量。同时，他将身体分为世界态身体、社会态身体、政治态身体、消费态身体以及医学态身体5种，并对这5种身体的文化实践方式进行了探究。[③] 英国学者丹尼·卡瓦拉罗将身体分为物理的身体和政治的身体、抽象的身体和具体的身体、个体的身体与集体的身体等不同形态。在他看来，“作为一个统一结构的个体的身体概念，已经被作为一种隐喻使用，它指的是被神圣的边界所划分的被限定的领土。在物理的身体和身体的政治之间的类似，强调了一个貌似简单的词的意义和解释的多样性。因此，当身体被作为个体所考虑时（即作为个体的身份的显现），它也可以同时被作为集体而思考（即作为共同的身份的显现）。一个共同的身份，依此来说，既指具体的身体（如一个民族国家的地理位置），也指一个抽象的身体，即通过意识形态宣称和巩固的信仰、神话、法律和仪式的身体”[④]。西方身体社会学在前期学者奠定的理论基础、福柯提出的“身体政治”以及消费社会中身体的凸显中被明确提出，研究者不再仅关注宏观社会制度、社会系统等，也开始在关注人身体的生物性基础上明确身体与社会的关系，普遍认为身体是“社会建构的身体”，身体实践也会影响社会。

① Russell, R. “Ethical Body”, in Hancock, P. (et) The Body, Culture and Society: An Introduction. Buckingham: Open University Press, 2000: 101—116.

② Arthur W. Frank, “For a Sociology of the Body: An Analytical Review”, Mike Featherstone, Mike Hepworth, B. S. Turner, The Body: Social Progress and Cultural Theory. London: SAGE, 1991: 54.

③ [加]约翰·奥尼尔. 身体五态：重塑关系形貌[M]. 李康，译. 北京：北京大学出版社，2010.

④ [英]丹尼·卡瓦拉罗. 文化理论关键词[M]. 张卫东，译. 南京：江苏人民出版社，2006：113.

20世纪90年代初期，国内社会学界在西方身体社会学研究、消费社会中身体大行其道等影响下开始关注“身体”。在此之前，中国传统思想中其实蕴含了“身体政治”、身礼合一以及身国合一等观念。[①] 目前，我国身体社会学主要集中于译介和解读西方身体社会学理论、身体政治和规训以及消费社会的身体、构建社会学视域下的身体形态等几方面。具体来说，第一，就译介和解读西方身体社会学理论来看，对上述提到的涂尔干、韦伯、福柯等社会学家以及朱迪斯·巴特勒、阿甘本等的相关理论进行了研究，侧重展现他们的身体划分和身体规训。当然，在梳理福柯等的“身体规训”研究中，虽分析了“身体规训”的合理之处和价值所在，但也提出在承认身体被建构的同时，也要肯定身体和社会互动中身体的主体性、主动性。[②] 第二，就身体政治来看，研究者在福柯身体政治和身体规训的影响下，对这一主题用力最多，医学中的身体政治、农民工等各类劳动者的身体政治均有涉及，如汪民安对疾病中的身体政治、空间中的身体政治等进行了研究，指出在SARS事件中，人们身体所处空间发生变化以及人们时刻注重对自己和他人的“身体”进行管理等。[③] 第三，就消费社会中的身体来看，对健身、服饰、整容、医疗等进行了关注。因为女性群体在消费社会中对身体形塑更为关注，研究者的研究成果又尤为突出消费社会中的女性身体，涉及了各地区女性减肥、美容、文胸等身体消费主题，刻画了消费语境下女性的符号身体和时尚身体。第四，就身体形态划分来看，提出了消费态身体、医疗态身体、技术态身体、性别态身体以及规训态身体，与奥尼尔的分类大体相同之余又有所区别，规训态身体贯穿于前四态之中。[④] 此外，身体社会学的历史研究不断涌现，如陈晨《现代性的游移：清华学校的时间、空间与身体规训（1911—1929）》一文是其于清华大学社会学系完成的硕士论文（2008），从规训与惩罚的角度探讨了教育历史场域中的学生身体。作者指出早期清华学

① 张再林．中国古代身体政治学发微[J]．学术月刊，2008(4).

② 曾清林，陈米欧．社会学视阈中的身体研究视角述评[J]．江西社会科学，2010(2)：187.

③ 汪民安．身体、空间与后现代性[M]．南京：江苏人民出版社，2015：9.

④ 参见：阳学．现代性身体之重：身体五态的社会学研究[D]．昆明：云南民族大学硕士论文，2013.

校浓厚的美国文化氛围中，中国的身体被构想为不洁的、低效的、弱小的、阴柔的、多病的，从学校的斋务管理、体育到医疗活动都旨在将“落后”的东方身体转化为被美国文化价值观所认可的“现代”身体。因此，清华学校早在20世纪的前30年便通过一系列诉诸时间与空间的身体规训技术，将美国文化认知中的“现代”身体特质加诸清华学生的身体之上。清华学生也因此发展出一套“身体—国家”的身体观，认为对自身身体的管理有助于改变中国身体“病弱”的状况。当个人的身体不再“病弱”，国家的“疾病”也就不复存在，中国也就可以走上强国的道路。[①]

二、身体社会学于教育身体史研究的启示

身体社会学认为人首先是作为身体性的存在主体，但人的身体存在或作为肉体，或作为一种象征，或作为一种社会建构，或被规训，或作为社会实践，是生物属性和社会属性的统一体。[②]可以看出，身体的社会象征意义及其与社会互动尤被研究者推崇。此外，身体社会学中对“身体”的分类等也成为“身体”研究中可资借鉴的模板。

（一）教育身体史研究要挖掘“身体”的象征意义

特纳在《身体问题——社会理论的新近发展》中提到，“身体社会学将根本性地讨论人体的社会性，讨论身体的社会生产、身体的社会表征和话语、身体的社会史以及身体、文化和社会的复杂互动”[③]。据此，身体社会学认为走、站、做等身体行为，服装、装饰、发型等身体附属物，仪式、规范等身体管理的各方面均是社会建构。同时，不同群体、不同阶层、不同身

① 陈晨．现代性的游移：清华学校的时间、空间与身体规训（1911—1929）[M]//庄孔韶．人类学研究：第3卷．杭州：浙江大学出版社，2013：77—128.

② 文军．身体意识的觉醒：西方身体社会学理论的发展及其反思[J]．华东师范大学学报（哲学社会科学版），2008（6）：75—77.

③ 汪民安，陈永国．后身体：文化、权力和生命政治学[M]．长春：吉林人民出版社，2011：7.

份的社会表现者，因为身处社会，其身体与社会密不可分，接受来自社会文化的建构，形成相应的区别。即每个人“身体”在社会互动中，能因“身体”的象征意义而被区别开来。在教育身体史研究中，除要坚持前述身体是肉体性身体外，研究其感官、疾病等与肉体性身体关系最为密切的方面，还要注重挖掘“社会性身体”的象征意义。以研究民国时期大学教师的“身体”为例，呈现其肉体性存在、身体附属物是一方面，还要讨论身体的社会生产、社会象征及其与文化的复杂互动。就大学教师或是中式服装、或是西装来看，要进一步挖掘当时社会对大学教师的身体生产，穿着不同服装的社会象征或聚集社会、文化资本的多寡，才能更为深入地剖析、解读某类群体的“身体”。

（二）教育身体史研究中“规训”“反抗”共生

身体社会学研究中对身体含义进行了阐释，与前述哲学、历史学、教育学三个学科观点基本相似，即身体是肉体的存在，也是社会组织和权力关系的表现，并探寻身体如何体现出这种社会权力关系。在教育身体史研究中，首先要汲取“身体”具有社会象征意义这一观点，挖掘教育者和受教育者“身体”承载的社会文化意义。此外，社会学家在解读社会学意义上的“身体”时，更侧重于“身体”被规训、被惩罚、被管制，这与受福柯观点影响颇深有关。当然，在后期的研究成果中，也注重看到社会中的“身体”对社会组织和制度管理中呈现的主动反应。无论是福柯、韦伯侧重阐释的社会组织利用身体，身体被驯服的观点，还是“身体”的主动性、主体性，这些观点对教育身体史研究的启示在于，教育者和受教育者会受到教育活动的“规训”，但其作为主体也会“觉醒”和“反抗”。因此，我们可以将教育参与者的身体首先视为存在主体，然后根据教育参与者身体处于学校教育环境乃至社会大环境，剖析其“身体”在此环境中被视为一种符号、象征，也会被学校教育、社会所建构，被学校时间、空间和仪式制度等规训。当然，剖析教育参与者身体被建构、规训的同时，也要凸显具有主观能动性的教育参与者的“身体意识”、身体体验。

（三）教育身体史研究中汲取“身体”分类成果

无论是哲学、教育学还是历史学，对“身体”的研究在一定程度上都注重划定“身体”分类，且根据研究视域不同等，对身体划分有所差异。当然，这些学科的身体划分多言之成理，有其划分的依据和标准，且都可以成为研究者在具体研究中的框架划分依据。与其他学科相比，身体社会学从社会学视角出发，考虑了多重因素，划分了不同身体形态，有奥尼尔的世界身体、社会身体、政治身体、消费身体以及医学身体，弗兰克的《重返身体视角：十年回顾》划分的医学的身体、性的身体、规训的身体、说话的身体以及特纳把身体视为社会实践的结合、象征的系统、权利的反思三者的结合，[①] 也有消费态身体、医疗态身体、技术态身体、性别态身体以及规训态身体等。此外，身体社会学相关研究成果还划分了不同身体形态，提炼了时间、空间等概念，归纳了仪式化的身体、形象化的身体、有标志的身体等类型。这些为教育身体史具体研究中确定研究框架提供了参考依据。此外，身体社会学为消费社会、性别与身体等研究，也为教育身体史研究各个时期不同教育参与者在社会消费理念影响下对服装、发型、身材等的身体管理提供借鉴。

第二节　身体人类学研究进展及启示

人类学是从生物和文化的角度对人类进行全面研究的学科群，大致可区分为主要以形态、遗传、生理等为研究对象的人体人类学，以风俗、文化史、语言等文化为研究对象的文化人类学，以及专门研究史前时期的人体和

① [英]克里斯·希林．身体和社会理论[M]．李康，译．北京：北京大学出版社，2010：15.

文化的史前人类学。身体人类学是社会文化人类学中的一个领域，研究的议题涉及身体政治、身体表达、身体话语、身体文化等诸多方面。严格地讲，对于身体人类学，身体是重要的主题和分析对象。目前，无论是西方还是中国的身体人类学研究，大体注重身体的生理意义，也强调挖掘具体社会文化情境下身体的文化和社会意义。同时，身体人类学可以借助田野调查、民族志等方法，对某一地区或某一群体进行深入调查和追踪，又通过“在场”“深描”等切实展现了不同文化情境下的“身体隐喻”。就此，身体人类学为教育身体史研究所提供的有益帮助在于，教育身体史研究要注重吸收人类学的相关方法，深入田野，既可以在观察和调查中获得大量关于教育者和受教育者“身体”的鲜活经验和事实，也有助于从当时当地的历史语境出发，更好地解读某一地区遗存的关于教育者和受教育者的历史文献。同时，教育身体史研究中也要注意身体的国家化和地方化的区别，看到教育者和受教育者姿势、表情等的体化实践和书写、绘画等刻写实践，以此推进教育身体史研究更为扎实地进行。

一、身体人类学的已有研究进展

在人类学研究领域中，身体研究于20世纪70年代崭露头角，标志性著作是玛丽·道格拉斯的《洁净与危险》(1966)、《自然象征》(1970)。她对身体的污染、禁忌及社会范畴、仪式象征符码的起源的关系进行了研究。[①]在此之前，保罗·雷丁、罗伯特·罗伊、赫兹和莫斯等人类学家也涉及了身体研究，如赫兹指出人类社会持右手优越的观点，故而社会对左右手进行了改造和限制，莫斯则提出了身体技术，但他们更多地将身体视为社会生活背景，尚未超越“二元论”身体哲学。当然，莫斯的著作是当今关于身体人类

① 参见：[英]玛丽·道格拉斯. 洁净与危险[M]. 黄剑波，柳博赟，卢忱，译. 北京：民族出版社，2008.

《自然象征》一书还未见中文版，英文版为：Taylor & Francis Routledge. Natural Symbols: Explorations in Cosmology[M]. 2003.

学研究的先导，这也推动了西方身体人类学研究从“二元论”范式向“一体论”范式的转变。在道格拉斯等的努力下，身体作为“媒介”统一了其生物和社会属性。道格拉斯归纳物理和社会身体“两个身体”，保罗·康纳顿总结“体化实践”和“刻写实践”，人类学者N.舍佩尔-休斯和洛克提出了“三重身体”的概念：第一重是个人的身体，涉及身体本身的生活经历；第二重是社会的身体，它是作为一个自然、社会和文化象征意义的身体；第三重是身体政治，那意味着必须遵守规则并控制身体。在深刻挖掘身体的多重社会意义的影响下，约翰·布莱金于1977年编辑出版了《身体人类学》一书，从中可以大致了解身体这个新的研究领域如何引发了人类学自身的变化。布莱金在导论中还指出，身体人类学不同于以往的体质人类学，因为它所关注的不仅是人体的生理、生物学特征，更重要的是其文化的和社会的特征。诚然，身体人类学必须承认，人类行为与活动是其生物机体在特定的社会的、物理的环境之中独特的功能作用，并且顺应着生物进化的大背景。但是，这一前提并不意味着人类学家应该像心理学家或生理学家那样考虑问题。“我们主要关注的是，在各种变化的社会互动的背景中，那些成为文化的过程与产物的身体的外在化和延伸。”① 因此，约翰·布莱金明确反思了身体人类学与以往体质人类学的巨大区别，它在关注人体的生理、生物学特征时，更多地关注具体文化情境下身体蕴藏的文化和社会意义。② 此外，西方身体人类学逐步超越既定的社会—文化范式，走向了理解整体人类社会生活必不可少的领域——人类社会多种样态的身体活动。西方身体人类学研究主题日益扩展，有身体人类学视角下的性别研究、舞蹈人类学、医学人类学、暴力人类学等。③

相较于西方身体人类学而言，我国身体人类学研究逐步开展。仔细审视相关研究成果，主要从明确提出人类学身体转向并构建身体人类学，解读西

① John Blacking. Towards An Anthropoloy of Body, The Anthropoloy of Body［M］. London: Academic press, 1977: 2.

② 党圣元，陈定家. 身体写作与文化症候［M］. 北京：中国社会科学出版社，2011：280.

③ 参见：胡艳华. 西方身体人类学：研究进路与范式转换［J］. 国外社会科学，2013(6)：125—132.

方身体人类学著述以及以身体人类学为视角解读我国的“听房”等习俗三方面进行。就人类学身体转向来看，《身体人类学随想》[①]最早对身体人类学提出研究设想，而后章立明、麻国庆等均对身体人类学进行了思考。章立明指出身体史研究要注重人类学转向，而身体人类学要将相关身体理论注入人类学田野调查中，必须更注重深入习俗、日常生活中的口头和身体文本，以及提炼“地方化”身体等。[②]麻国庆也指出人类学的身体研究是动态研究，必须从身体看民族，深入到田野做独立调查，使身体人类学呈现多元研究。[③]就解读西方身体人类学著述来看，研究者对玛丽·道格拉斯、莫斯等著述进行了较多研究，向国内学界介绍和传达了可供借鉴的西方身体人类学研究范式、研究方法等；就身体人类学论文来看，主要集中于解读各地区，尤其是少数民族地区习俗和身体禁忌、女性身体及其塑造、疾病医疗人类学、服饰和文面等。其中，冯智明《广西红瑶——身体象征与生命体系》一书堪为身体人类学研究的力作之一。该书以当代身体研究理论为依托，在扎实的田野调查的基础上，对广西龙胜县红瑶族的身体人类学展开研究，为相关研究提供了有参考意义的实例。该研究的田野调查还为更加全面地深入了解和研究在我国有一定分布的红瑶人的社会组织、生活习俗、礼仪文化等方面，提供了新鲜扎实的材料。[④]就此，国内身体人类学研究主要在人类学田野调查等影响下凸显本土特色。

二、身体人类学于教育身体史研究的启示

国内外身体人类学研究的最大特点在于应用访谈和参与调查等进行研究，弥补文本史料分析的不足，这对教育身体史研究通过教育参与者作为自

① 叶舒宪．身体人类学随想[J]．民族艺术，2002(2).

② 章立明．中国身体研究及其人类学转向[J]．广西民族研究，2008(2).

③ 麻国庆．身体的多元表达：身体人类学的思考[J]．广西民族大学学报(哲学社会科学版)，2010(3)：46.

④ 冯智明．广西红瑶：身体象征与生命体系[M]．北京：生活·读书·新知三联书店，2015.

己身体的真实拥有者真切再现身体感受不无裨益。通过研究者“在场”观察教育参与者的身体，倾听其声音，更能鲜活真实地还原他们的“身体”。同时，身体人类学提出的身体划分，关注“身体”的地方化和国家化，密切关注身体姿势、表情、动作等体化实践和书写、绘画等刻写实践，以及教育参与者的装饰等外在形塑，有助于教育身体史研究中形成不同地区教育参与者的身体研究，研究并解读以往教育史研究中缺失的书写、体操、舞蹈等身体教养和身体姿势训练中的规训等相关内容，也能理解不同民俗下身体的差异以及隐含的不同身体隐喻。

（一）教育身体史研究应注重田野调查、深描等

毋庸置疑，教育史研究需要一种“静坐书斋”的本领，原因就在于卷帙浩繁的文献资料需要研究者去查阅和书写。因此，这也使得教育史研究者多停留于书斋和文献资料。可是，历史文献资料无论多么丰富，也可能因不了解文献资料的具体情境而产生解读有误或解读片面等问题。身体人类学研究中，除注重阅读文献资料，研究者还深入少数民族地区等具体“身体”所在地进行田野调查，获取第一手资料，进一步有效、深刻地解读文献资料。因此，田野调查可以让学者们“努力从乡民的情感和立场出发去理解所见所闻的种种事件和现象”，他们“常常会有一种只可意会的文化体验，而这种体验又往往能带来新的学术思想的灵感”[①]。身体人类学提示教育身体史研究应注意的是，要不断查阅和整理与教育者和受教育者“身体”相关的文献资料，还要尽可能回到教育者和受教育者“身体”存在的生态环境中，重返和重建历史现场，设身处地地去体会当事人的想法和做法。这样，教育身体史研究既可以通过当事人“身体”及其“身体”所处文化有根据地说话，也有助于加深对文献资料的解读，防止误读等。

① 陈春声．中国社会史研究必须重视田野调查[J]．历史研究，1993(2)：12.

（二）教育身体史研究应关注地方化和国家化身体

身体人类学在关注人体生理、生物学特征时，更多关注具体文化情境下身体蕴藏的文化和社会意义。人类学者N.舍佩尔-休斯和洛克提出了“三重身体”的概念，指出人的身体分为个人的身体、社会的身体、身体政治，三者互相交叉、联系，但又有所区别。无论是身体人类学的研究诉求还是身体划分，均说明身体存在于具体文化情境中，因受大环境影响，国家化和地方化身体有所不同，国家化在一定程度上会影响地方化，但有时力量也未必明显，地方身体有时保留了当地特色。历史学家王笛在《茶馆：成都的公共生活和微观世界（1900—1950）》中指出：“茶馆讲理这个实践显示了市民的相对自治状态，他们试图在没有官方介入的情况下解决冲突，说明一种国家之外的社会力量的存在，这种力量是基于调解人的社会声望。”[①]因此，教育身体史研究在具体开展时，要注重关注教育者和受教育者的国家化身体、地方化身体，注重描述国家教育政策等规训下的“身体”，也要注重再现少数民族等各种不同地区的地方化身体。

（三）教育身体史研究应关注体化实践和刻写实践

保罗·康纳顿在《社会如何记忆》一书中指出记忆与身体实践密不可分，他将记忆在身体的积淀分为两种，即体化实践和刻写实践。体化实践意指人们以其当下的、进行时的身体举动来传达信息，身体的在场、参与是传达信息的必要前提条件；与体化实践相对，刻写实践则要求人们通过印刷、书籍等手段保存信息，传达行为。[②]身体人类学以体化实践和刻写实践入手，分别关注了人“身体”的姿势、表情以及各种文本、印刷品、书籍等，以及体化实践和刻写实践的互相转变和融合，相互发生作用。以《论壮族的族群记忆——从体化实践到刻写实践》一文为例，指出壮族的族群记忆可以

① 王笛．茶馆：成都的公共生活和微观世界（1900—1950）[M]．北京：社会科学文献出版社，2010：345.

② [美]保罗·康纳顿．社会如何记忆[M]．纳日碧力戈，译．上海：上海人民出版社，2000.

分为身体化的记忆与刻写的记忆。在壮族族群记忆的早期，即由先秦到隋唐时期，壮族族群生活在没有自己的文字符号的文化环境中，人的身体记忆成为传递记忆的主要媒介，对族群记忆起着存续和维护的作用。在族群记忆的后期，即由唐宋到明清、民国时期，随着壮族族群文字的发明和传播，刻写记忆在族群记忆中所占的比重逐渐增大，刻写记忆以身体记忆前所未有的效率促成了族群自我表象的形成。[①] 由此，教育身体史研究中要关注教育者和受教育者的体化实践和刻写实践，既可以从当时教育者和受教育者的各种资料中关注其仪式、礼仪等体化实践，又可以通过当时教育者和受教育者留存的书写、印刷、照片等，研究其刻写实践。以研究师范生的刻写实践为例，通过研究其练习和训练的每一个板书，审视其中对教师培养的“身体修养”。

第三节 身体美学研究进展及启示

美存在于各类事物、各种领域中，美与人类生活息息相关。人类通过发现渗透于生活中的美，实现了生活的审美化和审美的生活化，是人类生存的必然要求和重要目标。[②] 通过对美、艺术的思考和探寻，美学作为一门学科应运而生。1750年，“美学之父”鲍姆嘉通率先建立具有学科形态的美学，并把美学规定为研究人感性认识的学科，美学的对象在于完善人的感性认识。在我国，王国维率先使用了“美学”这一名称，且随着向西方学习的日渐深入，这一译名为中国学界所接受。在此，美学主要研究人的精神快感，一定意义上忽略与其密切相关的肉体的快感，后者也不是美学的研究对象。身体美学对经典美学提出质疑，在舒斯特曼《实用主义美学——生活之美，艺术之思》一书中首次出现质疑概念。身体美学开始强调身体成为美学的研究主题之一，凸显身体美的独特意义，成为关于身体的美学，也是从身体视

① 彭恒礼. 论壮族的族群记忆：体化实践与刻写实践[J]. 广西民族研究，2006(2)：87—96.

② 彭富春. 美学[M]. 武汉：武汉大学出版社，2005：3.

角出发的美学。可以看出，身体美学的提出，改变了以往美学在意识哲学基础上过于关注心灵而忽视肉身，心灵统摄肉身的取向，觉察到了美学研究中的身心互动、身心统一，并将身体、肉体等放到了中心位置，实现了美学的落地性并与日常生活的密切相关。

一、身体美学已有研究进展

20世纪90年代，英国学者特里·伊格尔顿、美国美学家理查德·舒斯特曼、德国学者沃尔夫冈·韦尔施最先开始对鲍姆嘉通经典美学质疑，一致认为鲍姆嘉通在身心二元论哲学基础上沿用古希腊“感性”一词，忽视了人身体的生物性等。因此，在胡塞尔“感知的身体”等认识引领下，伊格尔顿指出“美学是一种肉体话语”。舒斯特曼在杜威实用主义哲学、福柯美学、梅洛-庞蒂“身体—本体”等观点影响下认为，身体是人们展示和培育种种气质、价值观的根本性物质载体，也是人们感知和表演技巧的载体。[①] 在其著作《实用主义美学》中，舒斯特曼提出了“身体美学”的概念，并确立了身体美学学科，还将身体美学划分为分析层面、实用主义层面和实践层面。韦尔施在《重构美学》一书中则认为美学应该关注感觉和感知，其宗旨在于推崇感觉、重构感知以及身体审美化。[②] 此后，在身体美学确立后，西方学界开始陆续探讨身体美学以及舒斯特曼身体美学思想，其中，彭蒂·马塔恩的《舒斯特曼的身体经验》《从舒斯特曼的身体美学到激进的认识论身体学》，穆里斯·皮特的《身体美学，教育和舞蹈艺术》，格兰杰·大卫的《身体美学和种族歧视》《身体美学和民主：杜威和当代的行为艺术》，迈克尔·苏巴格的《“身体美学”与教育和残疾》，格瑞斯堡-佛瑞·琼的《身体美学和哲学的自我修养：哲学与运动的交叉》，斯文-埃里克赫格森的《音乐教育中的身体意识与身体美学》等论文，从政治学、教育学、哲学等角度阐释身

① [美]舒斯特曼. 身体意识与身体美学[M]. 程相占，译. 北京：商务印书馆，2011.

② 姚文放. 肉体话语、身体美学、身体的审美化：晚近对于经典美学的三次挑战及其学术意义[J]. 江海学刊，2012(1)：182—193.

体美学的重要性，也为身体美学应用到相关交叉学科提供了借鉴。[①]

国内学术界于2002年通过北京大学教授彭锋翻译和介绍舒斯特曼《实用主义美学》和《实践哲学：实用主义和哲学生活》的著作，也开始关注和思考身体美学。其中，彭富春、王晓华较早研究身体美学。彭富春在《身体与身体美学》《身体美学的基本问题》等论文中指出西方传统美学研究遗忘了身体，他认为身体美学不仅是关于身体的美学，更是从身体出发的美学，会思考身体的美学意义、审美化的身体，什么是时代欲望、工具和智慧及它们所构成的关系。[②] 王晓华提出身体美学中的身体是实践的，因此身体美学与实践美学共通，身体的实践与生态共同体是共生的，故而身体美学与实践美学、生态美学是共生的，美学要走向身体—实践—生态美学整合的新整体主义美学。[③] 此外，张法、程相占分别划分了身体美学的组成，张法认为身体美学的内容由肉体、衣饰、个人和社会组成的具体表现构成，社会对前三者有规约和美学标准，个人则作为主体对其他三者进行组合，在组合中显示个人与其他三者的关系。[④] 程相占就舒斯特曼三分法的不恰当性提出，完整的身体美学图景应包括身体作为审美对象、身体作为审美主体以及身体化的审美活动。[⑤] 除此之外，刘成纪《形而下的不朽——汉代身体美学考论》基于中国古代哲学和美学传统，阐释了中国古代哲学和美学以身体为研究对象的可能性和意义。在此基础上，作者论述了两汉美学对于身体的规定，指出两汉美学之于身体的理论定位、形神骨相、汉代美学中身体经验和世界经验中的关系、汉代美学中的礼乐服饰，进一步谈及身体与礼容威仪、身体与服饰及其服饰中渗透的权力及贾谊、董仲舒的服装哲学等。此外，该书还进一

① 参见：韦拴喜．身体转向与美学的改造：舒斯特曼身体美学思想论纲[M]．北京：中国社会科学出版社，2016：9—11.

② 彭富春．身体与身体美学[J]．哲学研究，2004(2).

彭富春．身体美学的基本问题[J]．中州学刊，2005(3).

③ 王晓华．西方生命美学局限研究[M]．哈尔滨：黑龙江人民出版社，2005：320—352.

④ 张法．身体美学的四个问题[J]．文艺理论研究，2011(4)：8.

⑤ 程相占．论身体美学的三个层面[M]//山东大学文艺美学研究中心．文艺美学研究：2012年卷[C]．济南：山东大学出版社，2012：234—245.

步研究了王充等人对身体死亡、不朽的看法。[1] 因此，国内学界对身体美学的研究呈现出西方身体美学、中国身体美学双向并进的研究道路。当然，中国不同时期的身体美学研究目前还较为缺乏，仍需要不断拓展，取得不同时期的身体美学研究成果。

除身体美学的纯理论思考、中国传统身体美学的研究外，研究者还对舒斯特曼、尼采、福柯、德勒兹的身体美学[2] 以及古代身体美学进行了研究，尤以对舒斯特曼身体美学思想研究最多，向国内学人介绍了西方学者的身体美学思想。其中，曾繁仁、张再林等就身体美学与舒斯特曼进行了对话及比较式研究。2007 年 4 月 26 日至 5 月 2 日，舒斯特曼在山东大学访学期间，曾繁仁等山东大学文艺美学中心的教师还与舒斯特曼就身体美学学科建设、基本内涵、身体美学对美学的贡献、身体美学的学科边界等问题进行了对话。此外，张再林、李学军等以《光明日报》为平台，相继刊发了张再林与舒斯特曼在第 18 届国际美学大会结束后的学术对话。当然，与国外学界对舒斯特曼身体美学思想应用于其他学科研究相似，我国学界也注重将身体美学、舒斯特曼身体美学思想应用到相关学科，分析相关社会现象。《身体美学与心灵美学的分立——〈英雄〉与中式大片回顾》《“身体美学”视野中的太极拳艺术》《身体美学在产品设计中的渗透过程研究》等论文以及廖述务的《身体美学与消费语境》、齐志家的《时尚与身体美学》、蒋勋的《身体美学：让你的身心永远从容自得》等著作，便是将身体美学应用于电影、体育、日常生活等方面的例子。在这些身体美学的论文中，韦拴喜的博士论文及相关系列论文主要在细读舒斯特曼相关原典著作的基础上，对舒斯特曼身体美学思想进行了较为深入的研究，系统地梳理和分析了舒斯特曼身体美学理论的来龙去脉、学科建构历程，还将其身体美学划分为作为理论建构的身体美学与实践应用中的身体美学两个基本层面，指出了舒斯特曼身体美学的特征主要体现在理论性与实践性的统一、对话意识与多元主义的贯穿、身体观照与人道关怀的结合三个方面，阐释了舒斯特曼身体美学的贡献——包括

① 刘成纪. 形而下的不朽：汉代身体美学考论[M]. 北京：人民出版社，2007.

② 姜宇辉. 德勒兹身体美学研究[M]. 上海：华东师范大学出版社，2007.

其哲学价值、对美学的改造以及其现实意义。[①]

二、身体美学之于教育身体史的启示

身体美学与身体哲学、身体史学等均突破了古典身心二元对立，将身体视为“感觉审美欣赏和创造性的自我塑造场所”[②]。身体美学的价值在于通过对身体经验的探索，改进身体外在形式，有助于改善对身体状态的感受和意识，进而改善身体、改善生存状态，实现对人的人文关怀。[③]身体美学始终贯穿的人文关怀和生命关怀精神，均可以作为教育身体史研究的精神内核。教育身体史研究无论是研究哪类教育参与者，研究其与“身体”相关的服饰、食物、情绪等时，始终注重探索其身体经验，以人文精神和人文关怀去分析和判断其身体的生成与改变，进而为当前更好地改善教育参与者的生存状态提供借鉴。

（一）关注和挖掘教育身体之美

人的身体本身蕴含着一种美的意味，教育者、受教育者的身体也是如此，暗含着一种自然和谐之美。无论是古希腊还是古罗马，无论是运动员还是军人、公民等，都特别崇尚身体之美，注重通过身体训练来展示健康、健美、柔美的身体，彰显身体的魅力、价值。先哲苏格拉底强调，人应该像奥林匹克运动员那样保养自己的身体，注重身材、仪容并尊重、爱惜身体。[④]当然，晦暗的中世纪到来，身体在宗教、习俗等影响下开始被压制，身体之美也不复存在。随着人文主义的兴起，身体存在的价值和身体之美被重新发现和表达。米开朗琪罗创作的雕像《大卫》，把男性身体之美的表达推向了

① 韦拴喜．身体转向与美学的改造[D]．西安：陕西师范大学博士论文，2012.

② [美]舒斯特曼．实用主义美学[M]．彭锋，译．北京：商务印书馆，2002：354.

③ [美]舒斯特曼，曾繁仁，等．身体美学：研究进展及其问题：美国学者与中国学者的对话与论辩[J]．学术月刊，2007(8)：22.

④ 谢光前．古希腊体育与身体意识的觉醒[J]．体育学刊，2006(2)：2.

一个前所未有的高度。不仅如此，女性身体的丰盈之美等也被一系列画作所展现。在古代中国也是如此，先秦时期的秦始皇兵马俑、汉代的彩陶人物俑以及唐三彩人物俑等，或表现了英姿飒爽的士兵身体之美，或再现了形象生动的汉唐人物。此外，各个寺庙、石窟中的佛像、侍女像等，鲜活地呈现了各时期人的身体之美。可以说，身体之美是人类社会的永恒主题，关注身体必须善于观察身体之美、解析身体之美。教育身体史研究在身体美学的基础之上，要注重审视教育参与者的身体之美，要以美的眼光和视角来考察、分析教育参与者的“身体”，其中涉及对不同时期教育参与者身体美学观的剖析，对其仪容、服装等进行美的分析。在对民国时期女学生服装进行分析时，便可以应用身体美学的相关理论，女学生的服装不仅是学生身份的象征，也传达了女生的美丑观念及其对自己身体美的塑造。与此同时，男学生着西装、佩戴眼镜等也是如此，有传达身体魅力的愿望。

（二）确立教育身体美学标准和规范

随着时代发展，电影和电视剧等大众传媒、时尚风向等为社会大众确立了一整套身体美学标准，且身体美学标准随着时代而发生变化。女性身体美由胖到瘦，强调皮肤白皙、双腿修长等；男性身体美则由棱角分明、肌肉发达、体格强壮、皮肤古铜到“花样美男”等。同样，模特、演艺明星、主持人、青春偶像等“身体美学”标准为人们提供了某种“身体美学”的模板，也在一定程度上形成身体美学规范。[①] 在这一背景下，“教育身体”有自己相应的身体美学标准和规范，也会受到时代身体美学标准和规范的影响。如民国时期女学生多是蓝布衫和黑裙子，男学生是长袍大褂或黑色制服，形成属于民国时期学生的服饰特色。在影视明星烫发的影响下，有些女学生开始以烫发为美。不仅如此，女学生还在社会影响下，开始注重通过化妆等修饰身体。当前，化妆、形象设计、节食、健身、整形美容等修饰身体、塑造身体以及改变身体的技术推陈出新，更是深刻地影响了学生，尤其是女学生的

① 梅琼林．囚禁与解放：视觉文化中的身体叙事[J]．哲学研究，2006(3)：70—71.

身体，她们开始通过身体技术重塑身体之美，又形成一定的身体美学标准和规范。可以说，社会深刻地影响了身体之美的变化，主体也开始择取适合自己的身体之美。教育身体史研究者在身体美学相关理论和思想指导下，首先要注重归纳不同时代教育主体的“教育身体”美学标准和规范，在此基础上，还要注重根据时代、社会等环境以及教育主体的特点等确立更为适合教育主体的身体美学标准和规范。

第四节　具身认知的已有研究及启示

美国史学家罗伯特·杰基·利夫顿曾言：“心理学与历史学的共生，为史学研究增添了新的辉轮。”20世纪以来，随着精神分析心理学、行为心理学等理论不断成熟，之前历史著作对人物的简单心理分析上升为引入气质、情绪等特定概念和研究范畴，并遵循一定原则和方法来解释个体或群体的种种历史动机和行为成因。著名精神分析心理学家弗洛伊德在《列昂纳多·达·芬奇及其对童年的一个记忆》就从达·芬奇的早期童年经历等入手，试图揭示其为何作画速度缓慢、终身未娶之谜等。当然，弗氏的分析经不起推敲，但强调关注历史主体内心却意义深远。[①] 教育身体史研究作为关注历史上教育者和受教育者“身体”的研究领域，在身心二元的引领下，必然关乎各类主体的心理状态，描述其身心互动。因此，除上述身体哲学、身体史学、身体社会学、身体人类学、身体美学等外，心理学的相关研究成果亦对教育身体史研究具有参考价值，其中最具借鉴意义的是近年来兴起的具身认知。

① 何兆武，陈啟能．当代西方史学理论[M]．上海：上海社会科学院出版社，2003：361—363.

一、具身认知的已有研究进展

自20世纪60年代以来，认知心理学一直是西方心理学的主流，认为认知独立于身体，强调形式训练。然而20世纪80年代以后，受认知语言学、文化人类学、哲学、机器人技术、人工智能等学科的影响，认知心理学正在经历着一场“后认知主义”的变革。在这场变革中，具身认知成为一个焦点论题，代表了认知心理学研究中的一个新取向。西方心理学界研究具身认知主要通过哲学思辨和具体实验进行。在具身认知的哲学思辨中，深受梅洛-庞蒂身体现象学、海德格尔“此在”等哲学思想的影响，对具身认知的概念、理论渊源等进行了研究。其中Lakoff和Johnson提出，心智是具身的，抽象概念主要是隐喻的，而隐喻最初和最基本的来源是身体和身体获得。同时，二者还指出“具身”概念可以从梅洛-庞蒂知觉现象学中找到相关理论支撑。除对具身认知进行哲学思辨外，西方认知心理学家在此指导下还通过实验验证和支持假设，集中在身体的物理感受对认知的影响、情绪的具身特征、身体洁净与道德评价、运动系统与认知判断、语言理解的具身特征等领域，[①] 如Wells和Petty发现点头的身体运动增强了积极的态度，而摇头的身体运动强化了消极的态度；Stepper和Strack所做实验说明情绪是具身的，认知并不是情绪形成的唯一因素，身体及其活动方式对情绪与情感的形成有着重要作用。此外，Niedenthal的研究也证实了记忆中情绪信息的具身特征。如在判断“鼻涕”是否具有情绪色彩时，被试者的面部提肌开始活动，表示被试者面部显现了厌恶的表情，似乎被试者首先以身体展现这种情绪反应，然后才产生认知上的判断。Gallese和Lakoff使用功能磁共振成像手段研究了“抓握”概念，证明我们头脑中的抓握概念实际上是复演身体的感觉—运动系统执行过的动作。此外，Wilson总结了具身认知的6个代表性观点：第

① 叶浩生．西方心理学中的具身认知研究思潮[J]．华中师范大学学报(人文社会科学版)，2011(4)：155—157.

一，认知是情境化的，发生在现实世界中；第二，认知是实时的，具有时间的压力；第三，环境可以帮助我们储存认知信息，在我们需要时供我们使用；第四，环境是认知系统的一个部分，认知系统可以扩展到包括身体在内的整个环境；第五，认知是为行动的，认知的根本目的是指导行为；第六，离线认知（off-line cognition）是以身体为基础的。即使是在脱离具体环境的条件下，认知仍然受到一定的身体机制的约束。

随着具身认知思潮在国际上的兴起，我国学界于21世纪初开始关注这一研究领域。李其维、叶浩生等资深心理学家先后在《心理学报》《心理科学进展》等期刊研究了具身认知的概念、理论基础等。此外，关于具身认知的博硕士论文已达近百篇，徐献军、燕燕、何静等人的博士论文亦涉及了相关概念探析、理论渊源追溯等。就已有研究成果来看，主要集中于概念、理论渊源、主要内容、理论反思等方面。[①] 就具身认知的概念来看，具身认知也可以翻译为“涉身”认知，其中心含义是指身体在认知过程中发挥着关键作用，身体的构造、神经的结构、感官和运动系统的活动方式决定了我们怎样认识世界，决定了我们的思维风格，塑造了我们看世界的方式。具体来说，其含义为：第一，认知过程进行的方式和步骤实际上是被身体的物理属性所决定的；第二，认知的内容也是身体提供的；第三，认知是具身的，而身体又是嵌入环境的。[②] 就具身认知的理论渊源来看，主要从哲学（现象学）和心理学两大学科梳理。哲学理论渊源大体集中于挖掘中国传统哲学以及胡塞尔、梅洛-庞蒂等理论中的具身认知思想，心理学理论渊源主要对皮亚杰、詹姆斯、维果茨基等人的思想进行了探究；就具身认知的内容来看，主要对神经系统、情绪的具身理论、具身语言学、具身认知与课程教学的结合四方面进行了研究；就理论反思来看，主要对具身认知的概念、理论体系等存在质疑，也有学者对相关质疑进行了回应。在此基础上，有研究成果指出未来我国具身认知研究会进一步廓清具身认知概念，辩证地看待具身认知和经典认知，开展实证和实用研究，进一步推动本土化。

① 胡万年，叶浩生. 中国心理学界具身认知研究进展[J]. 自然辩证法通讯，2013(6).

② 叶浩生. 身体与学习：具身认知及其对传统教育观的挑战[J]. 教育研究，2015(4)：104—114.

此外，我国具身认知的研究已不囿于理论层面的学术探讨，开始呈现学术探讨和实验实证并进，但是后者的研究成果还无法与前者相比拟。当然，已有学者通过实验证实了以身体属性为基础的感知运动、情绪和意志行为的具身效应。身体的基本感知运动经验会改变个体认知的结果，同时也会影响个体的情绪体验，而身体的触觉经验会改变个体对他人的喜爱度，引发并增加个体的顺从行为。此外，一些关于具身认知的新的心理学实验也开始不断出现，如《具身认知下情绪面孔的大脑单侧化加工》《汉语隐喻具身认知加工神经机制的ERP研究》等通过实验假设、实验设计，探讨了具身认知下情绪、汉语隐喻认知加工过程中的具身性及其影响，并试图揭示汉语隐喻认知加工的神经机制。

二、具身认知之于教育身体史的启示

具身认知对教育身体史研究的启示在于，剖析各个时期教育参与者身体与学习的关系时，应将学校教育的重心由“心智”转向“身体”，全面看待学生的全面发展。同时，具身认知或可以用来分析陶行知所办晓庄师范时的身体观、学生身体生成等。具体来说，具身认知于教育身体史研究的启示有如下几点，具体为：

（一）“教育身体”身心统一，具有差异性

总体来说，具身认知指出身体和心智是一个整体，且共同活动。因此，具身认知与传统认知主义最大的区别是，后者视身体仅为刺激的感受器和行为的效应器，前者则赋予身体在认知的塑造中以一种枢轴的作用和决定性的意义，认知不是一个运行在“身体硬件”之上并可以指挥身体的“心理程序软件”，身体的解剖学结构、身体的活动方式、身体的感觉和运动体验决定了我们怎样认识和看待世界，我们的认知是被身体及其活动方式塑造出来的。教育身体史研究者在具身认知的启发下，要在传统认知主义的基础上，

尤为注重人的认知基于身体而发生，因而“教育身体”是身体和心智的统一体，且“教育身体”不是单纯的被动反应，其也具有主观能动性。同时，人的心智、认知的成熟与“身体”的解剖学结构、活动方式以及感觉、运动体验密切相关，人的“身体”及其所处的环境等一定程度上决定了人的认知发展的不同。因此，教育身体史研究者在剖析不同性别、不同时期、不同类型的“教育身体”时，一定要注意“教育身体”认知的具身性、共同性以及差异性。也就是说，民国时期女学生的认知，对“身体”加之剪发、服饰等与身体相关的认知，与当前女学生对“身体”等的认识、认知观念等，会有作为女性、女学生的共同性，但是当时的社会环境和观念、当时“身体”的遗传结构、活动方式、感觉体验等，会使得不同时期女学生的认知、身体观念等有所区别。就此，教育身体史研究者在具身认知指导下，必须注重“教育身体”的具身性，还要明确身体、认知等有其共同性，也会在时代、“教育身体”的区别下有其差异性。

（二）注重剖析认知、情绪等的具身性

如前所述，具身认知指出认知、情绪等是具身的，身体的物理属性决定认知过程进行的方式和步骤，提供了认知的内容，且认知是具身的，而身体又是嵌入环境的。认知、身体和环境组成一个动态的统一体。也就是说，人的身体属性不同，获取知觉、情绪的方式不同，且我们的身体以及身体同世界的互动提供了我们认识世界的最原始概念，身体感受的上下、左右、前后、高矮、远近、冷热、温凉等，以此为基础发展出其他一些更抽象的概念，如热情、冷淡、兴高采烈、死气沉沉、精神高涨、趾高气扬等。从具身认知的三方面详细理解来看，教育身体史研究者在剖析“教育身体”时，要明确“教育身体”的物理属性决定了认知的方式和步骤，也提供了认知的内容，与环境是一个统一体。教育身体史以此为分析依据和理论资源时，要明确“教育身体”的物理属性不同会影响其认知，如残疾的“教育身体”与非残疾的“教育身体”，生病的“教育身体”与健康的“教育身体”，不同身

高、体重的“教育身体”，其认知会有差异。同时，教育身体史研究者还需要注意“教育身体”会在一定程度上影响其认知内容和情绪，明确不同“教育身体”的感受性不同，获取认知以及对情绪的评价等也有所差异。此外，教育身体史研究者要将“教育身体”、认知、“教育身体”所处环境看作一个动态统一的系统，剖析“教育身体”会受到环境的影响，也会对环境产生影响。

除具身认知外，弗洛伊德创立的精神分析学说直面身体本能和欲望，将人的心理分为本我、自我、超我，分别遵循快乐、现实和道德原则。他认为人的心理可分为意识、潜意识和前意识，还分析了人的压抑和抵抗，即人的某些本能欲望常常是不被社会风俗、习惯、道德、法律等所容的，因此，欲望与规范就产生激烈的斗争，往往是欲望迁就规范受到压抑。此外，弗洛伊德还提出了泛性论，指出一个人从出生到衰老，一切行为动机都具有性的色彩，都受性本能冲动的支配，这种潜力常驱使人去追求快感。利用弗洛伊德的精神分析学说，可以分析商业文化发展时期教育参与者追求身体快感和修饰的行为等，如对民国时期女学生剪发、烫发的分析，不仅可以从身体社会学视角分析，也可以从其满足身体修饰的精神快感角度进行阐述，也可以阐释女性剪发中实现的自我抗争与社会规范压抑之间的博弈。此外，利用精神分析学说中对人的发展阶段的划分，也可以透视不同阶段学生“教育身体”发展的差异性以及这些差异对其的影响。除精神分析学派的理论外，马斯洛的需要层次学说、华生的行为主义等心理学流派等均可以成为教育身体史研究者的理论资源。因此，教育身体史研究在借鉴具身认知这一与教育身体史研究关系最为密切的理论资源的同时，不能局限于具身认知，还需要借用心理学的其他理论流派和资源，以期更好地推动教育身体史研究。

第五节 身体写作的已有研究及启示

自古以来，文学、文学作品中大多会涉及人的身体，《身体的历史（卷1）》中第八章“非人的身体”中，让-雅克专门分析了大众文学中的畸人、形象与小说、畸人与畸形、畸形工厂几个主题。[①] 就此来看，文学、文学作品亦是教育身体史研究的重要理论资源之一。因为文学和文学作品在展现社会、人的过程中，人的“身体”均会囊括其中。以文学作品中的畸形人为例，余华的《一九八六》中的中学历史教师、废名的《菱荡》中的陈聋子、韩少功的《爸爸爸》中的丙崽、史铁生小说中的残疾人等，均是文学作品对身体、畸形身体的思考或现身说法。当然，从文学、文学作品出发，与教育身体史关系最为密切的莫过于“身体写作”。我国身体写作于20世纪90年代在林白、陈染、卫慧等关于女性隐秘身体体验作品的发表中宣告问世。对此，有批评者指出这是一种以性堕落、道德堕落为张扬和信仰完全放弃的女性写作，不能因为它是大众文化消费中的热点便一味为其开路。[②] 肯定者则认为实现了西苏“返归女性躯体写作”的理论主旨。无论研究者对身体写作态度如何，就教育身体史研究来看，“身体写作”中关注到的“大写的身体”，发现身体、回到身体，将身体作为反抗意识形态的手段，并以身体写作来应对意识形态写作等做法，[③] 无疑对教育身体史研究有一定的借鉴价值。

---

① [法]乔治·维加埃罗．身体的历史：卷1 从文艺复兴到启蒙运动[M]．张竝，赵济鸿，译．上海：华东师范大学出版社，2013.

② 彭亚非．“身体写作”质疑[J]．求是学刊，2004(4)：97.

③ 葛红兵．身体写作：启蒙叙事、革命叙事之后：“身体”的当下处境[J]．当代文坛，2005(3)：3—9.

一、身体写作的已有研究进展

随着商业消费文化的诞生和发展、西方女性主义的不断发展和壮大、对“身体”的关注日甚等，“身体写作”最早由西方女权主义者提出。西方的“身体写作”理论从20世纪初的弗吉尼亚·伍尔芙开始，经由20世纪60年代西蒙·波娃的发展，到埃莱娜·西苏日臻完善。这位法国女性主义批评家明确提出“身体写作”的概念并进行了推广。她在《美杜莎的笑声》中指出“女性写作”的重要性，并强调说：“写吧，不要让任何人、任何事阻止你，不要让男人……阻止你，也不要让你自己阻止自己。”她还指出“女性写作”的重要策略就是“身体写作”，“写吧，写作是属于你的，你是属于你的，你的身体是属于你的，接受它吧”[①]。不仅如此，西苏认为对身体的理解不能止步于生理身体层面，女性应注重打破和解除各种戒律，且要表现身体的独特体验。在此基础上，“身体写作”还不能仅局限于表现身体的性经验与性特征的差异性，否则便又落入父权制的性别本质论之中。

西苏的主张得到了中国女性作家的广泛认同，1995年世界妇女大会在北京召开，进一步让“身体写作”得以在中国扎根，于是“身体写作”蔚然成风。1997年，葛红兵在《山花》杂志发表了《个体文化时代与身体型作家——90年代的小说转向》一文，并首次在中国文坛中提出“身体写作”一词。他认为“新生代作家是中国社会由传统群体本位文化向现代个体本位文化转型的产物”，与传统作家注重“精神”不同，他们注重“身体”，他们的写作是一种“身体写作”，新生代作家是身体型作家，“身体”是他们游戏诸神的秘密武器。[②]目前来看，“身体写作”已引发学界和社会的关注。点击“中国知网”，1996年至2016年间作为“全文”的“身体写作”等相关词

① [法]埃莱娜·西苏．美杜莎的笑声[M]//张京媛．当代女性主义文学批评．北京：北京大学出版社，1992：204—205．

② 葛红兵．个体文化时代与身体型作家：90年代的小说转向[J]．山花，1997(3)．

语有8553条，“关键词”的“身体写作”等相关词语有1884条，作为“主题”的相关词语2009条，作为“篇名”的相关词语234条。具体来说，我国研究者对身体写作的概念、主要写作形式、身体写作的评价等进行了探讨。

第一，关于“身体写作”的概念，有研究者认为：“所谓身体写作，也就是一种基于个体身体意义——尤其是性经历意义——至上的人生观的写作，是一种纯粹自我关注，而且是自我肉体关注的写作。”还有一些研究者认为：“身体写作是指用自己的身体，自己的生命去经历生活、体验生活，然后把这种最本质最真实的经历和体验用文学的手段表现出来。”此外，也有研究者认为“身体写作”是妇女追求完全自由平等解放的产物，也间接对陷于困境的文学寻求突围起到一定的促进作用。第二，就“身体写作”的主要写作形式来看，陈染、林白等的写作形式有个人身体认识和自恋情结、女性同性恋、女性性体验的描述等。第三，就对“身体写作”评价来看，有支持者也有批评者。其中，批评者认为“身体写作”是垃圾文学，如钱中文认为文学作品中的躯体描写的确有深刻的文化意味，但当下的身体写作只是发出一种腐烂气息的时尚。阎真认为身体写作等同于一种低俗的写作姿态；有些研究者则认为“身体写作”成了“性写作”的代名词。支持者如葛红兵认为“身体写作”的意义就在于它成功地突破了主流的文学。①

二、身体写作之于教育身体史的启示

具体来说，身体写作对教育身体史研究的启示有如下几点，即教育身体史研究者要注重书写“教育身体”自传及传记史，以切身体会来对教育主体形成借鉴。同时，教育身体史研究者还要适当借鉴和模仿“身体写作”的文字表达，以优美生动的文字展现教育身体史研究成果。

① 谢玉娥. 当代女性写作中有关“身体写作”研究综述[J]. 河南大学学报(社会科学版)，2008(3).

（一）注重书写“教育身体”自传和传记史

暂且不论身体写作孰好孰坏，就身体写作这一提法来看，教育身体史研究者首先可以以个人或他人为模型，通过访谈、调查等书写教育身体自传和传记史，使读者体验鲜活的教育身体史。在再现历史上教育参与者“身体”生成和改变时，则可以以切身体验和已有史料与教育参与者“视域融合”，真切地表现教育参与者的“身体”。当然，在表现教育参与者身体时，应跨越性别界限、重视表现独特身体感受，但不刻意迎合消费文化、注重在作品中超越生理身体，多考虑身体与具体社会历史背景的关系，以身体凸显人性、道德提升和人文关怀。不仅如此，教育身体史研究者在借鉴“身体写作”的同时，也要注意把握一定的度，即不能为吸引读者的眼球、一举成名或一味追求销量等，而肆意成为宣泄本能欲望的途径或毫无顾忌暴露自己的隐私及以夸张的性描写吸引读者，同时使“身体写作”这个词语蒙尘。整体来看，教育身体史研究在借鉴“身体写作”时应注重“身体”，应在正确态度和方式的基础上，在尊重史料的基础上抓住真实性的同时，以个人的“身体教育”经历注重突出教育性、启发性，实现再现真正、真实“教育身体”的同时，最终使当前的教育者和受教育者得到启发。

（二）适当借鉴和模仿“身体写作”的文字表达

文字表达是指作者用文字正确、生动、形象地表达思想、传播知识、交流信息、记事状物的能力。一定程度上，教育身体史研究成果是否为大众所认可和接受，取决于其文字表达。教育身体史研究者可以适当借鉴和模仿“身体写作”的文字表达，在书写研究成果时，除文字正确、规范外，还可以不失活泼、生动和形象，在章节目录、文章表述方面展现个性的表达方式，也可以用诗词、成语等作为标题生动地传达对“身体”的思考。如陈染《嘴唇里的阳光》中“另一种规则”和“对针头的恐惧”等标题，直接以“规则”“恐惧”等与“身体”相关和融合在一起的情感作为标题，生动、直接地表现了人的“身体”总是处于规则之中，以及在看病时难免心存恐惧、医学权力对人“身体”肆无忌惮地控制、医生和病人间的关系等。当然，教育身体史研究者在借鉴和模仿“身体写作”的文字表达时，切不可过于夸张以夺人眼球，应尽力避免像《上海宝贝》《黄酸情人》以及木子美公开个人日记等那样肆意夸张男性女性的“欲望表达”“身体体验”，过度刻画不同性别群体的隐私和欲望，毫无保留地展现男性女性隐私，而是应在生动、简洁、形象、凝练文风和独特文字表达的基础上，形成关于“身体”的思考，将生动性和教育性统一起来，呈现独树一帜的教育身体史研究成果。

（三）注重剖析文学作品中的各类虚拟“身体”

可以说，文学中与教育身体史研究关系最为密切的便是“身体写作”，但事实上，任何文学作品中几乎都涉及了“身体”。因此，除身体写作的相关争论中传达的启示外，对张爱玲、村上春树、铁凝等的各类小说中的“身体写作”与身体，同样可以为教育身体史研究所借鉴。以明清时期各类小说中展现的教育参与者的“身体”为例，“三言二拍”中对不同群体“身体”的描述，如《喻世明言》第一卷“蒋兴哥重会珍珠衫”中对蒋兴哥外在形体的描述为“蒋兴哥人才本自齐整，又娶得这房美色的浑家，分明是一对玉人，良工琢就”[①]，塑造了男才女貌的身体匹配观念。四大名著之一《红楼梦》在介绍贾宝玉和林黛玉、贾府其他女眷时，有“肌肤微丰，合中身材，腮凝新荔，鼻腻鹅脂……削肩细腰，长挑身材，鸭蛋脸面，俊眼修眉，顾盼神飞”等描写。民国时期包天笑等的教育小说中也塑造了主人公的“身体”。国外的一些小说，如《三个火枪手》《简·爱》《茶花女》《苏菲的世界》《巴黎圣母院》等，也都刻画了不同群体的“身体”，这些都可以为教育身体史研究所利用。教育身体史研究者在借鉴“身体写作”时，也可以在坚持多维史料观下利用相关材料，剖析文学作品中的各类虚拟“身体”以及分析具体历史情境下各类小说传达的身体观、身体形塑、生命关怀等。

① [明]冯梦龙. 喻世明言[M]. 北京：中华书局，2009：4.

综上所述，身体处于哲学、社会学、历史学、人类学、政治学、生理学、心理学、医学、文学等不同学科的交会处，身体哲学、身体史学、身体人类学、身体社会学、身体美学、具身认知等也成为这些学科的下属研究领域。教育身体史研究首先要结合本学科特点明确研究特色，还需要借鉴其他学科的研究成果。身体哲学对意识哲学的纠正和凸显人的实践生存、关怀人的生命，身体社会学中规训和惩罚等，身体史学中对历史上人的服饰、器官、疾病等研究的拓展，身体人类学的田野调查和搜集的民俗、禁忌，心理学中的具身认知等对身心关系的统一和对人认知生成的观点，这些全新的认识无疑都可以为教育学视域下的身体研究提供启示。可以说，身体哲学、身体史学等给予教育身体史研究的深远影响，在于转变以往教育史研究范式，推动教育史研究身体转向和完善教育史研究。

因此，身体哲学、身体史学、身体教育学、身体社会学、身体人类学、身体美学、心理学等各个学科对“身体”的关注和探讨，有助于明确教育身体史研究中“身体”的本质和属性，跳出肉体和精神的二元对立模式，对教育参与者形成全方位的整全认识，在书写教育身体史时以材料“体知”其真实感觉和感受，以“身体”为根基还原对教育参与者的真切生命关怀，最终书写“人”和“人身体”在场的教育史。此外，这些学科的不同研究思路和研究方法，如身体人类学中对不同地区少数民族习俗、仪式、禁忌等的关注，采用质性研究方法、开放式访谈等记录缠足妇女等不同群体的真实身体感受，都可以为教育身体史研究所借鉴。总之，教育身体史是一个新兴的教育史研究方向和领域，综合借鉴和吸收哲学、历史学、教育学、人类学、美学、社会学等学科的相关身体研究资源，在跨学科资源滋养下确定教育参与者“身体”的本质，研究教育参与者“身体”的哪些方面，怎样深入研究和分析其“身体”蕴含的意义应是研究者共同努力的方向。

第五章
教育身体史的史料来源、研究方法及表现形态

在清晰了教育身体史的内涵、构成以及学理支撑后，有必要明确如何开展教育身体史研究。可以说，作为教育史的一个研究领域和研究方向，教育身体史研究的开展首先需要重视扎实丰富的史料支撑，多元挖掘丰富的史料。正所谓“有一分证据说一分话”，不能无根据地胡说，不能主观臆测、草率论断。没有史料就没有历史，没有史料就像加工厂没有加工原料一样加工不出任何产品。史学家戴逸在谈到近代史料研究的重要性时也说：“马克思主义不赞成用史料学去代替历史科学，但历史研究必须以史料的收集、整理、排比、考证为基础。史料的突破常常会导致研究的突破，修正或改变人们对重大历史问题的看法。每个历史研究工作者必须勤奋、艰苦地做史料工作，在大量、丰富而准确、可靠的史料的基础上，才能有科学的历史研究。”[①] 而且没有合理的科学的史料观，也不能搜集到全面、系统、原始、科学以及真实的史料。既然教育史学研究的视域扩大了、视野下移了、史观

① 戴逸．中国近现代史的研究如何深入[N]．人民日报，1987-07-17.

调整了，那么史料观也必然要调整，教育身体史的史料观为地上和地下、史学与文学、书面与口述史料相结合的多维史料观，以此，文献资料、考古资料、图像和影视资料、档案资料、口述史料、实物资料等都会囊括其中。此外，教育身体史研究方法是多维理论与研究方法，这决定着研究的整体构架，是研究顺利进行的基础。除前述两点奠定的基础外，教育身体史研究还需要绝佳的内容展现，“内容是根本，表现力是检验研究方法的重要参照”①。因此，教育身体史研究还需要着眼于学术表现力。

第一节　教育身体史的史料来源

著名史学家陈寅恪曾言：“一时代之学术，必有其新材料与新问题。取用此材料，以研求问题，则为此时代学术之新潮流。”②因此，挖掘新史料或重新精读旧史料是历史学、教育史学研究革新的途径之一。目前，史学研究、身体史研究、教育史研究等已经注重采取新史料，如形象史学注重运用传世的岩画、造像、铭刻、器具、书画、服饰等一切实物作为证据，结合文献来考察史实，③有些身体史研究则利用地方志、出土文献④等进行。研究者已经拓宽历史研究的史料，这需要教育身体史研究者予以借鉴。除已有文献资料外，教育身体史研究还要充分利用与教育参与者相关的教具、留存的教育建筑物、服装等实物资料，且需要拓展医学体检和诊病记录资料、“民间宗教材料、礼俗资料、笔记文集、报纸杂志、政府档案乃至田野考察与口述史料等”以及“小说、散文、歌谣、词曲等文学资料”⑤。通过形象直观且真

① 周洪宇．教育生活史：教育史学研究新视域[J]．教育研究，2015(6)：113.

② 陈寅恪．陈寅恪集·金明馆丛稿二编[M]．北京：生活·读书·新知三联书店，2001：266.

③ 中国社会科学院历史研究所文化史研究室．形象史学研究2011[M]．北京：人民出版社，2012：前言．

④ 参见：刘孝圣．医疗与身体——以先秦两汉出土文献为中心[D]．台北：台湾大学文学院中国文学研究所硕士论文，2009．该硕士论文借助湖南长沙马王堆等先秦两汉出土的医疗文献，对古代与身体相关的脉学，对疾病的认识、养生方法、诊病等进行研究。

⑤ 刘宗灵．身体史与近代中国研究：兼评黄金麟的身体史论著[J]．史学月刊，2009(3)：96.

实、原汁原味的史料，清晰地再现教育参与者的“身体”生成。具体来说，教育身体史的研究资料，秉持地上和地下、史学与文学、书面与口述史料相结合的多维史料观。在多维史料观的指导下，教育身体史研究的史料主要有以下几方面来源：

一、文献资料

毫无疑问，自古至今留存的文献资料是历史研究、教育史研究的重要来源。但是以往的历史研究、教育史研究在应用文献资料时，过多地注重运用正史史料或官修史籍史料。正史或官修史籍史料主要包括正史、编年史、纪事本末、别史、杂史、诏令奏议、传记、史抄、载记、时令、地理、职官、政书、目录、史评15类，这些无疑是史学研究包括教育史研究最主要乃至最重要的史料来源，但是绝不应该是教育史学研究的唯一史料来源。在这方面，胡适早在1924年《胡适与陈世棻书——论中国教育史》便曾提及，在看过陈世棻（陈东原）的信后，他进一步指出，研究中国教育制度史有两种做法：第一是叙述制度的沿革变迁，这是死的制度史；第二是不但叙述制度的历史，还要描写某种制度之下的“学生”生活状态，这才是活的制度史。在此不难发现，胡适虽然提及研究中国教育制度史，实则关注了教育制度变革史和教育生活史两个层面。另外，在论及第二种教育制度史研究中，胡适指出如研究各时代太学，应注重搜集太学生活的材料，这就涉及了教育史史料来源问题。在此他举例说明，罗大经《鹤林玉露》卷14《无官御史》有一条“有发头陀寺，无官御史台”。这10个字展现了宋代太学的地位，也写到了乾淳间与嘉定间的太学生活。胡适认为研究各代小学，应当写当日小学生活状况。同时，展现明代小说时，《醒世姻缘》小说的第三十三回和第三十五回“真是长篇大幅的绝好教育史料”，谈及了南北教书先生的不同教学方法。除《醒世姻缘》外，《儒林外史》等也可以作为教育史料。因此，胡适总结在做教育史时史料“来源不拘一格，搜采要博，辨别要精，大要以

'无意于伪造史料'一语为标准。杂记与小说皆无意于造史料，故其言最有史料的价值，远胜于官书"。就此来看，胡适认为史料来源必须要真实，但是可以扩大史料来源，小说、杂记等均可作为鲜活的教育史料，而这也深深地影响了陈东原。[①] 在其《中国教育史》一书中，陈东原除应用学者熟悉和惯为引用的正史、政书等，还应用了胡适所提及且为人们所忽视的笔记小说、回忆录、稗闻野史等，其中的《醒世姻缘》《聊斋志异》《官场现形记》等都成为其引用的史料。[②]

因此，研究教育史尤其是视域极度扩大、重心有所下移的教育活动史、教育身体史，在应用文献资料时应注重正史资料和《红楼梦》《儒林外史》"三言二拍"《笑林广记》《赵子曰》《围城》等小说、《山海经》等神话、回忆录等史料的并行。其中，以附录呈现的《红楼梦》再现了林黛玉、薛宝钗、晴雯等诸多女性的"身体"，也展现了这些女性在具体情境下如何看待和处置自己的"身体"。不仅如此，《红楼梦》刻画的形形色色的人物皆有其特定装束，在祭祀、游玩、学习等不同活动中，不同人物的"身体"需要特定装束、特定动作，这些均成为透视教育史的窗口。采用小说在内的文学素材等作为研究教育身体史的文献材料有一定的原因，具体有以下两个方面：一方面官修史籍大都"事多隐讳""语焉不详"，人物传记"呆板枯滞"，甚至如鲁迅所说："涂饰太厚，废话太多，所以很不容易察出底细来。正如通过密叶投射在莓苔上面的月光，只看见点点的碎影。但如看野史和杂记，可更容易了然了，因为他们究竟不必太摆史官的架子。"与此相反，古今中外的神话、小说则叙事生动直观，浪漫主义中呈现了情感，中国古代《山海经》、古希腊神话即是代表和典范。另一方面，官修史籍大都记载的是典章制度、政治沿革、帝王将相和官吏升沉等有关上层、精英的各类史实，而教育活动史的研究视野下移到了民间和大众，因此我们要把经部的"五经"、《孝经》、五经总义、"四书"、乐、小学，子部的儒家、兵家、法家、农家、医家、天文算法、术数、艺术、谱录、杂家、类书、小说、释家、道家，以

① 陈东原．中国教育史[M]．上海：商务印书馆，1936：自序5．

② 胡适．胡适与陈世棻书：论中国教育史[J]．教育杂志，1924(12)．

及集部的《楚辞》、别集、总集、诗文评、词曲等全部纳入教育活动史研究、教育身体史研究的史料来源范围，尤其要加强吸纳、运用以往史学研究中被当做“诬谩失真、妖妄荧听者”之类或属于“寓劝诫、广见闻、资考证者”之流的笔记小说所蕴含的丰富史料。

二、考古资料

裘锡圭曾撰文指出，考古资料泛指为“古代遗留下来的甲骨、金文、简牍等类文字资料以及各种器物和遗迹，并不一定是通过科学的考古发掘而获得的资料”。古代学者很早便注重应用考古资料，无论是西汉时期学者利用孔子故宅墙壁发现的古文经，还是学者根据甲骨文等已校对、更正或更新了的古籍中的记载，均为例证。基于此，文章反复强调研究者要重视考古资料在阅读古籍中的作用。[①] 事实上，考古资料不仅在阅读古籍中有重要作用，对于历史研究、教育史研究也有重要作用，可以扩充研究资料并更新人们的认识。可喜的是，中华人民共和国成立后，我国考古事业发展得非常迅速，尤其是改革开放以来，先后在西汉墓葬和一座秦墓里发现了大量竹书、帛书，如1972年在长沙马王堆西汉前期的3号墓里发现了大批帛书和一些竹书，1975年在湖北云梦睡虎地11号秦墓里发现了《秦律》等大量竹书，1977年在安徽阜阳发现了《诗经》等竹书的残本，2011—2015年江西海昏侯墓园中发现的2万多件珍贵文物等。在考古资料日益丰富的基础上，各种考古资料也被编辑出版，有《半坡氏族公社考古资料汇编》《南京考古资料汇编》《江西考古资料汇编》《广东考古资料汇编》等。这些考古资料的价值在于可以弥补文字资料解释历史的不足，进一步更正、解读以及检验古籍，形成对古代器物的形制、服饰制度等历史事实的补充或全新认识。

以国外考古资料为例，《神秘的苏美尔人》一书借助考古资料再现了苏美尔人的居住空间、服饰、文字、艺术、食物等，书中插入的格巴遗址的圆

① 裘锡圭．阅读古籍要重视考古资料[J]．文史知识，1968(8)．

形建筑图、阿斯玛尔遗址的住房平面图、早王朝时期的男性和女性服饰、石质饰板上表现的角力比赛等，更有助于认识苏美尔人身体安置的空间、对身体的装饰以及对身体的训练等。①以我国考古资料来看，如前所述，台湾地区的研究者借助马王堆发现的医书、帛书等，对身体诊治、疾病认识等进行了研究。不仅如此，墓葬遗址中的人骨、肢体等也可以通过高科技为认识当时人的身体状况、如何规训和处置身体等提供依据。以邯郸涧沟龙山文化遗址为例，该处“在房基内发现人头骨四具，有砍伤痕与剥皮痕，显系砍死后又经剥皮的”。此外，一个圆形坑内，“一层红烧土下有十具人架，无次序地叠压着，有的头骨上有被砍的痕迹，都为男性青壮年及5至10岁的儿童”，凡此种种，可以透视当时社会的身体观及其对身体的刑罚等。②以海昏侯刘贺的考古资料为例，“海昏侯墓虽然发掘工作尚未完成，但已出土的珍贵文物品级之高令人震惊，相关发现或可为我们考察当时历史开启一扇新的视窗”。目前出土的文物有编钟、琴、瑟、排箫、笙和36尊伎乐木俑等礼乐用器，也有绘有孔子像及孔子生平的屏风、各式漆砚、棋盘等文物，还有数以千计的竹简和近百版木牍，内容包括《悼亡赋》《论语》《易经》《礼记》《医书》《五色食胜》等书籍。这些随葬品一定程度上可以证明当时社会尊崇儒家思想以及贵族重视对子女的教育等，③ 36尊伎乐木俑的不同身体形态可以窥见艺术教育中对表演者的表情、形态、服饰等的规定和规范，《医书》《五色食胜》等书籍也可为当时的身体诊治、疾病医疗和养生等提供佐证资料，而漆砚、棋盘等器物则立体地展示了当时贵族使用的教育器物，进一步构建了贵族对使用教育器物时的身体规范等。

三、图片和影像资料

英国学者彼得·帕克在《图像证史》一书中指出，随着时代的变迁和进

① ［英］克劳福德．神秘的苏美尔人［M］．张文立，译．杭州：浙江人民出版社，2000.

② 蒲坚．中国法制通史：第1卷　夏、商、周［M］．北京：法律出版社，1999：27.

③ 徐卫民．汉废帝刘贺新论［J］．史学月刊，2016(9).

步，历史学家极大地扩展了研究兴趣，所涉及的范围不仅包括政治事件、经济趋势和社会结构，还包括心态史、日常生活史、物质文化史、身体史等等。他认为“如果他们把自己局限于官方档案这类由官员制作并由档案馆保存的传统史料，则无法在这些比较新的领域中从事研究”①。彼得·帕克提出，历史研究应不断扩展史料，图像也应占一席之地。他以身体史为例，指出“画像可以用来说明人们在关于疾病和健康的观念上发生的变化。如果要证明衡量美貌的标准发生了什么变化，或者阐述过去的男人和女人都看重个人外表的一部历史，画像是更为重要的证据。……图像提供的证词在心态史研究中也发挥了重要作用”。作为教育身体史研究史料重要来源的“图像”可以包括各种画像（素描、写生、水彩画、油画、版画、广告画、宣传画和漫画等），还可以包括雕塑、浮雕、摄影照片、电影和电视画面、时装玩偶等工艺品、奖章和纪念章上的画像等所有可视艺术品，甚至可以包括地图和建筑在内。以研究东北沦陷时期学生“身体”为例，图片更为直观、生动地展现了当时学生“身体”的特点，如下图5-1。

图5-1　1944年5月下旬东北沦陷时期的吉林市维新街国民优级学校师生合影

这幅照片拍摄于1944年5月下旬东北沦陷时期的吉林市维新街国民优级学校院内，照片上的同学表情压抑呆板，剃的是和尚头，穿着“操衣”（校

① [英]彼得·帕克. 图像证史[M]. 杨豫，译. 北京：北京大学出版社，2008：3—4.

服），胸前戴着校签，扎着绑腿，一副准军人的模样。由学生的发型、服装可以窥见奴化教育时期对学生的规训和规范。

各种影视资料也可以成为教育身体史研究的重要来源。第37届教育史国际常设会议论文中，法国学者应用了1933年让·维果的电影《操行零分》，再现了假期过后一群学生乘火车返回寄宿学校，学生们在如牢笼般的学校感到压抑，还要经常无故受到呵斥或者体罚。学校总监惩罚没有听从他命令的几个学生，宣布他们操行零分，禁止他们星期天外出。孩子们终于忍无可忍，最后在学校校庆之日，当各方头面人物纷纷到齐的时候，学生们将书本、鞋子、罐头等从屋顶抛下，引起"学生占领"事件，教学顶楼上飘扬起一面绘有骷髅的旗子。学生们尽情地在教室为他们的造反狂欢。可以说，电影中流动的电影图片展现了寄宿学校学生"身体"的被体罚、个人对身体释放以及通过"身体"向学校管理者宣战的场面等。

图5-2 《操行零分》剧照

除《操行零分》外，《放牛班的春天》《美丽的大脚》《高考1977》《三傻大闹宝莱坞》等中外电影，以及《十六岁的花季》《十七岁的雨季》《恰同学少年》等专门呈现中学生生活的电视剧以及其他电视剧中穿插的教育情境中展现的学生、教师"身体"，都可以成为教育身体史研究的重要资料，可以形象生动地再现和说明当时当地学校对师生的“身体”管理以及学生如何看待自己的“身体”，在学校空间如何管理自己的“身体”等。不仅如此，一些艺术作品作为图像史料的重要组成部分，也可以为教育身体史研究作证。皮尔·卡斯巴曾列举了教育史学家利用艺术作品研究教育史的例子，其中之一是19世纪的绘画作品，作品反映的是一位普通女工母亲教孩子读书的情境，也展现出女工母亲在教育子女时是如何着装的等。此外，随着社会不断进步而出现的X片、CT扫描、磁共振成像等各类医学图片，能帮助研究者了解教育参与者的身体内部。

四、档案资料

档案资料是指“人类在各种社会实践活动中直接形成的、并且仍具有保存价值的原始文件材料。它们是文书档案资料、历史档案资料、地理档案资料、文化档案资料、人事档案资料、财务档案资料、司法档案资料、军事档案资料以及科技档案资料等”[①]。随着人类社会的不断发展以及注重保存各种资料意识、行为的凸显等，各种档案资料日渐充实和丰富。其中，中央档案馆出版有《日本帝国主义侵华档案资料选编　九一八事变》等，各个省市档案馆也整理和保存了各省市的档案资料，如南京第二历史档案馆还出版了《中华民国史档案资料汇编》等，这些地方档案内容涉及社会生活各个方面、各个行业，有助于从中央与地方、高层与基层互动的角度观察历史事实。此外，各个大学也留存有相关档案资料，如华中师范大学档案馆就有关于华中大学、中华大学等校教职工、大学生、学校管理等档案。不仅如此，历史上留存的医学档案，如协和医院等留存的各种医学档案，也会涉及教育活动主体。因此，档案资料为教育身体史研究提供了体检资料、仪式规范等不同方面的线索。各个档案馆留存的档案资料有印刷品、录音档案、机读档案、图纸档案、照片等，其最大特点在于如实地保存了当时的各种文件、图

① 吴雪珍，张念宏．图书馆学辞典[M]．深圳：海天出版社，1989：18.

片等，能真实地还原当时的历史情境和相关事实。

档案资料以其真实性、可靠性成为历史研究、教育史研究中重要的史料来源。研究教育身体史时，同样可以借助各档案馆留存的档案。研究高考生、大学生等学生的身体，可以借助于各教育局或各大学档案馆中的高考生、大学生的体检档案、健康证明书；研究大学教师的身体时，同样有档案馆留存的大学教师履历表、体检表、就医证明等。《海子与法大　纪念海子逝世25周年（1989—2014）》一书中刊载了海子在中国政法大学期间的档案资料，其中有教职工履历表（1983年9月）一份，在北京大学期间档案资料涉及北京大学学生登记表（估计1979年9月）、高等学校毕业生登记表（1983年7月）、北京大学毕业生健康证明书（1983年6月），如下图5-3，5-4。在安徽省怀宁县高河中学期间档案资料有高考档案资料，里面有高等学校招生体格检查表（1979年8月），如下图5-5，5-6，5-7。[①]

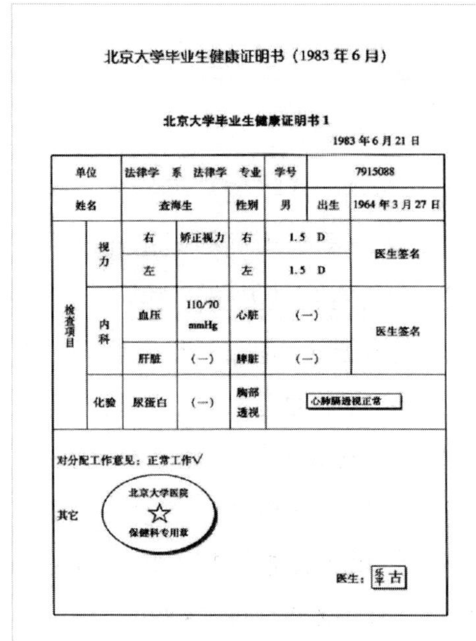

北京大学毕业生健康证明书（1983年6月）

北京大学毕业生健康证明书1

1983年6月21日

单位		法律学　系　法律学　专业		学号	7915088	
姓名		查海生		性别	男	出生　1964年3月27日
检查项目	视力	右	矫正视力	右	1.5　D	医生签名
		左		左	1.5　D	
	内科	血压	110/70 mmHg	心脏	（—）	医生签名
		肝脏	（—）	脾脏	（—）	
	化验	尿蛋白	（—）	胸部透视	心肺膈透视正常	

对分配工作意见：正常工作√

其它　北京大学医院 ☆ 保健科专用章

医生：乐古

图5-3

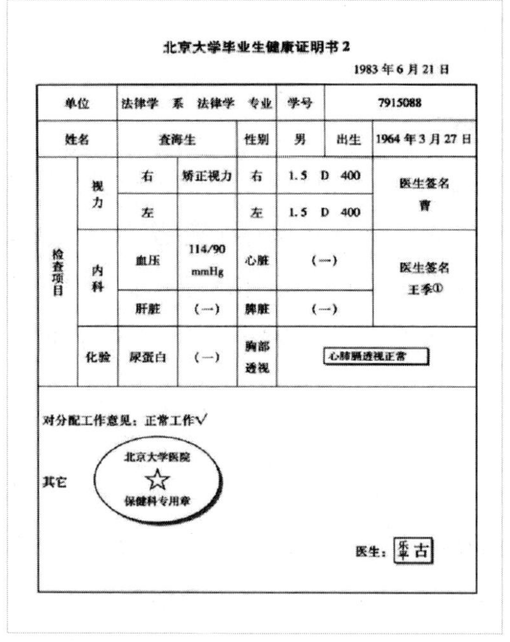

北京大学毕业生健康证明书2

1983年6月21日

单位		法律学　系　法律学　专业		学号	7915088	
姓名		查海生		性别	男	出生　1964年3月27日
检查项目	视力	右	矫正视力	右	1.5　D　400	医生签名 青
		左		左	1.5　D　400	
	内科	血压	114/90 mmHg	心脏	（—）	医生签名 王季①
		肝脏	（—）	脾脏	（—）	
	化验	尿蛋白	（—）	胸部透视	心肺膈透视正常	

对分配工作意见：正常工作√

其它　北京大学医院 ☆ 保健科专用章

医生：乐古

图5-4

① 熊继宁．海子与法大 纪念海子逝世25周年 1989—2014[M]．北京：中国政法大学出版社，2015.

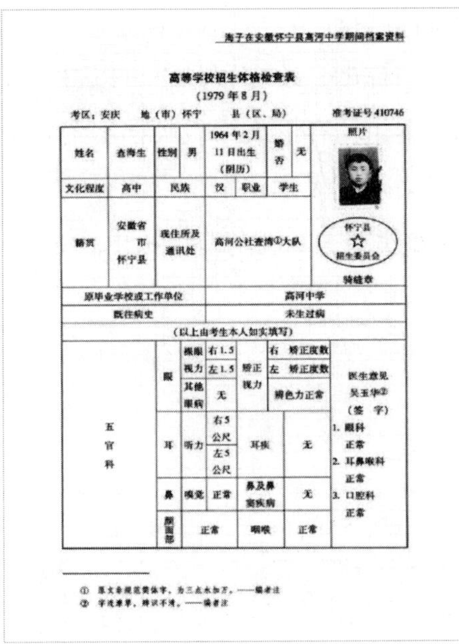

海子在安徽怀宁县高河中学期间档案资料

高等学校招生体格检查表

（1979 年 8 月）

考区：安庆　地（市）怀宁　县（区、局）　准考证号 410746

姓名	查海生	性别	男	1964 年 2 月 11 日出生（阴历）	婚否	无	照片
文化程度	高中	民族	汉	职业	学生		
籍贯	安徽省 市 怀宁县	现住所及通讯处	高河公社查湾①大队				怀宁县 ☆ 招生委员会 骑缝章
原毕业学校或工作单位			高河中学				
既往病史			未生过病				
（以上由考生本人如实填写）							

五官科							
眼	裸眼视力	右 1.5	矫正视力	右 矫正度数		医生意见 吴玉华②（签字） 1. 眼科 正常 2. 耳鼻喉科 正常 3. 口腔科 正常
		左 1.5		左 矫正度数		
	其他眼病	无		辨色力正常		
耳	听力	右 5 公尺 / 左 5 公尺	耳疾	无		
鼻	嗅觉	正常	鼻及鼻窦疾病	无		
颜面部	正常		咽喉	正常		

① 原文非规范简体字，为三点水加万。——编者注

② 字迹潦草，辨识不清。——编者注

图 5-5

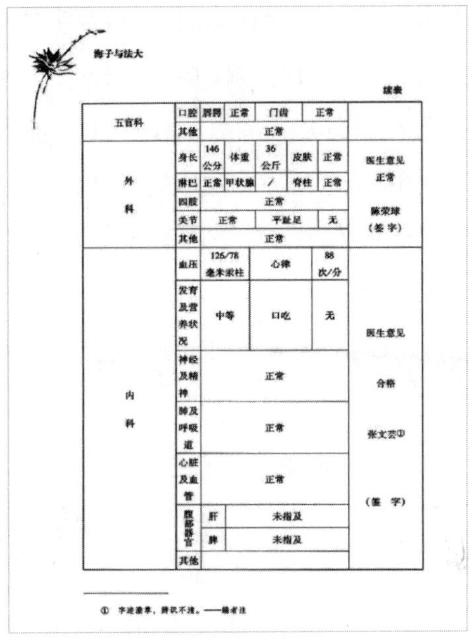

海子与法大

续表

科别	项目						医生意见
五官科	口腔	唇腭	正常	门齿	正常		
	其他	正常					
外科	身长	146 公分	体重	36 公斤	皮肤	正常	医生意见 正常 陈荣球（签字）
	淋巴	正常	甲状腺	/	脊柱	正常	
	四肢	正常					
	关节	正常	平趾足	无			
	其他	正常					
内科	血压	126/78 毫米汞柱	心律	88 次/分			医生意见 合格 张文芸①（签字）
	发育及营养状况	中等	口吃	无			
	神经及精神	正常					
	肺及呼吸道	正常					
	心脏及血管	正常					
	腹部器官	肝	未指及				
		脾	未指及				
	其他						

① 字迹潦草，辨识不清。——编者注

图 5-6

化验检查（要附化验单据）	血	肝功		尿	
胸部放射线检查	心肺 未见明显活动性病变		医师签字：张啟灿①		
其他检查					
体检结论	合格　负责医师　操丰秀　签字（盖章）				
体检医院意见	合格　体检医院（盖章）		怀宁县人民医院 ☆ 业务专用章		
复审意见	安庆地区招生办公室 复审专用章		复审单位签字（盖章）		
备注					

体检日期 79 年 8 月 10 日

图 5-7

由上图可以管窥当时参加高考学生的身体状况，也可以说明高中生参加高考进入大学必须通过体检，身体素质好坏一定程度上决定了是否可以进入大学以及进入哪类大学等。不仅如此，各大学档案馆留存的大学教师档案资料也可以说明不同时期大学教师的身体状况，以华中师范大学档案馆中留存的大学教师档案资料为例，如下图5-8为华中大学教师熊廉三的医药费报销单。

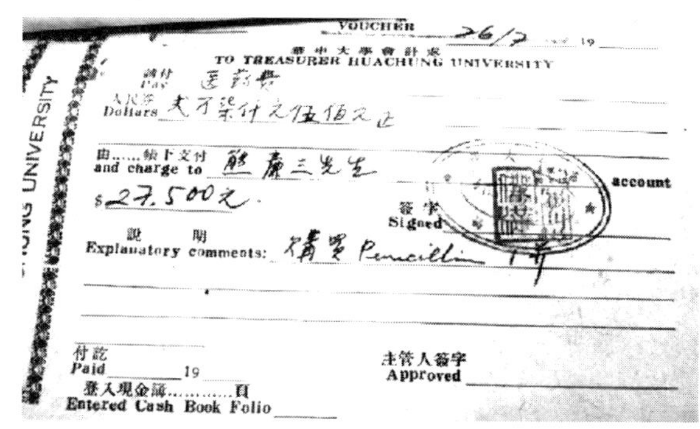

VOUCHER 26/7 19

華中大學會計處
TO TREASURER HUACHUNG UNIVERSITY

請付
Pay 医药费

人民幣
Dollars

由……帳下支付
and charge to 熊廉三先生 account

$ 27,500元

簽字
Signed

說明
Explanatory comments: Penicillin

付訖
Paid 19

登入現金簿…………頁
Entered Cash Book Folio

主管人簽字
Approved

图5-8　华中大学教师熊廉三的医药费报销单

该图证明了华中大学教师熊廉三看病就医的事实，同时在说明处还填写了购买何类药品一瓶，这可以研究大学教师如何对待身体、对待疾病等。此外，各大学档案馆还留存有学生、教师照片，课程表，管理规章制度以及各大学的教室、图书馆等照片，有助于从其服装、发型等审视当时师生群体对身体的装饰观，也可以分析与大学生等身体相关的居住、学习空间，学校法规对学生、教师身体的时间管理等。

五、口述史料

相对于文献资料、档案资料、考古资料、器物资料等而言，口述史料可以更大程度上站在口述者的立场，更为公平地搜集资料，也就是说“口述史可以更现实、更公平地重构过去，可以向既定的记述提出挑战”。因此，口述史对于历史研究的最大价值在于，“这种新方法对大量现存历史的批判效果，也许就是从新的方向上获得证据”，也意味着历史研究重点的转移和历史研究范围的扩充。英国史学家保尔·汤普逊指出：“只有这样，教育史学家才会像关注教师和行政人员那样，关注孩子们和学生们的各种经历。研究陆军和海军的史学家才会跳出将军一级的战略和装备问题，而考虑戴有其他军衔的军官和士兵的生活条件、娱乐和士气等问题。社会史学家才会把目光从官僚和政客的身上转向贫民，了解穷人怎样看待救济官，他们遭到拒绝以后如何存活下来的问题。政治史学家才会去接近在家里或班上的选举人；甚至愿意去理解那些比较保守的工人阶级——对调研工作而言，这些人既提供不了报纸，也没有什么组织。经济学家才会把雇主和工人共同当做社会人来观察，并在他们很普通的工作中，更加切近地理解典型的经济过程，以及它的成功和矛盾。”① 因此，教育身体史研究也要尤为重视口述史料的搜集和应用。它一定程度上扩展了教育身体史史料，最大范围地将各类型“教育身体”囊括进来，实现了汤普逊所言的，位于普通教师、学生、教育行政人员等群体的“教育身体”亦能得到关注和成为研究对象，也可以通过教育参与者发出的声音关注其“身体”，有助于真实地再现其“身体”、身体感受等。以熊和平《学生身体与教育真相》一书为例，自序相当于是熊本人的口述资料，他对自己的幼儿园、小学等经历进行了回顾：“屁股挨打，成为我小学时代的基本身体体验之一。从一年级到五年级，这种通过屁股传达心灵的感应不断地修正我关于知识与身体、学校与自然的关系的认识。我渐渐变成了一个上课几乎不动屁股、眼睛不敢朝窗外看、把手整齐地摆在课桌边沿的好学生。似乎学习成绩也上去了，父亲与教过我的老师都以我为荣，直到我小学毕业。”② 由此观之，口述史料通过个人的真实声音，将其“身体”经验直观地予以呈现，给予教育身体史研究鲜活、在场的史料支撑和情境再现。当然，口述史料也并不是万能和可以无限度、无原则地使用的，因为很可能因时间久远、记忆模糊，或受到个人情感和立场的干扰，当事人所述情况不

① [英]保尔·汤普逊. 过去的声音：口述史[M]. 覃方明，渠东，张旅平，译. 沈阳：辽宁教育出版社，2000：7.

② 熊和平. 学生身体与教育真相[M]. 杭州：浙江大学出版社，2014：6.

准确甚至是错误的等原因，[①]影响口述史料的真实性。因此，教育身体史在应用口述史料时要多加审视，力图将“教育身体”真实地呈现出来。

可喜的是，近年来，无论是口述史料还是教育口述史料正在迅速增加，如《潘懋元教育口述史》《顾明远教育口述史》《鲁洁教育口述史》《吴式颖口述史》《王炳照口述史》等知名教育学家的教育口述史以及《抹杀不了的罪证：日本侵华教育口述史》《流亡：抗战时期东北流亡学生口述》《创造平等：中国西北女童口述史》《金女大校友口述史》《藏族妇女口述史》《杭商口述史》以及李小江主编的《让女人自己说话：文化寻踪》《让女人自己说话：民族叙事》《让女人自己说话：亲历战争》《让女人自己说话：独立的历程》系列口述史，还有《我们的家史：新中国笔下那些年》《中国知青口述史》《郭廷以口述自传》《章开沅口述自传》等。可以说，各类口述史料呈现卷帙浩繁的态势，且这些口述史料中，既有口述者本人口述的经历，也有其不同时期的各种照片，呈现图文并茂以及声音和影像共同书写历史的特征。以研究日本侵华时期学生身体为例，抗战时期东北流亡学生中曾有学生口述日本教师对学生身体的管理和惩罚：“我们同学几乎在这里都挨过日本老师的打骂。每天晚上九点熄灯，熄灯后绝对不许说话……大家起来之后自然地站在自己的被褥前，并且站得溜直等候一场打骂。日本老师先从斋长起，一人一个大嘴巴。打到二十五人，最后打的是副斋长。然后大喊一声：‘立正站着吧！’”[②]再以《王炳照口述史》为例，回忆冀县中学的求学经历时，提到当时教师的“身体”，即上课时如何管理自己的“身体”、如何着装等，他写道：“冷先生有一招特别神奇的本领，上下课几乎和敲钟同步进行，每当他合上课本，挺直身躯，肃立在讲台前，下课的钟声就‘铛铛’响起。偶尔有一次，他站立了一会儿还没有下课，便肯定地说是敲钟人的错。大家便起哄似的奔去问敲钟的老头，果然是他弄错时间了。一时间，冷先生声名鹊起，我们佩服得五体投地。……老师们也是半军事管理，穿着土黄色的制

① 沈志华．谨慎使用回忆录和口述史料[N]．北京日报，2013-03-11.

② 齐红深．流亡：抗战时期东北流亡学生口述[M]．郑州：大象出版社，2008：9.

服，住在学校里。”[①]除已经整理并出版的口述史料外，教育身体史研究还可以在口述史研究范式指引下身体力行去搜集、整理口述史料，通过教育参与者传记或自传的形式呈现不同时期的“教育身体”。

六、教育器物

如前曾提到，教育身体史研究的史料来源有考古资料、档案资料。毋庸置疑，考古资料、档案资料也是一种实物资料，但是它们不一定是专门的教育器物，教育身体史研究还会依托专门的教育器物。一般而言，“从学校来说，学校的办学方针、办学方案、学校规划、学校课程表、各种规章制度、校园中的建筑、摆设、物品等都可以成为研究的实物。从教师来说，教科书、备课笔记、听课笔记、论文、案例、发言、批改的作业本、考试卷、公开课记录、说课反思、学习进修记录、个人日记、个人规划、学期小结、获奖证书、使用的教具、办公桌上的摆设等都可以成为研究实物。从学生来说，作业本、美术作品、考试卷、笔记、周记、日记、备忘录、活动记录、学习成长记录册、奖惩记录、使用的文具、学生喜欢的物件、所写的随笔感想，甚至包括学生的练习纸等都可以成为研究的实物”。在这些教育器物中，按照不同划分标准，又可以有官方、个人之分，官方资料保管较为正式，而个人类包括日记、书信等，主要由个人收藏、保管，经过个人允许便可以使用。从介质上来分，有纸质的和非纸质的。纸张的实物资料除常见的报刊、书籍外，还包括各类笔记、随笔、教师的教案、学生的书面作业等，也包括纸质的证书、信件等。非纸质的实物有网络资料、以胶片或磁盘等形式保存的音像类资料，还有就是一些具体的物品。[②]

法国教育史学家皮尔·卡斯巴曾在《谈欧洲教育史研究方法》一文中写道，通过学生在家庭作业中书写“上帝是拯救者”等话语，可以看到天主教

① 王炳照．王炳照口述史[M]．北京：北京师范大学出版社，2010：22.

② 卢家楣．教育科学研究方法[M]．上海：上海教育出版社，2012：182—183.

文化对学生的影响。在教育身体史研究中，无论是课表、书本等纸质教育器物，还是课桌、教室、浴室等非纸质教育器物，均可以应用于分析其对学生“身体”的影响。以研究学生的“身体”为例，课表、校历成为研究学生“时间化身体”的重要依据，学生的“身体”必须在这个时间段从事相应的活动，一旦违背时间规定，学生的“身体”便被视为不符合规定而受到相应的惩罚、警告等。就学校中教室、体育场等不同空间来看，它们成为研究学生“空间化身体”的标准。在校学生的主要活动空间应该为学校空间，假如以游行、示威等形式将自己的“身体”置于街头等似乎是超越固有空间的举动，且学生在固定时间应该在固定场所活动，这才是正确管理自己身体的做法。就教室内的课桌、黑板等以及校园内操场的健身器材、标语、雕塑等各类器物的设计和安置，从其高度、宽度以及不同摆设位置等，也可以反映出教育管理者的“教育身体”观对“身体”的管理。从学生所着校服、教师的服装等来看，也可以看出教育管理者对学生“身体”的管理，以及为人师表者的教师如何看待和管理自己的“身体”。此外，就《中学生守则》《师德修养》等对中小学生行为习惯、教师着装和仪态等的纸质文件对学生和教师的规定来看，又可以审视仪式、规则对教育参与者“身体”的规训和管理。

第二节　教育身体史的研究方法①

“方法”一词在西方源于希腊文“heta”和“OBOS”的组合，其“语义学的解释是‘沿着正确的道路运动’，在希腊神话中象征着取胜之道，指的是人们为达到某种目的必须采取的步骤和手段”②。科学研究方法是指人们“从实践上或理论上把握现实的，为解决具体课题而采用的手段和操作的总

① 此节主要参照：

郭娅．反思与探索：教育史学元研究[M]．济南：山东教育出版社，2010：248—281.

② 张景焕，陈月茹，郭玉锋．教育科学方法论[M]．济南：山东人民出版社，2000：2.

和”[1]。科学研究方法有狭义和广义之分。狭义的研究方法是指人们为正确地解决问题和认识事物而确定和使用的具体途径、手段或行为方式，它具有具体性、实用性的特点。广义的研究方法泛指科学研究中，人们为正确地解决问题和认识事物而确定的具体途径、手段或行为方式，以及在此基础上形成的人们认识世界、改造世界的一般方式、方法的学说或理论体系的总和。广义的研究方法“不仅指哲学层次的方法论原理，还应包括具体科学研究中所使用的一系列方式、手段，二者共同构成完整的方法论体系”[2]。由此可见，研究方法作为人们活动和研究活动开展过程中的途径、手段，对研究活动能否顺利进行起着决定作用。方法正确，可使研究工作顺利达到目的，取得丰硕的成果；方法不正确，就会在研究中走弯路，事倍功半，甚至徒劳无功。在科学研究中取得过杰出成就的物理学家爱因斯坦，曾根据自己的科研实践经验总结出如下公式：成功=艰苦的劳动+正确的方法+少说空话。对于教育史学研究特别是教育活动史、教育身体史研究来说也是如此，“具有系统且现代的研究理论与方法，是教育史学科永葆青春的重要保证，也是教育史学科真正成熟的标志之一”[3]。

如何在教育身体史研究中合理运用理论与方法，教育史学研究者应该对此进行自觉的探讨。因此，教育身体史研究要顺利进行，必须确定恰当的研究方法，主要坚持多维理论与研究方法。教育身体史研究方法包括研究的理论基础、一般研究方法、具体研究方法三个层次。研究方法的理论基础，一方面指马克思主义的唯物史观、经济决定理论、人民群众创造历史等史学理论，一方面指斯宾格勒、布罗代尔等史学理论中值得借鉴之处。一般研究方法一方面受哲学方法指导，同时又对教育身体史研究的特殊方法起着指导的作用，具体包括分析与综合的方法、具体与抽象的方法、归纳与演绎的方法、历史与逻辑的方法以及微观与宏观的方法等。具体研究方法则分为两部分，一是历史学科一般使用的文献分析法、口述历史法等；二是跨学科的田

① 吴岱明. 科学研究方法学[M]. 长沙：湖南人民出版社，1987：21.

② 王坤庆. 关于教育研究方法论的探讨[J]. 黄冈师范学院学报，2005(1).

③ 周洪宇. 对教育史学若干基本问题的看法[J]. 河北师范大学学报(教育科学版)，2009(1)：11.

野调查法、个案分析法、心理分析法、计量分析法等。[①] 教育身体史研究首先以坚持马克思主义唯物史观作为理论基础，强调教育参与者“身体”的主体性和社会对其的施力。在此基础上，会根据研究不同群体“身体”的不同特点采取比较法，也会因再现某一群体的“身体”发展趋势使用计量分析法，研究某一个体的“身体”采用个案研究法，或倾听过去教育参与者“身体”的真实故事采用口述历史法，或再现教育参与者身心统一等采用心理分析法。在具体研究中，教育身体史并不刻意追求堆砌研究方法，应尊重研究内容所需，采取合适合理的研究方法。

一、研究的理论基础

教育身体史研究的理论基础包括两方面：一是马克思主义的唯物史观、经济决定理论、人民群众创造历史等史学理论；二是指斯宾格勒、布罗代尔等相关史学理论中值得借鉴之处。

（一）马克思主义的唯物史观、经济决定理论等史学理论

马克思主义的唯物史观包含其以实践为基础的彻底的辩证唯物主义的世界观，唯物辩证法的基本原则在历史领域的应用，还包括马克思分析资本主义社会以及原始社会解体以后各种社会形态的政治经济学理论。[②] 马克思特别重视实践，指出实践是感性的、客观的物质活动，是人们社会生活的本质和认识活动的基础。可以说，马克思看到了人作为实践—生存主体的主动积极存在，人们的实践活动可以不断地使周围的世界发生变化，自在的自然不断转化为人化的自然。同时，作为实践—生存主体的人以及他们之间的社会关系也是实践活动的产物，是在实践活动中不断发展和完善起来的。此外，

① 周洪宇．学术新域与范式转换：教育活动史研究引论[M]．武汉：华中科技大学出版社，2011：36.

② 史忠义．现代性的辉煌与危机：走向新现代性[M]．北京：社会科学文献出版社，2012：174.

唯物史观还认为，社会历史的发展有着自身所固有的客观规律；物质生活的生产方式决定社会生活、政治生活和精神生活的一般过程；社会存在决定社会意识，社会意识又反作用于社会存在；社会的发展主要是由社会内部矛盾的发展所推动的，生产关系与生产力之间的矛盾、上层建筑与经济基础之间的矛盾是推动一切社会发展的基本矛盾。[①] 与此同时，唯物史观强调阶级社会中阶级斗争以及人民群众对社会发展的推动力量。马克思主义的唯物史观是关于历史的理论，是关于历史的现代科学的理论。一个历史学者要想在科学的意义上理解历史、揭示和认识历史的本质和规律，就必须以辩证唯物主义和历史唯物主义作为理论和方法的指导。不仅如此，马克思、恩格斯还指出经济基础决定上层建筑，物质生产对人类社会生活和发展起着决定作用，是社会成员为其肉体生存生产必需品的过程。人民群众作为实践活动的主体，是历史的真正创造者，正是通过物质及人的实践活动使人成为人，也使人得以交往、构建世界以及与社会互动，从而实现历史的发生和延续。

如前所述，教育身体史关注“身体”，促成教育史研究的“身体”转向，力图真正发现教育活动中的教育参与者，本身就是通过关注教育参与者的产生实践活动的“身体”，以此为核心点阐释其实践活动，进而通过“身体”及其“身体”产生的实践活动焕发和关注其生命体验，并以此为核心透视身体连接的历史、社会、文化意蕴。[②] 如此来看，教育身体史研究全面体现了对人的生命关怀及坚持马克思主义关注人本、生存、实践、人全面发展的追求。同时，正是通过“身体”，使得“从现实活动的有生命的个人出发，即从人的实践活动本性也即自由自觉的类生活本性出发，把人的生存与一般生命存在物的生命活动区别开来”[③]。因此，马克思主义的唯物史观等史学理论是教育身体史研究者所必须坚持的理论基础。

在教育身体史研究中坚持唯物史观为指导，就是要求在分析教育身体史上的任何一个问题时，都必须把它放到当时具体的历史条件下，用历史的态

① 辞海编辑委员会．辞海(缩印本)[Z]．上海：上海辞书出版社，1979：147.

② 李柯柯，扈中平．教育中“身体”的解放与自由[J]．教育研究与实验，2015(1)：16.

③ 邹诗鹏．实践—生存论[M]．南宁：广西人民出版社，2002：61.

度去考察它，做到具体问题具体分析，“既要注意到教育自身发展的逻辑和继承、积累的过程，也要注意教育与其他社会现象，诸如政治、经济、哲学、科技、文化、宗教等的相互关系、相互制约。在评价历史上教育家的功过得失时，要看他们比其前辈提供了多少新的东西，而不是看他们是否提供了现代所要求的东西”①。

同时，教育身体史研究者以唯物史观为指导，还必须坚持阶级分析方法。所谓阶级分析方法，是马克思主义观察阶级社会历史现象的普遍的科学方法。“它的具体要求是强调要用阶级和阶级斗争的观点去分析阶级社会的现象，分析的主要内容应该是研究各个阶级、团体和人物的经济地位和政治态度。”② 马克思主义阶级分析方法的精髓在于“从对经济关系的分析中去认识阶级的运动”③。具体到教育身体史研究中，就是要求研究者要将教育现象、教育活动、教育事件以及教育人物均放在一定的经济关系中加以分析和认识，并在此基础上对教育历史、教育人物做出科学的、客观的分析。

此外，教育身体史研究者在开展具体研究时，还需要时刻注重把握“身体”首先是生理“身体”，但也是作为实践活动的发力主体而存在，且“身体”是实践主体生命、生存和发展的存在，也是与历史、社会、文化互动的中介点。在此基础上，基于人民群众是历史的创造者，教育身体史研究者在确定研究群体时，还必须把握要研究普通人民群众的“身体”，而不能将视线局限于知名人物的“身体”。人的“身体”的生成会受到遗传、社会经济环境等因素影响，经济基础会决定人“身体”的素质、对“身体”的认识等。

（二）斯宾格勒、汤因比的文化形态史观

文化形态史观，又称为历史形态学或文化形态学。它是“把文化（或文明）作为一种具有高度自律性的，同时具有生、长、盛、衰等阶段的有机

① 杜成宪，崔运武，王伦信．中国教育史学九十年[M]．上海：华东师范大学出版社，1998：118.

② 王旭东．史学理论与方法[M]．合肥：安徽大学出版社，1998：117.

③ 李振宏．历史学的理论与方法[M]．开封：河南大学出版社，1999：379.

体，并试图通过比较各个文化的兴衰过程，揭示其不同的特点，以分析、解释人类历史的发展过程”[①]的学说体系。按照沃尔什（W.H.Walsh）的历史哲学分类来看，文化形态史观属于思辨的历史哲学[②]，代表性人物是德国历史学家奥斯瓦尔德·斯宾格勒（Oswald Spengler，1880—1936）和英国著名历史学家阿诺德·约瑟夫·汤因比（Arnold Joseph Toyhbee，1889—1975）。他们以生物进化学说和社会达尔文主义学说为基础，一反西方传统的历史文化观念，试图用一种新的眼光审视世界历史的形式、发展及其意义，从而揭示人类文明运动的轨迹。其主要思想内容概括起来包括以下几个方面：

首先，文化形态史观的代表人物将文化与文明作为历史研究的一个基本单位。斯宾格勒认为，历史研究的对象并不是孤立的政治和经济现象，而是无所不包的文化，“世界历史，是各大文化的历史，而民族只是具有象征的形式和容器……文化是贯通过去与未来的世界历史的基本现象”；而所谓的世界历史就是各种文化的“集体传记”。历史研究就是“从世界历史的基本现象，从各种文化的形式入手去揭示历史的本性，阐明历史的逻辑”[③]。因此，历史的基本含义就是文化。

其次，文化形态史观认为，文化是一个有机体，这一论断是斯宾格勒文化形态史观理论的核心所在。文化有机体也要经历如自然界一样的春、夏、秋、冬的自然季节的更替，这是每一种文化都无法避免的自然运动周期的命运。因为，任何文化“有生就有灭，有青春就有老境，有生活一般的就有生活的形式和给予它的时限”[④]。因此世界历史可以按照其各自不同的个性被划分为1种自成体系的文化系统：埃及文化、巴比伦文化、印度文化、中国文化、古典文化、阿拉伯文化、墨西哥文化、西方文化。与斯宾格勒一样，汤因比也将文明作为有机体看待，所不同的是，在汤因比那里，文明考察的

① 张广智，张广厚．现代西方史学[M]．上海：复旦大学出版社，1996：214.

② 在西方学术界，历史哲学研究一般被分为两类：“思辨的历史哲学”与“分析的或批判的历史哲学”。前者主要探讨整个人类历史的特征、意义、模式或规律等；后者着重阐释历史学研究本身特有的性质、方式、价值或作用等。

③ 何兆武，陈启能．当代西方史学理论[M]．北京：中国社会科学出版社，1996：99—100.

④ [德]斯宾格勒．西方的没落[M]．齐世荣，田农，林传鼎，等，译．北京：商务印书馆，1963：66.

视野从1个扩大到了21个，最后又扩大到37个之多。不仅如此，汤因比认为，在上述各种文明之间，即上代文明与下代文明之间，存在着某种亲属血缘关系。尽管汤氏关于文明的划分存在着较大的随意性和不确定性，但是他以文明作为历史研究的基本单位，并承认文明的多元性的思想不仅促使西方人睁开眼睛看世界，在客观上也承认了世界上各种文明“价值相等”。

最后，斯宾格勒和汤因比都从整体文化观出发，不约而同地提出比较形态学的研究方法。斯宾格勒认为，传统的历史类比方法，包括兰克的历史类比，“只是片段的、武断的，通常只是一种暂时的倾向，而不是对于历史形式具有真正深刻的领悟”[①]。但这并不意味着斯宾格勒一概反对类比，相反他认为，“类比，就其揭露历史的有机结构而言，对历史思潮原是一件好事。类比的技巧，由于在发展中受到了一种综合观点的影响，原是有把握导致必然的结论和逻辑的优势的”[②]。同时正如他自己所言，“我们面前的八个文化，全都具有同样的结构、同样的发展和同样的持续期间这种事实，证明我们用比较方法去观察它们是对的，从而也证明，我们把它们看做是可以比较的、用比较方法来研究它们，以及从我们的研究中得到一种能使我们回顾过去并前瞻未来的知识也是对的”[③]。

教育身体史研究者从文化形态史观的基本理论出发，对教育、“教育身体”这一社会现象的历史考察，也应该将其放在文化或文明，以及特定文化或文明的大背景下进行整体性的研究，既不能仅仅看到教育、“教育身体”发展本身的规律和特点，更要关注教育与整个特定文化发展之间的关系，只有这样才能更好地理解不同文化背景下所形成的不同性质和特点的教育、“教育身体”。

同时，教育身体史研究者从文化形态史观将世界历史看做是多种文明生长和衰落的历史，而非单一文明的扩散的历史的观点，从根本上否定了“欧

① 欧阳庆云．斯宾格勒与汤因比的文化形态学之比较[J]．淮北煤炭师范学院学报(哲学社会科学版)，2003(4)．

② [德]斯宾格勒．西方的没落[M]．齐世荣，田农，林传鼎，等，译．北京：商务印书馆，1963：16.

③ [德]斯宾格勒．西方的没落[M]．齐世荣，田农，林传鼎，等，译．北京：商务印书馆，2001：125.

洲中心论”，提倡从文化多元论和多元价值观出发，吸收西方文化形态史观的多元文化论和多元价值观，拒绝将“教育身体”完全理解为“冲击—反应”模式或直接纳入到西方教育理论框架，而是以开放的、兼容的态度站在本土文化的立场，从多视角、多层面去研究不同文化中的教育身体史。

文化形态史观所提倡的整体史观指导下的比较形态学的研究方法，为教育身体史的整体研究和宏观研究提供了新的思路。文化形态史观摒弃了实证主义史学中的“古代—中古—近代”的三分法，打破了传统的国别史、断代史的研究模式，强调采用多个文明的横向比较与宏观考察，“这种世界性的比较史学，又为理解反复出现的社会发展进程的模式，为理解历史上的重大飞跃和连续性，奠定了坚实的基础”①。教育身体史与文化或文明一样，具有同时代性，因此也具有可比性。对不同文化或文明中的“教育身体”进行横纵向比较研究，有助于准确地揭示人类教育身体史的发展进程。

（三）年鉴学派与布罗代尔的历史“三时段”理论

年鉴学派产生于19世纪末20世纪初的西方实证主义史学危机的背景之下。因吕西安·费弗尔（Lucien Febver，1878—1956）和马克·布洛赫（Marc Bloch，1886—1944）于1929年创办的《经济与社会史年鉴》（简称《年鉴》）而得名。年鉴学派的发展、演进大致经历了三个主要阶段：第一阶段（1929—1946）——“定性结构史学”居主导地位的阶段；第二阶段（1946—1969）——年鉴学派进一步强化和“制度化”的阶段；第三阶段（1969年至今）——新史学阶段。在年鉴学派的演进过程中，他们“试图糅合经济、社会、文化等因素，对历史进行总体的综合研究。……如今《年鉴》创办者所揭橥的理想已化为现实，成为一种现代西方史学研究的‘典范’，也成为现今国际史学发展的主流”②。

在历史本体论问题上，年鉴学派通过回答“历史是什么?”的问题，确定了其“总体史”的历史观。对于“历史是什么”的问题，年鉴学派冲破了

① [英]杰弗里·巴勒克拉夫．当代史学主要趋势[M]．杨豫，译．上海：上海译文出版社，1987：272.

② 张广智，张广勇．现代西方史学[M]．上海：复旦大学出版社，1996：70.

实证主义史学以偏概全、只重视文献历史和事件历史的研究框架，提出了总体史的历史观。年鉴学派的创始人之一费弗尔明确提出，“历史学是关于人的科学，是关于人类过去的科学”，这里强调的“科学”“已与昔日的科学形势毫无共同之处”，它“并不是事物的科学或概念的科学。……从最广泛的意义上而言，历史只能是人的历史”[①]。年鉴学派的这一回答确立了其新史观的一个基本原则——历史学应该研究人、研究人类总体。在此基础上，“年鉴派就有可能更加雄心勃勃地鼓励进行真正的整体史研究了，在他们看来，以往的一切，从日常最不起眼的琐事到最微妙的心态，整体史都不应该加以排斥”[②]。

年鉴学派提出的总体历史不是各种历史现象的简单拼凑或堆砌，而是由各种历史现象相互联系、相互作用而组成的有机的、独特的社会存在。因此，年鉴学派强调历史研究不能停留在历史现象的表层，而必须深入到历史现象背后，探讨其深层结构和恒定趋势，其目的在于更准确地理解现实。年鉴学派的代表性人物布洛赫开创的“定性结构史学”、布罗代尔提出的“长时段”理论，都是将历史事件置于宏观的历史背景之下去进行考察的尝试。年鉴学派的这种研究取向彻底打破了历史学与其他学科之间的壁垒，从而走上了跨学科研究历史的道路。

在史学认识论问题上，年鉴学派通过对“历史认识从何处来”的问题的回答，明确了现实与历史、主体与客体之间的关系。关于“历史认识从何处来”的问题，主要解决两个层面的关系问题：一方面是要解决如何看待现实与历史的关系问题；另一方面是要解决如何看待主体与客体之间的关系问题。对于现实与历史的关系，年鉴学派针对实证主义史学割裂现实与历史的关系，否认历史研究的现实意义的主张，强调历史研究的现实意义。费弗尔认为，研究历史是“人类的需要，这是一种每个人类群体在其演进时都认识到的需要：人们从‘过去’的行为、事件、趋势中寻找着或赋予着价值，这些行为、事件、趋势预示着现实，使人理解现实并帮助人们生活在现实之

① 何兆武，陈啟能．当代西方史学理论[M]．北京：中国社会科学出版社，1996：497—498.

② [法]莫里斯·阿居隆．二十世纪的法国史学[J]．许明龙，译．史学理论研究，1995(1).

中”，因此“历史学的功能是依靠现实而组织过去”[①]。然而这样强调历史研究的现实意义并不会妨碍历史知识和认识的科学性，因为历史学与其他任何科学一样都是时代的产物，都反映着时代的需要。“科学不产生于象牙塔之中，科学产生于生活之中，是生活于每一个时代的活着的人所创造的。通过无数微妙和复杂的关系，科学与人们的各种活动相联系。”[②]历史学也是如此。布洛赫则更明确地提出了一个史学认识论的基本信条：“通过过去而理解现在，通过现在而理解过去。”[③]前半句强调的是史学的社会功能，“即是通过历史而让人们更好地理解现实社会”；后半句则体现了年鉴学派史学认识论的一个基本原则，“即现实社会的认识水平决定着现实社会的人对历史社会的认识深度”[④]。就像费弗尔所说的那样：“人不记得‘过去’，而总是在重建过去……人从现实出发——而正因为通过现实，他才认识和评价过去。”[⑤]

对于历史研究主体与历史认识客体之间的关系，年鉴学派针对实证主义史学宣扬“史料中心论”，以及否认历史学家在历史认识中的主体作用的观点，强调历史研究者作为主体在历史研究中的主体作用。在年鉴学派看来，世界上根本不存在“客观的”和“现成的”历史事实，无论是原始史料还是历史著作，都不同程度地带有记载者和著作者的主观印记。任何历史事实均来源于历史学家对史料的比较、分析和选择。任何史料一旦离开了史学家的选择和分析也就变得毫无意义了。尽管在历史研究中，作为研究者的历史学家必须客观地反映历史事实，但是史学家对于史料并不仅仅是被动地接受和客观地描述，而是要在此基础上对历史做出自己的解释。由此看来，在作为历史认识主体的历史学家和作为客体的史料之间，历史学家起着积极的主导作用。

在历史研究的方法上，年鉴学派针对传统史学以“历史的描述和叙述代

① 何兆武，陈啟能．当代西方史学理论[M]．北京：中国社会科学出版社，1996：499.

② 何兆武，陈啟能．当代西方史学理论[M]．北京：中国社会科学出版社，1996：500.

③ 姚蒙．法国当代史学主流：从年鉴派到新史学[M]．上海：生活·读书·新知三联书店，1988：46.

④ 何兆武，陈啟能．当代西方史学理论[M]．北京：中国社会科学出版社，1996：500.

⑤ 何兆武，陈啟能．当代西方史学理论[M]．北京：中国社会科学出版社，1996：500.

替一切其他史学表述形式”的“叙述史学”，提出了“问题历史”的研究方法。费弗尔明确指出，“提出一个问题，确切地说来乃是所有史学研究的开始和终端。没有问题，便没有史学。……‘在科学指导下的研究’这个程式涉及两个程序，这两个程序构成了所有现代科学工作的基础，这就是：提出问题和形成假设”①。在年鉴学派看来，只要有历史研究，就一定存在着问题。叙述性的史学虽然也是回答历史与现实所提出问题的一种方式，但是这种方式的研究一旦“离开了政治史、军事史、伟大人物史等事件系列的历史领域而进入社会史、经济史、心态史等新领域时，表述性的方法就难以胜任了”②。因此，新领域、新对象都需要有新的方法，于是，以“问题史学”为核心的研究方法就必须与跨学科研究联系在一起。

年鉴学派倡导打破学科局限没有就此削弱史学的特殊性及其地位，相反，史学以历史中的人为研究对象，“因此它能够、也应当全面借鉴其他学科的方法和途径，但这种借鉴是以史学为基础、为目的的。史学并不在这种跨学科的交流中丧失其中心地位，反而能对其他学科起到一种综合作用”③。从这个意义上而言，跨学科的“问题史学”也是使“总体史”范式得以实现的一个重要途径。而真正实现年鉴学派开创的总体史研究的是年鉴学派的第二代“宗师”布罗代尔和他的“三时段”理论。费尔南·布罗代尔（Fernand Braudel，1902—1985）的“三时段”理论主要反映在1958年他出版的专著《地中海与腓力二世时期的地中海世界》中。该书的这种论述“体现了三种不同的历史时间，即地理时间、社会时间、事件（个体）时间”，布罗代尔把这三种时间称为“长时段”“中时段”“短时段”，分别代表三种不同层次的历史运动，并在此基础上提出了三种不同的概念：“结构”“情势”“事件”。

所谓“长时段”，又称“地理时间”，“是一种缓慢地流逝、有时接近静

① 何兆武，陈启能. 当代西方史学理论[M]. 北京：中国社会科学出版社，1996：501.

② 何兆武，陈启能. 当代西方史学理论[M]. 北京：中国社会科学出版社，1996：502.

③ 何兆武，陈启能. 当代西方史学理论[M]. 北京：中国社会科学出版社，1996：503.

止"[1]的时间运动，以变化极其缓慢和时间跨度大为基本特征。"长时段"理论是针对传统史学只注重"事件历史"的倾向而提出的，在布罗代尔看来，长时段历史对人类社会发展起长期的决定性的作用。"长时段"不仅仅"是简单地扩大研究和兴趣的范围，也不仅仅是对史学研究有利的一种选择，对历史学家来说，接受长时段意味着改变作风、立场和思想方法，用新观点去认识社会"[2]。至于如何进行"长时段"研究，布罗代尔提出了一个在长时段问题中居首位的概念——"结构"。布罗代尔认为："在考察社会问题时，'结构'是指社会现实和群众之间形成的一种有机的、严密的和相当稳定的关系。对我们历史学家来说，结构无疑是建筑和构架，但更是十分耐久的实在。"[3]

所谓"中时段"，又称"社会时间"，是指借用经济学家的"情势"，"以表示某些社会历史现象的趋势或周期"[4]的时间运动，以节奏较慢、周期变化为基本特征。布罗代尔认为："以往的政治史把一天或一年作为一个理想的时间计量单位。……但一条价格变动曲线、一次人口增长、工资运动、利率波动、生产率研究、商品流通的精确分析，所有这些都要求有更大的时间计量单位。"而中时段揭示了一种较为开阔的时间度量，它提供给历史学家进行研究的时间段不是短时段的几年、一年、几个月或几天，而是10年、25年或50年乃至100年的时间周期。适应这一时间周期的需要，"就出现了一种新型的历史叙述"，布罗代尔称它为"普遍局面、周期的或确切地说跨周期的'叙述'"[5]。提倡运用所谓"情势""周期"和"循环过程"的叙述方式进行历史研究。

所谓"短时段"，又称"个体时间"，是指一些突发性的事件所经历的时间，"是每个个人所理解的时间，是我们在日常生活中、在梦中、在过去的

① [法]布罗代尔．长时段：历史和社会科学[M]．顾良，张慧居，译．北京：中央编译出版社，1997：182.

② [法]布罗代尔．长时段：历史和社会科学[M]．顾良，张慧居，译．北京：中央编译出版社，1997：182.

③ [法]布罗代尔．长时段：历史和社会科学[M]．顾良，张慧居，译．北京：中央编译出版社，1997：180.

④ 张广智．西方史学史[M]．上海：复旦大学出版社，2005：330.

⑤ 何兆武．历史理论与史学理论[M]．北京：商务印书馆，1999：805.

表面意识中所感受的时间，是新闻记者和日记作者所理解的时间”[①]，它以瞬息万变、一掠而过为特征。但是因为当时发现的大量历史资料，“使历史学家相信，全部真理都寓于文献事实之中。……‘人们只需让自己以原有的样子找来文献，按事件发展的顺序阅读，那么他就会看到：历史事件序列会在人们眼前自动地对号入座。’”[②]但是在布罗代尔看来，这种“短时段”的“事件历史”考察方法对于更深地认识历史无济于事，所以历史学家的任务就是要转移研究方向、改变研究方法，只有这样才能对历史深层运动进行深入的分析和理解。

总体看来，年鉴学派的史学理论、方法和布罗代尔“三时段”对教育身体史研究具有一定的启示意义。

首先，年鉴学派和布罗代尔以“长时段”为核心的总体史观，始终坚持追寻和探求人类社会总体的历史。在他们看来，人类社会总体的历史历来就是活生生的，以成千上万的普通民众的活动为主体的人的历史，因此历史研究不能只限定在少数精英人物的政治史、军事史和外交史的范围之内，而应该转向广大普通民众的生活的历史研究。年鉴学派的总体史观从理论上提示教育身体史研究要关注普通教育参与者的“身体”，而不能仅局限于上层民众的“教育身体”。

其次，年鉴学派所倡导的强调研究历史的现实意义和研究者主体作用的历史认识论，为教育身体史研究中正确处理教育身体史研究的“客观性”与教育身体史研究者“主体意识”的作用之间的关系问题提供了认识论的基础。长期以来，在教育史学研究中存在着两种倾向，一种是单纯强调研究者的主观认识，尤其是在“左”的思想影响下，教育史学研究“常常出现以政治主张、政治倾向来代替客观的历史结论，对史料恣意切割，任意裁减历史，研究中的政治色彩和阶级分析的观点浓郁，常常以论代史”；一种是受到传统史学观的影响，“强调对史料的占有和考证以及历史描述的客观性，而将研究者的主观认识放到相对次要的地位，就史论史，研究的主题和目的

① 何兆武．历史理论与史学理论[M]．北京：商务印书馆，1999：804.

② 何兆武．历史理论与史学理论[M]．北京：商务印书馆，1999：804—805.

不明确，史料大量堆砌，以史料代替史学研究。”[①]从根本上说，这两种倾向都存在着一定程度的偏差。因此，在教育身体史研究中，要想使教育史学研究对现实教育发展与改革具有更大的意义和价值，就必须既重视史料的考订以及对历史进行客观的、真实的描述，又要重视教育身体史研究的现实意义，尤其要重视对教育身体史研究者主体作用的发挥，只有这样，才能保证教育身体史研究走上真正科学的发展道路。

最后，年鉴学派所构建的以“历史时间”为核心的叙述体例和他们所倡导的以“问题史学”为中心的跨学科研究方法，为教育身体史研究及其方法的改革指明了方向。年鉴学派将“历史时间”作为历史学与其他学科相区别的独特个性，提出了以地理、社会和事件时间顺序来逐步完成历史构图的方式——叙述体。在他们看来，“空间、时间和人类是历史过程中的三个统治者的抽象，而人类则是空间和时间之间长期和反复地相互作用的载体”[②]。在教育身体史的叙事研究中，不能只单纯地关注重大事件发生史和教育家的教育身体史，还应该关注参与到教育活动之中的其他普通群体的教育身体史的研究。这种研究应该是以大量翔实的史料为基础的，因此教育身体史的叙事研究首先涉及的是史料建设问题和研究手段的问题。而在这方面，年鉴学派在其具体研究中所表现出来的对史料搜集的重视程度以及史料来源的广泛程度，如“史料来源也不应仅仅局限于官方统计文献、数据，口述资源、艺术作品、日记、人物传记、报纸、杂志等等都是可资利用的史料”[③]等，为教育身体史史料的积累和运用提供了不同于传统的视角。

年鉴学派提出的以“问题史学”为中心的跨学科研究方法，一方面符合当今历史学研究逐渐走向综合和跨学科研究的总体趋势，另一方面彻底打破了传统史学研究那种孤军奋战、囿于故纸堆的史料梳理办法，将其他社会科学的研究技术和研究手段引入教育史学研究，无疑为教育身体史研究提供了新的思维角度和切入点。教育身体史研究要注重以当前或过去的“问题”为

① 傅林．20世纪西方新史学范式对外国教育史研究的启示[J]．教育研究，2003(11)．

② 罗凤礼．现代西方史学思潮评析[M]．北京：中央编译出版社，1996：262．

③ 傅林．20世纪西方新史学范式对外国教育史研究的启示[J]．教育研究，2003(11)．

切入点，积极汲取其他学科的“身体”研究基础，分析教育身体史实。

二、一般研究方法

教育身体史研究的一般研究方法一方面受哲学方法指导，一方面又对教育身体史研究的特殊方法起着指导作用。具体包括：分析与综合的方法、具体与抽象的方法、归纳与演绎的方法、历史与逻辑相统一的方法以及微观与宏观研究方法等。

（一）分析与综合的方法

分析与综合是辩证思维方法中的核心方法，是人们深入认识客观事物、准确掌握真理的重要逻辑手段，也是人们进行史实分析的基本方法。其中“分析方法，就是人们在思维中把研究对象分解为各个部分加以考察的方法。其根本任务在于深入事物内部，揭示事物内部矛盾和联系，以认识和揭示事物的本质。……所谓综合方法，就是在分析的基础上，把对研究对象的各个部分和方面的认识重新结合为一个整体加以考察的方法”[①]。

在教育身体史研究中由于教育作为一种社会现象，它自身是由多种因素和多个部分组成，同时，教育这种社会现象还要受到社会政治、文化、经济等方面因素的影响，任何时期的教育历史、任何一个教育事件和教育实践都是一个错综复杂的系统，其间也存在着复杂的联系。这些联系有些是必然的和本质的，有些则是偶然的和非本质的，对于这些联系，只有将它们各自分解开来，并逐一进行科学的分析，才有可能把握它们各自的本质特征。以中国近代小学生“身体”的教育为例，小学生的“身体”所经历的课时安排等是一个偶然的历史事实，但是在这个历史事实背后却存在着复杂的社会历史原因。这其中又会牵涉当时的社会历史条件、社会上人们思想意识的变化等。因此，在教育身体史研究中分析与综合相互联系、相互渗透。分析是综

① 王旭东．史学理论与方法[M]．合肥：安徽大学出版社，1998：125.

合的基础，综合是分析的结果，二者不可偏废。

（二）具体与抽象的方法

具体与抽象是和分析与综合密切联系着的、科学地认识客观事物的另一种逻辑手段和方法。这里的“具体”，“是指具有多方面属性、特点、关系的统一整体”[①]。马克思说：“具体之所以具体，因为它是许多规定的综合，因而是多样性的统一。”[②] “所谓抽象，是指人们在思维中舍弃客观事物的非本质属性，抽取其固有的本质属性，从而形成科学的概念。”[③]具体与抽象的研究方法主要强调的是，人们在认识历史的过程中，总是按照从具体的、客观的历史材料出发，通过正确的分析，形成历史概念、历史理论，概括、抽象出历史规律的思维方法，以及在此基础上“运用综合的方法，把科学的概念与客观事物在思维中统一起来，形成对客观事物的整体认识”[④]的过程。在这个过程中包含两个具体的阶段：“从具体上升到抽象”的和“从抽象上升到具体”的阶段。在教育史学研究中，我们必须遵循这一科学的认识规律，才能真正深刻地、正确地把握教育历史的本质。

在教育身体史研究中运用“从具体上升到抽象”的逻辑方法是教育身体史研究的必然要求。从理论上说，人类对于教育历史的认识来源于具体教育的历史事实，掌握具体教育的历史事实是进行科学抽象的教育身体史研究的前提和基础，但是通过研究者的感官直接感知的具体，其特点是对教育历史的本质与非本质、必然性与偶然性相混杂的感性具体，这种感性具体是表面的、混沌的、非本质的，只有通过研究者的抽象思维活动对其进行分析、比较，抽象出其本质的、必然的和相同的方面，并用概念、理论的形式将其固定下来，才能真正认识教育历史的本质及其发展。因此，教育身体史研究者应该尽可能多地占有教育史料，这是进行教育史学研究的第一步。从客观事

① 王旭东. 史学理论与方法[M]. 合肥：安徽大学出版社，1998：128.

② [德]马克思，恩格斯. 马克思恩格斯选集：第2卷[M]. 北京：人民出版社，1972：103.

③ 王旭东. 史学理论与方法[M]. 合肥：安徽大学出版社，1998：129.

④ 王旭东. 史学理论与方法[M]. 合肥：安徽大学出版社，1998：129.

实来说，历史上教育的发展过程是由无数具体的教育事件、人物和教育历史阶段所构成的具体教育事象，如果研究教育身体史不从这些具体的教育事象入手，就无法认识教育历史的本质，也就无法揭示教育发展的本质规律，更无法为当今的教育发展和改革提供历史借鉴。当然，在教育身体史研究中，还必须运用“从抽象上升到具体”的逻辑方法。这就要求教育身体史研究者必须遵循“从一般性的历史理论、历史规律出发，到认识具体的历史过程、历史事件、历史人物的逻辑方法”①。

（三）归纳与演绎的方法

归纳与演绎的方法是分析与综合的方法在思维过程中的特殊表现形式，也是人们认识客观世界的重要思维方法之一。所谓归纳方法，是指人们从个别或特殊的事物中认识一般的原理、原则的思维方法；所谓演绎方法，是从一般的原理、原则出发，去认识个别或特殊事物的思维方法。归纳与演绎的方法主要根据前提与结论间的联系，进行两大类推理。“归纳推理是前提与结论之间有或然性联系的推理；演绎推理是前提与结论间有必然性联系的推理。”② 从思维活动的方向性来看，归纳是从个别到一般的推理方法，它沿着从个别的事实中概括出一般原理的方向进行推理；而演绎则是沿着从一般到个别的方向进行推理，进而引申出关于个别对象的结论。

作为历史和教育史研究中被广泛使用的方法，归纳法又可分为枚举归纳法和统计归纳法。前者是由某类部分个体的属性概括出整类共同性的方法；后者是通过对史实数据资料的统计、概括和综合分析，探讨因果联系和规律性的方法。在教育身体史研究中使用归纳法的基本步骤是：a.搜集鉴别、整理史料；b.通过史料还原、恢复教育事实；c.确定教育事实的性质；d.归纳某类教育事实的共性或一致性。运用归纳法研究教育史时，要注意以下问题：第一，在进行史料搜集时，研究者所搜集的同类教育事实的相关史料不能少于两个，原则上是越多越好；第二，根据研究目的，研究者要尽可能地

① 赵吉惠．历史学方法论[M]．成都：四川人民出版社，1987：118.

② 贾东海，郭卿友．史学概论[M]．北京：中央民族大学出版社，1992：184.

寻找具有典型性和代表性的材料；第三，运用归纳法研究教育史的过程中，还应注意搜集反面事例，以确定结论的适用范围和条件。

一般来说，教育身体史研究主要包括两个具体过程。一个是指教育历史研究从特殊到一般的过程，具体体现为人们在从事教育历史研究时，首先必须搜集和占有大量教育历史资料，并通过分析这些资料归纳出某种一般结论。但是，人们通过对搜集来的历史资料进行有计划、有目的和有意识的分析、理解时，单靠归纳过程是不够的，它必须要借助于理性思维，依靠一定的理论原则作指导，否则就会在史料堆里迷失方向，就不能正确了解和评价被归纳的对象。这时要求在运用归纳方法进行教育历史研究时，必须依赖演绎方法来确定其研究目的和方向。于是，就进入了研究的第二个过程——教育历史研究从一般到特殊的过程。在教育历史研究中正确地使用演绎方法，不仅能检验出所归纳的结论的可靠程度，而且还可以通过运用验证过的一般原理、原则，对教育史学的相关问题进行研究，进而开始新一轮的归纳和演绎。

（四）历史与逻辑相统一的方法

历史与逻辑相统一的方法的首创者黑格尔认为："如果我们能够对哲学史里出现的各个系统的基本概念，完全剥掉它们的外在形态和特殊应用，我们就可以得到理念自身发展的各个不同阶段的逻辑概念了。反之，我们如果掌握了逻辑的进程，我们亦可以从它里面的各个主要环节得到历史现象的进程。"[①] 在这里黑格尔将历史看做一个有次序的进程，而且是一个必然的过程，为我们研究教育身体史提供了可资参考的理论方法。马克思、恩格斯对黑格尔的思想给予了唯物主义的改造与完善，形成了人类认识世界的又一基本方法——历史与逻辑统一的方法。这一方法要求我们在研究教育史的过程中既要遵循历史的客观进程，又要善于对历史事实作符合逻辑的理论提升。

具体来说，历史方法主要强调按照事物发展的自然过程，描述和展示历史发展的基本面貌，因此，历史方法有两个基本特点："第一，必须按照历

① [德]黑格尔．哲学史讲演录[M]．贺麟，王太庆，译．北京：商务印书馆，1983：34.

史发展的时间顺序依次进行研究；第二，必须对历史进行全面具体的研究，包括那些起干扰作用的偶然因素和历史上暂时的倒退现象。”[①]其目的在于揭示历史的内在本质和发展规律。逻辑方法“就是以概念、判断、推理等理论形式再现事物的本质和规律的方法”。这一方法最明显的特点是，它不仅“摆脱了历史的形式以及起扰乱作用的偶然性”，而且它能“通过一系列的概念、范畴揭示历史的规律”[②]。根据历史方法和逻辑方法的特点和目的，历史方法侧重研究“自然次序”，逻辑方法主要分析“历史发展的次序”，并强调历史与逻辑方法的统一。

教育身体史研究坚持历史和逻辑相统一，就要求我们在研究中必须按照历史发展的时间顺序依次进行研究。从教育历史发展的横向来看，作为研究对象的教育历史，“大至整个人类社会，小至一次历史事件，乃至一个历史人物，都具有一个发生、发展直至消失的过程。在这一过程中，既有本质的东西，也有非本质的东西，既有必然的东西，也有偶然的东西，甚至还有暂时倒退的现象”[③]，这就要求我们在研究过程中，必须对教育历史进行全面而具体的研究，“包括那些起干扰作用的偶然因素和历史上暂时的倒退现象”[④]的研究。然而，“历史常常是跳跃式地和曲折地前进的，如果处处跟随着它”，一方面会使我们的工作重点放在一些“无关紧要的材料”上，另一方面“也会常常打断思想进程”，使我们的工作陷入“漫无止境”的境地。[⑤]因此，在教育史研究中，我们要想克服历史方法的这一缺点，就必须通过逻辑方法来把握教育历史的“历史发展次序”，进而以概念、判断、推理等理论形式再现教育历史的本质和规律。与历史方法相比较而言，逻辑方法“摆脱了历史的形式，舍弃了历史发展中的曲折过程和偶然因素，以抽象概括的理论形式展示历史发展的基本方向和基本线索”[⑥]，因而它科学地反

① 王旭东．史学理论与方法[M]．合肥：安徽大学出版社，1995：134.
② 王旭东．史学理论与方法[M]．合肥：安徽大学出版社，1995：135.
③ 王旭东．史学理论与方法[M]．合肥：安徽大学出版社，1995：134.
④ 王旭东．史学理论与方法[M]．合肥：安徽大学出版社，1995：134.
⑤ [德]马克思，恩格斯．马克思恩格斯选集：第2卷[M]．北京：人民出版社，1972：122.
⑥ 王旭东．史学理论与方法[M]．合肥：安徽大学出版社，1995：135.

映了教育历史的本质和规律。

（五）微观与宏观研究方法

“微观与宏观是指人们认识客观世界所能达到的两个不同时空界限的概念。随着科学的发展和社会的进步，微观与宏观概念逐渐被科学研究所使用，形成了微观研究与宏观研究两种不同的研究方法。”① 这一对研究方法在历史研究领域中的运用形成了历史微观与宏观研究的方法。

所谓历史微观研究方法，是指从小的（个别的）角度或局部的角度、相对比较窄的范围，观察、分析、研究历史的方法。微观研究方法将研究的注意力集中放在对某一偶然的历史事件、个别的历史人物或某条独立的历史材料的考察上，在这一考察过程中，研究者往往从一个原则认识出发，运用分析、考证、辨伪、计量、层次、心理等具体研究方法对历史上曾经存在的具体的和个别的人、事、物等进行局部的和细节的研究，为从宏观上真正把握历史的整体过程，揭示历史现象之间的内在联系，发现历史现象背后的本质及其规律奠定基础。历史微观研究方法的思维方向多表现为从抽象到具体，再从具体到抽象的思维过程。

所谓历史宏观研究方法，是指“从较大的角度（含世界、洲别、国别、省别等）或较多角度、较宽的范围，观察、分析历史和研究历史的方法”②，亦即从相对整体的和全局的意义上去研究历史的方法。这一研究方法以整个历史发展活动为考察对象，运用抽象、概括、综合、比较、系统和结构等研究方法，从多侧面、多角度、多层次对历史进行整体性分析和研究。其思维特点是“偏重逻辑分析，进行理论探讨，最后把各种复杂的历史现象、历史事件、历史过程凝聚为不同的历史概念、范畴，形成关于某一历史事件或某一历史问题的逻辑体系或理论系统，或者表述为一个或几个历史法则、历史规律，以达到关于历史的宏观认识”③。

---

① 王旭东．史学理论与方法[M]．合肥：安徽大学出版社，1995：136.

② 赵吉惠．历史学方法论[M]．成都：四川人民出版社，1987：262.

③ 贾东海，郭卿友．史学概论[M]．北京：中央民族大学出版社，1999：209.

毋庸置疑，任何教育历史都是由具体的教育事实和对教育事实进行记载的教育史料构成的，人类要想认识真实的教育历史，要想从整体上对教育历史进行宏观的把握，就不能不对构成人类教育历史的教育思想、教育制度、教育活动、教育家及教育事件进行小角度的、局部的分析和考察。因此，教育史研究中必须重视微观研究方法。教育身体史也是如此，尤其是“教育身体”中涉及的发型、服饰等发生的细微变化更是需要仔细分析和考量的，故而，教育身体史研究要注重微观研究方法的使用。尽管对教育历史的研究离不开微观研究方法，但是如果将它当做教育史学研究的唯一方法，一味追求对教育历史具体事件的描述或对教育史料的考证，那么就会将教育史学研究应承担的使命倒置，从而造成教育史学研究只见树木、不见森林的后果。教育身体史研究中，也应坚守宏观研究方法，在细微分析中透视背后隐藏的历史规律，探讨教育历史的内在联系及其规律性，实现细微史实和历史规律的双重揭示，做到研究中微观研究方法和宏观研究方法的统一。

三、具体研究方法

具体来说，教育身体史研究方法有来自历史学的研究方法，也有社会学、统计学等跨学科方法。

一方面，采用历史学科的文献分析法、口述历史法、历史模拟法等。以下主要就教育身体史研究中使用文献分析法、口述历史法进行简要分析。

第一，文献分析法。历史学的文献分析法是对文献做出分析与批判的一种研究方法，是历史学研究的最基本方法。一般来说，无论是正史资料还是笔记小说、稗闻野史等，都以文字形式的文献资料呈现并留存下来，历史学研究、教育史研究以及教育身体史研究面对最多的资料便是文献资料，因此，教育身体史研究必然要以文献分析法为最基本的研究方法。在应用文献分析法时，首先要最大程度地围绕研究主题搜集相关文献资料，既包括奠定历史史实的史料，也要涵盖梅洛-庞蒂、福柯等关乎“身体”的相关理论资料，要对相关史料、理论等进行分析，形成史实认识和符合文本的相关概念、理论等，在历史和逻辑相统一的基础上诠释教育身体史研究。以研究民国时期大学教师"身体"为例，会搜集当时的各大学一览、各大学的报纸以及日记、回忆录、书信等，这些资料中会呈现大学教师在学校空间和非学校空间的"身体"，也会记载大学教师的疾病、感觉、着装等。通过文献分析法整理大学一览等上面刊印的校历、课表、上课地点及教师管理条例，教师的疾病等，能够明确大学教师在规定时间内必须在学校某一教室或者办公室从事教学、行政等工作，也可以明确疾病对其心理、工作的影响。除分析大量史实类的文献资料外，还需要深入阅读身体哲学、身体现象学、身体政治学等关于"身体"的理论，在对这些理论文献进行分析，形成相关认识的基础上，形成自己的研究框架和分析、诠释史实的基础，其中如空间化身体、时间化身体、国家化身体、法权化身体、规训化身体等，可以成为大学教师"身体"划分的标准，按照此分类，选择相关史实材料放置到相关内容之中，进而分析说明相关问题。

第二，口述历史法。现代口述历史法于20世纪50年代兴起于美国，其标志为1948年哥伦比亚大学历史研究室的创建。口述历史法是用来搜集、研究和使用口传史料的方法。口述历史法多适用于机构史、团体史、家族史、地区史和个人传记的研究。口述历史法多会借用现代化手段特别是录音设备来搜集和分析口头流传的历史资料，然后用复印、誊印等方法制作资料，并对资料、历史进行分析。① 事实上，口述历史法的应用源远流长，司马迁在写《史记》一书时便借助口述历史法，通过接触民众从其口中搜集到大量口述史料，在整理和分析口述史料的基础上，呈现了全新、全面的史实。如前所述，教育学中有学者使用口述方法再现了教育身体。教育身体史研究也可以借用口述历史法，对某一时期的教育参与者的"身体"进行再现。以研究当前大学生的身体为例，可以利用录音、访谈等方式搜集相关资料，进而以"在场"的声音再现大学生的"教育身体"。

另一方面，跨学科采用田野调查法、个案分析法、心理分析法、计量分

① 刘蔚华，陈远主编．方法大辞典[M]．济南：山东人民出版社，1991：343.

析法等。鲁滨逊在《新史学》的第三章《史学的新同盟军》中分析了社会心理学和动物心理学等研究成果对研究历史的影响，并专门强调假使把历史学的新同盟军好好加以利用，那么，不仅历史研究的范围可以大大加强和深化，在史学园地里也将会取得比以往更有价值的成果。[①]我们有理由相信，教育身体史研究也必须善于应用跨学科的研究方法，这样才能在跨学科方法支持下解决相关问题。

第一，田野调查法。田野调查法主要是人类学、民俗学、考古学、教育学等学科的研究方法，其最重要的研究手段之一就是参与观察、访谈。它要求调查者要与被调查对象共同生活一段时间，从中观察、了解和认识他们的社会与文化。田野调查可分为准备阶段、开始阶段、调查阶段、撰写调查研究报告阶段、补充调查五个阶段。教育身体史研究中同样可以借鉴人类学、民俗学、教育质性研究等应用的田野调查法，与教育参与者共同生活，真切地贴近其"身体"，观察、了解和认识其社会与文化，深刻认识影响其成长的各种因素。以教育质性为例，陈向明教授的《王小刚为什么不上学》一文可以为教育身体史研究提供借鉴。在对河阳县梨树沟中学学生王小刚辍学过程和原因的分析中，访谈如下：

我："当时因为什么事情不上学了？"

他："因为我们的老师……我的成绩有点不太好，老师打得厉害……就不上了。"

我："发生了什么事情？"

他："有一天早自习的时候，冷得厉害。我冷得不行，就跑到火炉旁烤火。老师看见了，说你怎么不好好背书，就打我。他后来出去了，我还不背，又去烤火。他进来打我。把我叫到办公室又打了。"

我："怎么打的？"

他："打耳光，打了好几个耳光。"

---

① [美]鲁滨逊．新史学[M]．齐思和，译．北京：商务印书馆，1964：51—71.

我："你知道他为什么打你吗?"

他："就是因为烤火……因为我不背，跑去烤火。"

我："当时是怎么想的?"

他："很生气……打了我以后很丧气，好几天都很丧气。过了两三天以后我就不去学校了。"

小刚说在这次挨打以前，他已经被刘老师打过几次，打耳光和屁股，"老师经常在班上说我，经常打"，此后，他在刘老师上课时便逃课，逃过五六次。每次都是偷偷地溜出去，躲在学校大操场的另一边，坐上45分钟，过了这节课再进去。有时候，同学来找他，但从来没找着过。"我四处乱转。"他很害怕刘老师，因为他语文和政治功课不好，背不出来，还会挨打。"宁愿拿着课本在外头背，也不想去上课，害怕他打我……"

由此观之，体罚可能是造成王小刚不上学的原因之一，也说明了学生很在乎体罚，如果遭受体罚，很可能采取逃离教室空间，甚至是逃离学校空间以保护自己的身体。因此，假如我们深入到教育参与者之中，我们就更能了解其对待"身体"的态度。在教育身体史研究中，田野调查法有助于搜集不同地区不同教育参与者的"身体"材料，尤其是少数民族地区、贫困地区等教育参与者的"身体"材料，也更能真实地了解其对"身体"的看法，以及如何在各种因素下改变或保护自己的"身体"等。

第二，个案分析法。个案分析法是一种通过长期追踪观察某个社会单位、群体或个人，将其作为一个研究个案，对其中的若干现象、特征和过程以及形成的原因做出专门的、全面的、综合性的研究，以个体反映总体的方法提供范本或借鉴。个案分析法的特点为典型性、深入性、借鉴性，以求"一点明月窥人"①。具体来说，个案分析法有如下特点：a.研究对象选取的个别性与典型性。研究者通过个案研究要揭示普遍规律，但是推广性需要思

① 彭卫. 历史的心镜：心态史学[M]. 郑州：河南人民出版社，1992：295.

考。一般来说，研究者必须考虑研究对象在某方面是否有显著的行为表现，与这方面有关的某些测量评价指标是否与众不同，教师、家长等主要关系人是否都有类似的印象和评价。b.研究内容剖析的深入性和全面性。个案分析法既可以研究个案的现在，也可以研究个案的过去，还可以追踪个案的未来发展，研究者要注重形成对研究对象的前后对照，形成对研究对象深刻全面的认识。c.研究方法择取的多样性和综合性。个案分析法有自己的研究方法，但为了搜集到更多的个案资料，必须结合教育观察、教育调查、教育实验、教育测量等多种研究方法，如我国著名的教育家和心理学家陈鹤琴对他的长子进行了长达3年的教育观察和追踪研究。以对特殊儿童的个案分析为例，有一位研究者曾经对一位中二班特殊儿童豪豪进行个案分析。豪豪4周岁，性格外向，好动，喜欢表达，行为态度极其随意。父母工作较忙，几乎没有时间与他接触交谈，豪豪大部分时间由爷爷、奶奶照顾，老人对他百依百顺，样样事情包办代替。因还有一个一岁多的小妹妹，所以妈妈大部分时间在照顾妹妹，不听话时妈妈就会打他，因此他十分怕妈妈。此外，豪豪由于生理方面的一些原因，如小便间隔时间短、远视等问题，造成了他学习上的不专注。通过对豪豪的个案分析，研究者发现了豪豪身体与认知、情绪、学习间的关系。[①] 此案例对教育身体史研究者的提示为：通过密切接触观察研究对象，近距离接触其“身体”及与之相关的行为等，可以更好地认识“教育身体”。当然，教育身体史在应用个案分析法时要注重选取研究对象，实现长期追踪和对比跟踪，择取恰当的研究方法，以个案分析总结一定的教育规律。

第三，心理分析法。1910年，弗洛伊德发表了《列奥纳多·达·芬奇及其对童年的一个回忆》一文，被视为心理史学的开山之作。弗洛伊德根据自己多年的实践经验和精神分析理论，指出要理解和研究历史人物必须把握两条原则，一是理解其精神生活一定不能绕开人物的性行为和性个性而谈；二是如果人物具有某项突出的天性特质，很可能源于“童年早期”，并由原

① 参见：http：//wenku. baidu. com/link?url=85zp0UB2qH7KYy5aRYrQWi1UlFXsjZaX0HkYGbNbmjW-PcLQpcpdpzLFebZxjUL79K-rgtHqEAWATMDmW53wXi3ulG1UsQ24bgOhzqsUGh1C

是性本能的动力中得到加强。弗洛伊德相信，“抽象的精神分析理论适用于史学文献，它是能够打开过去无意识心理的一种详尽而又聪明的分析方法”[①]。弗洛伊德可能过于强调性对于个人成长的作用，但不能否认的是，个人心理、个人身体与个人成长有着密切的关系。从一定意义上讲，身体的健全是心理健全的前提，而心理健全又有助于身体康健。因此，教育身体史研究中应用心理分析法，一是可以剖析“身体”本身的组成部分，达成身心合一；二是可以剖析心理因素对外在肉体等的影响。以研究民国时期大学教师“身体”为例，他们的着装亦可应用心理分析法。在中西融合、内忧外扰的环境中，大学教师着西装可能是追求时髦，或是体现自己是留学归来的学子，抑或是有身份地位象征的心理在发挥作用，而像王国维等着大褂、戴瓜皮小帽，甚至是留着长辫子的大学教师，有崇古、捍卫清王朝等心理。以研究民国时期的大学生的“身体”为例，他们参加体育活动很可能是强身健体、摆脱“东亚病夫”的屈辱等心理因素在起作用，而大学男生有时着西装，大学女生有时着旗袍等，都有追求时尚、爱美等心理成分在其中。因此，心理分析法对于教育身体史研究来说，有助于从表面“身体”向内在“身体”和心理活动进行深入剖析，能更好地分析和解释教育参与者为何会如此改变“身体”，从而进一步探寻历史真相。

第四，计量分析法。计量分析法是“运用经济数学模型进行经济分析的方法。它主要是利用已经估算出的参数值模型对所代表的经济体系内部的互相依存关系进行考察，以便了解和解释有关经济现象”[②]。目前，计量分析法已经被广泛应用到历史学、管理学、社会学等不同学科之中。以历史学为例，基于“没有量就很难准确地描述历史现象，解释历史进程，分析历史的因果关系”[③]等因素，计量史学作为史学的一门分支也在发挥着重要作用。弗拉德《计量史学方法导论》、霍俊江《计量史学基础：理论与方法》等著

① 周兵，张广智，张广勇．西方史学通史：第6卷 现当代时期[M]．北京：复旦大学出版社，2011：188.

② 郝万禄，刘智勇．简明西方经济学辞典[M]．北京：中国国际广播出版社，1990：222.

③ [英]罗德里·克弗拉德．计量史学方法导论[M]．王小宽，译．上海：上海译文出版社，1991：前言.

作对计量史学是什么、如何在历史研究中使用计量方法等进行了阐释。在研究教育史、教育身体史时，我们同样要注重计量分析法的使用，注重通过对计量的关注，科学直观地再现教育参与者“身体”的变化。《私人生活史V——现代社会中的身份之谜》中写道：“从一个民族的角度来说，法国民族比以前所有时代都漂亮。有统计数据为证。1980年，25岁男子的平均身高是5英尺8英寸多一点，而1970年只有5英尺7英寸，1914年仅仅大约5英尺3英寸。”同时，身高在一定程度上与从事何种职业有一定关系，一般来说，医生或律师的平均身高要高于农场雇工。[①] 可以说，教育史、教育身体史研究通过计量分析法对关乎教育参与者“身体”相关数量资料进行梳理时，可以熟悉不同时期的教育参与者的“身体”变化，透视教育参与者与其他群体的“身体”异同。以研究晚清至民国时期乃至当前学生“身体”为例，通过照片、文字描述等可以看到外在服装、发型的变化；通过留下来的登记表、体检表等资料，还可以用动态曲线呈现不同时期学生的身高、体型等的数量变化；也可以通过算术平均数、中位数、频数分布、众数等计算，得出某一时期学生身高、体重等集中在哪个区间；还可以计算时间、空间以及教育方式等与学生“身体”的正负相关。在这些图、表展现和数据分析的基础上，教育身体史研究者可以科学准确地展现学生“身体”，也可以剖析教育因素、社会文化因素对学生“身体”的影响和学生采取何种方式改变“身体”，如在“强国救种”的大背景下，国家、学校和学生以体育锻炼、营养饮食、卫生教育等多种途径增强体质。不仅如此，在教育参与者“身体”数量化呈现的基础上，一定程度上也可以说明国家、社会经济、文化状况的变化，总结其“身体”变化与国家、社会各方面变化的相关关系。当然，计量分析法作为教育身体史的研究方法之一，也不是万能的，因当时留存数据的可靠性、整理数据时变量和个案的选择、抽样结果的分析主观性等因素影响，也会使得计量史学在应用中存在一定缺陷。因此，教育身体史研究者在应用计量分析法时要注重研究的科学性。

---

① [法]菲利浦·阿利埃斯，乔治·杜比. 私人生活史V：现代社会中的身份之谜(现当代)[M]. 宋薇薇，刘琳，译. 哈尔滨：北方文艺出版社，2016：213.

第三节 教育身体史的表现形态

教育身体史研究首先要尊重史料，如实展现教育参与者“身体”的历史，还要注重选取恰当的研究方法，最重要的是教育身体史研究成果如何呈现。教育身体史的表现形态要融合如下两点：第一，教育身体史研究要重视教育叙事的表现形式。教育参与者的“身体”与个人生活密切相关，在翻阅他们留存的日记、回忆录等或采取口述史的形式对健在的教育参与者进行研究时，不难发现身体的舒适与否直接影响日常生活。教育身体史与教育生活史一致，要采用叙事的手法，用文学语言生动地描述教育参与者身体的生成等，使读者能够身临其境并在较强的可读性中感知历史上教育参与者身体的“遭遇”。第二，教育身体史研究还需要深化逻辑分析。教育参与者的“身体”是一个复杂构成，集生理和社会存在为一体，在对教育身体进行如实、生动地再现时，还需要融合其他学科的相关理论进行深刻分析，为读者建构哲学、社会学、政治学等思考，提升研究的理论性。

一、教育身体史研究成果要重视善叙事理

众所周知，被誉为“史家之绝唱，无韵之《离骚》”的《史记》在中国史学和文学上具有重要地位和较高价值，刘向等史学家评价该书为“善叙事理，辩而不华，质而不俚”。可以说，《史记》在叙述方面的最大特点是按照层层递进的叙述脉络推进人物的书写，且在叙述人物和事件时强调因果关系，具有敏锐的目光和准确的判断力。《史记》中使用了顺叙、倒叙、正叙、侧叙等手法，通过各种恰如其分的动作、表情等刻画人物的不同性格，通过引人入胜的情节生动地展现了当时的历史情境。以《魏公子列传》中对人物的身体、心理的刻画为例，在写信陵君与魏王下棋时，以“王恐，心不

在博”中的“恐”“心不在”刻画出魏王恐惧担忧的心理；在写信陵君礼贤下士侯嬴时，使用了层层递进的描写：

> 公子于是乃置酒大会宾客。坐定，公子从车骑，虚左，自迎夷门侯生。侯生摄敝衣冠，直上载公子上坐，不让，欲以观公子。公子执辔愈恭。侯生又谓公子曰："臣有客在市屠中，愿枉车骑过之。"公子引车入市，侯生下见其客朱亥，俾倪故久立、与其客语，微察公子。公子颜色愈和。当是时，魏将相宗室宾客满堂，待公子举酒。市人皆观公子执辔。从骑皆窃骂侯生。侯生视公子色终不变，乃谢客就车。至家，公子引侯生坐上坐，遍赞宾客，宾客皆惊。酒酣，公子起，为寿侯生前。侯生因谓公子曰："今日嬴之为公子亦足矣。"①

文中用“坐定”“摄敝衣冠”“执辔愈恭”“俾倪故久立”“微察公子”“颜色愈和”“侯生视公子色终不变，乃谢客就车”等，写出了信陵君驾车虚左亲自迎接门役侯嬴，为其执辔于大庭广众之中，卑身拜访屠夫朱亥等场面。通过信陵君以及侯嬴、朱亥的言行和心理的不断变化，描绘了信陵君以自己的实际行动礼贤下士的情境，也表现了信陵君不拘一格招揽人才、重视人才的态度。《魏公子列传》中还写了晋鄙合符验证后的怀疑心理，用“举手视公子”几个字便把一位嘍嘈宿将惊奇、自信、决不轻易交出兵权的神态活灵活现地呈现在读者面前，可谓神来之笔。由此观之，教育身体史研究成果必须要借鉴传统史学作品善叙事理的优秀写法，按照历史脉络在层层叙事中展现研究主题。通过词语的准确运用、细节的生动描绘呈现活灵活现的“教育身体”。教育身体史研究成果还可以通过倒叙、插叙等手法吸引读者，如在展现民国大学生“身体”时，可以从当前的情境引入对历史的追忆。教育身体史研究在善叙事理的基础上，还要“辩而不华，质而不俚”，不刻意运用华丽的辞藻去说明事实，通过一些生僻的词汇和夸张的语言去吸引读者

① 司马迁．史记[M]．北京：北京时代华文书局，2014：169.

的眼球，而是在质朴平实、简洁明了的语言以及条理清晰、层层递进的叙述脉络中展现“教育身体”。

二、教育身体史研究成果要深化逻辑分析

在善叙事理而阐明历史事实的基础上，教育身体史的研究成果还要注重深化逻辑分析。教育史研究者、教育身体史研究者必须遵循历史和逻辑统一的原则，[①]做到在回顾和梳理历史事实的基础上，自觉在相关理论的指导下，“从历史中发现逻辑，学会用逻辑去考察历史”[②]。黑格尔率先提出了历史与逻辑相统一的思想，认为逻辑概念的发展与哲学体系的发展是一致的，但是他把每一种哲学体系仅仅看做是绝对理念发展的特殊阶段。因此，黑格尔的逻辑与历史的统一只是停留在纯粹思想的范围，其实质乃是唯心主义。真正将科学论述历史和逻辑相统一的是恩格斯，其从唯物主义的基本立场出发，批判地改造了黑格尔的历史与逻辑统一的方法，使之成为科学的辩证逻辑方法。历史与逻辑统一的基本内容大体包括三点：第一，理论的逻辑进程与客观现实的历史发展进程相一致。恩格斯说：“历史从哪里开始，思想进程也应当从哪里开始，而思想进程的进一步发展不过是历史过程在抽象的理论上前后一贯的形式上的反映。”[③]第二，科学理论的逻辑进程与关于对象认识发展的历史进程相一致。各门科学的概念、范畴的发展与其理论的历史发展进程相一致。第三，思维科学的理论与认识史、思想史相一致，个体的思维规律与整个人类思维发展规律相一致，儿童智力发展规律与整个人类思维发展规律相一致。具体来说，教育身体史研究者在研究成果中要深化逻辑分析，自觉根据历史事实形成思考，正如福柯研究监狱、权利等一样，将研究者对“教育身体”的思考、分析融入其中，形成一定的分析框架和分析路

① 申国昌．论教育史研究中历史与逻辑的统一[J]．湖北大学学报(哲学社会科学版)，2007(1)：113—116.

② 张岱年．中国哲学史方法论发凡[M]．北京：中华书局，2003：64.

③ [德]马克思，恩格斯．马克思恩格斯选集：第2卷[M]．北京：人民出版社，1972：122.

径，形成诸如生命政治学、“教育身体”分类、规训和惩罚等思考。在此，教育身体史研究者可以借鉴其他学科的理论成果，诸如前面提到的身体哲学、身体史学、身体社会学等分析理论，强化对特定“教育身体”的分析和思考，加之从教育学的独特性出发，最终深化教育身体史研究成果的逻辑分析，增强教育身体史研究成果的理论性并增加其深度。

三、教育身体史研究成果表现形态多样化

一般来说，教育身体史研究成果主要为学术论文和学术专著，但不仅限于此，报告、小说、电影、电视剧和照片等也是教育身体史研究成果的表现形态。

其一，学术论文。学术论文也是研究论文，是专门讨论某种问题或研究某种问题的文章，是新的科研成果、研究进展的总结，一般在学术会议上宣读、交流、讨论，或在学术刊物上发表。主要包括期刊论文、会议论文、学位论文三类，最大特点和价值是科学性、学术性、创新性。教育身体史研究成果的首要表现形式为学术论文，力图阐释教育身体史的理论和史实。教育身体史研究成果中，首先是借助期刊平台发表相关论文，目前已借助《华东师范大学学报（教育科学版）》发表了《〈红楼梦〉与明清女性身体教育》《民国时期小学生身体规训》以及《教育身体史研究的学理支撑》等史实类和理论类文章，今后还要继续借助期刊发表相关论文，以其即时性、交流性等夯实教育身体史研究成果。其次是通过全国教育学会教育史分会、全国历史学研讨会以及教育史国际常设会议（ISCHE）等各种研讨会提交会议论文，扩大教育身体史研究的影响力及夯实教育身体史研究。最后，以硕博论文的形式呈现相关研究成果。教育身体史研究作为一个全新研究领域，教育史研究者正在写作相关硕博论文，但是推进力度还较弱。鉴于此，教育身体史研究团队中的硕博导师可以指导学生选取教育身体史研究相关主题作为硕博论文，以硕博论文的深入性、系统性推进和展现教育身体史研究。

其二，学术专著。学术专著“一般是指围绕某一学科或某一专题，将有关知识归纳成原理，进行系统地论述的著作”[①]。不管是人文社会科学还是自然科学，其学术研究的推动离不开学术专著的推动。以中国教育史研究来看，自黄绍箕、柳诒徵撰写的第一本中国教育史著作诞生以来，关于中国教育史、中国教育制度史、书院史等的著作便不断涌现，有郭秉文所作第一本中国教育制度史《中国教育制度沿革史》、陈青之《中国教育史》、盛朗西《中国书院制度》、程谪凡《中国现代女子教育史》等。这些学术专著对中国教育史研究贡献颇大，确定了教育史研究对象，思考了教育史分期，探索了教育史研究方法，引发了教育学术范式的转换，扩大了教育史研究领域，注重应用史学理论指导等。郭秉文《中国教育制度沿革史》即如此，注重引入实用主义教育学说作为分析的理论基础，且将研究对象确定为“公共教育制度”并结合中国实际划分教育史分期，还使用了教育调查和统计等研究方法。可以说，该著述率先建立了现代中国实用主义教育学术范式，扩展了教育史学科分支体系，完善了教育史研究的理论基础。教育史的学术专著日益丰富的同时还推动了教育史分支学科的发展，进而有利于教育史学科建设。教育身体史研究作为教育史的一个研究领域，要不断扩充，除通过系列论文、硕博论文来推动研究的顺利进行外，也要围绕“教育身体”这一主题形成系列的学术专著，以学术专著的扎实性等推动教育身体史研究的进行。目前，关于教育身体史研究的学术专著已经在撰写中，包括理论指导性专著《被遮蔽的世界——教育身体史研究引论》（即本书）以及图说集《图说教育身体史》和国外相关专著及读本。而这些理论探讨、国外研究进展以及图说集，多数是国内外第一本系统著作，通过吸收其他学科的理论资源并加之本学科的相关思考形成理论探索，与国外的研究成果介绍等形成多重推进，实现了围绕“教育身体”这一主题的系统论述。在理论、图说集等基础上，还可继续拓宽研究主题，形成与“教育身体”相关的横、纵向拓展的教育身体史研究专著。

其三，报告。报告与学术论文、学术专著不同，主要用于汇报工作、反

① 李长喜，于金兰，周之良，等. 中国大学生百科全书[M]. 沈阳：辽宁教育出版社，1996：361.

映情况、提出建议以及回答上级机关询问等，有政府发展报告、企业发展报告、行业发展报告、工作总结报告、学术调研报告等，也有例行报告、综合报告、专题报告等。一般来说，报告具有汇报性、语言的陈述性、双向沟通性、真实性、科学性、参考性等特点。对教育身体史研究者来说，其报告主要为教育调查调研报告，侧重通过在教育场域中观察、调查等，形成系列的报告文本。教育调查报告的书写也应遵循相应的结构和要求，包括题目、署名、摘要、关键词、导语（导言、前言）、主体（主论、正文）、结束语、建议、注释、参考文献、附录。具体来说，题目一般采用研究项目的名称，摘要要求简要概括本次调查的目的、内容、方法、结论等，关键词列出3—5个，导语应简明扼要地阐明教育调查的原因、背景，教育调查研究工作的组织、时间、地点、范围，教育调查研究的目的、意义，重点阐述被调研课题的国内外研究动态及现状等，正文则应详细、具体、深刻、主次分明地介绍教育调查的内容、方法、过程、结果、问题。利用图表、文字等科学直观地展现可靠、准确的数据和材料。结论应对主要内容进行简要概括，建议部分应针对具体问题提出政策、措施等建议。此外，教育调查报告需要附以注释、参考文献、调查问卷、访谈等附录。以《工蜂：大学青年教师生存实录》一书为例，该书对中国高校青年教师的生存实况进行了调查。《中国高校青年教师调查报告》对城市规模相对较大、高校数量相对较多的北京、上海、广州、武汉、西安的高校青年教师进行了抽样调查，对其性别、年龄、民族、户口、健康状况、教育背景、工资、教学和科研等进行了统计，通过图表、文字等形式直观地展现了高校青年教师的群体状况。① 总体来看，对不同时期的学生、教师等的调查报告日渐丰富。以民国时期为例，通过《教育杂志》等期刊、教育年鉴等，研究者发布了一系列关于教育主体的相关报告。目前，我国教育部网站等也会定期发布各类教育调查报告。教育身体史研究者同样可以深入到教育实践当中，对不同教育主体进行调查，围绕与“教育身体”相关的身心状况、服饰、发型、空间、规训和惩罚等内容进行相关调查，形成相关报告，既可以为当前教育实践留存资料，也可以通过教

① 廉思．工蜂：大学青年教师生存实录[M]．北京：中信出版社，2012：236—285.

育调查报告的在场性、真实性等特点，为教育实践改革提供相应的建议。

其四，小说。如前所述，文学及文学作品是教育身体史研究的理论资源之一。无论是《红楼梦》、“三言二拍”等古代小说，还是鲁迅先生所作《狂人日记》、万迪鹤的《中国大学生日记》等现代小说，抑或是赵树理、贾平凹、刘心武、莫言等创作的小说，其情节均涉及了“身体”。在这些小说中，小说家塑造了不同时期、不同群体的“身体”，也展现了中国的社会万象。以万迪鹤所作《中国大学生日记》这一与教育场域内教育活动主体关系最为密切的小说为例，书中描写了一位大学生因原来念书的学校停办而投考到一所“野鸡”大学的经历。这位大学生描写了该校的一位大学教授“用着八字式的步法，脚跟着实踩在地上，一种徐步而中庸的风度，立刻唤起人的联想的便是那中国山水画里的人物。头毛一半是脱落了，还有一半在头上的变作银灰色，并不怎样衰老，可是年龄在他头上已经添了许多皱纹。架上一副宽边黄铜质框的老光眼镜。身上着的灰布大长衫，袖口至少有我们腰身那么大。脚上穿了一双细草编织的圆口鞋”[①]。在这段关于大学教授的描述中涉及了身体动作、发型、服饰，通过对大学教授“身体”形态的描写，使得读者了解了大学教授的外在、大学生眼中大学教授的形象，且可与当时大学教授的照片对比，形成民国时期大学教授的“身体”形象还原。可以说，小说的优点在于通过建立在真实情境上的虚拟处理，能够在理想和现实中、主观和旁观者的结合中呈现复杂的情节、矛盾的心理、生动的细节等，最终实现小说的教育价值。教育身体史研究者在处理研究成果时，可以通过撰写微小说或长篇小说来呈现。必须指出的是，教育身体史研究者可以借鉴小说、“身体写作”的书写方式，但应注重把握对“身体”刻画的维度，在强调现实性和理想性、教育性和启发性基础上，为读者呈现具有启发性和教育意义的教育身体史主题的小说。

其五，电影和电视剧。1988年，美国历史学家海登·怀特首创了一个新名词“影视史学”（Historiophoty），意思是通过视觉影像和影片的话语来传

① 万迪鹤. 中国大学生日记[M]. 上海：上海生活书店，1937：12.

达历史以及我们对历史的见解。[①] 影视史学不仅包括电影、电视等新媒体，还包括照相、图画、图像等各种视觉影像。就影视史学注重电影、电视等媒体来表达和刻画历史来看，教育身体史研究者亦可以在影视史学的指导下，通过强化电影和电视剧等媒体来传达令人难以忘记的教育参与者的“身体”变化历史。事实上，21 世纪以来，我国涌现出各种关于教育的影片，如《十七岁的单车》《不快乐的不止一个》《一个叫做家的地方》(2000 年)，《城乡结合部》《好死不如赖活着》《家庭录像带》《让孩子们自己说》《今日和明日的孩子们》(2001 年)，《任逍遥》《初恋》《我们害怕》(2002 年)，《北京故事》《进城打工》(2003 年)，《太阳村的孩子》《幼儿园》《再见童年》《挥着翅膀的女孩》(2004 年)，《大学毕业生××的昼与夜》《城市边缘的学校》《张博士》《毕业前线》《高三》《青春墓园》(2005 年)，《80 后荷尔蒙》《马加爵》《摇滚多多》《颍州的孩子》《哈佛女孩》《农村初中》(2006 年)，《书包里的秘密》《冠军来来》《孩子》《独生子》《索玛花开》《高十一》《那年夏天》(2007 年)，《两个季节》《地下的天空》《孩子孩子》《日明的暑假》《青年》(2008 年) 等。[②] 此外，还有《十六岁的花季》《十七岁不哭》等电视剧和反映高考恢复时期的电视剧。这些电影、电视剧以直观生动的画面反映了不同时期的初中生、高中生及大学生如何看待自己的“身体”、表达自己的情感等。不仅如此，诸如《大宅门》《金粉世家》《啼笑因缘》《秋之白华》等非教育主题的电视剧、电影中呈现的教育情境，也刻画了时代变迁中身处特定教育空间中的私塾生、女学生等“身体”变化。与此同时，国外各类电影、电视剧中也刻画了诸多教育主体的“身体”，如《阿甘正传》《操行零分》《三傻大闹宝莱坞》等，其中《阿甘正传》更是刻画了一个残疾学生的“身体蜕变史”和成功史。因此，教育身体史研究者也可以将研究成果转换为电影、电视剧。当然，因为研究者能力等有限以及拍摄电视剧、电影对技术等要求较高，教育身体史研究者将研究成果转换为电影、电视剧还存在一定的困难，这就要求研究者提升研究成果的质量，形成教育

① [美]海登·怀特. 书写史学与影视史学[J]. 美国历史评论，1988(5)：1193—1199.

② 毛毅静，丁钢. 别样的历史叙事：作为一个研究领域的教育影像[J]. 教育研究，2013(1).

身体史研究成果的多重表达途径，或者拍摄微电影，或者注重与电影、电视剧导演积极沟通和联络，以专业立场和对教育参与者“身体”的独特看法等，实现教育身体史研究成果朝向电影、电视剧的形式转换。

其六，图像集。随着人类社会的不断发展，各种画像、照片、电影和电视剧画面、工艺品、奖章和图章等各类图像[①]在人类生活中日益普及，而数码时代的来临使得大众还可以利用相机、手机等随时拍照和存储、观看照片、图片等。各类图像以其直观性、可视性、生动性等优势，可以有效地再现历史。目前各类图像汇编集不断涌现，如《故宫珍藏人物照片荟萃》《老照片》《抗战照片》等，也有关于教育人物的《陶行知画传》《晏阳初画传》《胡适画传》等，这些书籍、画传等以图像为主并附以文字，使人们直接回到了当时的历史场景。以《老照片》第26辑中《消失了又新生的母校》为例，该文附图分别展现了北京教会学校——笃志女中学生的朝会活动、女生发型、体育运动中的运动服等，使读者对当时女学生的服装等一目了然，可以从身体美学、身体社会学等视角分析女学生校服中蕴含的美、掺杂的“身体规训”等。同时，通过学校里的大钟、运动场、教室等，也可以分析当时时间、空间与女学生的“身体”，即钟声是如何影响女学生的时间化“身体”，而在教室、操场等空间中学生“身体”是如何安置的等。基于这些图片，教育身体史的研究成果可以以图像集的形式依次展现，形成教育身体史图像汇编。目前，与《被遮蔽的世界——教育身体史研究引论》相同步的《图说教育身体史》亦在编写中。在梳理教育身体史研究图片汇编时，可以按照不同时代发展变迁展现“教育身体”的变迁，也可以按照不同主体的“教育身体”，如小学生、中学生、大学生等学生的“身体”，或者小学教师、中学教师、大学教师等教师的“身体”，形成各类教育主题的“教育身体”图像集。在图像史学的启示下，教育身体史的研究成果会注重通过图

① [英]彼得·伯克. 图像证史[M]. 杨豫，译. 北京：北京大学出版社，2008：3. 其中对“图像”一词的解释为，它不仅包括各种画像(素描、写生、水彩画、油画、版画、广告画、宣传画和漫画等)，还包括雕塑、浮雕、摄影照片、电影和电视画面、时装玩偶等工艺品、奖章和纪念章上的画像等所有可视艺术品，甚至包括地图和建筑在内。故此，“images”一词如无其他特指时，统译作“图像”。

片、照片、雕塑等图像在内的图像集生动直观地呈现教育主体的“身体”。同时，教育身体史研究者在手机、照相机等普遍应用的基础上，还可以注重随时搜集“教育身体”相关的图片，以自己的经历和经验记录和保存日常生活中的“教育身体”图像。

第六章

教育身体史研究案例篇（上）[①]

“纸上得来终觉浅，绝知此事要躬行。”教育身体史研究要顺利开展，还需要研究者在相关理论指导下，在相关案例参鉴下进行具体的写作。在前述几章对“教育身体史”是什么，“教育身体史”的研究价值以及如何研究“教育身体史”等进行理论阐述后，本章主要精选了教育身体史研究的具体案例供研究者参考。毋庸置疑，在中国教育史发展过程中，“教育身体”是教育发展的核心，但是“教育身体”的存在究竟处在一种怎样的境况中，这个问题一直没有得到清楚的阐释。当然，对于中国教育史研究者来说，“教育身体”的存在是一个事实，但碍于相关条件，这个议题一直没有成为他们着墨考究的对象。这种忽视或低估并不能归咎于研究者的偷懒，而是长期以来学界已经习惯以一些既有的典范来思考和观察问题。[②] 鉴于此，我们必须打破常规，突破固有思维，将“教育身体”复归，以求实现教育史研究中“主体”

① 本章是教育身体史研究案例，相关内容节选自：魏珂．归属与自主：近代大学生教育身体史研究（1895—1937）[D]．武汉：华中师范大学博士论文，2017.

② 黄金麟．历史、身体、国家：近代中国的身体形成(1895—1937)[M]．北京：新星出版社，2006：1.

的回归和关怀。岭南师范学院魏珂博士所作《归属与自主——近代大学生教育身体史研究（1895—1937）》正是此种尝试和努力的成果，本章主要选取了与大学生“身体”相关的“国家化”和“军事化”、“教育身体”与空间和时间、“教育身体”的疾病和防护、“教育身体”的体育活动和表演、“教育身体”的装饰几方面。因“教育身体”涉及面颇广，故而不能面面俱到，仅希望能通过如下六节内容形成启发，为之后的研究者更好地进行教育身体史研究提供研究思路和借鉴模板。

第一节　“教育身体”的国家化和自由化
——校园中的“文化”与“身体”：民国时期大学的“拖尸”研究

民国时期，清华、燕京等大学校园流行一种被称为“拖尸”的游戏活动。该活动从美国大学传入，自20世纪20年代到1949年流行了20多年，影响颇深。综观国内相关文献，学者对“拖尸”回忆性的文章居多，具体深入的研究很少，[①]而在回忆性的文章中，对“拖尸”这一民国时期的大学生活动也有明显对立的观点。有的认为“拖尸”是坏习惯、恶作剧；有的认为仅是一种学生之间的嬉闹游戏。季羡林就主张后者，他在回忆录中强调清华校园之“拖尸”活动“隐含着爱抚之意”，使其毕生难忘。[②]那么“拖尸”到底是恶习、陋习，还是校园的积极文化活动？其本身是否隐含特定的教育意义？如何解释这一文化现象？本节将试从校园、国家和学生身体的角度作一些探讨。

---

① 叶宏开，韦庆媛，冯茵．挺起胸来：清华百年体育回顾：上［M］．北京：清华大学出版社，2009：102．书中称“拖尸”是休梅克等从美国带来的坏习惯，这一点值得考证。

通松斋主人．“拖尸”究竟是咋回事?［N］．中华读书报，1999-11-17．文中称清华园“拖尸”大致说来起于20世纪20年代后期，终于1935年左右。

② 季羡林．季羡林小品［M］．北京：中国人民大学出版社，1993：260．

一、新生下水："拖尸"活动的对象与目的

（一）何谓"拖尸"？

"拖尸"一词是英语"toss"（抛，掷的意思）的音译，也译作"托司"或"土司"，原是美国大学老生给新生下马威式的戏谑性活动，于20世纪20年代传入我国清华、燕京等大学。《清华副刊》1934年第5—6期"新编清华术语小辞典"栏目对"拖尸"活动有如下介绍：

> 此举者，恐仅清华一校。法以三四人，分执被拖者之四肢，将其人举起，于空中震荡数次，然后弃之于地。其意义甚多，有为警戒的，例如新生入校，于举行新生欢迎大会或所谓"体格检查"之时，每一新生，均须受拖尸，用以警其在中学初毕业时趾高气扬之心，而养成其谦恭下物之性格，不致破坏清华优美之校风。有为惩罚的，例如某人有不良之行，损及校誉校风，即将其拖尸，以惩其罪。①

由以上介绍可知，"拖尸"是一种以大学新生为对象，兼具欢迎和惩戒意味，以把新生抛起来为标志性动作的系列游戏活动。"拖尸"由学生团体组织进行，该组织称为"拖尸团"，成员主要为二年级学生，负责设计和实施"拖尸"行为。"拖尸"活动主要分两种：入学"拖尸"和月夜"拖尸"。

入学"拖尸"也称新生体能测试。主要对象是新生中的男生，清华大学比较流行。新生入学注册体检结束后，入体育馆，按照老生的要求，脱去衣服，仅穿三角裤，在众目睽睽下完成一系列动作，包括爬绳、水里吃苹果、钻狗洞等。过关后，由4名强壮的二年级男生持手脚举起来，在空中晃十几下，然后扔到事先准备好的垫子上，最后双方握手，"拖尸"结束。

入学"拖尸"的项目由"拖尸团"来设计，每年都有翻新。1932年9月

① 新编清华术语小辞典[J]. 清华副刊，1934(5—6)：150.

7日，季羡林在日记中写道："今天是新同学入校办理手续的第一天，挺胸歪帽不顺眼者颇不乏人。体育馆内大行其toss，共有十三项之多。"①邹承曾也回忆到，"拖尸"仪式由二年级的老生执行。新生注册入学当日，由二年级老生在体育馆内布置各种摊位，让新生们分批逐一通过考验，例如鼻子顶球、独脚跳远、钻狗洞、向上斜吹羽毛等等，最后由4个人抓住新生手脚上下左右抛掷几下，然后在其手背上或手臂上甚至脸上盖上"验讫"的蓝印，算是过关。②可见，入学"拖尸"在某种程度上蕴含着体育运动精神，虽有一定的捉弄性质，但形式活泼，也被新生接受。

月夜"拖尸"在开学后的夜间执行，主要针对行为乖张、故意犯规的男女新生。月夜"拖尸"亦由"拖尸团"组织，实施过程策划缜密，方法不一：包括布置眼线、搜集违规证据、确定行动目标、制订行动计划、组织实施等。实施"拖尸"是整个过程的高潮，程序如下："拖尸团"组织得力干将，于夜深人静的时候偷偷潜入新生宿舍，把目标从床上拖起来，宣布"罪状"。4个彪形大汉手脚并持将其拉起，上下晃悠，旁有一人负责记数，口中喊"一、二、三……"，摇摆10下或20下后，扔回床上。有的还往目标床上泼水，或者往脸上抹油，或用口香糖和鱼肝油洗头发。

燕京大学月夜"拖尸"通常在未名湖畔举行。以1940年秋一次"拖尸"为例，9月17日晚8时3刻，锣声响起，全校师生都纷纷涌至未名湖校友桥畔翘首以待。9时整，锣声一响，跟着号角声也起。"迎新团"（即"拖尸团"）出动，迅速找到新生沈湘、刘耀新等6人和2名外国同学，8人按照要求，排队到达现场。"迎新团"先宣布8人罪状，验明正身，然后将8人逐个抛入水中。据说几个新生态度坦然，其中自视甚高的音乐系新生沈湘身体沉重，"拖尸"者抬不动，他大义凛然，自己跳进湖里，出水后还引吭高歌。当晚全校师生和工人全部到场，气氛热烈，欢呼声不断。③

① 季羡林．清华园日记[M]．北京：外语教学与研究出版社，2009：10.

② 邹承曾．学府纪闻　台湾清华大学[M]．台北：台北南京出版有限公司，1981：418.

张去疑．拖尸[J]．清华校友通讯，1998，(复37).

王炳文．水木明瑟话清华[N]．申报，1930-10-28.

③ F. 有秩序有组织之拖尸[J]．燕京新闻，1940(3)：5.

由上可见，无论清华或燕大，月夜“拖尸”形式不一，但均重在“拖”身，重场面仪式，过程带有很强的惩戒意味。

（二）为何“拖尸”?

“拖尸”活动目的明确，重在警戒新生、维持风纪。正如前文所述“用以警其在中学初毕业时趾高气扬之心，而养成其谦恭下物之性格，不致破坏清华优美之校风”；惩罚有不良之行，损及校誉校风的人。1934年《燕大男拖尸团十诫》证实了这一点：

> （一）无论上课或下课，必须随时佩戴新人章，该章由百万基金团托本团出售，定价二角。
>
> （二）校内校外任何处所，皆不得吸烟。
>
> （三）衣服冠履必须整齐端正，并不许有奇式怪色穷奢极侈之服饰，如着西服须着外衣背心领带。
>
> （四）姐妹楼内不得擅自出入。
>
> （五）食堂内衣服必须整齐，禁着睡衣浴衣之类入内，就膳并须遵守食堂内之一切秩序及规则。
>
> （六）校内不得乘坐人力车。
>
> （七）不准践踏草地。
>
> （八）任何处所不得与女同学攀谈或同行。
>
> （九）在图书馆内除出纳人员外，不得与任何人谈话。
>
> （十）以上各条自九月十三日起实行，至十月一日止，至如有故意违犯者，则随时于未名湖畔施行各种“应惩”。
>
> 如本团以为应延长时得出通告延长之。
>
> 大二拖尸团启[①]

① 王淦．古老城中燕大朋友的来信：“拖尸团”是什么玩意?[J]．结晶，1934(5)：10—11．未名湖畔男同学创拖尸十诫　女同学请新人入水[N]．益世报，1934-09-23．

上述十诫把对新生的规训落实到每一个身体动作的细节中，包括出入、穿着、男女之间的行为。其中最显著的是服饰，要整洁大方，而且要讲究场合，否则，“施行各种‘应惩’”，即“拖尸”惩罚。

再看燕大女生“拖尸团”针对新来的女生发布的通告：

> 一年级女生注意，数日以来，本校校园内，时发现奇装艳服，趾高气扬之一年级新生，本团为维持燕大固有之精神起见，认为对此辈女生行动，有制裁之必要，兹特提出以下各条规则，仰各新生一体遵照，否则定当依法惩办：（一）自本月九日起至十三日止，凡一年级新生，均须戴上绿帽，此种绿帽，可于八日在各院舍监处购买（每顶三角），所有收入，均捐与百万基金团。（二）凡服装奢侈，油头粉面之女生，本团定有对付办法，以示惩戒。（三）凡目中无人，满口英语女生，本团亦定有相当办法。[①]

上述对女生的基本言行做出明确规范：一是仪表规范，不许穿着奢侈和油头粉面；二是语言行为，不能恃才傲物，满口英语，目中无人。否则，为“维持燕大固有之精神”，对违反者即实施惩办。上文所称新人章和这里的绿帽，都是为了通过身体装饰让新生明确自己的身份。

以上“十诫”和“通告”表明，“拖尸”活动带有很强的道德教育意味，目的是强调学生对自身的角色认知，对学生进行文明礼貌教育和社会公德教育。

（三）“拖尸”何味？

以往对“拖尸”活动的回忆性文章居多，且多从校园体育活动和娱乐角度描述，对当事人的身体、心理感受背后的文化因素的深层次讨论不够。因

① 时代学生：燕大之新玩意——拖尸团[J]. 摄影画报，1934(28)：9.

为身体是一种实践模式，是人活动的中介。① 从现存的当事人材料的描述中"拖尸"者和被"拖尸"者身体、心理感受差异颇大，新生和老生对该活动的认识差异也很大。

"拖尸"者的感受从当时的老生那里可发现一些线索。清华学生夏鼐于1932年11月16日凌晨2时许起身看狮子座流星，同学5人乘着看星光之便，到朋友黄云畴那边去实施"拖尸"，静悄悄地把黄云畴由被窝中拖出，摆了几下才放下，觉得非常好玩；② 笔名为"午"的老生把"拖尸"比作盐商吃猴脑，是为了寻求刺激。他把被"拖尸"者称为"牺牲品"，"牺牲品获而复逃了，于是乎，我们便赶了过去，从背上一推，牺牲品就跌了一跤，伏在地上，连声叫苦。只此一幕，我们的眼、耳、手等部分早已感到说不出的愉快来了，再伸长脚，骑在牺牲品的背上，真就和乘云驾雾般的奥妙，至于下水那一幕更足令人叫绝。这比吃猴脑真的不知痛快多少倍"③。追赶被"拖尸"者，并且推搡、骑背，最后抛入水中，从"拖尸"者的描述中，"拖尸"过程是一种美妙的身体、心理享受。

被"拖尸"者的感觉，舒服者有之。1932年，一名浙江籍清华新生被"拖尸"时开始害羞，众目睽睽之下不好意思，想躲避，结果真的被"拖尸"后，问他感觉如何，他认为轻松极了，"当自己的身子凌空被人掀上掀下时，恰是别有一番滋味呢!"他准备和那两位和蔼的"拖尸"健儿做好朋友！④

当然，感觉愧疚紧张者有之。一名姓张的学生对自己被"拖尸"前后的感受描写颇为细致。张某为清华借读生，因违规被登报提醒。走在路上，"乃见侧目而视余者特多"，有人指手画脚、交头接耳，张某内疚无颜，面热低首而过，整日惴惴不安，彻夜难眠。如此等了三夜，终于"拖尸团"驾到：

> 翌晚，倦甚，睡极酣。忽叩门声大作，余醒，王君已启门，入室者

① [法]梅洛-庞蒂．知觉现象学[M]．姜志辉，译．北京：商务印书馆，2001：119.

② 夏鼐．夏鼐日记・卷一（1930—1935）[M]．上海：华东师范大学出版社，2011：78.

③ 午．勺园野草："吃猴脑"与"拖尸"[J]．燕大周刊，1933(1)：7.

④ 凯三．谈清华的拖尸[N]．新闻报，1933-07-19.

> 凡十数人，均蒙面，扶余起，一人厉声曰："子张××乎?"余战栗答曰："然。""子南口之事有何说乎?"余嗫嚅曰："非余……所为也，乃……"旁又一人急声曰："多言何益?"于是有四人至，分执余手足，于空中震荡凡五六次，即掷余榻上。此时余甚迷惘，任若辈所为，惟觉飘飘然，茫茫然，头略眩晕，两臂颇酸，然尚无十分痛苦也。[①]

张某觉得被拋尸过程中自己飘飘然，"头略眩晕，两臂颇酸，然尚无十分痛苦也"。终于心里稍安，后来被剪头发，脸上抹了油，虽乱发紫面，但心里踏实多了。可见对"拖尸"等待中的心理恐惧远远超过了"拖尸"过程中的拉扯疼痛。

图6-1　燕京大学大一大二"拖尸"图

〖资料来源：生活：大一让人"拖尸"是什么滋味？[J]．燕大年刊，1937：129.〗

学生对"拖尸"感受的变化过程也颇为微妙：新生刚入学的一个月中，担心被"拖尸"，不敢擦头油、换领带，甚至于不敢抬头看表。"因为怕呀，保不定有人一下子会看中我"，于是怨恨、愤怒、抗议。第二年心理有秘密的欢喜，认识了几个"拖尸团"的人，觉得"拖尸"有它的道理。第三年觉得存在就是合理的。[②]

① 隽．拖尸[J]．清华暑期周刊，1934(8)：491—492.

② 话说拖尸[J]．燕大双周刊，1946(22)：5.

人无时无刻不生活在社会之中，人的生命体验首先通过躯体感受而得来，生命的体验与行为的规范不可分割，因而身体的感受必然带有社会性的内涵和意义。[①]正是在“拖尸”过程中的身体接触和感受，使新生对校园秩序和文化心存敬畏，也使众多的新生融入清华和燕京的校园环境中，融入其文化中。

二、存废之争：“拖尸”引发的争论与结局

作为一种校园活动，“拖尸”在中国大学出现伊始，争论就不绝于耳。清华和燕京学子曾就此问题进行长期争论。校方态度起初颇为暧昧，新旧生之间曾发生争执，甚至冲突。最后，为了校园稳定，教育部和学校发文禁止，“拖尸”遂逐步销声匿迹。

（一）“拖尸”意义之争

“拖尸”活动作为一种舶来品，一种特殊的校园文化，其在中国大学校园流行之日起，争执就从未停息。

赞成者主要从维持风纪、沟通感情、增强体育方面立论，强调其积极意义。如清华学生老古认为“拖尸”在维持校风方面功不可没，“拖尸”活动沉寂一年，校园风气江河日下：学生光天化日之下穿背心裤衩、倒穿拖鞋，休息时间宿舍大声唱戏等不文明现象随处可见。“拖尸”方式诙谐，功效显著，值得提倡。[②]学生公羊、葆琦认为存在就是合理的，认为“拖尸”不但强化了体育，而且维护了校风校纪，活跃了校园气氛，虽有些孩子气，但给人留下了深刻印象。[③]该项活动改变了学生“各家自扫门前雪，莫管他人瓦上霜”的行为方式，增强了同学的感情联系与沟通。[④]学生乃天则更进一步

① 许总．中国古代身体观念的文化内涵与现代意义[J]．江淮论坛，2012(3)：9.

② 老古．我来提倡拖尸[J]．清华暑期周刊，1934(5)：259—260.

③ 公羊．对于“拖尸”的意见[J]．清华暑期周刊，1934(5)：261—263.

④ 葆琦．关于“拖尸”[J]．清华暑期周刊，1934(5)：263—264.

强调，“拖尸”并非校方正式的活动，通过一种带有游戏性的突袭，能维持校纪，并具团结尚武精神，不必强加给“拖尸”太多的社会责任。[①]

学生中反对者大有人在，主要从戕害身体、破坏感情、剥夺人权三方面论述。《大学生之“拖尸”戏》一文指出：“拖尸”是欧美大学虐待新生的玩意，引进中国变本加厉，结果使被“拖尸”者体无完肤，背部肿痛。“拖尸”就像劳工中旧学徒蹂躏新学徒，恶习应除。[②]清华1935级学生李长植强烈反对入学“拖尸”，认为其刻意模仿美国，干涉学生个人身体自由。[③]1935级学生盛澄华在李文的基础上，强调“拖尸”容易造成年级间的歧视和报复心理。[④]《哦！“拖尸”是先进的文化！！》一文从身体权利角度出发，称“拖尸”闹得人头晕眼花，落水者“重者碰在沙石也会头破血出”；旧生对新生和对待囚犯一样，侵犯了新生人权。[⑤]格非坚决反对“拖尸”，理由有三：一是“拖尸”是无人道的刑罚，像五马分尸，“拖尸团”是乌合之众，未经学校赋予维持风纪、惩戒不良分子的特权；二是“拖尸”扰乱公共治安，影响学生休息，可能引发流血事件；三是离间同学之间的感情。[⑥]蔡培善坚称，“拖尸”是一种恶风俗，无理取闹，压迫新生，增加新老生之间的矛盾，“拖尸”是强者压迫弱者的一幕悲剧，是消解学生大众反抗的工具。[⑦]

社会舆论界多从文化角度分析，对“拖尸”持否定态度。如《京报》称“拖尸”是由教会学校传入中国的西方恶俗，[⑧]到底是“不合中国人底哲学的”。“拖尸”在美国原是旧生戏弄新生，借以联络感情之意，是以实行时，花样百出，拖人者与参观者固感莫大兴趣，被拖者亦不以为苦。传至中国

① 乃天．“拖尸”终论[J]．清华暑期周刊，1934(5)：264—265.

② 止观．大学生之“拖尸”戏[J]．天津商报画刊，1932(26)：2.

③ 李长植．Toss应当反对吗?[J]．清华暑期周刊，1932(1)：8—10.

④ 盛澄华．反对Toss[J]．清华暑期周刊，1932(4)：2—4.

⑤ 老汉．哦！“拖尸”是先进的文化!![J]．光芒，1934(14)：1.

⑥ 格非．我对于拖尸的意见[J]．清华副刊，1935(11—12)：10—11.

⑦ 蔡培善．闲话拖尸[J]．燕大周刊，1935(1)：34—35．
清华大学之新拖尸[J]．玲珑，1935(37)：3237.

⑧ 小评万愚节与拖尸[N]．京报，1934-04-03.

来，每每失其原意，花样既然单调，手段也嫌笨虐；同时，其目的有时是不纯正的，例如报私仇之类，有看着不顺眼就拖，“拖尸”导致新旧生之间的矛盾。[①]有的认为“拖尸”是西洋文化，中国人如一味地学习西洋人，就是洋奴；“拖尸”反对礼让，非大学生所宜有；手段残忍，学校当局应禁止这种恶风。[②]有的从民族需要自信心出发，认为“以洋化为高，是为洋奴心理。‘拖尸’关系民风，残忍的恶作剧，乃人类劣根性的表现”[③]。上述是把“拖尸”放到了中西文化冲突的大环境中去分析，《玲珑》则从学生身体方面探讨，称体质弱者有身体受伤的危险。[④]

（二）肢体冲突

“拖尸”不仅引起了舆论争辩，还引发了肢体冲突。“拖尸”过程中，部分新生拼力抵制，肢体冲撞时有发生，[⑤]甚至有小规模的冲突，导致校园秩序混乱。[⑥]1934年清华大学反“拖尸”运动发展到高潮，反“拖尸”者组织团体分发传单，并在《清华副刊》登载了《为反对拖尸告全体同学书》[⑦]，宣言有108名新生签名，[⑧]称“拖尸”是从美国传来的一种陋习，野蛮粗鄙，有悖人道，是旧生欺负新生的手段，不仅有违人权，且容易使新旧生产生矛盾。强调“拖尸”违背教育部法令，破坏学校声誉，把“拖尸”置于违法乱纪的境地。该年4月29日是清华成立23周年纪念日，大二学生准备去二院新生宿舍施行“拖尸”，结果走漏消息，大一新生持棍棒反抗，整个校园师生惶恐不安，一夜未眠。据说第二天，二年级联合三、四年级学生再来

---

① 拖尸：清华燕京的学生法条[N]. 益世报，1934-09-01.

吴杰. 记入校被拖尸[N]. 益世报，1934-09-16.

② 小评西郊又拖尸?[N]. 京报，1934-09-08.

③ 小评“拖尸”的人是何居心？学校当局为何不禁[N]. 京报，1934-09-12.

④ 清华大学之新拖尸[J]. 玲珑，1935(37)：3237.

⑤ 粤酉. 清华大学里的绑票风[J]. 中国学生，1929(10)：24. 该文记载新生身强力壮者“尽力抵抗，打在一起，弄得破桌水流，痰盂流倒，书翻纸飞”。

⑥ 李森. 民国时期高等教育史料汇编：第2册[M]. 北京：国家图书出版社，2014：603—605.

⑦ 新闻：拖尸问题[J]. 清华副刊，1934(10)：19.

⑧ 为反对拖尸告全体同学书[N]. 大公报，1934-12-21.

袭击，几名大一新生被“拖尸”才告结束。[①] 1936年9月17日，燕大“拖尸”运动引起新生的反感，新生集合多人拟采报。[②]

（三）校方态度

校方对“拖尸”的态度，前则暧昧，后则禁止。1932年10月初，清华大学校长梅贻琦在讲话中称“此种游戏，原无多大意义，如大家不做得太过，亦尚无害处。所以学校并不提倡，亦尚未干涉”，认为“拖尸”过于频繁会妨害学校秩序，所以“近来我们把它取消了”。[③] 1934年，清华大学23周年纪念日，教务长张子高宣布学生之间不得再进行“拖尸”活动。[④] 1934年教育部发文禁止“拖尸”。[⑤] 1934年开始，燕大校方多次发文禁止“拖尸”。但尽管如此，“拖尸”活动还是偶尔为之，[⑥] 以至1936年燕京大学以严厉措辞再发布告。布告原文如下：

> 查“拖尸”一事，本校以其不合国情，曾与前昨两年，一再出示禁止在案，兹闻本年度开学后，仍有少数旧生玩于习俗，对于新来同学，施以“拖尸”，以致友谊未获，而感情先已破裂，殊非同学间善处之道。特再布告禁止，此少数学生如再顽不悛改，本校定当予以严惩，至新生方面，亦应本敦睦之谊，对高年级同学，心存谦逊，庶几能切磋学问，砥砺气节，特此布告。[⑦]

这里强调“拖尸”会破坏新旧生之间的感情，严厉禁止“拖尸”；但同

① 明. 清华之拖尸恶剧[J]. 天津商报画刊，1934(13)：2.

② 燕大拖尸运动[N]. 益世报，1936-09-18.

③ 梅贻琦. 论“拖司”[J]. 清华校刊，1932(440).

④ 乃天. “拖尸”终论[J]. 清华暑期周刊，1934(5)：264—265.

⑤ 教育部重申前令严禁拖尸，各大学新生可免厄运[N]. 京报，1935-08-29.

⑥ 当局布告禁止拖尸[N]. 益世报. 1935-09-13-08.

燕京大学严禁拖尸[N]. 大公报，1935-10-15.

⑦ “母校拖尸团”今年仍极活动[J]. 燕京大学校友会会讯，1936(1)：12—13.

时也提醒新生要对老生心存谦逊。尽管反对之声不断，且有官方禁止，燕京大学的“拖尸”活动一直持续到中华人民共和国成立前。[①] 抗战期间，孤岛中燕京“拖尸”风行，《沙漠画报》多次报道其“拖尸”的盛况，[②] 战后燕大仍有活跃的“拖尸”活动。[③] 战后其他大学也曾出现“拖尸”，[④] 可见，“拖尸”有强大的生命力。

三、“身体”与“文化”：“拖尸”活动的深层次分析

“拖尸”在清华和燕京等校存在了20多年，对当时校园文化有一定的影响，对这种校园文化仅仅定位为旧习俗、美国陋习，有失偏颇。综合上述对“拖尸”活动的对象、目的与过程的陈述，本文提出如下观点：

（一）“拖尸”活动是一种与清华、燕京校园文化相契合的身体规训活动

大学文化是由一个特殊的社会群体“大学人”在对知识进行传承、整理、交流和创新的过程中，形成的一种与大众文化或其他社会文化既相互联系，又相互区别的文化系统。[⑤] 20世纪二三十年代，由于北京的特殊环境和本身的历史原因，在全国所有大学中，清华和燕京民主风气比较浓，所以学生自治比较成熟。清华大学创校时为留美预备学校，经费来自美国返还的庚

① 新人琐语：拖尸新人[J]. 燕京新闻，1940(3)：4.

② 雨融雪. 下年度的燕大“拖尸”[J]. 沙漠画报，1939(28—29)：12.

慕兰. 燕京拖尸第一幕[J]. 沙漠画报，1939(35)：9.

罗欧. 初入大学之门的厄运：惊心动魄的“拖尸”[J]. 沙漠画报，1941(22)：3.

杨渭京. 拖尸[J]. 沙漠画报，1943(15)：2.

③ 拖尸在一九四六[J]. 燕大双周刊，1946(22)：5.

陈光尧. 燕大的“拖尸”[N]. 新闻报，1946-09-28.

④ 李万青. 从山海关北洋铁路官学堂到西南交通大学：上卷[M]. 重庆：西南交通大学出版社，2007：313.

⑤ 谢和平. 大学文化、大学精神和川大精神[N]. 光明日报，2004-01-21.

子赔款；燕京大学本为美国几个教会联合所办，两校受到美国文化影响不言而喻；同时两校远离城市，相似的文化、相邻的条件促使学生频繁地互动交流，[①]这也成为"拖尸"文化传播的温床。恰在此时美国教师与留美教师引进美国大学的"拖尸"文化，可见"拖尸"在两校比较流行是特定历史时期特定地点的校园文化现象。

"拖尸"是一种善意的身体规训，当然其中不乏恶搞成分。但总体而言，它是特殊校情之下的特定校园文化行为。清华、燕京是两所西方教育色彩比较浓厚的大学，其教育管理，尤其是道德教育被深深地打上西方大学的烙印是理所当然的事。当年罗素曾到清华参观后感叹："清华恰像一个由美国移植来的大学校！"燕京大学情况则更甚，它是直接由美国人司徒雷登操控的教会大学，其在体制、机构、计划、课程、方法乃至规章制度等诸多方面更为直接地引进西方近代教育模式。与国内其他大学相比，学生的自治程度较高，自由色彩更浓。在学生的道德行为规约方面，清华、燕京没有像国内其他高校那样设置训育主任来负责学生的德育工作。清华、燕京大学的学生来自全国五湖四海，行为习惯千差万别，如何使这些学生加快对校园文化的认同，融入学校主流文化，是作为提倡学生自由自治的清华和燕京大学必须面对的问题。身体的各种能力、感觉、体验和管理，不仅是实施人的行动和约束时的核心要素，而且对社会系统的形成和维护至关重要。[②]

1923年，陈铨在《清华周刊》上发文称，"五四"前学校领导管理严格，校风尚佳，"五四"之后受思想解放影响，学校对学生采取放任态度，学生自治会作用有限，学生德育方面问题很大，亟待改良。[③]表现在行为上，随地吐痰，平日去北京城听戏，"自由出校，厕所写字，夜间胡闹，吃烟喝酒，更是作者所不愿言。现在的校风，真是无治的气象。校方既不之顾，学生方面又有谁来甘冒同学之大不韪"[④]。尤其是"九一八事变"发生后，大批东北大

① 叶文心．民国时期大学校园文化[M]．北京：中国人民大学出版社，2012：209.

② [英]克里斯·希林．身体与社会理论[M]．李康，译．北京：北京大学出版社，2010：20.

③ 陈铨．清华德育问题歧路中的两条大路[J]．清华周刊，1925(343)：6—9.

④ 王造时．清华校风的蜕化和批评[J]．清华周刊，1921(209)：4.

学生流亡北京，清华等校热情收留，部分入清华为借读生，其中有的行为乖张，穿睡衣游行、图书馆内大声喧哗、迟到早退，破坏了清华学校秩序。[①]正因为如此，学校客观上需要一个强有力的学生自治组织来规约学生的行为。这种规约明显的是处于校纪与学生自律之间的一种校园治理行为。这种活动既不是校方的处罚，但又能起到处罚的功效。“拖尸”活动则填补了这个真空。可见，清华、燕京大学“拖尸”活动的产生有它的客观必然性。

（二）“拖尸”是一种适应近代中国人的觉醒要求之校园文化，促进学生身体释放

传统中国强调家国天下，修身齐家治国平天下，读书人的一切都是与家、国紧紧联系的，偏偏少了读书人自己。晚清以降，西方的文化蜂拥而至，传统学校解体，新型教育产生。传统的礼仪受到冲击，师生见面不再磕头，上学不再拜孔子，学生开始追求身心的自由。学生在享受前所未有的身心自由的同时，还保留了古代文人的傲气和矜持。大学生就更是如此，傲气、矜持与追求自由的矛盾冲突背后是传统文化与西方文化的融合与疏离。与此同时，国家危机日益严重，爱国救国的重任把他们压得喘不过气来，心中十分无助。[②]一张一弛，文武之道，“拖尸”可以活跃气氛，使“大学生不至于像蒋委员长说的一本正经、正襟危坐的样子”[③]。前述《清华副刊》解释中称“拖尸”可以表示亲善，表示慰劳，只是很多人把“拖尸”概念给窄化了。总之，“拖尸”增进了友谊，促进了学生身体的释放。

（三）“拖尸”之争是中西文化冲突的体现

在美国，学生把“拖尸”当作一种娱乐，一种消遣。《中国学生》杂志报道了当时美国大学生的“拖尸”，其戏弄程度远远超过清华和燕京，但是被“拖尸”者脸上露出的是快乐和满足的表情，他们把被“拖尸”看作是一

① 校闻：有则改之[J]. 清华周刊，1932(4)：84.

② 叶文心. 民国时期大学校园文化[M]. 北京：中国人民大学出版社，2012：4.

③ 公羊. 对于“拖尸”的意见[J]. 清华暑期周刊，1934(5)：261—263.

种荣耀，说明自己有个性。[①]与之相反，中国传统知识分子受儒家思想影响很大，讲究礼仪，“君子动口不动手”“身体发肤受之父母，不敢毁也”，对自己身体的爱护和礼仪规训颇为讲究。在这种文化背景下，新生理所当然把“拖尸”当作胯下之辱。加之中国传统文化强调权威和等级，大二学生常常以大压小，戴绿帽子等侮辱性行为引起了一批具有民主革命精神的新生的反抗。[②]可见一种外来校园文化如果不与本土文化相融合，肯定是移橘为枳。

此外，“拖尸”之所以受到抵制，与近代中国的中西文化之争有关。自从被西方人的坚船利炮打开了大门，欧风美雨随之而来，但是如何对待西方文化国内一直存在争议，意见主要有三种：全盘西化，中体西用，固守传统文化。甲午战败，中国开始全面学习西方，但是从清末一直到20世纪30年代初，西化并没有给中国带来富强，反而使人们丧失了民族自信，所以知识分子开始从传统文化改造着手，强调本位文化，国民政府的“新生活运动”的目的之一就是重新塑造传统文化自信心。[③]进一步说，面对异己文化时，我们的“绝大多数反应却是民族主义的和带有种族上的好恶的”[④]，这是“拖尸”居于一隅不能推广的根本原因所在。

（四）身体的国家化导致了“拖尸”的终结

黄金麟在《历史、身体、国家——近代中国的身体形成（1895—1937）》一书中明确提出，近代国人身体经历了国家化的过程，其间学校教育提供了一个制度化与常规化的场域，让学生的身体在一定的教育目标导向和时空的严格管制下，经受一系列模塑与调教。[⑤]与此同时，民国初年大学生身体经历了自由化的过程，如前所述，“拖尸”由学生自发组织，校方默

① 若若．美国大学里的“拖尸”[J]．中国学生，1936(2)：15.

② 《胡乔木传》编写组．我所知道的胡乔木[M]．北京：当代中国出版社，2012：460.

③ 暨爱民．民族国家的建构：20世纪上半期中国民族主义思潮研究[M]．北京：社会科学文献出版社，2013：182—187.

④ [美]露丝・本尼迪克特．文化模式[M]．王炜，译．北京：社会科学文献出版社，2009：7.

⑤ 黄金麟．历史、身体、国家：近代中国的身体形成(1895—1937)[M]．北京：新星出版社，2004：70.

许。但随着时间发展，“拖尸”的自由性与学生身体的国家化矛盾日益加深，导致其终结。国民政府建立以后，加强了对大学的管理，全面展开对学生的训育和军训。20世纪30年代，“新生活运动”开展，讲求礼义廉耻，对学生身体进行全面规训。加之“拖尸”造成新旧学生的冲突，虽然未引起大的流血事件，但由于媒体关注，影响颇大，在这个亟须稳定的时期，政府是不允许学校有纷乱的，所以一再施压。作为国立大学的清华大学，校园“拖尸”在1934年之后偃旗息鼓。燕京大学作为教会大学，办学有很大的自主性，抗战初留守北平成为孤岛，加之燕京的“拖尸”有独特性，所以一直持续到中华人民共和国成立前。

“文化”与“身体”是中国近代大学“拖尸”活动受争议的两个主要聚焦点。一方面，从文化的适应性方面讲，中国近代大学是西方大学移植与传统儒学蜕变相结合的产物。[①] 民国时期的大学尚处于移植、模仿阶段。在这一过程中，有些异质校园文化符合中国国情，与中国本土文化融合，因而移植、模仿成功了，成为中国大学校园文化的有机组成部分，如大学教育制度、分科制等；有些外来校园文化则因水土不服，与中国传统文化相排斥，因而在实践过程中逐步被淘汰。“拖尸”活动正是如此。尽管“拖尸”活动在清华和燕京等大学曾风靡一时，在维持大学风纪、增加同学感情方面起过很大作用，但终究与我国的传统文化相悖，且受国内文化保守主义者的抵制，最终还是悄然退出大学舞台。另一方面，从身体的国家化方面看，近代中国面临亡国灭种的危机，在强国保种的大背景下，学生的身体被深深地刻上了国家的烙印，这与“拖尸”活动中学生身体的个性化格格不入，身体的国家化促使“拖尸”的消逝。尽管如此，作为近代大学形成与发展的初始阶段的一种学生自治活动，“拖尸”游戏还是能给我们许多有益的启示，其文化价值和教育意义值得我们深入探讨。

---

① 刘训华，周洪宇．论中国现代性大学的起源[J]．高等教育研究，2015(6)：90.

第二节 “教育身体”的军事化
——近代大学生的军训

中国古代人才是文武合一的，“六艺”中射、御都是讲军事才能的。后来逐渐重文轻武，到明清时期，军人有军籍，好男不当兵。清代除了八旗子弟外，军人都来自底层，受人歧视。但从镇压太平天国的湘军、淮军崛起开始，军人的地位有所提升，清末很多封疆大吏都是军旅出身，例如左宗棠、李鸿章等。北洋军阀时期，军人的地位进一步提高。随着国难加深，对外战争失败，军事上的崛起是国人的梦想，也是近代统治者一直努力的方向。清末自操练新军开始，西式的军事体操传入中国，随着尚武精神的发展，军事体操风靡全国校园。民国建立后，各级学校建立童子军、学生军，军事化成为学校教育的一个趋势。

一、军国民主义的发展与近代大学的军训制度变迁

1902年，蔡锷在《新民丛报》上发表《军国民篇》，系统论述了军国民教育理论，重点主张召唤国魂，以身体的军事化为开发诉求，呼吁政府把身体视为强国强种的根本基础，[①] 从而掀起了中国近代军国民教育运动。1903年，梁启超在《论尚武》一文中描述了传统教育文弱书生的形态：

> 中（国）人不讲卫生，婚期太早，以是传种，种已孱弱。及其就傅之后，终日伏案，闭置一室，绝无运动，耗目力而昏眊，未黄耇而骀背。且复习为娇惰，绝无自营自活之风，衣食举动，一切需人。以文弱为美称，以羸怯为娇贵，翩翩年少，弱不禁风，名曰丈夫，弱于少女；弱冠而后，则又缠绵床笫以耗其精力，吸食鸦片以戕其身体，鬼躁鬼幽，跂步欹跌，血不华色，面有死容，病体奄奄，气息才属：合四万万

① 曾业英. 蔡锷集[M]. 长沙：湖南人民出版社，2008：19.

人，而不能得一完备之体格。[①]

蒋百里在《军国民教育》一文中提出：“学校是国民品行、精神、气度的制造所，是国家风气的根源。兴尚武精神当先自学校始。”[②] 他进一步提出了小学、中学、大学三级循序渐进的教育方式，以达到变学校为军队的目的。

同样在1902年，为推翻清朝统治，蔡元培积极实践“军国民教育”，《爱国学社章程》中规定：“重精神教育，重军事教育而所授各科学皆为锻炼精神，激发志气之教育。”蔡元培身体力行，剪掉发辫，身着戎装，参加学生的军事操练。[③] 1904年，《奏定学堂章程》中规定京师大学堂、高等学堂中体育课授兵式体操。[④] 1906年，学部公布教育宗旨，尚武为其中一条。

民国建立后，在蔡元培的倡议下，军国民教育列在五大教育宗旨之首，各级学校体育仍然以兵式体操为主。1912年12月18日，国民政府教育部训令全国各学校注重体育，要求各学校校长、教员“引导学生于体操正科外，为种种有益之运动，专门以上学校，体操不列正科，尤宜组织运动部，随时练习，以免偏用脑力”[⑤]。直到1922年新学制颁布，全国才废除兵式体操，变为体育课，学校军训基本停顿。国民政府成立后，对大学生的军事训练尤为关注。蒋介石主张以“六艺”为教育的主要内容，强调教育应文武合一，“不仅要使受教育的人懂得文事，并且要使他懂得武艺。因为一个人如果不懂得武艺，就不能自卫，不能保护国家和民族。可是现在的教育，忘掉了这个最紧要的道理，文武完全分途，文人不懂武艺，武人不懂文事，驯至养成重文轻武的习惯，结果各个人最多也只知道一半的道理，因此就没有完全的学问，也没有完全的人格，不能完全尽到他做人的责任”。因此，学校必须实行军事化教育。1928年5月22日大学院第363号训令，各省市教育行政长

① 梁启超．新民说[M]．郑州：中州古籍出版社，1998：191.

② 蒋百里．军国民教育[J]．新民丛报，1902(22)：33—52.

③ 郝光安．北京大学体育史[M]．北京：人民体育出版社，2008：28.

④ 朱有瓛．中国近代学制史料：第二辑：上册[M]．上海：华东师范大学出版社，1987：102.

⑤ 教育杂志，1913(11).

官暨各大学区及各国立大学校长：为令饬专门以上学校一律加课军事教育，中等以下学校一律注重体育。[①] 各省教育管理部门纷纷响应。

1930年国民政府教育部规定，军训不及格学生不得毕业。[②] 1931年，国民政府颁布《学生义勇军教育纲领》，随后制定并颁布《学生义勇军训练办法》，规定青年义勇军由高中以上学校学生组之，童子义勇军由初中以下学校学生组之，二者均以各学校为组织单位。由中央到地市都设专门的监管部门负责训练义勇军事宜。义勇军训练内容首先是军人精神教育与体格锻炼，其次是军事上的各种技能。训练时间为6个月，每天2个小时。[③]

1934年5月，国民政府教育部公布了《修正高中以上学校军事教育方案》和其他几个条例方案，对于平时训练、集中训练、教学科目、教学时数、野外演习、医务看护、教官任用、服装设备等都作了明确规定。其后为加强纪律训练起见，于1936年10月2日另定《高中以上学校学生军事训练管理办法》，通令实施。内分总则、组织、服装、请假、外出、教室规则、食堂规则、操场规则、野外规则、值日勤务、风纪卫兵、诊断规则及附则等14章，共90条。从此，学生军训实现了制度化。

二、北京大学的军训

早在清末北京大学堂时，北大学生就要做军事体操，做操时要求穿军装，当时学生因为穿军装和外校人合影被校长开除。在北大，军事训练不受学生重视，原因有两点：第一，学生来此的本意是学文，不是学武；第二，北大自由散漫成风。1922年奉军入京，北大学生自发组织护卫队保卫校园。事后，鉴于北大学生体育活动少，蔡元培决定组织学生军，由白雄远和另外两位军官教操场上的动作和沙盘兵棋，聘蒋百里、黄郛讲军事学和军制

① 教育令文：甲、大学院令：大学院训令第三六三号[J]. 大学院公报，1928(7)：16—17.

② 校闻：部令军训不及格学生不得毕业[J]. 国立浙江大学校刊，1930(23)：298.

③ 选录：学生义勇军训练办法：二十年十月卅日教育部公布[J]. 中央周报，1931(180)：12—13.

学。①

北京大学成立学生军时，蔡元培知道北大学生自由散漫，为了鼓励学生参加，特由校方无偿发给特制的军服，规定两年毕业，毕业后另发学生军毕业证书。除上操外，每月野外演习一次。教师教官主要教学生在沙盘兵棋上排兵布阵，讲得头头是道，但一到野外，学生们对大自然的地形完全不知所措，对于枪支的构造和装卸也摸不着门道。但是蔡、蒋、黄均认为这无伤大雅，学生军学习的目的在于培养高级参谋人员、国防计划人员，不需要做基层部队的指挥员。参加学生军的一般同学也只是想学一点军事知识，并没有真正从事军事指挥和参谋决策的信心。然而蒋百里期望较高，在第一届学生毕业时，他出的论文题目是比较成濮之战与淝水之战在战略、战术上的异同，并绘图阐明，结果没有学生会做。蒋百里大发雷霆，和黄郛都辞职不干了。学生军仅办了两期，收效甚微。②

20世纪30年代初，北大军训组主任由白雄远担任，白雄远是旧时保定军官学校毕业，少将衔，兼任当时北平市军训总监。蔡元培推崇他，称他勤恳而有恒，实为难得的军人。③他手段圆滑，很会拉拢和敷衍学生。白雄远记性好，二三百受训的学生，他几乎都认识。遇见学生称某先生，表示非常尊重；在课内，煞有介事，立正、看齐、报数，一丝不苟。他对学生的办法很有成效，学生上课总是全勤。课程平平静静地进行，军训中安排学生到北郊打过一次靶，实弹射击。机关枪5发，步枪5发，很多学生打不中，可是都算及了格。④当时北大军训除每周两次清晨出操外，还有一个晚上课堂讲课。因为白天各系上业务课不好安排，只好安排在晚饭后7点至9点两个小时。课堂在沙滩红楼，讲《步兵操典》。⑤

---

① 早在1903年拒俄运动中，上海学生就组织学生义勇军，简称学生军，并且制定了《学生军条例》，写信给袁世凯，请求将义勇军编入北洋军，出兵抵抗俄国侵略军。见杂评：学生军(附图表)[J]. 新民丛报，1903(30)：94—96. 北伐时期学生也组织军队，抗战时期广西学生组织学生军参加抗战。

② 高兴亚. 北京大学的学生军[J]. 文史博览，2004(5)：62.

③ 郝光安. 北京大学体育史[M]. 北京：人民体育出版社，2008，35.

④ 陈平原，夏晓虹. 北大旧事[M]. 北京：生活·读书·新知三联书店，1998：354.

⑤ 陈平原，夏晓虹. 北大旧事[M]. 北京：生活·读书·新知三联书店，1998：425.

1934年学年开学后，国民政府教育部下令规定“军事训练”为大学生（女生除外）必修课，并给北大派来三名教官。[①] 由国民政府派给北京大学的三位教官上课态度大变，严格要求，学生必须绝对服从。开门第一炮，教官对待学生便摆出对待士卒的样子，指使、摆布、申斥学生，结果学生群情愤激，开始是敢怒而不敢言，不久就布阵反击。有的同学正颜厉色地同教官论辩，因教官不学无术，虚张声势，这样一戳就泄了气；有的学生“无声抵抗，譬如喊立正，就是立不正，但又立着，你不能奈我何。据说教官气得没办法，曾找学校支援，学校对学生一贯是行所无事，当然不管”[②]。

因为军训课是文、理、法三个学院同一个年级的公共必修课，上课时间不好安排，所以注册科就将军训课排在早晨8点各系上业务课之前。当时学生对军训课不感兴趣，而且大家一向自由散漫，晚上宿舍里电灯彻夜不熄，经常通宵不睡，早晨没课，整个上午高卧不起。一天早晨上军训课时，有个同学也不知是迟到了还是在队列中说话，教官李某过去就当胸打了他一拳。北大在京师大学堂时代，一般校工都称学生为“老爷”，20世纪30年代的北大学生虽然已经不再是“老爷”，但还是被尊称为“先生”，现在“先生”居然被打，这还了得！当天中午沙滩东斋和马神庙西斋两处宿舍墙上贴满反对军训教官、号召大家罢上军训课的布告，学生群起响应，愈演愈烈，马上见诸行动，罢上军训课。那位李姓教官只得通过学校安排在沙滩红楼二层的教室召集学生讲话。那天下午去的学生不多，而教官李某却骑马来到红楼，把马拴在大门内树上，而后挥动马鞭进了教室，把学生训斥了一番。这次“训话”更激起了学生的极大愤慨，红、黄布告当天又一次贴满宿舍，痛斥李某的荒谬发言，并提出种种质询。记得布告中有云：“视学生如牛马，等教室于牧场”，进一步号召大家继续罢上军训课。最后三位教官悄悄告退，另谋高就。后来北大再次聘请白雄远来任军训主任，由他派来三位教官。这三人都是北京人，深知学生的脾性，大家客客气气，从此相安无事。[③]

① 陈平原，夏晓虹．北大旧事［M］．北京：生活·读书·新知三联书店，1998：466.

② 张中行．负暄琐话［M］．北京：中华书局，2006：28.

③ 陈平原，夏晓虹．北大旧事［M］．北京：生活·读书·新知三联书店，1998：467.

图6-2 1937年北京大学军训演习

〔资料来源：赵捷民．国防前线的北大军训：过山炮演习[J]．青年月刊，1937(4):1．〕

据1937年北大学生描述，军事训练是该校体育的一部分。“北大军训有十五六年的历史了，一向由白雄远先生主持，其设备完美，举凡轻重机关枪、迫击炮、平射炮、山炮、弹药箱、手榴弹、防毒面具、步枪刺刀等应有尽有，并辟有一沙盘战术室，沙盘上置步、马、炮、工兵、辎重、战车、汽车……”①

虽然国难当头，军训要求日益严格，但是北京大学的学生“自由散漫”惯了，军训教官管理过于严格引起学生集体反对，白雄远能够因材施教，既严格要求，又尊重学生。

三、其他学校的军训

1927年至1930年，冯玉祥占据河南，他提出要强国强种，必须锻炼身体，而军事训练是锻炼身体的有效办法。当时河南大学规定在正课时间讲授军事学，每周一次，同时进行精神教育。河南大学学生每天清晨有2个小时的军事训练。黎明前一闻起床号声，学生即须迅速整装到操场集合，校长领读誓词：“我们国家快要亡了，民族快要灭了，外国人待我们连猪也不如，连狗也不如，我们再不努力，就要当亡国奴了。”校长读一句，全体复诵一句，慷慨激昂，声震天宇。②河南大学学生在军训中必须每天大声朗读救亡

① 张孟休．北京大学素描[J]．中学生，1937(76)：90．

② 河南大学校史编写组．河南大学校史[M]．开封：河南大学出版社，2002：35．

图存的誓词，在气势宏大的场面中陶冶学生，置身其中都会被感染。接着由西北军派遣教官，进行认真训练。学生曾参加冯玉祥的演武厅大检阅，与正式部队同列。

学生军训结束会进行军事汇演，如1931年王柏龄会同几个南京陆军军官学校的教官检阅复旦大学义勇军。[①] 军训汇演不仅有分列式，还有具体的手榴弹等节目。1936年1月1日，成都市举行军训检阅。1935年12月24日，四川大学校长任鸿隽发布告，要求该校受军训学生每日早操均应遵照出席，不得借故规避。受军训学生每日早操一次不到，警告；二次不到，记小过；三次不到，记大过。[②]

四、大学生在军训中的身体感受

图6-3 大学生在野外进行军事训练

〖资料来源：丁子. 记大学生军训生活：上[J]. 中国学生，1936（2）：8—9.〗

（一）丁子的军训生活

化名丁子的大学生参加了1936年的暑期集团军训，当时很多同学把参加集团训练认为是一件不幸而且可怕的事，而他却深深地庆幸自己有参加这一盛典的机缘。两个月的集训生活给他留下了深刻的印象，军训变成其生命史上重要的一页，是其新生命与旧生命转变的枢纽。

① 太. 学校生活：王柏龄检阅复旦义勇军[J]. 新时代，1931(22)：14.

② 布告[J]. 国立四川大学周刊，1935(14)：5.

丁子称，军训生活规律，要求严格，尤其是作息时间，早上4点半就起床、升旗、早操、早餐、学科，下午术科，晚上自修。行动处处有规矩，时时要汇报，学生感到束缚，“当我们出来的时候，很感到不快。我们好像一只鸟儿被人家捉住了，关到笼里去一样，营外的青山、绿树，以及河里的帆影，时时在引诱我们，使我们回忆起过去的个人的自由，而感到蛇啮似的悲戚。有许多同学曾经起过偷偷爬出墙去的念头，但为着一种无形的力量抓着他们，终于谁也没敢这样做”。军训是苦，军训生活的两个月中，学生“脸是一天黑一天了，身体却也一天结实一天。现在，我们走二三十里路是满不在乎的了，谁说学生是不中用的呢?”

丁子印象最深的是每天清晨早操以后举行的升旗典礼。“从前在校里，虽然也有升旗这回事，可是大家都很随便，在这里可就不大相同了。当我第一次参加这里的升旗礼的时候，我几乎感动得哭了起来，集团生活的价值我也是在升旗时发现的。”

> 你想，在那可爱的清晨，粉红的霞缓缓地飞舞，深绿色的柳丝随着风儿飘荡的时候，一千五百多健壮的青年，整齐地排列在操场上，向着一面随着军乐声慢慢上升的颜色鲜明的国旗用庄严的态度行着敬礼，这是多么值得人感动的事！而且在一千五百多个粗大的喉咙中和谐地唱着党歌，你想这是何等的雄壮的图画。①
>
> 每次，在我举手向着国旗，在我把自己的歌声融化在一千多人的歌声中去的时候，我总会忘了我自己的。在那时候，我会忏悔，忏悔我过去的错误。我以前太藐视集团的生活了。到现在我才知道个人的渺小。我们把一千五百多个青年打成一个青年，我们把一千五百多个热烈的心融成一个心。意志是统一的，行为是一致的。好，看我们的雄伟的青年来把中国打成一片，来把中国组成一个吧！②

① 丁子．记大学生军训生活(上)[J]．中国学生，1936(2)：8—9．

② 丁子．记大学生军训生活(下)[J]．中国学生，1936(3)：12—13．

军训讲究纪律、秩序，要求学生服从。军队中庄严肃穆的升旗仪式对学生的影响远远大于学校的升旗仪式。

（二）张天虚等的军训日记

大学生张天虚1937年初在太原参加集团军训，过年的时候仍在山西，军训队伍里都是大学生，有清华的、有北大的，有男生、有女生。军训严格，内容充实具体，有军队防守、射击、骑马等。开始的时候，他们都盼着发制服，因为那是身份的象征，穿着制服就意味着成为一个真正的军人。军训中大学生们吃苦耐劳，结成了战友般的真挚友谊。军训结束后，10个清华的学生要走，大家都感到十分凄凉，“他们都换上了便衣，简直成了陌生人似的了。真想不到，人在服装上的变异，对于心理会有这样大影响”。在欢送北平来的队友的时候，大家唱起了《义勇军进行曲》，歌声中车开动了，大家又唱起了《救国进行曲》。①

1933年，女大学生简玉璿在日记中记载：9月21日，下午军事训练，站在操场上整整两个多钟头没有休息，直至有一位同学支撑不住快要晕倒，这些教官才命令散队，但接着再来一小时学科，因为不习惯，感到异常疲劳。②9月28日，“军训，整整两个钟头站在操场上，‘稍息’‘立正’‘开步走’……时间就这样过去了。从今天起，才知道士兵生活并不是很简单的一回事。他们的苦头不是容易吃的。从军事训练中，我更深刻地认识了中国的士兵。我爱中国的士兵”。③

1936年，彭武在中山大学演讲时称：“国民军训是国防教育的一部分，大学生军训是国民教育最重要的一部分。大学生受军训是对国家、对民族、对自己应该尽的责任，实行政府整个救国救民的计划，求国家民族生存不二

① 张天虚．军训日记：太原军训的生活记录[J]．中国文艺，1937(1)：27—58.

② 蔡文星，简玉璿．两个民国女大学生的日记[M]．北京：华文出版社，2012：97.

③ 蔡文星，简玉璿．两个民国女大学生的日记[M]．北京：华文出版社，2012：102.

出路。”[①]可见，军训是大学生身体国家化的一个集中体现，军训中学生把自己当作了军人，对国家的归属感与日俱增。

第三节　“教育身体”的空间化和时间化
——四角天空：出入限制

大学是个独立空间，近代大学把学生封闭在学校里，与外面相对隔绝，以便于管理。但是大学生正处于青年期，好动而又渴望踏入更加开阔的空间。大学的秩序化管理与学生好动性二者之间的矛盾在大学诞生一开始就产生了，并且一直贯穿近代始终。正如法国哲学家福柯指出的，空间是权力实施的手段，权力借助空间的物理性质来发挥作用。与传统社会加之于人身上残暴的刑罚不同，近代监狱主要是提供一个可视的公共空间，犯人只能在监狱这一空间内生活，在狱警的指导下完成自己的任务。犯人被剥夺了身体的自由，特别是空间活动的自由。对于现代人来说，最大的惩罚就是剥夺身体自由。现代社会就像一所大的敞开式的监狱，近代学校和监狱一样，也是一个巨大的规训场所。[②]民国时期，各大学也通过相关管理规则将学生的身体固定于学校空间之中，学生必须履行相关手续才可出入大学空间内外。

一、出入有牌：请假证明

（一）进出有时，出入有牌

1. 出入有牌

近代大学都是有围墙的学校，像一座围城，对学生出入管理十分严格。

① 彭武．演讲录：大学生为什么要受军训[N]．国立中山大学日报，1936（2323）：4—5.

② [法]福柯．规训与惩罚：近代监狱的诞生[M]．刘北成，杨远婴，译．上海：生活·读书·新知三联书店，1999：134.

学校的围墙把学生身体与外界隔绝，校门是学校内外相通的唯一合法通道。与今日大学的24小时开放不同，近代各大学的校门开关都有严格的时间限制。关于学校大门开闭时间和学生出入条件，各大学章程中皆有明确规定，如《山东大学堂章程》规定如下：

第七节　夏季每日早五点半钟开学堂大门，晚八点半钟闭门。冬季早六点钟开门，晚九点钟闭门。闭门以后，非遇有紧要公事，由总办、总教习发给特准凭单，不得擅开。

第九节　学堂大门，责成司阍经管。除总办、总教习、监督、教习、委员外，其余勿论何项人等，出入大门，均须认真稽查，并查明学生有无验单，差弁、夫役有无凭牌。如无验单、凭牌，即不准其私出大门，违则禀究。学生惟遇停课日期，暨因事请假领有验单，准其出入。又逐日休息时刻，准其出入。此外，不准私出大门一步。验单、凭牌，由监督兼管，出堂具领，回堂即缴。①

山东大学夏季早上5：30开门，晚上8：30关门，冬季晚半小时。除了学校的管理官员，其他人出入都要有凭据。

与山东大学堂相似，京师大学堂从建立开始就注重对学生的时空规训，1899年1月制定《京师大学堂规约》，同年3月颁布《京师大学堂禁约》，对学生在堂学习期间作息、生活、学习作出更为详细的规定。

一、酌给余假，每月三日。例假之外，如教习学生家有要事，拟给余假三日半，所差功课还学补足。

二、学生例假外，因事乞假，不得专以本生口说为凭，须由家长声明何事乞假，如家长不在京，则本生自行声明，由同斋诸生作保，方准给假。

① 王杰，祝士明．学府典章：中国近代高等教育初创之研究[M]．天津：天津大学出版社，2010：182.

> 三、学生出入必有稽查，由杂务处派一供事经管，立一簿记，出入皆登记时刻。[①]

除了正常放假外，学生每月最多可请假3天，如果家里有事可增加3天半。学生请假必须有家长声明或者同学做担保，出入校门时，要登记。另有《京师大学堂堂舍规条》规定，在年假、暑假、星期及章程停课之日，学生可任意出外。如有要事，在其当天堂课及温习完成后，准予出外，在堂提调及斋长处申请，每星期请假不得超过两次。即使外出，晚上也要在学校大门关闭前回到学校；如果要外宿，必须事先和堂提调申请批准；如果因紧要事情没有赶回学校，次日回到学校要向堂提调说明情况，否则记过。规条强调学生外出时，“宜赴堂提调办事处领取自己名牌，出到本学堂二门，则将牌悬之挂牌处。回堂时，就该处取之，呈交堂官提调”[②]，出入都凭名牌。

教会大学也有严格的出入管理制度。以圣约翰大学为例，曾肄业于圣约翰大学的郑朝强回忆，该校学生只许在星期六中午至晚上9时、星期天中午至晚上7时、平日下午2至7时自由进出校门，其余时间内必须请假获准才能出去。学校的门卫人员十分负责任，被授予很大的权力，任何学生违反上述规定，都要受到门卫的干涉。当时的学生都自觉遵守纪律。[③]

所有形式的监督都是以某种强制性的惩罚措施来做后盾。对于活泼好动的大学生来说，相当一段时间不得出大门成为一种很重的惩罚。以圣约翰大学为例，1921年毕业的校友苏公隽回忆称：

> 校规非常严峻，而且有些是离奇得不可思议的，同学们颇有动辄得咎之概。犯了过失，校长室书面通知，指定时刻，由校长亲自传见。这

① 北京大学校史研究室. 北京大学史料：第一卷(1898—1911)[M]. 北京：北京大学出版社，1993：211.

朱有瓛. 中国近代学制史料：第一辑：下册[M]. 上海：华东师范大学出版社，1986：673.

② 朱有瓛. 中国近代学制史料：第一辑：下册[M]. 上海：华东师范大学出版社，1986：673. 名牌相当于出入证。

③ 《文史资料选辑》编辑部. 文史资料精选：第5册[M]. 北京：中国文史出版社，1990：415.

种规定叫作“吃大菜”，那张传票叫作“大菜票”，收到者栗栗危惧，好似大祸之将临。惩罚的方法不一：最轻者停出校门，大学生可于每天下午四时后出外闲逛，于晚餐前返校，倘有触犯校章，即便剥夺此项权利，少则若干天，多则一月。

苏公隽记得，当时该校规定大学生只准吸烟斗，不准抽卷烟，倘有违反，轻者发誓永不重犯，重者禁止出校，自几天起至几星期止。在圣约翰大学，学生节日和星期例假可以朝出暮归，如果当晚返校稍迟，即使逾越几分钟，亦不宽待，一段时间禁出校门。[①]学生的身体有社会性，作为年轻人，每一位大学生都渴望走出学校，融入社会。学校的规定对学生身体有很大的压制。

2. 日益严格的门禁系统

国民政府建立后，各大学加强了对学生出入校门的监督，其门禁方面管理日益严格。交通大学唐山分校《门禁规则》规定，学校大门早晨天亮开启，夜间10：30上锁；上锁后除因办理公务准许出入外，其余一概不准出入。学校设院警，院警须勤慎站岗或巡逻，“遇有外人到院访友或有其他事项接洽，须问明来历，由门房引至会客室或接洽处所，及其离院时亦须留心查察，不得疏忽，至闲杂人等一概不准入院”。平日乘车出入大门者，院警须登记其乘车号数及出入时间，或乘者姓名。学生携带皮箱背包等物出门时，须持有训育处放行证时许放行。[②]学校不仅限制学生出入，而且为了保护校内师生的安全，保证学校物资安全，包裹要有证方可放行。

1934年光华大学针对师生出入校门，颁布了严格的《门禁条例》：

（一）本校以一门出入为原则，但为住宿何家角之教职员学生便利起见，通何家角之后门亦得开封，惟下午七时后不准出入。

① 中国人民政治协商会议江苏省常熟市委员会文史资料研究委员会. 文史资料辑存：第3辑[M]. 1962：146—148.

② 李森. 民国时期高等教育史料汇编：第16册[M]. 北京：国家图书馆出版社，2014：524.

（二）本校大门平日紧闭，由旁门出入。

（三）大门及通何家角之门各由校警一人轮流站岗。

（四）教职员学生及校工均佩戴校徽。

（五）本校平日以上午七时前下午七时后为门禁时间，学生无故不得自由出入。

（六）星期六日及例假日门禁时间自晚间九时开始。

（七）出校证必须存放于门房返校时取回，填明返校时间缴呈训育处销假。

（八）门禁开始后，无证出门者门警得阻止之。①

光华大学有大小两个校门，二者皆是早上7点开启，晚上7点关门，其他时间出入必须有证。即使是校门开放时间，教职员和学生出入时必须佩戴校徽，表明身份，以保障学校的安全。尽管限制严格，但青年学生仍常常溜出去，有的越墙而入，有的则是打点门房管理人员。② 震旦大学的神父面对学生越墙而入，直接采取了强制措施——开枪射击：

学生夜里自外面逾墙溜到校院里，当然是违反校规章的。神父为了防止这种行为，在夜晚巡逻时，发现学生爬墙，开枪射击。果然某天夜里，有个同学逾越院墙，遭到射击，幸而他翻滚得快，否则真有生命之危。教务长乔典爱在对学生训话时竟然说：学生触犯校规，可以开除或送法巡捕房究办。③

西方的法制社会，越墙而入的外人被开枪击毙是不违法的，但中国是人

① 门禁条例[J]. 光华大学半月刊，1934(1)：72.

② 丁影女士. 大学生=中学生[J]. 女朋友，1931(2)：10. 文章讲述两个大学生出去约会，给门房两块钱，约好了晚回来请开门。

③ 全国政协文史资料委员会. 文史资料存稿选编·教育：第24辑[M]. 北京：中国文史出版社，2002：270.

治社会，这样的处理方式让学生难以理解。大学生的身体处于中西文化的冲突之中，但学生如遵守学校规则，就不会有这样的结果。当然这是特例，学生的出入校门管理也有人本化的关怀。据金陵女子大学1935级校友慕淑勤回忆，当时学校规定住校生星期六可以回家，而慕淑勤家不在南京，但她有一位家住南京的好朋友。有一次周末，这位朋友邀请她去玩，天晚了便留住了一夜，次日一早赶回学校。回校后，吴贻芳校长亲自找她谈话，了解星期六晚上的情况，并问她为何不请假，如遇到危险怎么办，提醒她以后要遵守学校制度。[①] 可见，学校设门禁不只是规训学生，也有对学生安全的考虑。

（二）请假之难：程序和缘由

学生如果有事要请假，必须经过严格的程序。京师大学堂前身京师同文馆规定：学生学习期间，遇有丁忧大故，给假百日并给盘费；若遇有结婚，给假两个月但不给川资；除丁忧、完婚及生病外，遇有大考、岁考、季考、月课一律不许请假，否则罚扣膏火；参加乡试、会试的学生，准假一月；若有学生赴衙门当差，每月准给官假6日；学生有夜不归宿者，初次扣一月膏火，再犯则予以革退。[②]

前述京师大学堂学生因事请假必须有家长或同学担保。1905年《复旦公学章程》对于学生告假有详细的规定：学生平时不得告假，有特别事故，无论长短，必须亲自找校长或校长委托的职员，陈明事由，领取假单，以名牌交管理员登记在簿，归校后取牌销假；凡因病告假者，无论长短必须随时取校医批准单，并呈请登记。[③] 20世纪20年代，复旦大学制定了更加细致的告假规则：

---

① 程斯辉，孙海英．厚生务实巾帼楷模：金陵女子大学校长吴贻芳[M]．济南：山东教育出版社，2004：250—251.

② 陈向阳．晚清京师同文馆组织研究[M]．广州：广东高等教育出版社，2004：269.

③ 复旦大学校刊，1936-04-27.

第一条　凡学生因有疾病或有要事不能上课，须报告监学请假，否则不得擅自旷课或私行离校。

第二条　逢星期六下午及星期日，均照第五条准学生出外，惟必须回校住宿，若家在左近，预向监学请假者，则可于星期一晨上课前到校。

第三条　学生遇父母丧及婚姻等重要事，须将家信呈请监学察存，由监学分别酌定假期。若遇患病须回家调治者，应由监学察看情形，方准请假，病愈回校。

第四条　凡各科学每星期修业时间有五时或六时者，准每月请假三小时，每星期有三时或四时者，准每月请假二小时，逾限不到，作无分数。但本章前条不在此例。

第五条　学生向监学请假后，所领请假名牌于离校时亲交司阍，始得外出。回校时亦须亲取名牌，至监学处销假。若逢星期六课毕及星期日，只需将宿舍名牌亲交司阍，无府另行请假。

第六条　学生缺课，一月之中有逾三十次，而无充足理由者，即令出校。①

可见，学生请假的原因主要有3种，一父母丧，二婚姻大事，三生病。学生平时请假有最高限定，每星期修业时间有5时或6时者，准每月请假3小时；每星期有3时或4时者，准每月请假2小时。1926年《光华大学章程》也规定了学生请假的最高限度，三、四年级学生每月至多4次，二年级以下学生每月至多2次。凡未经告假，遇规定时间不回校，点名不到者及在外住宿者，均作违反校规论，须分别严重处罚。②北京师范学校则规定，学监股事务员要记载学生告假外出人数、时期及销假事项，每月统计一次，汇呈学监，每日下午功课完毕后，将本日告假外出及因病修养之学生人数开列

① 复旦大学．复旦大学章程[M]．复旦大学，1920.

② 李森．民国时期高等教育史料汇编：第27册[M]．北京：国家图书馆出版社，2014：51.

名单，送教务股，并与点名薄对核。[①] 因此，大学对学生请假次数的限制、记录学生的外出情况，不仅是对学生安全负责，也可以把握每位学生的去向。

总之，近代大学为保证大学生的生命安全，进行有效的教学管理，对大学生逐步采取西方的管理制度并对其实施严格的时空限制，教育的使命化和工具化凸显。当然，作为具有主动性、自由性的大学生，在服从大学管理的同时，也在追求身体出入空间和时间的自由性，会通过违反相关规章或者通过请假等手续，走出校园空间，而这也使得大学进一步通过更为细化、严格的规章来规训其身体，从而保证大学教育空间的秩序。

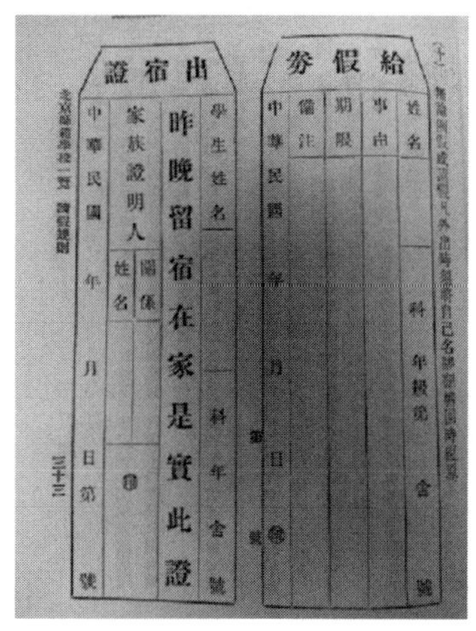

图6-4　北京师范学校请假登记单

［资料来源：李森．民国时期高等教育史料汇编：第10册［M］．北京:国家图书馆出版社，2014：313.］

二、私人重地：难进难出的宿舍

宿舍既是学生的公共生活空间，也是学生的私人空间。近代大学生除了

① 李森．民国时期高等教育史料汇编：第10册［M］．北京：国家图书馆出版社，2014：313.

学习外，绝大多数住在学生宿舍，或自习，或休闲。[①]虽然宿舍是学生的私人生活空间，但也属于学校的空间之一，大学也对学生身体存在的空间进行了相关规范。

（一）寝室时空：定时定点

在大学宿舍里，每位学生的床位皆由教职员事先排定，不准随便更改；而且作息出入皆有定规。1920年《复旦大学章程》规定：每个人的床位都是舍监排定，不得任意迁徙；每晚十时半鸣钟就寝，监学赴寝舍察视；学生上课或有事出舍，均须锁门。[②]清华大学的宿舍也是入学就安排好了的。宿舍内除指定的客厅外不得招待女生及女宾，宿舍内不得容留来宾住宿。学生于暑假、寒假及长期请假离校时，须到宿舍办公室报告并领取离校证。暑假期内由学校指定一部分宿舍作留校学生住所，不得散漫居住。[③]

大夏大学规定寄宿生出外须于晚间10时前回校，非经正式准假，不得在外住宿；女生每晚9时半，必须归寝室，由女生指导员按室点名，其无故缺席者，除通知其家长外，并予以警告，满3次者照章开除；女生无家长在沪者绝对不能在外留宿，其有家长在沪者，每星期六及例假或有特别事故时，则可以在外留宿。[④]

教会学校在学生宿舍管理方面较为严格。震旦大学的每栋学生宿舍都由一名外国人担任舍监管理。他们直接管理学生的思想和行为。每晚9时，舍监查房间，他们经常在宿舍门外小窗口向内窥视学生是否都在室内，如果不在室内，就要追问。尤其是星期六和星期日晚上特别注意，不是本宿舍的学

---

① 近代大学原则上要求所有学生必须住校。民国时期北京大学宿舍紧缺，所以部分学生住在附近的公寓。有的学生家在市区的可以申请在家住宿，如恽代英在中华大学上学期间就是住在家中，如已成婚，家属来该城市，允许学生在外租屋与家属团聚。

② 复旦大学．复旦大学章程[M]．复旦大学，1920.

③ 李森．民国时期高等教育史料汇编：第8册[M]．北京：国家图书馆出版社，2014：284.

④ 李森．民国时期高等教育史料汇编：第26册[M]．北京：国家图书馆出版社，2014：312.

生不准逗留，必须各自回本宿舍。[①]

（二）神圣领地：女生宿舍

近代大学逐步开始招收女生。在宿舍管理方面，对女生管理尤为严格。早在1920年，沪江大学就开始招收女生，其女生宿舍号称“禁宫”（Forbidden City），严禁男子进入。女生舍监权力极大，可干涉女生的课外生活及衣着等。非经舍监许可，女生不得会见男生，甚至晚间去图书馆的女生也必须两人偕行。[②]金陵女子大学学生寝室也被称为“禁宫”，男生是绝对不准越雷池一步的。与此同时，学校还安排每间寝室由两位三、四年级的大姐与两位新生同住，目的是让学长的言传身教对新生起到潜移默化的影响。[③]这些规定有利于学生养成良好的行为习惯。

图6–5　光华大学宿舍管理员警告男同学止步

〚资料来源：警告[J]. 光华年刊，1936（11）：1.〛

1930年，光华大学专门针对女生制定了《女生宿舍规则》，细致规范，

① 陆坚心，完颜绍元. 20世纪上海文史资料文库：第8辑[M]. 上海：上海书店出版社，1999：34.

② 中国人民政治协商会议全国委员会文史资料研究委员会《文史资料选辑》编辑部. 文史资料选辑(合订本)：第10册[M]. 北京：中国文史出版社，1986：128.

③ 私立金陵女子文理学院学生手册[M]. 私立金陵女子文理学院，1940：22—25.

首先明确点名制：

一、在修学期内无论假期非假期一律点名。

二、每晚点名于九时五分举行。

三、点名时各生务须各归宿所，以候指导员莅临，如在点名时间有特别事故不在房中，须于当晚熄灯前至指导员处报到，否则作缺席论。

另有请假事项6条，接见亲友事项3条，最后是惩戒事项，指明“小故由指导员处理，如有重大事故发生则由指导员会同学校当局共同处理”。惩戒分个别训话、书面警告、剥夺各项权利、记过、停学和退学6项。[①] 光华大学宿舍每晚点名，如果不在算缺席，累计次数给予惩戒。请假事项中明确外埠生不得外宿，即非家在市区的学生不准外宿。

（三）有客来访：外来者的空间

1. 来访规则

宿舍管理十分严格，外人不得入内，来访有会客厅，必须登记才能进入会客厅。

1933年北京大学宿舍接待室规则如下：

一、接待时间每日上午八时起至下午十时止。

二、接待来宾时须填注通知单交校工通知，附会客通知单。

三、来宾须在接待室等候。

四、男宿舍禁止带领女宾或女同学入内，女宿舍禁止带领男宾或男同学入内。

五、参观须先至庶务组接洽，或派人引导或发参观证由同学自领。[②]

① 李森. 民国时期高等教育史料汇编：第27册[M]. 北京：国家图书馆出版社，2014：171—173.

② 李森. 民国时期高等教育史料汇编：第1册[M]. 北京：国家图书馆出版社，2014：152.

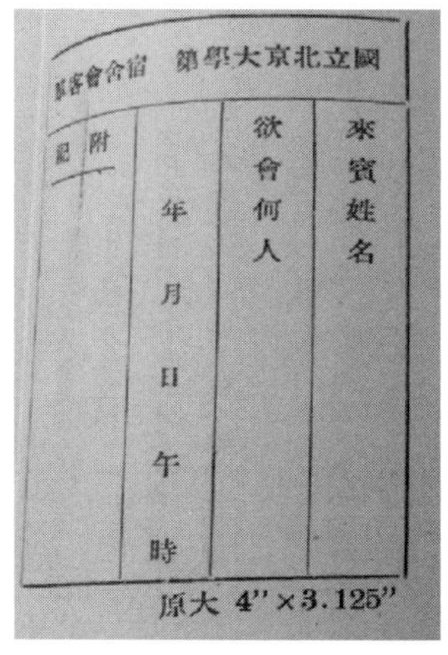

國立北京大學第　宿舍會客單

來賓姓名	欲會何人	年　月　日　午　時	附記

原大 4"×3.125"

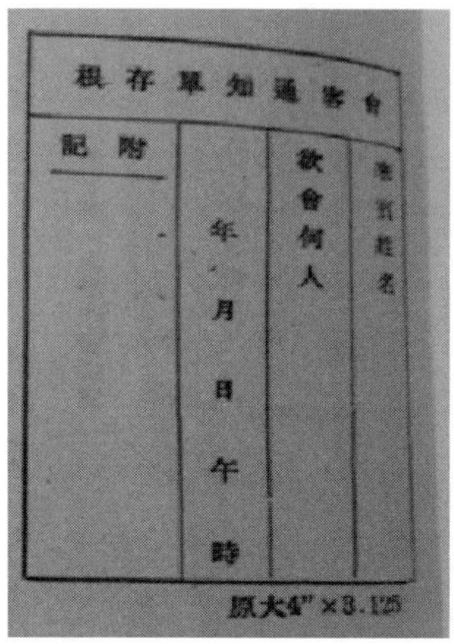

會客通知單存根

來賓姓名	欲會何人	年　月　日　午　時	附記

原大4"×3.125

图6-6 1933年北京大学会客通知单

【资料来源：李森. 民国时期高等教育史料汇编：第1册[M]. 北京：国家图书馆出版社，2014：231.】

1932年浙江大学规定，宿舍内概不得留外人住宿，并不得在室内会客，男女学生须在会客室见男生，不得入女生寝室，女生亦不得入男生寝室。[①] 该校有具体会客时间，1936年9月8日，该校训育处通告女生宿舍会客时间为：星期一至星期五，下午4时至7时；星期六，下午1时至9时；星期日，上午8时至下午7时。[②] 规定与学生具体行动是有矛盾的，学生往往不按规则办事。1929年复旦大学为此明确规定女生会客时间：

> 这固然是很可痛心的，男女同学必须制订一种规则。可是，在复旦大学里，虽也曾经订过很严厉的规则，而日久弊生，大家都蔑视那些条例，于是学校当局便故令重行地，重申前令，晚上七时后女生不得会客，特地用锁将那矞皇典丽的女生会客室锁上了。[③]

① 法规：学生宿舍规则[J]. 浙江大学校刊，1932(101)：910.

② 训育处布告：第六号[J]. 浙江大学日刊，1936(9)：33.

③ 复大规定女生会客时间[N]. 申报，1929-04-16.

即使按照程序来，男生也会受到女指导员和宿舍茶房的留难。[1]男女正常交往也有专门的老师监督，特别是女同学。一次学生开交际会，有十几名女生参加，学校派了一个李师奶参加，监督学生，学生称之为“chaper one”[2]。

图6-7 岭南大学女生宿舍

〖资料来源：大学女生宿舍［J］. 岭南，1920（3）：6.〗

2. 昙花一现：女生宿舍开放

近代大学女生宿舍禁止外人进入，“男生止步”的牌子令男生望而生畏，女生宿舍成为一个神秘而神圣的所在。各高校学生给女生宿舍起的名字颇有意味，号称“东宫”“西宫”，既表现了女生的尊贵，又说明了女生宿舍神圣不可侵犯。虽然女生宿舍如同禁宫，但是也有例外，部分大学每年都设女生宿舍开放日，欢迎男生参观。季羡林、夏鼐等在日记中都有提到。

图6-8 沪江大学参观男生宿舍的女生

图6-9 沪江大学女生宿舍开放日的招待

〖资料来源：谢志理. 到女同学宿舍去！［J］. 今代妇女，1930(13)：8.〗

① 戏. 大夏女生宿舍开放的别报[J]. 中国摄影学会画报，1930(267)：5.

② 沙丹. 一个女大学生的日记[J]. 南风，1932(1)：8—9.

上海首先开放女生宿舍的是复旦、沪江和光华大学，其后大夏大学为了沟通男女生友谊，女生宿舍也于1929年12月20日开放一天。[①] 1930年11月26日是总理诞辰，沪江大学放假一日，该日男女生宿舍开放。据载当日男生个个西装革履，早早跑到“禁宫”参观，流连忘返。[②]

燕京大学女院平日不准男宾进去，每年仅开放一次，故有“紫禁城”（Forbidden City）之称。1932年5月2日为燕京大学校友返校日，夏鼐在日记中记载自己和同学参观女院的感受。夏鼐与同学董允辉、赵泉澄一同去的，女院宿舍个个清洁整齐，他怀疑这种清洁整齐是女生为了迎接男生参观专门打扫的。“女性固多好洁，但未必能如今日这样整洁吧！女生床头常发现洋娃娃，大概是练习做母亲吧！化妆品颇为不少，并且都很考究，但书籍多者寥寥无几。”[③]

3. 学生的反应

大学宿舍管理规定严格，如不得留宿外人，学生往往阳奉阴违。在南开就是这样，“比如其他学校的以前同学、朋友，或者家里的兄弟姐妹等等，因此，也有学生就这样的问题提意见，经常去斋务先生那里，建议学校宿舍管理制度进行改革”[④]。20世纪30年代初，北大学生对学校住宿管理制度十分不满，认为这是历史的倒退。[⑤] 1929年清华学生撰文指出，文明时代，既然男女同校，就应该实行男女生宿舍开放。[⑥] 此外，也有学生采取具体手段来对抗。复旦大学女生宿舍号为“东宫”，男生经常来访，1928年学校新聘女生指导员陈某禁止男女交往，以至于会客厅里门可罗雀，冷冷清清。女同学不堪其虐待，特授意学校某壁报，写文章讽刺和揭露陈某的行为，陈某只好“踉跄而逃”，女生宿舍恢复往日的热闹景象。[⑦]

① 学生活动：参观女生宿舍[J]. 大夏周报，1929(7)：11.

② 谢志理. 到女同学宿舍去![J]. 今代妇女，1930(13)：8.

③ 夏鼐. 夏鼐日记·卷一(1930—1935)[M]. 上海：华东师范大学出版社，2011：41.

④ 明庸. 论我校宿舍的管理制度[J]. 南大，1937(4).

⑤ 时代学生(11)：北大学生反对男女同学不得互入寝室，是开时代的倒车?[J]. 摄影画报，1933(41)：28—27.

⑥ 酥化. 为什么男女生宿舍不能开放[J]. 清华副刊，1929(4)：4—6.

⑦ 杜绍文. 关于三宫二院与两园[J]. 复旦同学会会刊，1935(4)：13—16.

第四节　疾病的“教育身体”及其防护
——保卫身体：近代大学生的疾病预防

生病是正常的身体状态，近代国家日益关注国民的疾病卫生状况，特别是国民政府时期有了大量的统计数据。据统计数据，大学生的身体状况不容乐观。近代政府和学校采取了积极措施，预防疾病传染和治疗学生疾病。近代大学是个相对封闭的空间，大学生的衣食住行都在学校空间，所以卫生管理易于操作。

一、多重压力下的大学生身体状况堪忧

（一）民国时期大学生的疾病概况

从多年的统计数据可以看出，近代大学生的身体状况不容乐观，目前关于晚清大学生身体状况的记载比较少，民国时期的统计数据较多。国民政府成立后，逐步建立起更加科学细致的调查数据机制。国民政府的统计数据为研究当时学生身体概况提供了线索。

表6-1　1931年全国大学生体格检查统计表

	体格状况	人数		病况		
		实数(人)	百分比(%)		实数(人)	百分比(%)
发育	甲等	8755	44.9	总数	7553	36.01
	乙等	8788	45.0	眼病	2196	10.5
	丙等	1963	10.1	龋齿	1644	7.75

（续表）

	体格状况	人数		病况		
		实数（人）	百分比（%）		实数（人）	百分比（%）
营养	甲等	8430	44.8	喉病	982	4.69
	乙等	8097	43.1	皮肤病	680	3.25
	丙等	2275	12.1	脊弯	428	2.04
	身高	148—173		鼻病	390	1.86
	体重	40.1—68.0		耳病	326	1.56
	肺量	2450—3700		肺病	294	1.43
	胸围	63—89		痔病	259	1.24
	盈虚差	2—9		心病	224	1.07
	握力	24.3—68.6		色盲	50	0.24
视力	一眼近视	321	15.3	传染病	42	0.2
	两眼近视	1583	75.6	脱肠	38	0.18
听力	甲等	11136	67.2			
	乙等	4339	26.2			
	丙等	1100	6.6			

〖资料来源：教育部高等教育司编.二十年度全国高等教育统计［M］.南京：教育部高等教育司，1933.〗

1931年全国大学生发育甲等的仅占44.9%，营养较好的也只占44.8%，身体有疾病者有7553人，占全国大学生人数的36.01%，可见学生身体状况堪忧。其中眼病、牙齿和喉咙疾病最多，分别占10.5%、7.75%和4.69%。

1932年全国专科以上学生42710人中，体格方面发育甲等者占47.2%，乙等占41.3%，丙等占11.5%；营养甲等者占47.4%，乙等占41.7%，丙等占10.9%。视力一眼近视占1.52%，两眼近视占11.8%；听力甲等占71.4%，乙等占23.8%，丙等占4.8%。有疾病者11204人，占总人数的39.45%，比上一年的比例增大。其中眼病占14.00%，龋齿占7.85%，喉病占2.93%，皮肤病占3.03%，脊弯占2.14%，鼻病占1.63%，耳病占1.7%，肺病占1.59%，痔病占1.65%，心病占1.59%，色盲占0.50%，传染病占0.58%，脱肠占0.26%。可见，全国专科以上学生疾病以眼病、龋齿为最多。全国近1/4的大学生的眼睛或者牙齿存在疾患。[①]

表6-2　1934年全国专科以上学生体格调查表

	体格状况	人数		病况		
		实数(人)	百分数(%)		实数(人)	百分数(%)
发育	甲等	9828	43.58	总数	13822	57.31
	乙等	9871	43.78	眼病	4918	20.39
	丙等	2850	12.64	龋齿	3282	13.61
营养	甲等	9607	45.83	喉病	1221	5.06
	乙等	8758	41.78	皮肤病	1110	4.60
	丙等	2597	12.39	脊弯	279	1.16
	身高	161.3		鼻病	599	2.48
	体重	55.7		耳病	691	2.87
	肺量	3060		肺病	432	1.59
	胸围	79.4		痔病	458	1.65
	盈虚差	7.7		心病	343	1.42
	握力	35.5		色盲	129	0.54
视力	一眼近视	815	3.43	传染病	190	0.79
	两眼近视	3524	14.84	脱肠	62	0.26
听力	甲等	13020	73.07			
	乙等	3658	20.53			
	丙等	1140	6.40			

〖资料来源：国民政府教育部统计室．二十三年度全国高等教育统计［M］．上海：商务印书馆，1936：40.〗

① 国民政府教育部．二十一年度全国高等教育统计[M]．上海：商务印书馆，1935：267—268，403.

1934年，全国大学生发育和营养甲等比例与1931年、1932年大致相当，疾病人数13822人，占调查总人数的57.31%，超过半数，其中眼病人数超过1/5，龋齿的人数占13.6%，二者相加约占总数的1/3，喉病和皮肤病近10%。疾病的比例大大增加，是因为时疫流行，还是检查比较严格，不得而知。对比当时中小学的检查，大学生的疾病更多集中于眼睛，这与读书多用眼多有密切关系。

具体到各个学校，因学校位置和学生来源不同，各种比例都有一些差异。如1935年中山大学的情况如下表：

表6-3　1935年度国立中山大学调查表之学校卫生列表

<table>
<tr><th colspan="2" rowspan="2">检查项目</th><th colspan="3">受检查总人数(人)</th><th colspan="3">记载(检查结果)</th><th colspan="3">每学生百人中之比较(%)</th><th rowspan="2"></th></tr>
<tr><th>合计</th><th>男</th><th>女</th><th>全校</th><th>男</th><th>女</th><th>全校</th><th>男</th><th>女</th></tr>
<tr><td rowspan="3">1.发育</td><td>甲等</td><td>660</td><td>612</td><td>48</td><td>2000</td><td>1803</td><td>197</td><td>33</td><td>30.6</td><td>2.4</td><td rowspan="12">民国廿五年一月六日至二月六日曾施种牛痘一次，未经检查，男二百一十九人，女二十六人，共二百四十五人</td></tr>
<tr><td>乙等</td><td>1180</td><td>1050</td><td>130</td><td></td><td></td><td></td><td>59</td><td>52.5</td><td>6.5</td></tr>
<tr><td>丙等</td><td>160</td><td>141</td><td>19</td><td></td><td></td><td></td><td>8</td><td>7.05</td><td>0.95</td></tr>
<tr><td rowspan="3">2.营养</td><td>甲等</td><td>280</td><td>244</td><td>36</td><td></td><td></td><td></td><td>14</td><td>12.2</td><td>1.8</td></tr>
<tr><td>乙等</td><td>1560</td><td>1420</td><td>140</td><td></td><td></td><td></td><td>78</td><td>71</td><td>7</td></tr>
<tr><td>丙等</td><td>160</td><td>139</td><td>21</td><td></td><td></td><td></td><td>8</td><td>6.95</td><td>1.05</td></tr>
<tr><td colspan="2">3.身长(平均)</td><td>166.4</td><td></td><td></td><td>厘米</td><td>同左</td><td>同左</td><td></td><td></td><td></td></tr>
<tr><td colspan="2">4.体重(平均)</td><td>53.6</td><td></td><td></td><td>千克</td><td></td><td></td><td></td><td></td><td></td></tr>
<tr><td colspan="2">5.肺量(平均)</td><td></td><td></td><td></td><td></td><td></td><td></td><td></td><td></td><td></td></tr>
<tr><td colspan="2">6.胸围(平均)</td><td>呼76.5
吸86</td><td></td><td></td><td>厘米</td><td></td><td></td><td></td><td></td><td></td></tr>
</table>

（续表）

检查项目		受检查总人数(人)			记载(检查结果)			每学生百人中之比较(%)			
		合计	男	女	全校	男	女	全校	男	女	民国廿五年一月六日至二月六日曾施种牛痘一次，未经检查，男二百一十九人，女二十六人，共二百四十五人
7.盈虚差(平均)		9.5			厘米						
8.振力		2.5			千克						
9.疾病	脊弯	4	4	0				0.2	0.2	0	
	眼病	460	441	19				23	22.05	0.95	
	耳病	30	28	2				1.5	1.4	0.1	
	喉病	160	152	8				8	7.6	0.4	
	鼻病	80	77	3				4	3.85	0.15	
	龋齿	420	400	20				21	20	1	
	色盲										
	心病	30	26	4				1.5	1.3	0.2	
	肺病	40	39	1				2	1.95	0.05	
	痔疮	180	180	0				9	9	0	
	脱肠	6	6	0				0.3	0.3	0	
	皮肤病	40	39	1				2	1.95	0.05	
	传染病										
10.视力	一眼近视	10	10	0				0.5	0.5	0	
	两眼近视	620	599	21				31	29.95	1.05	
11.听力	甲等	1320	1210	110				66	60.5	5.5	
	乙等	600	497	103				30	24.85	5.15	
	丙等	80	77	3				4	3.85	0.15	

中华民国廿六年六月四日责任填记者李跃维印

查上无误

中华民国廿六年六月十八日校医陈存基印

校长邹鲁印

〖资料来源：广东省档案馆中山大学档案（卷宗号 020-001-4-121），1935 年度国立中山大学调查表之学校卫生列表〗

由上表6-3可知，1935年中山大学共有2000名学生接受检查，其中男生1803人，女生197人。其中发育甲等的共660人，占学生总数的33%；营养甲等的280人，只占总数的14%。有疾病的学生1450人，约占72%之多，其中眼病460人，占23%，龋齿420人，占21%，痔病180人，占9%，喉病160人，占8%，这里与全国的数据差异较大的是学生有疾病的比例大大增加，其中龋齿人数也超过了20%，痔疮的人数排到第三位，占9%，远远高于1934年全国的比例，且超过排在第四位的喉病20例。这大概和当时中山大学的医疗条件较好，学校检查比较细致有关。

当时大学生中因病去世的不多，但是和今天比起来还是比较多的，这和当时的医学技术、设备等条件有关。1928年北京交通大学戊辰级学生中，有8人因病逝世，8人情况如下：

> 王君忠觐，君江西人也，骤患失音，屡治无效，丁卯春转为肺痨。
>
> 胡君大椿，肺病。
>
> 王君殿魁，肺痨。
>
> 李君玉林，结核。
>
> 修君仁刚，胃病，丙寅春，染瘟疫而死。
>
> 柯君良翚，运动过剧烈，患失血，庸医误事，玉折。
>
> 唐君圃献，湖南衡阳人，积劳体弱，偶染恶疾，归家调治，医药无效，丁卯六月。
>
> 申君作城，胃病，后来盲肠炎去世。①

可见，北京交通大学1928年毕业生中因肺结核去世的最多，其次是传染病和胃病。②同济大学1923届毕业生中有两人去世：邱克俊因肺病；郭允宽，哥哥去世，自己也因肺膜炎病亡。③可见，在当时医疗水平不高、卫生

① 李森. 民国时期高等教育史料汇编：第11册[M]. 北京：国家图书出版社，2014：300.

② 李森. 民国时期高等教育史料汇编：第18册[M]. 北京：国家图书出版社，2014：419.

③ 李森. 民国时期高等教育史料汇编：第21册[M]. 北京：国家图书出版社，2014：720—723.

条件较差的情况下，大学生容易得肺病，而且肺病是很难医治的。刘维新（1902—1925），字绍周，直隶滦县唐山人，燕京大学1926届学生，因肺病于1925年去世。[①] 当时校刊上时有讣告，如1927年1月3日《燕大周刊》109期：

> 以志哀悼：本校同学苏君标名来校未久，竟染肺病，于月之二十五日殁于北京同仁医院，君系福建籍，客迁京都，无亲戚故旧足以托赖者，本校闽同乡系派人助理殡殓，并筹备追悼及葬仪，通知同乡为卷黑纱三日，特请戴天右、高梓、姚伊恩、林烈四君为奠仪委员，凡本校同学及团体有挽联，花圈之属，可交于上四君云云。[②]

燕京大学学生苏标名入学不久，感染肺病，半年后不治身亡。学生的死亡意味着学生身体的消逝。

当然学生因病去世的人数很少，更多的是生病。有的大学生因生病休学，如著名科学家钱学森在《回顾与展望》中称，自己于1929年入交通大学学习，1930年得了伤寒，曾休学一年。[③] 北洋大学郭云观（1889—1961）读大学期间也因病修养两次，其于1911年7月考入天津国立北洋大学法律系，1912年秋，因患病南归，在温州疗养，暑假后仍返北洋大学肄业，改名云观。1915年，时年27岁的郭云观患虹彩炎，视力不能辨五指，就医半载始愈。该年冬，以最优等成绩毕业于北洋大学法律系，得法学学位。[④]

（二）与病魔抗争：以夏鼐为例

读大学的过程不仅是人与自己的精神作斗争的过程，也是与自己的身体

① 文祥．刘维新先生[J]．燕大周刊，1926(90)：18.
校闻：同学刘维新逝世[J]．燕大周刊，1925(89)：15—16.
② 校闻[J]．燕大周刊，1927（109）：10.
③ 钱学森．回顾与展望[M]//涂元季．钱学森书信四．北京：国防工业出版社，2007：416.
④ 北京燕京研究院．燕京大学人物志[M]．北京：北京大学出版社，1999：145.

作斗争的过程。过去我们关注的是大学生专业学习和思想道德培养，对其身体的发展，似乎可以模糊处理，只是作为学习好的条件。然而身体本身也是值得教育关注的对象，因为大学生也是人，也有生病和身体不适的时候，他们如何面对，如何努力，值得我们关注和借鉴。

以著名史学家、考古学家夏鼐（1910—1985）为例，他曾先后就读于燕京大学和清华大学，在读大学期间曾患有胃病，在他的日记中详细记载了他与胃病抗争的心路历程。1930年9月，夏鼐入燕京大学学习，在前半年日记里并没有提及自己的胃病，因为日记没有记载，所以无从考证。从1931年1月开始，其日记中断断续续提到了自己胃痛、腹痛和患病时的孤独无助。如：

> 1931年3月9日　这几天胃病又发了，精神颓废，连看书也没有好心情了。[①]
>
> 3月29日　昨晚胃病又发，夜半醒转来，腹痛如绞。刘古谛君进城未归，阴沉沉的室中，孤卧着呻吟不已，辗转反侧，不安枕席；到东方微明，曙色透进窗棂时，还不能入梦。微睨窗外，凄凉如处坟墓中。万里负笈，为着何来？后来腹痛稍止，蒙眬入寐。醒时已8时许，精神不舒，未进早餐。[②]
>
> 3月30日　昨晚胃病又发，夜半醒转来，腹痛如绞，孤卧着呻吟不已，辗转反侧，不安枕席，难以入睡……
>
> 6月7日　下午倦极而眠，此为今年第一次午睡，醒后口腔如有粘液胶粘，漱口吐出时赫然鲜红血丝。前日曾经医生诊视肺部，宽吾无病，疑当为胃壁出血，此身已置生死于度外，视之漠然也。[③]

3月9日，夏鼐日记中的“胃病又发了”，说明夏鼐在之前就有胃病。在1931年春天，夏鼐胃病多次复发，夜间绞痛，难以入眠，日记中明晰记载

① 夏鼐．夏鼐日记·卷一(1930—1935)[M]．上海：华东师范大学出版社，2011：34.

② 夏鼐．夏鼐日记·卷一(1930—1935)[M]．上海：华东师范大学出版社，2011：39.

③ 夏鼐．夏鼐日记·卷一(1930—1935)[M]．上海：华东师范大学出版社，2011：55.

的有4次。暑假刚过，在8月30日的日记中，夏鼐称自己运动较少，暑假期间体重由53公斤多减至52公斤，胃病虽较少发作，然并未断根。他去找星相家老潘，老潘曾说他要短命而亡，至多不过36至42岁。夏鼐一笑置之，他宁愿自己夭折，也不愿过周身是病的苦困残年。① 可见，当时即使是大学生，因病痛也会对自己的身体与生命的未来充满迷茫。该年9月，夏鼐转学到清华大学。② 12月初，夏鼐发烧，头昏脑涨，住进清华校医院。12月9日感冒，体温升至38度多，头脑有点昏，搬入病院去。12月10日病况稍佳。③ 12月13日离医院搬回宿舍，医生劝其住院是因为9日那天看病时，夏氏咳嗽，吐一口鲜血，医生深恐是肺病，但检查结果尚无症征，故住院以便观察。其住院五天中每天护士视察三次，检查体温，询问大小便，幸热度渐减，唾液中亦无血丝。④ 可以看出，当时的校医非常负责任，对学生的身体状况甚为关心。

1932年2月初，夏氏胃病复发，胃痛数天，影响到其读书和学习。

2月1日　这二三天胃病又发，夜半即醒，辗转不安，昧旦略痊，始再入梦，9时许才起床。今日越发不行，头脑隐隐作痛，不耐读书。

2月4日　今日又开始上课。这十多天的寒假，大半消磨在病中，胃病的发作不但减低阅书能力和做事兴趣，有时简直什么事都不能做，只好倚在床上休养。

2月23日　近日胃病又深，时常作痛，并且大便不通已近十天了，到医院看大夫，饮蓖麻油泻了一次。精神不振，写了三封信后便去睡觉，没有心看书。可怜这几天岁月都在病中过去。⑤

① 夏鼐．夏鼐日记·卷一(1930—1935)[M]．上海：华东师范大学出版社，2011：71.

② 夏鼐．夏鼐日记·卷一(1930—1935)[M]．上海：华东师范大学出版社，2011：72.

③ 夏鼐．夏鼐日记·卷一(1930—1935)[M]．上海：华东师范大学出版社，2011：84.

④ 夏鼐．夏鼐日记·卷一(1930—1935)[M]．上海：华东师范大学出版社，2011：93.

⑤ 夏鼐．夏鼐日记·卷一(1930—1935)[M]．上海：华东师范大学出版社，2011：124.

这一年秋天，除了牙龈肿痛外，[①] 夏鼐日记中没有提到胃痛。直到1933年秋，夏鼐胃病又犯，10月8日到12日，夏鼐连续五天胃痛，每天疼痛缠绕，精神不安。10月9日，他又去医院。11日，医生建议注意饮食。该月16日、20日夏鼐胃病又加剧。[②] 此后，夏鼐逐渐认识到饮食对胃的影响很大，他在11月20日提到自己不注意饮食，导致胃痛加剧。11月日记中，夏鼐胃病复发三次，分别为9日、18日、30日。[③]

表6-4　1934年夏鼐胃病发生统计表

月份	1月	2月	3月	5月
次数	2	4	4	2
最严重的一天及表现	1月31日，腹泻两次，呕吐	2月6日晚间腹泻，颇以为苦	17日胸间作胀，酸水往上涌，苦痛之至，呕吐	半夜中腹痛不已，辗转床席，殊以为苦
月份	6月	7月	8月	9月
次数	2	2	2	1
最严重的一天及表现	29日，肚子作怪	4日失眠	腹中作痛	精神上之苦痛甚深

〖资料来源：夏鼐.夏鼐日记·卷一（1930—1935）[M]. 上海：华东师范大学出版社，2011:217—259.〗

从表6-4中可以看出，1934年1月到9月，夏鼐胃病发作19次，治疗两次。一般而言，大学生的日记中很少这么频繁地记录自己的身体情况，特别是围绕胃病进行这么细致的感受描绘。这是一个大学生面对病痛时的真实感受，同时我们也能看到书写者内心的坚强，虽然经常在胃病的折磨中，但是夏鼐坚持学习，发表文章，不仅考中出国留学的名额，最后还被清华研究院

① 夏鼐. 夏鼐日记·卷一(1930—1935)[M]. 上海：华东师范大学出版社，2011：138.“(1932年)9月13日　星期二　牙龈肿痛，昨夜睡不安宁，今早右颌有点发肿，这恐怕便是月饼、香糕之类的功绩了。选课注册，忙了一个上午才完结。”

② 夏鼐. 夏鼐日记·卷一(1930—1935)[M]. 上海：华东师范大学出版社，2011：195—200.

③ 夏鼐. 夏鼐日记·卷一(1930—1935)[M]. 上海：华东师范大学出版社，2011：202—204.

录取。就此观之，生病是一种常态，人吃五谷，总会生病，生病与健康是身体的两种常态。[①] 从夏鼐的例子可以看出，近代大学生也时常生病，但是他们在面对病痛时，更多地选择忍耐，不能忍受就去治疗。因此，人的一生中，生病是很正常的，我们不应该把生病当作变态，过于强调，将疾病隐喻为不祥之兆，而应该正确对待疾病和治疗疾病，以积极心态去对待身体疾病。

二、近代大学医疗制度建立和学生体检

教育是普及知识最好的途径，也是培养卫生习惯最重要、最集中的方式。从近代开始，政府都致力于学校卫生的改造和学生卫生习惯的养成，关注学生的健康，意图从小抓起，从而将卫生观念推广到整个社会。大学是最高学府，是各级各类学校的楷模，其榜样作用不容忽视，所以政府及学校制定合理的制度，积极营造卫生的环境，及时治疗学生的疾病。

（一）建立合理的医疗制度

1. 重视体检

对学生体检，1918年教育部公布了《学生身体检查暂行办法》：

> 第一条 学生之身体检查，于每年九月行之，校长认为必要时，对于学生之一部或全部得行临时检查。
>
> 第二条 检查身体为校医专职，但无校医之学校，得请其他医生任之。
>
> 第三条 关于检查事项规定范围如下：（一）身长；（二）体重；（三）胸围；（四）脊柱；（五）体格；（六）视力；（七）眼疾；（八）听力；（九）耳疾；（十）齿牙；（十一）疾病。国民学校学生得免视力及听力之检查，但认为有检查之必要时，不在此限。

① 葛红兵. 身体政治[M]. 上海：生活·读书·新知三联书店，2005：145.

第四条　关于检查手续规定标准如下：（一）检查身长、体重可依万国权度通制，以公分、公两为单位，并用四舍五入法计算小数；（二）检查身长应脱履，使两跖密接，两肢直立，并保持头部之正位；（三）检查体重，应将衣服之重量除去计算；（四）检查胸围应于乳头之水平线处量其常时之度数及其呼气吸气时之差数，国民学校学生，以检查胸围常时之度数为限；（五）脊柱应检查其正直或弯曲；（六）体格视其健康之程度；（七）听力应检查其有无障碍；（八）齿牙应检查其有无龋齿；（九）检查时如发现生腺病、贫血、脚气、肺结核、神经衰弱及其他慢性等症时，应详细记载之。

第五条　检查身体时应将检查所得依照后附表式调制检查表（表式从略）。

第六条　每届身体检查毕后应由校长遵照后附统计表式编造统计表，省立学校呈报教育厅，其他公私立各校呈由县知事署转报。①

上述办法对学校学生体检的要求、制度实施者、具体体检项目、体检时间方法和记录形式都有详细的规定，这也是近代第一次严格的学生体检规则。

2. 国民政府时期学校卫生制度的完善

国民政府建立后，对学校卫生事宜十分重视。1929年2月，国民政府教育部和卫生部联合组织成立学校卫生委员会，制定了《学校卫生实施方案》。② 同年11月27日，教育部、卫生部公布《学校学生健康检查规则》。与1918年相比，对医师资格有具体要求，健康检查“医务人员应以曾在卫生部领有证书之医师为限，由地方卫生主管机关之学校卫生医员或学校之校医行之。但未设置学校卫生医员或校医时，得由校长延聘其他医师行之”。对体检结果的善后事宜也有安排。“健康检查施行完毕后，学校校长应填学

① 专件：学生身体检查暂行办法[N]. 申报，1918-10-23.

② 常战军，顾建钦. 公共卫生社会学[M]. 北京：北京大学出版社，2014：131.

教育卫生两部学校卫生会议定期举行[N]. 申报，1929-04-13.

生健康检查统计表，分别呈报各该地方主管卫生及教育机关，并由该机关分别汇报卫生部及教育部备案。”规则后附有《学生健康检查记录及其填载方法》，对学生健康状况的记载更加细致。检查项目除上述外，增加了扁桃腺、淋巴腺、甲状腺、心、肺、脾、整形外科（查脊柱之弯曲、鸡胸、平底足、弓腿、足内翻、足外翻及其他畸形等）及特别注意之疾病（如各种生活素缺乏症、肋膜炎、结核性疾病、神经衰弱及精神障碍等），达到25项之多。学生身体状况管理不仅实现了档案化，而且更加细致。

（二）学校的具体卫生措施

从晚清开始，各高校对学校卫生问题就十分重视，纷纷制定专门的规则，其他各方面制度也渗透了卫生理念和规定。

1. 新生体检，严把入口关

各个高校都明确新生入学必须体检合格。1920年沈阳高等师范学生多有发生肺病者，学校延请校医，在校中检查每人身体一次，以便预防云。[①] 1930年武汉大学《招考新生简章》第七条明确规定，凡投考学生须受体格检查。[②] 1930年《私立北平协和医学院简章》规定，学生必须体格健全，始得入校。在投考时，有合格证书者，须先检验身体。[③] 岭南大学也是如此，《私立岭南大学校规通则》规定：

> （一）凡入校服务者，须先受本校校医检验身体。
>
> （二）凡在校居住者，每年须在校医所指定日期检验身体一次。
>
> （三）凡在校居住者，如遇校医认为有施行特别身体检验之必要时，

① 学校消息：检查身体[J]. 沈阳高等师范周刊，1920(10)：3.

② 武汉大学. 武汉大学一览[M]. 武汉大学，1930：182.

③ “入学资格：身体须全部检验合格者，方准入学，如有传染病，或健康不全者，恐妨学业，不得入学。”

李森. 民国时期高等教育史料汇编：第10册[M]. 北京：国家图书馆出版社，2014：52，85.

须遵照检验。[①]

无论是学生、教师还是职工，都必须接受身体检查。1930年《中央大学一览》第17章《学校卫生》规定：

> 凡投考本院者，均须呈验认可医师所检查之体格证明证书，本院教职员及学生全体每年须受体格检查一次，其检查书由本学院卫生委员会保管，由院医主管，凡须住院诊治者得入红十字会，联系医院（即本院第一实习医院）治疗。

大学生不仅入学前要进行体检，入学后每年也要按时进行体检。这种制度一直延续到抗战时期，1940年辅仁大学训育部卫生课联系第一卫生所痨病科，约妥自10月6日起，开汽车送学生去受肺部透视检查；女生肺部透视检查将于10月20日进行。[②]

2. 设校医室和疗养室

大多数高校都设有校医和疗养院（养病院）。早在1899年广州岭南大学就设置了校医，各个教会学校也由教会医院的医生为学生诊病和进行体检。[③] 1926年，燕京大学男校校医诊病室位于第二食堂楼下。李术仁大夫办公时间如下：

> 学生诊病——上午九时至十时，下午五时至五时半。
> 教职员诊病——上午十时，下午五时半至六时。[④]

① 私立岭南大学校规通则[J]. 私立岭南大学校报，1927(2)：21.
② 王强. 近代教会大学历史文献丛刊：第22册[M]. 南京：凤凰出版社，2015：173.
③ 常战军，顾建钦. 公共卫生社会学[M]. 北京：北京大学出版社，2014：130.
④ 姜允长. 校闻：诊病时间[J]. 燕大周刊，1926(97)：35.

中州大学也如此，该校对于医药及卫生设备情形规定如下：

一、本校聘请中西校医三人，除因学生有危险病症临时诊治外，每日均各按照一定时间施行诊断。

二、本校学生每学年内应受体格检查、疾病检查各一次，由校医及体育主任负责。

三、本校设有卫生委员会，对于饮食之检查，校舍之清洁及防疫药品之购置均特别注意。①

该校聘请专门的校医负责学生的疾病治疗，学校每年对学生进行体格疾病检查，学校对饮食、宿舍清洁、防疫很重视，设有专门的委员会。

与此同时，各大学大多设有疗养院，如1930年交通大学唐山分校设有调养室：

第一条　本院为注意卫生起见，特辟调养室，聘定校医持之，其诊病时间另行通知。

第二条　学生有病应在规定时间亲赴调养室就诊，倘系急病重症，可托同学或饬校役报告训育处，径请校医诊治。

第三条　学生如愿另觅医生诊治者，所有医药等费，概归学生自理。

第四条　学生有病，经校医验明须迁出宿舍调养者，得住调养室，否则不得迁入，其即须送开滦矿务局医院诊治者，应即照送。

第五条　迁入调养室，后病势不见减轻，校医认为有必要时得送入开滦矿务局医院，其医院内之一切费用，除本院与该医院特约可免缴者外，均由学生自理。

第六条　学生在调养室时，倘有亲友来访，须由校役引进，交谈时

① 中州大学．中州大学一览[M]．中州大学，1924：194.

间不宜过久，其他学生不得入内纷扰，致碍调养。

第七条　学生在调养室之一切饮食应遵校医之指导。

可见，各大学为保证学生可以及时防治和治疗疾病，设立了校医院。同时，为了学生更好地调养身体，大学还设有疗养院，从学生的饮食、作息、医药、卫生等多方面来进行规范和调理，以便学生更好地恢复身体健康。

（三）个案：周到细致的服务——交通大学的卫生措施

交通大学对学生卫生一向很重视。1921年，张剑心任该校主任后，大力提倡学校卫生，主持改建治疗所，并把自己之住宅建筑费移作卫生经费改造治疗所之用。[①]交通大学不仅有校医，还专门设立卫生股。《卫生股办事细则》如下：

第二条　本股设置校医、司药员各一人，其职务分配如下：

（1）校医掌理全院学生体格检查诊疗员生工役疾病，视察并监理学院卫生及其他院长或总务主任所制定之事项。

（2）司药员配置药方，襄助检查体格，诊疗员生工役疾病及其他校医所指定之事项。

第三条　学生患病校医不在院时，司药员须即前往诊视，遇必要时应速请校医到院。

第四条　凡因病欲入调养室疗治者，须经校医诊察后认为有在室调养之必要，方准迁入，如逾一月尚未痊愈，须经校医详细复验酌量办理，若未及一月而病已痊愈者，应即命其迁出。

第五条　在调养室内养病者一切饮食由校医指定之。

第六条　凡学生患重病不便在调养室医治者，应即送往医院或请其家属来院领回。

① 交通大学张主任提倡学校卫生[N]．申报，1921-05-30.

第七条 凡学生患病，校医得酌量情形通知训育处，函告其家属。

第八条 凡学生确因患病而缺课缺考者，经该生请求校医得予以证明书送交训育处转交注册股存查，但证明书须于一星期内送到方为有效。

第九条 遇有传染病发生时，校医应即规划防御及处置方法，如宿舍中发生传染病时应令病人及时移居调养室或送往医院隔离，期限由校医酌定之。

第十条 本股药室内置备各种药物概由校医规定，由司药员妥为保管。

…………

第十五条 每学期开学之前应依照规定日期会同体育主任办理检查学生体格事务。

第十六条 每一学年内至少与全体学生施种牛痘一次。

第十七条 凡本院学生出外参加运动比赛时，俱由校医携带药品随时照料。

第十八条 关于厨房之烹饪膳堂之用具，应随时会同有关系人员查察，见有不合卫生立即令其改善。

第十九条 宿舍、盥室、厕所、浴室、理发所均应随时查察，以重卫生。

第二十条 本院沟渠道路倘有不洁情事，应即通知工务股饬役整理。①

交通大学校医室负责学生的卫生事宜，除了诊治疾病外，包括全校整洁卫生检查和监督。同时，交通大学于20世纪20年代末就建立了每周通报制度，如1929年2月24日至3月2日卫生股第一周报告：

① 李森. 民国时期高等教育史料汇编：第16册［M］. 北京：国家图书馆出版社，2014：503.

事务：各处除中院厨房及盥室不清洁外，其余清洁。

现值春始，拟劝告学生开始注射伤寒预防液，其药价每人一元六角，每星期注射一次，每人注射三次，可保一年余之免疫性。请出布告劝导，于本星期内前来报名缴费，下星期开始注射，现正与药厂商议减轻药价，如能减少，临时再为通知该生。

诊务：（一）内科、眼、耳、鼻喉、皮肤等科，共一百二十六号。

内有患沙眼者三人（新发现）。

住养病室者一人。迁出。

（二）外科，共七十六号。

以上两项，计共二百〇二号。

《报告》不仅有诊病情况，还有各个关键位置清洁状况，另外有最新的预防流行疾病通知，如卫生股第二周报告（自3月3日至3月9日止）：

事务：上中、西南各院厨房、盥室、厕所，除中院厨房不清洁已加申饬外，余均清洁。新中院后面河浜旁，有冬青树八株，据学生云：开花时奇味难闻，有碍呼吸，可否割去上端，请酌量施行。

新中院后面河浜淤塞，水少时闸亦无用，夏秋之际，蚊虫聚水面为疟疾之源，宜如何请工程处开深，请酌量施行。

新中院厨役卧室墙壁，原钉有木板，现在木板破烂，泥灰剥落，老鼠游行，繁殖其中，殊属危险，请转知工程处派人修理。

诊务：（一）内科、眼、耳、鼻喉、皮肤等科，共一百九十一号。

住养病室者一人。

（二）外科，共九十四号。

以上两项，计共二百八十五号。①

① 报告：卫生股第一周报告[J]. 交通大学日刊，1929(17)：1.

该校卫生部每周报告中照例公布诊所治疗各方面病人人数，及养病室情况和学校环境卫生整治反馈。[①]这有助于学生了解学校卫生、疾病情况，据此来防范相关疾病及更好地保卫身体健康。

此外，交通大学对于防治时疫非常重视。1929年上海发现流行性脑膜炎后，校医赵启华在校刊上发表《脑膜炎之研究》一文，为学校学生提供参考，共同防范，并且加强学校清洁。时职工许复阳老师家里有人得了脑膜炎，校医室马上派人去打针和消毒。[②]学校卫生股也开始注射防疫针。[③]1929年4月时疫流行，南院学生患猩红热不治身亡，预三学生陈荫康患白喉，校医及时送往医院，并且派员到该生宿舍实行消毒。[④]同时，开始全校消毒，中院及新中院遍洒臭氧水消毒，赵医生声明白喉之症并不危险，容易医治。[⑤]

与此同时，该校鼓励学生在学校日报上讨论和提出卫生方面的建议。如化名为炳的学生提出，由于与学生上课时间冲突及周末有病难治，建议调养室诊病时间最好能稍变动。[⑥]第二天学校赵医生就在日报上给予正面答复。[⑦]另外，学生针对盥洗室的卫生情况多次提出意见，[⑧]并建议早餐时应该提供公筷。[⑨]

由上文可知，20世纪20年代末，交通大学不仅有校医，有专门的制度，而且形成了良好的交流宣传制度，建立了有效的疾病防控和卫生管理机制，不仅能够及时应对各种时疫，治疗学生的疾病，而且加强了宣传教育，学生的卫生意识大大增强，卫生习惯得到了提高。

---

① 报告：卫生股每周报告(自四月廿八日起至五月四日止)[J]. 交通大学日刊，1929(58)：1.

② 防脑膜炎蔓延许复阳先生家中大消毒[J]. 交通大学日刊，1929(39)：2.

③ 炳. 校闻：卫生股开始注射防疫针[J]. 交通大学日刊，1929(9)：2.

④ 校闻：学生染疫出校[J]. 交通大学日刊，1929(43)：3.

⑤ 校闻：本校防疫之一斑[J]. 交通大学日刊，1929(45)：2.

⑥ 炳. 小讨论：调养室诊病时间最好能稍变动[J]. 交通大学日刊，1929(26)：1.

⑦ 赵启华. 小讨论：答调养室诊病时间之讨论[J]. 交通大学日刊，1929(27)：1.

⑧ 万兢先. 小讨论：沐浴室与盥洗室[J]. 交通大学日刊，1929(52)：2.

小言论：盥洗所之怪现象：鼻涕与口唾触目皆是，盥洗具与遗忘物不翼而飞[J]. 交通大学日刊，1929(40)：3.

⑨ 王平洋. 讨论：早餐时交换唾液之讨论[J]. 交通大学日刊，1929(12)：3.

（四）学生认识

在学校的努力和学生对相关卫生知识的学习中，学生对卫生已经有很深的认识。君鲁指出，每年暑假各大学招生，除考试之外，检验身体是照例举行的。其间，有的在考试前，有的在初试后，有的在复试后，以在考试前最为普通。

> 去年我考北大检验身体的时候，发现一件不可忍受的事情，就是检验眼睛与检验生殖器的手续。检验生殖器的只有一个人管。十人一班，被检验的，围在他跟前，听他一个个的拉下裤子，摸捻着。一人被检，九人共观。检验一个人以后，他并没有洗手消毒，接着就替第二个照样办理。检验眼睛也是这样。那位检验员一双贵手，替这个人摸摸，又替那个人摸摸，决不洗手，根本上也没有洗手的预备。
>
> 检验身体的宗旨原是检查投考生有没有病的。这样一来，如果第一个有花柳病或沙眼症，第二个被检验的身上，就要被检上几个病菌，恐怕被检验者本身没有病，倒要传染上病了。①

为大学生检查眼睛和检查生殖器的是同一个医生，检查完上一位后，医生不洗手就继续，学生已经认识到这样非常不卫生，说明学生已经具备较强的卫生意识。

三、近代学生疾病的治疗及其感受

（一）疾病与诊疗制度

每一所大学都设有校医室或者诊疗室。学校的文件中都有学校诊病规则之类的文件，可以对当时的学生治疗情况略窥一二。诊病规则一般包括诊视对象、诊病时间、诊病的程序和秩序、诊病费，以及不同症状的具体处理办

① 君鲁．检验身体[J]．京报副刊，1925(214)：8．

法。如1932年《浙江大学诊疗室规则》：

一、凡本大学之教职员、学生及公役遇有疾病得至本室受诊，概免诊金。

二、本室诊疗时间除星期日及例假日外，规定每日下午二时至五时(农学院诊疗室下午二时至四时)，但临时发生重病，可立即停止本室以便临时诊治。

三、凡来本室求诊者，须先就诊病签名簿上签名。

四、别人经校医诊察给方后，得向本室附设之领药处领药。

五、诊疗室内之处方由校医签字负责调剂给药，由医务员签字负责。

六、诊疗室之诊疗器械由护士整理保管之，领药处内之药品由医务员保管之。

七、本室附设领药处备有普通药品，每方剂视其价值酌收大洋一角至四角，药金贵重药品须收原价。

八、药费收取手续由求诊者向校医领取处方后，先向驻院事务员付费盖章，领药处凭已盖章之处方，配给药料，其未经缴费盖章之处方概不给药。

九、本室内之器械及药料不得移动以免污染。……[①]

1936年北平大学制定《全校卫生及学生诊病办法》，如下：

一、各学院设卫生室由第二卫生区事务所所长秉承学院院长办理。

二、卫生室置常驻卫生员一人，由第二卫生区事务所监督之。

三、卫生员应负左列之任务。

1. 救护诊治事项（由各学院略备医疗器械、药品以为诊治之需）。

① 诊疗室规则[J]. 国立浙江大学校刊，1932(107)：1017—1018.

2. 免疫注射事项（由事务所按时派员会同各该学院卫生员办理）。

3. 学院内环境卫生事项。

4. 各期健康检查事项

四、各学院学生向附属医院就诊应持诊断券，连同学生注册证，经由医院售票员查验后换发普通诊察券，再赴各科诊疗。

五、各学院学生就诊应在门诊时间内（上午十时至十二时，下午二时至四时）。星期日假日停诊。

六、各学院学生持诊病券就诊受左列之优待：

1. 诊察费：门诊普通券费免收，唯暂不出诊。

2. 药剂费：普通药费征收二分之一，注射药及贵重药照章收费。

3. 检查费：住院病人免收，门诊病人照章收费。

4. 住院及一切处置杂费均照章核收。[①]

可见，通常大学都设有医院或者诊疗室，负责全校师生的体检和疾病治疗及防疫工作。[②]校医室有专门的医生定时坐班，医生根据学生情况进行治疗，开药或者住院，学校有病房或称疗养室，有专门的护士看护。如果学生有紧急情况可以打电话给医生上门治疗或者紧急处理。关于所用药材的费用也有明确的标识。

针对有传染病的学生，校医有专门的措施。如广西大学规定："凡经校医验明有传染病或病原体带有者，得依下列之处：A.令其离校以杜传染。B.强令医疗然后复课。C.隔离生活。"学生患病者依规定时间到校医室诊治其重病，不能行动者通知斋务员转达校医室临床诊治，但遇危急重病则不可依规定时间，由斋务员转告校医到诊。[③]金陵大学规定患病较重者，在规定之时间内，得通知校医或护士赴卧室诊察（如非诊察时间，得报告事务处或体育

① 北平大学．北平大学一览[M]．北平大学，1936：91.

② 广西大学．广西大学一览[M]．广西大学，1932：32."第一条，校医管理全校员生之诊断、医疗、检验体格及其他卫视防疫事宜。"

③ 广西大学．广西大学一览[M]．广西大学，1932：32.

主任直接送入本校医院诊察）。[①]

（二）病中的身体：学生的真实感受写照

身体的历史研究主要有两条途径，再现与感知。[②]根据当时生病学生留下来的文章，我们可以感知生病学生身体内的坚强。

1. 断腿大学生郭灿然的坚强生活

《燕大周刊》第108期登载了一位生病的学生写于1926年12月14日的信，文中主要记录一个失去一条腿的大学生在大家的关心下，经过拄木拐坚强地站起来生活的故事。他乐观坚强，不屈不挠，虽然失去了腿，仍然不停地锻炼，想到再过一个月就可以装义肢，然后和正常人一样行走，他觉得非常高兴，对未来充满希望。[③]最后他写了一段话：

> 一九二六一去不返，一九二七转瞬即来。过去了不必失望，未来仍须努力。打破现状，改造环境，理想社会便可实现，极乐世界即在眼前。起来，我们努力吧！朋友，我们努力吧！

这名学生的名字叫郭灿然，是燕京大学的学生，在1926年“三一八”惨案中被打伤，失去了一条腿。[④]

2. 顾毓琇眼中清华疗养室中的生活

顾毓琇（1902—2002），教育家、科学家、文学家，1915—1923年就读于清华学校，他在《清华生活之面面观》中细致地描写了清华学校的医院生活。[⑤]

---

① 金陵大学．私立金陵大学一览[M]．金陵大学，1933：309.

② [美]费侠莉．再现与感知：身体史研究的两种取向[J]．蒋竹山，译．新史学，1999(4)：129.

③ 燕大周刊，1927(108)：15—16.

④ 薛绥之，韩立群．鲁迅生平史料汇编：第三辑[M]．天津：天津人民出版社，1983：375.

⑤ 顾毓琇．清华生活之面面观(节选)[M]//张玲霞．藤影荷声：清华校刊文选(1911—1949)．北京：清华大学出版社，2001：204.

有人一夜醒来，不能起床了，同房的人去报告了斋务处，一会儿医生就亲自出诊了。温度在一百度左右呢，但是这也不过是感冒风寒所致。躺在寝室，吃些退烧药，两三天也许好了。

有些医生恐怕要生出大病来，就嘱咐搬到医院去。病人假使还挣扎得起，自然就走到医院去。同学们不放心，恐怕病人力弱，半路上头晕眼暗栽倒了，就相扶着同走。到医院的马路上，偶尔看见摇摇摆摆脸色惨白的同学，一望而知是去尝试医院生活的了。接着就有听差搬着铺盖、面盆等物跟来，格外可以证实。

可见，清华的学生如果生病起不了床，通知医生，医生就会亲自出诊，如果情况严重，医生就会安排学生住院。由同学搀扶着送到医院，专门的差役把学生的生活用具也搬到医院里来。医院里有很多脸色惨白的生病的同学。可见，学生的身体已经身不由己，医生的“霸权”已经逐步形成，对学生的身体处置，要听医生的安排。

光是寒热小病，就住大号的病房里。那里有许多人住着，倒不寂寞。有的是吐泻，不住地动作。有的刚在病后，很瘦弱地躺着。有时候还有刚上过闷药的人抬进来，呼呼地睡着，丝毫没有知觉，看护生特别注意看守着。药性刚过的时候，病人可以说出各种自己平常不说的话。

刚进病院的人，总是很痛苦的。病势正重，并且变化无穷，医生也十分担忧。同学们来看病人的自然不少，但是昏昏沉沉的病人，有时竟会糊涂得莫名其妙。一日三餐的鸡汤、稀饭照例送来，寒热正盛也无从下咽。医生的药各种不同，有药丸，有药饼，有药水，红的，黄的，白的，各色不同。病人听着医生的话吃药，听差不时跟着电铃的声音送开水来。

渐渐寒热退了，病势打定了，病人总觉得前几天病得可怕。同住的人们，现在总有机会接谈，有些是本来相识的，有些彼此一通姓名，说

> 来也是熟人了。医生也高兴地告诉病人说病已经快好了。朋友们也放心了，还时常来看他们的病友。知道病后无聊，朋友们报告些学校里的新闻，讲些笑话，医院里即刻不像刚搬进去时那样凄惨。[①]

清华学生患不同的症状住在不同的病房，一般感冒发热住在大号病房，各种各样的病人都有。一般来说，刚刚进院的病人症状比较严重，医生颇为关注，给开各种药吃，同学也会来看望。病人经常昏昏沉沉，有人照料饮食和洗漱。过几天病情稳定了，看望的人也多了，胃口也好了，食堂给各种好吃的。之后最舒服的是快好未彻底好，准备出院的日子，不用上课，可以看看杂志小说，悠闲自得，不用担心迟到缺课，不用到食堂抢菜吃。

顾毓琇回忆称每一个人都不一样，有的很久不生病，有的隔三岔五就去医院，最重要的是病得重不重。最可怕的是传染病，“什么肺病，什么白喉，什么腥红痧，病人要关到独自一个人住的特别病房去，同房的人们还有隔离起来强迫住医院的危险”。如果病势很重，就由医生带人抬到医院，住进特别病房，除了医生看护听差之外，其他人一概不许入内。“病人要果真是昏昏沉沉的，也觉不到旁观人那样的担忧。只知道头晕，只知道身热，只知道吃了医生的仙丹就可以好些。”[②] 病人有了起色后，开始看亲人和朋友的慰问信，开始回信报平安。有的病人患的是传染病，所以不能写信，只能用打电报的方式联系外界。

> 这种死里逃生的病人要歇了很久，才可以搬进大号的病房里去。没有搬出去以前，他们得洗药水浴，浑身都换了干净的衣服，然后可以再到人间去。所有病时一切的衣服、被褥、器具、用品，都要熏过。

可见，当时医院对于病人的身体是十分慎重的，严谨的按照程序防止传染。医院按照西方医学卫生的处理方式来开展工作、安排患者。

① 张玲霞. 藤影荷声：清华校刊文选(1911—1949)[M]. 北京：清华大学出版社，2001：205.
② 张玲霞. 藤影荷声：清华校刊文选(1911—1949)[M]. 北京：清华大学出版社，2001：208.

> 病人从小病房里搬到大病房里，离天堂渐渐地远了。这时候才有络绎不绝的朋友们来探望。病人偶尔高兴，想着到医院外面去走走。脚一跨出医院的门，顿时觉得别有天地。好清新的空气啊！好幽雅的校景啊！活泼的青年们匆忙地走动着，病夫也顿时感受到一种无上的兴奋。快养病吧，病好了再去尝上课的滋味、游散的乐趣。[①]

对于生大病的学生来说，生大病不是身体的常态，所以有恍如隔世之感，能够活过来感觉非常好。

近代亡国灭种的危机下，经过多年的探索，志士仁人把救国希望寄托于国人的身体改造。首先就是改变国民病弱的身体，近代大学生作为国民的精英，其身体改造首当其冲。“体育救国”和“卫生救国”二者在大学校园扮演了重要的角色。体育运动的这一新颖之处并非是使身体从不健康恢复到健康状态，而是使人体得到进一步的增强，并使人们想到人体的增强是没有一定的限度的。[②] 从清末大学生开始有了体操课，有了体育比赛，民国建立后，改为体育，范围扩大，形式多样，其中军训是最有意思的。清末民初军国主义盛行，大学生锻炼以军事体操为主，军训也在这个时间段真正诞生，其在第一次世界大战后的反战浪潮影响下，军训短暂地销声匿迹。随着国民政府上台，日本侵华加剧，军训更加系统化地开展，为抗战储备了大量后备力量。卫生是一个传统的观念，近代赋予了其新的含义。近代卫生主要是预防疾病和治疗疾病。包括清洁运动，近代大学都设有校医室或卫生部，建立了严格的体检制度，定期为学生注射疫苗，有专门为学生治病的医生，有疗养室。近代以降，大学生的身体已经不再是个人的身体，学生身体疾病与防治已经纳入学校的管理范畴，国家对此也颇为关注，新生活运动的开展，即借清洁运动等塑造新国民。

---

① 节选自清华十二周年纪念增刊（1923）。

② ［法］阿兰·科尔班．身体的历史：卷2　从法国大革命到第一次世界大战［M］．杨剑，译．上海：华东师范大学出版社，2013：328.

第五节　运动的“教育身体”及体育
——大学生的强迫运动及其体育表演

一、学校强迫运动：以清华大学和圣约翰大学为例

近代大学都十分重视体育，措施和效果比较突出的有圣约翰大学、清华大学、南开大学和东吴大学等，其中圣约翰大学和清华大学以强迫体育而出名。

（一）圣约翰大学的体育

在中国近代大学体育史上，圣约翰大学的体育独树一帜，是全国学校体育的典范。在该校1920年所编《圣约翰大学四十年成绩志略》中，编者自豪地宣称：“本校体育制度之完备，有美国学校可以比拟，在中国无较胜一筹者。”① 圣约翰大学是我国最早开展新式体育的高校。早在1890年5月20日，圣约翰就举行了第一次校运会，此后每年春秋季各举行一次，这是中国高校有运动会之始。从1890年起，棒球、足球等体育项目进入校园，吸引了不少学生参加。② 该校体育的普及首先得益于校长卜舫济，他来自美国，坚持健全的精神寓于健全的身体，体育锻炼是保持身体健康的必由之路。当时中国人对体育锻炼的轻视确实使这位年轻的校长吃惊不小。“但无论如何，他坚持一定让学生从事体育锻炼。”③ 从做校长那天起，卜舫济就开始重视学生体质的培养，安排李蔼门和顾斐德两位老师专门抓这件事。学生刚

① 王强．近代教会大学历史文献丛刊：第2册[M]．南京：凤凰出版社，2015：25.

② 熊月之，周武．圣约翰大学史[M]．上海：上海人民出版社，2007：21.

③ [美]赉玛丽．圣约翰大学[M]．王东波，译．珠海：珠海出版社，2005：26.

开始对运动是抵制的，《圣约翰大学五十年史略》载："惟早年风气未开，学生每不喜脱去长袍，从事竞走，因此遂不得不采用强迫制度，规定运动时间，兵式体操亦不过户外运动之一种而已。"①

转机在1895年，当时有一批檀香山学生来圣约翰读书，这些学生都热爱运动，同学受其影响不少，麦惠安、杨锦魁、曹延生、刁腓力、邱道生等都是当时的运动健将，颜福庆骑自行车的影响也颇大。②受他们的影响，学生运动越来越普遍，一个学生这样描述："余平日不好晨眠，既醒即起，梳洗毕，前往兆丰园操练拳术。"③

1900年至1905年，在柏默先生的指导下，该校体育活动生机勃勃地开展着。每天早晨7点05分，学生集合，做15分钟的哑铃操；星期一、三、五下午4点，做军体操。该校组织了足球队、田径队，并多次与校外队比赛。这样的锻炼模式一直坚持到20世纪30年代。《圣约翰大学一览（1930—1931）》第19章《体操》一节载：

> 本校体操分两种，一柔软，一兵式，每礼拜一、三、五等日，四点钟后兵式操，唯童子军及赛跑足球网球棍球等队员不与，其余各生均往操场，每晨七点零五分柔软体操，除礼拜日外，各科学生均应按时同赴操场，约操十五分钟之久，队长于每岁年终，由领队指派。④

学生只要未请病假，每天早晨必须做体操，星期一、三、五必须练兵式操。星期二、四初级生经体育教员的指导，须学习一种运动，可任其自行选择，重在养成其乐于运动的习惯。体育教员并不参与各校运动比赛，以专心对学生身体锻炼进行指导。学生如果学有专长，可自行组织与校外的比赛。⑤

---

① 王强．近代教会大学历史文献丛刊：第2册[M]．南京：凤凰出版社，2015：56.

② 王强．近代教会大学历史文献丛刊：第2册[M]．南京：凤凰出版社，2015：58.

③ 熊月之，周武．圣约翰大学史[M]．上海：上海人民出版社，2007：243.

④ 王强．近代教会大学历史文献丛刊：第2册[M]．南京：凤凰出版社，2015：38.

⑤ 王强．近代教会大学历史文献丛刊：第2册[M]．南京：凤凰出版社，2015：26.

全体学生每日15分钟早操，除雨雪外必须到。[①] 学生对强迫体育有时会反感，特别是寒冬季节，1921年毕业的校友苏公隽回忆说：

> 值得顺便一提的，每日清晨的徒手操，虽仅一刻钟为限，但时间极早，地点在苏州河畔的旷野，全无遮拦，逢到冬令，北风猎猎，寒战难忍，偏偏不准穿着厚实的棉毛衣服，同学们视为虐政。[②]

天寒地冻，穿着单衣在寒风中操练，学生难免不满，但是时间长了也就适应了，增强了学生的体质。

经过多年培养，到1902年，圣约翰学生对户外体育活动有了极大的热情。顾斐德先生回忆称："每天下午4点半后，操场便因活动的学生而焕发出勃勃生机，他们似乎已领会了西方人走出校门的精神的真谛。他们跑步、冲刺、喊叫，全然不像是中国人。在3个网球场上，你能看到精彩的表现，不时还有几辆自行车绕场飞驰。操场尽头的一座普通的建筑物尽职尽责地起着体育馆的作用。由于它的南侧完全开放，我们能一眼看到学生在翻筋斗、攀爬、游泳，这些活动一般都在课余时间进行。军体操和健身操也经常进行。学生穿着整洁的制服，完成各种各样的体育动作，真是赏心悦目。几年前，中国的保守派还蔑视这类文人。他们觉得文人的举止应是见人弯腰打拱，像孔夫子那样斯文地迈着方步。令人高兴的是这种观念在圣约翰几乎已荡然无存，学生积极参与体育活动和比赛的精神就是很好的证明。"[③] 可见，在传统文人讲究静以修身的时代，圣约翰的体育不仅增强了学生的体质，改变了大学生的形象，也改变了他们对运动的态度。

骑自行车也是一种很好的运动项目，当时有许多趣闻。颜福庆（1882—1970）在校时，喜欢骑自行车，这在19世纪末的中国校园是"绝无仅有之

---

① 圣约翰大学自编校史稿[J]. 档案与史学，1997(1)：12—14.

② 苏公隽. 圣约翰大学面面观[M]//中国人民政治协商会议江苏省常熟市委员会文史资料研究委员会. 文史资料辑存：第3辑. 1962：147—148.

③ [美]赉玛丽. 圣约翰大学[M]. 王东波，译. 珠海：珠海出版社，2005：52—53.

事”[①]。当时学生星期六可以到城里去，许多学生都喜欢骑自行车，“我们骑在车上，可神气了，就像以后的学生驾驶私家车兜风一样地神气”[②]。

> 圣约翰大中两校同学多喜乘骑铁驴子或曰足踏车，课余饭后，约友人三四往来飞行如风，列子曰：“御风而行，泠然善矣。”此之谓也。一日，时近黄昏，某君骑一双高铁驴，铃声自远方而来，不意行近怀思堂前，人驴仰翻，两手被铁树尖叶刺伤数处，然某君深以此被别人看出，引为耻辱，故忍痛驾自行车向门外急轮而逸。[③]

可见，在当时大学生心目中，新的交通工具是一种运动器材，可以炫耀自己的骑车技能。某君本来觉得骑自行车是非常有面子的事情，不想在人前摔倒，顿时觉得没面子，身上的痛，比不上脸上的痛，迅速骑车遁去。这是中国传统文化面子重要性的表现，即使是西式教育下的中国大学生也不能免俗。

从1914年开始，圣约翰大学的学生对于体育活动的兴趣渐浓，该校的足球队、田径队所向披靡。卜舫济校长和教工们不辞辛劳地督促学生进行运动，成绩斐然。体育要进一步发展，必须培养专业的体育教师，来教授生理学和卫生学课程，同时指导体育活动、管理体育馆、培训运动员。为此，该校把沈嗣良送往美国接受专门训练。沈嗣良回国后，任圣约翰大学体育科主任，为圣约翰体育奠定了师资基础。与此同时，圣约翰大学不断完善体育设施。1919年顾斐德体育馆落成，该馆设施完备，是中国最早的大学体育室之一，其游泳池也是国内最早的室内游泳池之一。[④]当时该校有棍球、足球场地各2个，网球场18个，有1个大操场，可容500人早操。[⑤]

在办校的前半个世纪中，圣约翰大学的体育事业获得了发展。[⑥]1919年

① 王强．近代教会大学历史文献丛刊：第2册[M]．南京：凤凰出版社，2015：45.

② [美]赉玛丽．圣约翰大学[M]．王东波，译．珠海：珠海出版社，2005：59.

③ 熊月之，周武．圣约翰大学史[M]．上海：上海人民出版社，2007：257—258.

④ [美]赉玛丽．圣约翰大学[M]．王东波，译．珠海：珠海出版社，2005：100.

⑤ 王强．近代教会大学历史文献丛刊：第2册[M]．南京：凤凰出版社，2015：27—28.

⑥ 圣约翰大学自编校史稿[J]．档案与史学，1997(1)：12—14.

起，该校一改重视竞技体育的做法。从1921年开始实施两年强迫运动，提倡户外运动，以强学生“身体”。[①]体育的开展不仅开阔了学生的心胸，也改变了学生的形象。每年毕业典礼当天，全体学生排队操演兵式体操，整齐壮观，参与典礼的外界嘉宾纷纷称赞。圣约翰大学的学生走在路上，个个气宇轩昂，外人一眼就看出来是圣约翰的高材生，这些都得益于体育的推广。[②]林语堂1912年入圣约翰大学，他回忆大学生活时称：“倘若说圣约翰大学给我什么好处，那就是给了我健康的肺，我若上公立大学，是不会得到的。我学打网球，参加足球队，是学校划船队的队长。我从夏威夷的男生根耐斯学打棒球……我创造了学校一英里的赛跑记录，参加了远东运动会，只是离获胜还远得很。”[③]

圣约翰大学不仅是中国最早的大学之一，而且首先提倡体育，开中国大学体育风气之先。该校对学生运动实施奖励，各校多闻风兴起，注重体育。[④]陈鹤琴曾回忆说：“圣约翰的体育是国内最著名的。潘文辉、潘文炳、杨锦魁等人都是圣约翰的健将，现在都到清华来了。”可见圣约翰的体育影响力之大。清华大学强迫体育的核心人物马约翰就毕业于圣约翰大学。虽然马约翰是化学专业出身，但后来在体育方面取得了很大的成就，这和圣约翰大学的积极培养是分不开的。

（二）清华的体育

清华学堂建立于1911年，1928年才更名为清华大学。清华体育的总体特征是模仿美国。初期清华学校没有正式的体育课，主要是强迫学生参加运动，每天上午10点做体操，下午4点以后参加各种体育游戏。同时，该校积极组织各种球队对外比赛。1918年大体育馆落成后，将课外体育划入课程表，为必修科，4个年级均有体育科课程，对器械运动尤为注意，每星期4

① 王强．近代教会大学历史文献丛刊：第2册[M]．南京：凤凰出版社，2015：45.

② 王强．近代教会大学历史文献丛刊：第2册[M]．南京：凤凰出版社，2015：60.

③ 林语堂．林语堂全集：第10卷[M]．长春：东北师范大学出版社，1994.

④ 王强．近代教会大学历史文献丛刊：第2册[M]．南京：凤凰出版社，2015：45.

小时体育课，户内户外各半。该校要求每个学生必须学会游泳，通过测检才能毕业。

表6-5 1932年清华大学体育课室内运动表（必修）

项目	时期	跑步	柔软体操	器械操	游戏
一年级	十月至十一月	6—10圈	徒手操（丁）	垫子	篮球基本动作
	十一月至十二月	10—14圈	肋木操（丁）	跳绳架	户内游戏
	十二月至一月	14—18圈	拉重操（丁）	跳板（丁）	篮球基本动作
	二月至三月	18—22圈	木棍操（丁）	爬绳	户内游戏
	三月至四月	22圈	棍棒操（丁）	横木马（丁）	队球基本动作
二年级	十月至十一月	6—10圈	徒手操（丙）	跑板（丙）	篮球技术
	十一月至十二月	10—14圈	肋木操（丙）	堆罗汉	户内游戏
	十二月至一月	14—18圈	拉重操（丙）	横木马（丙）	篮球战法
	二月至三月	18—22圈	木棍操（丙）	吊环（丙）	户内游戏
	三月至四月	22圈	棍棒操（丙）	双杠（丙）	队球技术
三年级	十月至十一月	6—10圈	徒手操（乙）	横木马（乙）	篮球战法
	十一月至十二月	10—14圈	肋木操（乙）	纵木马	户内游戏
	十二月至一月	14—18圈	拉重操（乙）	低单杠	篮球战法
	二月至三月	18—22圈	木棍操（乙）	吊环（乙）	户内游戏
	三月至四月	22圈	棍棒操（乙）	双杠（乙）	队球战法
四年级	十月至十一月	6—10圈	徒手操（甲）	横木马（甲）	各种室内游戏
	十一月至十二月	10—14圈	肋木操（甲）	双杠（甲）	各种室内游戏
	十二月至一月	14—18圈	拉重操（甲）	吊环（甲）	各种室内游戏
	二月至三月	18—22圈	木棍操（甲）	高单杠	各种室内游戏
	三月至四月	22圈	棍棒操（甲）	双杠及跳板	各种室内游戏

〖资料来源：清华大学．清华大学一览［M］．清华大学，1932：299.〗

表6–5列的是清华大学1932年的室内体育必修课的内容和上课时间、形式。以各种体操和篮球为主，4个年级都有体育课，而且对身体素质要求不断提高。

表6–6　1932年清华大学体育课外场运动（必修）

项目	时期	田径赛	游泳	垒球	网球
一年级	四月至五月	100米，跳远	游泳初步	基本动作	基本动作
	五月至六月	200米，铅球	游泳法	练习	打法
	六月至七月	跳高，三级跳	俯泳，蛙泳	比赛	比赛
二年级	四月至五月	100米，跳远	游泳法	基本动作	基本动作
	五月至六月	200米，铅球	仰泳侧浮	练习	打法
	六月至七月	跳高，三级跳	入水法	比赛	比赛
三年级	四月至五月	100米，跳远	游泳技术	基本动作	基本动作
	五月至六月	200米，铅球	入水法	练习	打法
	六月至七月	跳高，三级跳	游泳比赛	比赛	比赛
四年级	四月至五月	100米，跳远	游泳技术	基本动作	基本动作
	五月至六月	200米，铅球	救护法	练习	打法
	六月至七月	跳高，三级跳	救护法	比赛	比赛

〖资料来源：清华大学．清华大学一览［M］．清华大学．1932：264．〗

表6–6为清华大学室外体育课程的上课时间和具体内容。课程不仅有田径各类，还有垒球、网球、游泳。清华体育主任为马约翰，20世纪30年代教员有涂文、赵逢珠、李剑秋3人，分任各级体育课程，上课情形如下：

男子各级每星期二小时，当其上课也，先由教员领导跑二十二圈，（一英里为健身房之跑圈），继做柔软体操、短跑操，及拉车栏、木哑

> 铃、木棍等操，花样常换，器械运动则有……游泳练习时，男生均须裸体，不许着衣，女生体育班全校学生均混入一班，每星期二小时，游泳在每日下午五六时，但着游泳衣，男子平时可游泳，女生不许混入，单独练习。

清华大学坚持举行升旗仪式和晨操，每日上午6时半至7时半，全体学生700人均须参加，“先升国旗奏国乐，秩序井然，继而做柔软体操，全体跑1英里，赛毕，降旗行礼如仪”[①]。

马约翰在《我在清华教体育》一文中细细回忆了其在清华开展体育活动的经历。马约翰是圣约翰大学的毕业生，刚到清华时教化学，后来因为清华每年要送一百名学生到美国去，为了避免送出去的学生像“东亚病夫”，学校考虑加强体育活动。马约翰当时主要是考虑到祖国的荣誉问题，怕学生出国受欺侮，被人说成是“东亚病夫”，他常劝学生说：“你们要好好锻炼身体，要勇敢，不要怕，要有劲，要去干。别人打棒球、踢足球，你也要去打、去踢。他们能玩什么，你们也要能玩什么；不要出去给中国人丢脸，不要人家一推你，你就倒；别人一发狠，你就怕；别人一瞪眼，你就哆嗦。中国学生功课要棒，身体也要棒。”马约翰回忆说，“那时我们有一种气魄，就是不许人家说中国人是‘东亚病夫’，要打倒‘东亚病夫’。”可见当时无论是大学教师还是大学生都把自己的身体与国家荣辱紧紧联系在一起，学生身体的强弱代表国家的强弱，作为留美预备学校，清华的强迫运动刻不容缓。

起初，由于学生不肯出来运动，清华全校的师长都主张采用强迫锻炼的方式逼学生出来活动。每天下午4点至5点，学校将图书馆、教室、宿舍都锁起来，让学生出来运动。虽然锁了屋门，但仍有一些学生躲在树底下看书，马约翰就拿着本子到各处巡视，发现这些学生就耐心地说服他们，要他们好好锻炼，有一个强壮的身体，到外国时不被人讥诮为“东亚病夫”，不给中国人丢脸。那时学生大多都接受马约翰的劝告，活动的人越来越多。

---

① 国立清华大学校体育状况[J]. 浙江体育半月刊，1932(3)：38—47.

清华体育的普及，一方面要求普及每一个人；一方面要求把体育的一些基本技术，如跳高、跳远、赛跑和某些球类等也加以普及。清华校队有棒球、足球、篮球、游泳、田径等，1925年以后，清华各项球类运动都逐渐有了起色。马约翰的过人之处在于注重创造，根据国人体质创设很多运动方法，包括各种矫正体格的方法、田径球类的练法、洗澡的洗法、体能的测验方法等。他关注学生的身体，要求学生吃好睡足，爱惜身体。①

当时清华为留美预备学校，校方明文规定，如果体育不及格，就不能出洋留学。体育有“五项测验”②，在校学习8年期间，必须通过。当时确实有少数学生因为体育不及格而不能按时出洋。如吴宓，跳远测试时仅跳了11英尺多，标准是12英尺才能及格，就被延期半年，通过后才出洋留学的。游泳是一项必修的科目。梁实秋在清华时喜欢健身，但是因嫌游泳池水太凉，而且不留心会呛水，所以没好好练游泳，到了毕业游泳考试不及格。③

清华学子刘曾复回忆当时清华大学的“文体娱乐”时称，马约翰要求每一个学生都要跑1500米，当时都在旧体育馆里转圈跑，要转17圈，否则不及格。刘曾复的同学段学复身体不好，马约翰就跟他说，走你也要走17圈，要不然不及格。“所以那个时候的肢体都是要全面顾及的。”每天下午4点以后大家都到体育馆去锻炼。④

吴宗济对清华强迫体育记忆犹新：“我记得一年级时，全级学生每天早餐前都要到体育馆，先在楼上跑道跑完33圈才能去食堂。馆内的各种运动器械极其完备，后面是游泳池，男女同学都可以分时间练习。每个学生在毕业前要能游到50米才及格，且作为考试成绩。因此毕业班的学生不但功课紧，练游泳也是一件大事。”⑤

① 钟叔河，朱纯. 过去的大学[M]. 武汉：长江文艺出版社，2005：117—121.

② 五项测验：(一)百码赛跑14秒；(二)半英里赛跑3分钟；(三)掷铁球20英尺；(四)跳高45英寸；(五)两项择一：足、篮球要求懂得有关知识和规则；射箭，10分以上。

③ 钟叔河，朱纯. 过去的大学[M]. 武汉：长江文艺出版社，2005：121.

④ 郑小惠，董庆钧，高暄. 清华记忆：清华大学老校友口述历史[M]. 北京：清华大学出版社，2011：15—20.

⑤ 郑小惠，董庆钧，高暄. 清华记忆：清华大学老校友口述历史[M]. 北京：清华大学出版社，2011：15—11.

当时清华学生已经完全改变了四肢发达、大脑简单和静以修身、蔑视运动的观念。在他们心目中，体育是一种积极向上的活动，体育成绩好的学生在同学们心目中地位高，得到大家认可。当时很多学生都想练好体育，陈鹤琴在《我的半生》中描述了自己努力增强体力以博回面子的经历：

> 对于体育，我还有一种奇特的想法……我是很好胜的。智育方面，我可以死读书和他们比一比。德育方面，我可以自励自修也有方法可想。体育方面，我倒没有办法了！跑也跑不快，跳也跳不远。什么球类比赛，什么田径比赛，我都比不上他们，那怎么办呢？有了。球类田径虽然比不上人，但是力气筋骨倒可以同人比一比呢。我就天天练习力气，练习筋骨。练了一年以后，体育先生举行全校学生体力测验。测验都有一定器具，有握力表测验握力，有量力表测验腿力、背力。又有表测验臂力，另外还有测验手臂的举力和攀力。这一次有七八项力气比赛。全校几百个同学中我的体力总分数居然列在第二。第二年又全体比赛，我考第一。连潘氏兄弟也只得“甘拜下风”了。[①]

可见，当时清华的体育锻炼的项目比较多，要求比较全面，不仅有球类，还有体力方面的要求和测试。陈鹤琴知道自己在球类方面没有优势，于是憋足了劲，天天锻炼，终于在和同学比试体力中胜出。这里可以看出体育的普及，每个人对体育都有兴趣，同时想在体育方面大显身手，身体的素质成为衡量每个大学生能力的一项重要指标。

著名社会学家潘光旦对清华体育印象最为深刻。他本是一名运动健将，拼命锻炼跳高，由于训练不得法，1916年1月18日，潘光旦腿部受伤被截肢。这是因为当时体育教师少，给予学生的指导不到位。即使这样，他对清华的体育仍以肯定为主：

① 庄丽君．世纪清华之四[M]．北京：清华大学出版社，2011：205.

> 清华的体育，即在当年，积极的一面终究是更大的一面。上面说到它的强迫性，强迫就意味着普遍，积极的一面就在这里。对付当年专啃书本、足不出户、手无缚鸡之力的一班“小老头”，就得这样办，才有希望把千百年的积习与惰性加以初步的扭转。因此，当时得益的倒未必全是“雅座”上的座客，而是一般的同学。有了体育馆的设备和形成正式课程以后，这种好处更取得了物质与制度的保证。[①]

清华的强迫体育取得了明显效果。物理学家周培源1919年插入中等科三年级，1920年升入高等科，因为清华有重视体育的传统，体育不达标者是不能赴美留学的，他因此坚持锻炼，曾多次获得880码，1英里及3英里的冠军，从此就养成了天天锻炼的良好习惯，直至生命的最后一刻。[②]赵访熊1922年秋入清华学校，时年14岁，身体瘦小，体重仅63斤，1924年升入大学，1928年夏大学毕业时获得德智体全优奖状，那时他的体重已达110斤，肺活量5250cc，为全校第一。当时清华十分重视体育，体育部保存着每个学生的体质检查卡片，每年做一次检查，详细记载学生的身高、体重、肺活量及各种体能状况。每年都要举行全校运动会和年级间的田径球类比赛。“重视体育的效果是明显的，总的说来旧清华毕业生的体质是比较好的。”[③]

（三）其他大学的体育

民国时期，各大学都设有体育部，负责学生体育事宜。20世纪30年代初武汉大学的体育行政及管理完全由体育部主持，设主任一人，男指导员若干人，女指导员一人，助教若干人。另由学校聘请校内体育经验丰富者若干人组织体育委员会，设主席委员一人，拟定发展本校体育计划，交体育部分

① 钟叔河，朱纯．过去的大学[M]．武汉：长江文艺出版社，2005：105—106.

② 宗璞，熊秉明．永远的清华园[M]．北京：北京大学出版社，2013：359.

③ 宗璞，熊秉明．永远的清华园[M]．北京：北京大学出版社，2013：401.

别执行，并解决一切重大问题。此外，体育部还在学生中物色领袖运动员，联合各级体育干事组织干事会，帮助体育部组织及领导课外各种运动团体。关于课外运动方面，除对外组织各种代表球队及田径队外，每学年分期组织各种球类科院比赛及举行运动大会一次，以资提倡。武汉大学每学期检查学生体格一次，以考查实施体育的效果。[①] 与之配套的体育设施和设备包括运动场、体育馆及篮球、足球、单杠、双杠等器材。[②]

南京高等师范学校非常重视体育，强调体育为“德、智二育基本，欲求德育高尚，苟使身体孱弱，不徒任重道远难以负担，且不足以表示优秀国民之完全人格”。1918年该校体育实施概况如下：

一、标准　本校体育以养成坚强之体魄、充实之精神，对于全校则重体育之普及，对于个人则重全局之发育，务使人人能得到康健之幸福，各部皆得平均之操练，此本校所立体育之标准。

二、方法　本校体育方法有三：一曰养护，所以培养元气，使御邪感于未然；二曰锻炼，所以操练筋骨，使所耐劳之准备；三曰医治，所以矫正体格，使偏害者复其健全，已罹病者复其强杜。此本校对于体育所施之方法也。

三、实施　本校体育实施，关于养护方面，有学校卫生，由卫生部主持其事，又为预防时症传染起见，劝令学生补种牛痘。至膳事则用分食之法，人各用一食器，内间为二分，贮荤素菜品，比数人共用一器为洁净而合于卫生。关于锻炼方面，有体操正课、兵操、拳术、课外运动等，并有早操一门，每日晨起，学生各于室外举行十五分钟早操，以养成终身早起运动之习惯。关于医治方面，有中西校医诊治疾病，并设调养室，以资调摄，每学年举行体格检查一次，体格有偏害者，由体育教

① 武汉大学．武汉大学一览[M]．武汉大学，1930：117—120.

② 武汉大学．武汉大学一览[M]．武汉大学，1930：117—120.

员有选适宜之矫正体操，使复其健全。其有疾病者，则由校医诊视。[①]

由材料可知，该校体育包括学生身体的养护、运动锻炼和学校卫生等方面，要求细致。燕京大学的体育最初由卫生部主管，到1924年合称为体育卫生部。[②]可见当时的体育概念要比现在广，而且实施起来更全面。

据北大1932级学生描述，大学4年，北大学生的运动兴趣普遍提高。有一次蒋梦麟对新生谈话时说，该校日后将特加注意体育，外曾传有“北大老、师大穷”的话，学校虽不希望夺得何种锦标及多出“美人鱼”，总希望不致如“学问得了，身体完了”的惨剧结果。此后北大在体育设施方面力求改进，体育被列为一、二年级学生的必修课。1936年秋天曾举行体育大检阅，参加的学生非常踊跃，大有北大从此不老的气概。[③]

河南大学前身中州大学对体育课一直很重视，提出了“强身健国，一雪‘东亚病夫’之耻”的口号。该校经常举行运动会，其《学生通则》规定，学生体质太弱，即令退学，体育课没有修完或考试不及格，不能毕业。[④]当时各大学对学生体操过程中学生身体的表现有明确规定，以1922年私立中国大学《体操规则》为例，具体规定如下：

第一条　每体操时，不得迟逾上课钟铃后五分钟入场。

第二条　未着本校制服制帽者，不得与操，以缺席论。

第三条　每次体操点名时，有不应者，以缺席论。

第四条　每点名毕，不得请求补点。

---

① 南京高等师范学校概况(1918年10月)[M]//潘懋元，刘海峰．中国近代教育史资料汇编：高等教育．上海：上海教育出版社，1993：732—733.

② 燕京大学校友校史编写委员会．燕京大学史稿：1919—1952[M]．北京：人民中国出版社，2000：152.

③ 陈平原，夏晓虹．北大旧事[J]．上海：生活·读书·新知三联书店．1998：441.

④ 河南大学校史编写组．河南大学校史[M]．开封：河南大学出版社，2002：21.

第五条　缺席者每一次记扣一分，每一学期内缺席积至十次以上者，按次记，扣二分。

第六条　前条记扣之分数，于每学年学期末，本门实验分数内扣除。

第七条　每次体操轮推值日生二人，协同各班班长，照料各级体操器械。

第八条　在体操场内违犯下列各项者，记过：

（一）入场后，未得教员许可，擅自出场者；

（二）排队后，未得教员许可乱走者；

（三）排队后，侧立低蹲嬉笑戏谑，及有其他怠惰态度者；

（四）立正后，吐痰及谈话者；

（五）行步及排队时，故意前后踢蹴为戏者；

（六）领纽不扣，及衣帽不整者；

（七）违反体操教员号令者；

（八）其他不守秩序者；

第九条　故意毁损体操器械者，轻者记过，重者责令赔偿。

第十条　每体操散队时，一律向体操教员致敬后，仍须排队出场，不得乱挤，违者记过。

第十一条　凡记过者，归入学生操行分数，一并计算。

第十二条　凡一学年内，体操时间，曾未缺席，而成绩最优者，于该学年末，酌量给奖。①

对大学生来说，做体操不仅是按时锻炼，更是全方位的身体规训，在穿着、入场、排队、行进等方面，都有细致入微的动作要求。

① 李森. 民国时期高等教育史料汇编：第5册[M]. 北京：国家图书馆出版社，2014：362.

二、近代大学生的运动比赛

（一）运动比赛

1. 校内比赛

为了提高学生运动的兴趣，激励更多的学生参与运动，各高校纷纷组织运动会和体育竞赛，课外体育活动与课内结合，相得益彰，从而锻炼学生的身体。同时，体育是身体的展演，这一展演的过程中学生获得了快乐、满足。体育不仅是强壮身体的手段，也是身体能量发泄的方式，它为学生身体展演和交流提供了平台。在体育比赛中学生的身体不仅得到了锻炼，更多的是在表演，比赛有很大的展示性，通过比赛展示，促进更多的学生参与体育运动，这才是体育运动比赛的真正价值所在。

1890年圣约翰书院组织了第一次全校运动会。之后各大学纷纷组织运动会。1905年5月24日至26日，被喻为老爷大学的京师大学堂举办校运会。《申报》对此进行了细致报道，各学生在场运动，颇具精神，各学堂学生来入会者计3000余人。①

> 兹悉二十五日上午八点钟，续开运动会，至下午五点钟始散，男女宾客云集，京师各学堂学生均张旗鼓，穿操衣，排队而来，入会角胜。各国驻京公使及其夫人均来观赛。是日，会场警察员为最能实行其义务。一切规则均极整齐。东西洋人来会者，有坐马车直入会场，警察员必迫令下车，然后放入。故东西洋人均称美之。②

这场比赛盛况空前，不仅是全校师生，京师很多学校的学生，连各国驻京公使也携家眷观看，可见场面之隆重。为了维持秩序，政府还出动了警察。

① 京师大学堂第一次运动会[N]. 申报，1905-06-05.

② 京师大学堂开运动会续志[N]. 申报，1905-06-11.

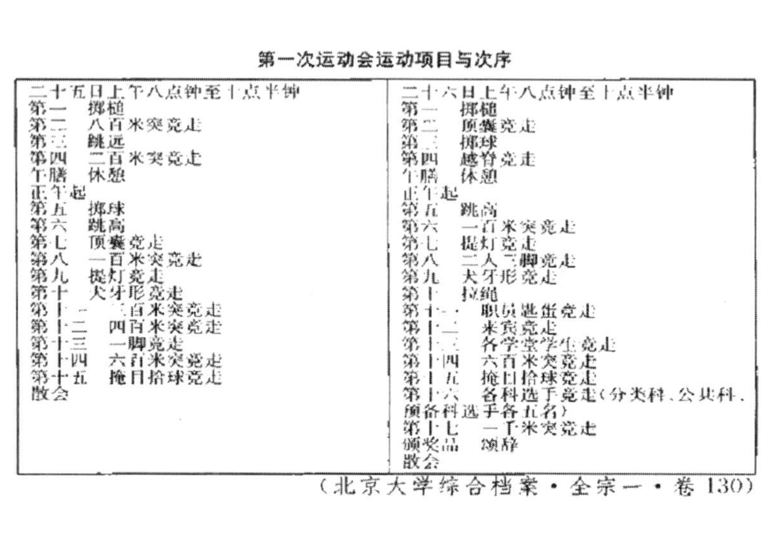

第一次运动会运动项目与次序

二十五日上午八点钟至十点半钟	二十六日上午八点钟至十点半钟
第一　掷槌	第一　掷槌
第二　八百米突竞走	第二　顶囊竞走
第三　跳远	第三　掷球
第四　二百米突竞走	第四　越脊竞走
午膳　休憩	午膳　休憩
正午起	正午起
第五　掷球	第五　跳高
第六　跳高	第六　一百米突竞走
第七　顶囊竞走	第七　提灯竞走
第八　一百米突竞走	第八　二人三脚竞走
第九　提灯竞走	第九　犬牙形竞走
第十　犬牙形竞走	第十　拉绳
第十一　三百米突竞走	第十一　职员匙蛋竞走
第十二　四百米突竞走	第十二　来宾竞走
第十三　一脚竞走	第十三　各学堂学生竞走
第十四　六百米突竞走	第十四　六百米突竞走
第十五　掩目拾球竞走	第十五　掩目拾球竞走
散会	第十六　各科选手竞走（分类科、公共科、预备科选手各五名）
	第十七　一千米突竞走
	颁奖品　颂辞
	散会

（北京大学综合档案·全宗一·卷130）

图6-10 1905年京师大学堂第一次运动会秩序表

【资料来源：郝光安．北京大学体育史［M］．北京:人民体育出版社，2008：14．】

对于大学生来说，体育锻炼正在成为一种新型的身体活动，一种已被确切规划了的活动，它的动作正在被几何学般地精确化，它的比赛成绩则可以计算出来。①

在1905年4月京师大学堂发布的《第一次运动会敬告来宾文》中，开宗明义："学堂教育之宗旨，必以造就人才为指归，而造就人才之万，必兼德育、体育而后为完备。讲堂上所授学科，讲堂内外一切规矩，无一非德育之事，然而气质有强弱之殊，禀赋有阴阳之毗。欲人人皆有临事不辞难，事君不惜死之节概，盖亦难矣。东西各国知其然也，故无不以体育一事为造就人

① ［法］阿兰·科尔班．身体的历史：卷2　从法国大革命到第一次世界大战［M］．杨剑，译．上海：华东师范大学出版社，2013：273.

才之基。”[①] 文中还提到当时举办运动比赛的弊病：

> 衣服丽，都似五陵侠少之所为，以运动为炫服之场，一也。技精者自炫其能，则稍疏者，皆有越趄不前之意，运动会遂为少数竞技之地，二也。且因运动之故而致荒平日学业，遂以体育夺德育之日力，三也。本大学堂学生平日课余，皆令练习各种体育法，而今日之会，则无论其技之熟与否，皆得与焉。以无一人不习体育为义例。至于衣服，只求整洁，以不侈外观之美好义例。[②]

体育运动的开展，使青年学生和许多知识分子摈弃了旧式知识分子“以静默为高尚”“以活泼为卑鄙”的守旧思想和“君子非礼勿动”“行不由径”的人生哲学。各个大学都有不少体育爱好者，组织体育运动队从事各种体育运动，参加各种校内、校际以及省际的比赛，为学校争得了荣誉。体育运动的开展不仅强壮了学生的体魄，更培养了青年学生的民主精神、平等竞争精神、团队精神等。[③] 学生运动的积极性明显增强。1906 年 4 月和 1907 年 4 月，京师大学堂分别举办了第二届、第三届运动会，第三届比赛前学生踊跃报名，积极训练，练习场地不够，学校专门发练习票。

在圣约翰大学，1900 年学生开始有了运动热情，无论是班际比赛，还是年级比赛，学生都全力以赴，精神抖擞，于是能“产生优美之运动队员，为本校获得无数锦标”。1904 年 4 月 23 日，南洋公学、东吴大学、华英公学及圣约翰大学组织第一届中华大学联合运动会，从此华东各大学摩拳擦掌，纷纷参加。1914 年 5 月 15 日，第一届华东各大学联合运动会举办，加入者为圣约翰大学、南洋公学、东吴大学、之江大学、金陵大学、复旦大学及东南

① 郝光安．北京大学体育史[M]．北京：人民体育出版社，2008：15.

② 郝光安．北京大学体育史[M]．北京：人民体育出版社，2008：15.

③ 郝光安．北京大学体育史[M]．北京：人民体育出版社，2008：24—25.

大学。自1914年至1925年，每年都有运动会。[①]

这个阶段，圣约翰大学占尽风头，锦标纷至沓来，不可胜数，运动健将亦层出不穷，最有名的有朱友渔、谭雅生、凌道扬、马约翰、韦氏弟兄、潘氏弟兄、杨氏弟兄、高恩养、林祖光、袁礼、袁庆祥等。1913年，圣约翰大学学生有代表往马尼拉参加第一届远东运动大会，这次中国代表队共得36分，其中26分为圣约翰大学学生所得。1921年各大学比赛中，圣约翰大学连续拿了足球、篮球、网球锦标。[②]

梅贻琦、张伯苓、卜舫济等大学校长都鼓励学生参与体育比赛，各大学之间，各地区之间的大学联队，各种比赛不断，尤其是篮球赛、足球赛、排球赛，引人关注，万人空巷，大学教授都流连忘返。

表6-7 清华大学1932年校际及课余运动表

	校际比赛	课余运动比赛
秋季	足球、篮球、队球（女生）	足球、篮球
冬季	足球、篮球（男女生）、国技	足球、篮球
春季	队球、网球、垒球、游泳、棒球、田径赛	队球、网球、游泳

[附注：校际比赛：参加校际比赛之各种运动组织，均有专人指导。

课余运动比赛：全校学生及教职员均组织各种球队，按季参加比赛。]

[资料来源：清华大学．清华大学一览［M］．清华大学，1932：264．]

以当时燕京大学为例，美国学者艾德敷在其所著《燕京大学》中着重笔墨描写当时各大学的体育比赛：

① 王强．近代教会大学历史文献丛刊：第2册［M］．南京：凤凰出版社，2015.

② 王强．近代教会大学历史文献丛刊：第2册［M］．南京：凤凰出版社，2015.

> 通州学校丰富多彩的学生生活中，体育活动占有突出的地位。校内学生之间经常举行足球赛，学生们也与其他学校的足球队或英美驻华使馆卫兵们进行比赛。此外，还有大学间的运动会。协和大学作为东道主与来自汇文大学、清华学堂和其他学校的运动员之间进行比赛。博晨光先生在这些体育活动中发挥了显著的作用，来访的清华队看到通州学生们朴素的生活和优秀的体育才能，把他们称作斯巴达，这使通州的学生非常高兴。①

艾德敷称，当时各大学之间体育比赛盛行。对于燕京大学的学生来说，最为刺激和有趣的是校内和校际体育比赛。"当时有一种动力激励着所有学生们参加各种运动会、体育比赛和个人锻炼。学校的运动项目无所不包"。该校最先倡导的是足球、篮球、排球和网球"四大球"。其他运动项目范围也很广，包括自行车、冰球、曲棍球、场地跑、越野跑、划船、游泳、体操、羽毛球、乒乓球、手球、掷环、滑冰、徒步旅行、射箭、骑马、钓鱼、高尔夫、拔河、中国武术、美式拳击、槌球、民间舞蹈等几十项。②

据统计，1931年至1932年，燕京大学在校学生总数为男生578名，女生233名，其中参加校内比赛的学生达4000人次以上，可以反映燕京大学体育运动的普遍程度。但是，女生参加校内比赛的人数远不及男生，可能整个体育运动对女性来说都还是一个全新的概念，女生还没有完全认可这种公开比赛，也可能怕失败了丢面子。③同时，学生个人锻炼的次数明显高于比赛的次数，可见比赛主要是引起兴趣，激励更多的学生参与体育锻炼。

从1936年燕京大学学生参与校内比赛运动的统计表可以看出当时运动比赛普及的情况：

---

① [美]艾德敷．燕京大学[M]．刘天路，译．珠海：珠海出版社，2005：45.

② [美]艾德敷．燕京大学[M]．刘天路，译．珠海：珠海出版社，2005：215.

③ [美]艾德敷．燕京大学[M]．刘天路，译．珠海：珠海出版社，2005：215.

表6-8 燕京大学1936年校内比赛运动统计表

春季校内比赛运动统计表											
项目	篮球公开	双杠	乒乓团体	班际网球	班际垒球	班际排球	班际田径	网球公开			总计
								单人	双人	混合	
参加人数	84	30	16	41	48	35	35	27	24	18	358
参加队数	10		3	5	4	4	3		12	9	50
比赛次数	15		3	10	6	6	1	26	11	8	86
秋季校内比赛运动统计表											
项目	班际篮球	班际足球	班际乒乓	班际越野赛	乒乓公开	火棒公开	楼际篮球	网球公开			总计
								单人	双人	混合	
参加人数	98	56	21	13	49	10	78	52	26	6	409
参加队数	10	4	3	3			10		13	3	46
比赛次数	20	6	3	1	47		106	54	13	2	252

〖资料来源：燕大友声，1936(6).〗

1936年燕京大学在校学生885人，[①] 春季校内比赛86次，队伍50支，参加人数358人次；秋季校内比赛106次，参加队数46支，参加人次409次。由此可见，燕京大学学生较为注重参加体育活动。

2. 校际比赛

20世纪初，各大学之间比赛比较盛行，各校为了声誉，都纷纷培养专门的运动队，特殊对待。校际比赛中，学生的身体成为学校的身体，其胜败关乎学校荣辱。学生的身体工具化，成为争取学校荣誉的工具。例如在梁实秋先生的记忆中，体育生有特权："清华对于运动素来热心。校际球类比赛如获胜利，照例翌日放假一天，鼓舞的力量很大。跻身于校队，则享有特殊

① 陈先泽．历年学生总数比较图(民国八年至民国廿四年)[J]．燕大友声，1936(9)：48.

伙食以维持其体力，名之为‘训练桌’，同学为之侧目。”①

这种情况愈演愈烈，普通学生运动的场地和经费反而不能保障，这一导向饱受诟病。1921年王成栋在《我的各大学底体育观》一文中指出当时大学的体育情况，各大学设体育会，每个学生缴费参加，督促学生锻炼，普及体育，“可以补学生体质上的缺陷，补他们用脑上的过偏……可以增进学生的健康，发展他们的天性，增加耐劳，养成学生精神身体健全的人格”。但体育方针问题很大，各大学当时主要是培养运动选手，忽略了普通学生的体育，那些选手成为特殊阶层，而且训练容易受伤，这是学校虚荣导致的。②学生的身体在运动中变为学校的身体，胜败荣辱系于一身。这是体育过度竞赛的危害，失去了体育的本意，体育本意是培养学生强健的身体和团结协作、吃苦耐劳的精神，现在比赛胜负成了体育的唯一标准，胜则皆大欢喜，败则功败垂成。身体的工具性凸显，从民国短跑名将东北大学学生刘长春在参加奥运会铩羽而归之后的悲惨遭遇中，我们可以略窥一二。

蔡元培对“体育竞胜”的弊病有着清晰的认识。他指出，为了普及体育，增加学生对运动的兴趣，“近日教育界乃采取奖励、竞胜等法，以为助长体育之作用，吾以为有害而无益。一曰生理上之害。……一涉竞胜，则人人以好胜之故，而为过激之运动，所伤实多。一涉竞胜……则人不能不择其可以制胜之技，而专门演者，则生理上一部分偏于发展，而其他部分则不能与之适应，失体育之本义。二曰教科体育与智育、德育必各保其平衡。智、德诸科，教育家皆助长之为害，故积分之制，试验之制，皆渐即于淘汰。于今体育方面，特采奖励、竞胜之法，则生徒必缘此而于体育一方面为倍徙之练习，而智、德各科不久有所废矣。三曰心理上之害。体育者，对于己之关系者也。一涉竞争，则对于人之关系。未竞之先，有希冀之心。既竞之后，胜者，于己为骄矜，于人为蔑视，负者于己为愧恧，于人为忮忌。是皆心理上之恶德也。故吾以为体育必排除奖励及竞胜等种种助长之方法，而以生理

① 钟叔河，朱纯．过去的大学[M]．武汉：长江文艺出版社，2005：121.

② 王成栋．我的各大学底体育观[J]．约翰声，1921(5)：16—23.

学为标准”[①]。蔡元培是教育家，学识深厚，从生理、心理、人的全面发展三方面分析了过度竞争的弊病。首先，如果过于强调运动胜负，那么参与者为了获胜，会长时间专门操练一种运动技能，这从生理上会使人局部发展，全身不协调，而且随时可能运动过量，伤及身体。其次，教育中，学生德智体应该全面发展，当时智育和德育开始减少评分积分制，强调学生的积极性和创造性，而体育一味地强调比赛分数高低，会使学生为了提高体育成绩而多加练习，荒废了智育和德育。其三，心理上的影响也很大，比赛竞争胜负，胜者傲，败者辱，怨恨常生，这些都不利于运动者的心理健康。可喜的是，各高校在20世纪20年代对体育比赛的主体都有调整，逐步从校外转向校内，这是学校体育发展的必然规律。

尽管如此，校际比赛促进了各个学校体育队伍的发展，高校各种球队诞生壮大。所有的高校都把体育各项队伍照片放在校刊和大学一览中，代表学校的一种积极进取的精神、一种上进活泼的气氛、一种尚武的精神。《申报》在远东运动会结束报告后的评论中提到此次远东运动会的感想：“女学生加入表演，实为女子体育之曙光，十余年前，中国风气闭塞，不知体育为何事，女子更不足论，女子加入运动会，此为第一次，希望将来女子体育日形发达。”[②]

3.　大学生身体运动的真实感受

体育运动的新颖之处并非是使身体从不健康恢复到健康状态，而是使人体得到进一步的增强，并使人们认识到人体的增强是没有一定限度的。[③]季羡林在回顾清华的大学生活时说，清华的强迫体育是个怪现象，也是一个好现象。每一个学生都必须选修第一年体育，不及格不能毕业。每一个体育项目，比如短跑、跳高、跳远、游泳等都有具体标准，达不到标准，就算不及格。他认为标准都不高，达到并不困难，所以还没有听说因体育不及格而不

① 郝光安．北京大学体育史[M]．北京：人民体育出版社，2008：28.

② 昨日比赛结果[N]．申报，1921-06-05.

③ [法]阿兰·科尔班．身体的历史：卷2　从法国大革命到第一次世界大战[M]．杨剑，译．上海：华东师范大学出版社2013：328.

能毕业的。[①]

季羡林1930年考入清华大学，其《清华园日记》中保留了大量的运动中的身体感受，现在读来仍然很亲切，如1932年8月24日日记中载："许久没运动了，今天同岷源去体育馆跑了十五圈。从前跑二十一圈也不怎样吃力，现在只跑十五圈就感到很大的困难，兴念及此，能不悚然？"[②]

当时清华大学体育测试比较频繁，从10月18日到12月2日，有6项体育测试，包括100米跑、跳高、跳远、1600米跑、单腿闭眼站立、引体向上。季羡林曾在日记中提到："10月28日过午跑一千六百米，共四圈，因为缺少练习，跑到第二圈上就想下来，好歹携着两条重腿跑下来，头也晕，眼也花，也想吐，一切毛病全来。澡没洗好，就赶快回到屋里来，大睡。"季羡林平时还参与打篮球，他喜欢踢足球、打网球、打手球。

> 1932年11月2日　过午上体育，打篮球笑话百出，球一到手，立刻眼前发黑，分不清东南西北乱投一气。
>
> 1932年11月4日　过午体育打篮球。
>
> 1932年11月9日　过午踢足球，非诚累而有趣。
>
> 1933年4月14日　过午下体育后同吕、陈打手球，颇有趣，自运动以来，未有如是之累者。
>
> 1933年4月15日　过午又去打手球，同吕，比昨天更累。后来，连臂都不能抬了，浑身痛，腰也不能直。
>
> 1933年4月21日　过午因不能打网球，颇觉无聊。[③]

1934年临近毕业，季羡林还经常打网球。从6月24日到8月6日的44天里，季羡林打网球10次，对一个毕业生来说，频率很高。毕业在即，准备回家，仍然在打网球，可见其对运动的痴迷程度。和季羡林几乎同时期的清

① 季羡林．清华园日记[M]．北京：外语教学与研究出版社，2009：7.

② 季羡林．清华园日记[M]．北京：外语教学与研究出版社，2009：16—17.

③ 季羡林．清华园日记[M]．北京：外语教学与研究出版社，2009：312—365.

华学生夏鼐也经常运动：

1931年4月13日　下午无事，赴体育馆打乒乓球。

1931年4月18日　下午赴体育馆拍乒乓球。

1931年5月1日　下午至体育馆拍乒乓球。

1931年5月9日　下午至体育馆拍乒乓球。

1931年6月4日　下午至体育馆拍乒乓球。

1931年9月21日　下午拍网球，这是从来没有练习过的，只曾在十中拍过一两次，在光华拍过三四次，拍起来总是拍空气而拍不着网球，真是吃力不讨好，累得满身是汗，然而总算合于运动的目的了，为之一笑！①

夏鼐喜欢打乒乓球，也不排斥其他运动，他曾尝试着去学习网球。梁实秋回忆说，当时大家热衷于运动，不能参加校队的，可以参加级队，不能参加级队的甚至可以参加同乡队、寝室队，总之是一片运动狂。即使是不擅长运动的梁实秋，也踢破过两双球鞋，打破过几只网球拍。②

对于体育运动，青年学生也是乐在其中。当时清华学生下午下课后，离食堂开饭还有一段时间，爱运动的学生就去体育馆打篮球，叫作斗牛。有《清华旧事竹枝词》为例：

体育馆

下课敲钟赶斗牛，白红两队喊加油！

匆匆淋浴更衣后，再去餐堂买饭筹。③

---

① 夏鼐．夏鼐日记·卷一(1930—1935)[M]．上海：华东师范大学出版社，2011：41—72.

② 钟叔河，朱纯．过去的大学[M]．武汉：长江文艺出版社，2005：121.

③ 郑小惠，董庆钧，高碹．清华记忆：清华大学老校友口述历史[M]．北京：清华大学出版社，2011：11.

北大学生以老气横秋著名，20世纪30年代，北大学生积极运动，运动场上的空气活跃，一到下午三四点钟的时候，“一对对的男女青年们赤着臂，光着脚，流着汗，有的在球场上对垒，有的在跑道上冲锋，有的在练举重，有的在打拳”。学生个个汗衫短褂，熙来攘往，成为一道风景线。[①]

（二）体育表演

体育不仅是个人身体的运动，也是一种社会活动，还是一种身体展演。民国各大学都有体育表演。台湾学者游鉴明在《超越身体——近代华东女子的体育运动（1895—1937）》里提到，很多女学生在体育比赛上场前都忙着化妆，甚至在场上主要思考的是我今天画的妆是否得当，好看不好看，能不能吸引观众，会不会丢脸，而不是今天能不能赢，这个球我应该如何接。[②]笔者在查阅资料的过程中发现有很多大学生篮球队、网球队的照片，学生穿着皮鞋或者西装，甚至有的大学女生篮球队员身上明明穿的是运动服，脚上却穿着漂亮的黑皮鞋，如图6-11所示。说明学生在运动的同时还是很重视自我形象的。

图6-11　1930年中华大学女子篮球队

［资料来源：张安明，刘祖芬．百年老照片［M］．武汉：华中师范大学出版社，2003：59．］

① 张孟休．北京大学素描［J］．中学生，1937(76)：88．

② 游鉴明．超越性别身体：近代华东地区的女子体育（1895—1937）［M］．北京：北京大学出版社，2012：28．

早在1921年5月30日下午4时远东运动会开幕式上，女子体育表演以及女子群体参赛，就给国人留下很深的印象。[①] 1926年4月16日沪江大学女生举行了体育表演：

> 沪江大学女生十六日于校内健身房举行体育表演，该校体育指导徐振东君担任布置，颇见整齐，一切秩序概由女生部正副教练克雷赛夫人、张维贞女士排定，极优美可观。房内及楼上四周之参观者，咸为该校学生，四时开始，五时余告毕。自始至终，鼓掌之声不绝于耳，亦足见当时之盛况焉。表演秩序如下：（一）徒手体操（大学一级）；（二）复式体操（大学二级）；（三）土风舞（大学一级）；（四）射篮替换跑（甲组与乙组）；（五）棍棒（大学二级）；（六）篮球比赛（大学一级与正科生）；（七）火棍（肃子雄、张凤桢二女士）。以上秩序中，最可推许者为土风舞，舞时进退如意，宛转合度，精美可观。一为篮球比赛，当二队往来驰骋，一种勇武奋发气概，可令须眉退避三舍，上半时，大一队得六分，正科队四分，下半时大一队得六分，正科队零分，比赛结果十二与四之比，大一队胜，裁判员为徐振东君。[②]

在近代大学生的体育表演中，东吴大学做得最有特色，持续时间最长，影响力也最大。1928年，东吴大学举办了第一届体育表演大会，《图画时报》登载了一批当时的照片，为我们还原了当时的场景：垫上运动、景海女校之土风舞、彭文余之水手舞、景海女校之水手舞、土风舞水手舞之全体演员，会场观众之拥挤场面可见当时表演的火爆，场面人山人海，民众参与者很多，影响很大。[③]《中国摄影学会画报》对当时运动会盛况也给予图片报道。[④]

① 明日（星期三）比赛秩序第四十八项（甲）公众体育游艺[N]. 申报，1921-05-31.

② 沪江大学女生举行体育表演纪[N]. 申报，1926-04-18.

③ 许心一. 东吴大学第一届体育表演大会[J]. 图画时报，1928(469)：1.

④ 林泽人. 东吴大学体育表演之“双弧”[J]. 中国摄影学会画报，1928(143)：2.

图6-12 1928年东吴大学体育表演之“梵门”（右）与“直角”（左）

〖资料来源：林泽人.苏州东吴大学体育表演之“梵门”（右）与“直角”（左）[J]. 中国摄影学会画报，1928（143）：1.〗

1929年7月1日《申报》专门报道：

> 东吴大学体育专科开办以来成绩卓著，二十九日下午，该校举行第二届体育表演大会于校场东隅，由校长杨永清氏致开会辞。秩序有木马、双杠、垫上运动、叠罗汉、团体比赛、国技等，是日天气虽热，而来宾参观者达千人以上。

上千人看学生的肢体动作，各种身体造型引人入胜。身体成为表现的工具。这和传统社会武术卖艺有相似之处，但是更多的是不同点，这样的表演是公益性质的。东吴大学的体育表演引起了社会各界对体育的关注和兴趣，大家认识到身体的美和运动的重要性。

图6-13 苏州东吴大学男女生之课外体育表演

〖资料来源：张宜纶.苏州东吴大学男女生之课外体育表演[J]. 玲珑. 1933（19）：1.〗

之后一直到1940年，每年东吴大学都有体育表演。[①]可见，体育本来就有表演的成分在里面，人身体的律动能够吸引观众。例如健美操、体操等都有很高的欣赏价值。运动本来是人的机能和表现，现在变为社会活动。体育是人类身体和社会结合的最佳桥梁。当劳动的身体变为欲望的身体（工业化到后工业化）之际，体育成为学者们探索"在身体中产生并表达"的社会秩序和社会权力的新平台。身体是构成体育活动的物质核心，也是表达体育精神的最好载体。

美国学者艾德敷在《燕京大学》一书中对近代中国文人对体育的态度有精彩的论述：

> 中国传统文明比之于其他任何古代或现代的民族，都更为尊崇"健全的精神"。而另一方面，中国文人对"健全的躯体"则几乎没有多少兴趣，除了某些专门从事中国武术这类活动的人以外，有知识的人大都认为锻炼身体有失分寸。两三英寸长的指甲上装有金属护套，明确表示它的主人是不折不扣的学者，绝不会屈尊进行任何体力工作，更不用说打网球了。作者还清楚地记得一个中国同事在北京基督教青年会的经历。他非常喜爱篮球运动，有一次被其家人看到，其中包括一个老派的"老妈子"。回家以后，她对她的女主人说："我们的主人靠干这个来挣那点点薪水，不是太可怜了吗?"[②]

近代女生的体育表演性似乎远远大于比赛性。近代大学有推广文化、服务社会的重要职责。举办者为了增加学生运动的兴趣，提高学生和民众的运动积极性，使更多的国民参与运动，强身健体，保家卫国。从某种程度上说，体育就是身体的展演，在运动空间的展演，一种力量的展演，一种美的展演。在报刊上可以看到大量的表演赛，这是为了招揽观众，或者说是学生

① 东吴大学体育表演[N]. 申报，1935-06-30.
东吴大学举行体育表演[N]. 申报，1939-05-28.
东吴大学女生体育成绩表演[N]. 新闻报，1940-06-06.

② [美]艾德敷. 燕京大学[M]. 刘天路，译. 珠海：珠海出版社，2005：212.

运动社会化的一种表现。但是参与者更多的是为了热闹，是为了气氛，或者为了满足自己的欲望。季羡林先生在自己的日记中，两次提到在清华大学的时候去看女子篮球赛，他不是去看比赛，而是去看女生的大腿。运动场上女学生身体的吸引力似乎大过了运动比赛本身的激烈以及运动技能和场景。这是很有意思的一个话题。

第六节　“教育身体”的装饰和身体政治
——展现自我：近代大学生服饰的流变

服饰是人的第二皮肤，也是人最贴身的物品，而且和人是一体的。中国五千年文明的历史是人穿着衣服的历史。服饰不仅有贴身性，而且有随身性，在公共场合中与人的身体是不可分割的。[①] 传统社会对服饰就有很多讲究，特别是在重要的公共场合，例如祭祀、葬礼等，男女尊卑、长幼有序很多时候都是通过服饰来表达的，所以服饰是秩序和礼的表征。头发和服饰有重要的政治文化意义。南宋时期大学者朱熹就曾制定过专门的服制条例，配有图谱。[②] 明清时期读书人大都是方巾儒冠。在明末清初的抗清运动中，大批儒生揭竿而起，清朝入主中原，颁发剃发令。黄宗羲、顾炎武等儒生拒绝剃发，隐居山野。传统社会的读书人，特别是在校儒生都有专门的服饰，包括衣服、帽子、扇子、书箱等，他人一看就知道是读书人。民众对学生服饰的向往和尊崇，与中国社会历来尊崇士人的习俗有关。最高统治者认识到士为百姓之首，是民众模仿仰慕的对象，所以士子的一言一行都关乎社会教化。步入近代，大学生的服饰既有统一的制服，也有个性化的自由装束。服饰在很大程度上都超出了保护身体的简单功能，实际上它是一种明显的象征展示。

① [美]玛里琳·霍恩．服饰：人的第二皮肤[M]．乐竟泓，杨治良，译．上海：上海人民出版社，1991：1.

② 朱熹．晦庵先生朱文公文集：第20卷[M]．影印本．北京：北京图书馆出版社，2006：236.

一、化为一统：统一的制服

（一）晚清统一大学堂服制

早在晚清，就有不少先进人士提出“断发易服”的主张。1898年，康有为上《断发易服改元折》，他指出因为当时服饰烦琐，不卫生，与国际差异大，当时日本已经基本实现西化，由弱变强，中国应该学习日本，请改革服饰。各大报纸也纷纷发文表示支持断发易服。由于传统教育是随到随学，没有统一的班级制度，因此学生的衣服都是自己做的，颜色样式大致相仿，并没有完全统一。

清末新式学堂建立，起初对学生服饰并没有明确的要求，清政府认识到服饰关乎身份确立和体认，下令统一学生的服装。1904年，清政府颁布《奏定学堂章程》，在《学务纲要》一节中明确指出“各学堂学生冠服宜归画一”，对学生服饰做出初步规定：“学生衣冠靴带被褥，俱宜由学堂制备发给，以归画一而昭整肃。且免学生多带行李，以致斋舍杂乱。即或游行各处，令人一望而知，自可束身规矩，令人敬重。至各等学堂宜加区别以示递加优异，尤须严禁奇邪服饰，并宜严禁学外之人仿造冒混。”[①] 可见，清政府此时意识到了统一服饰的重要性。一方面，学生制服可以标明身份，使学生身体处于大众监督之下，自觉约束行为；另一方面，统一服饰之后，禁止社会上杂人模仿，保持学生群体的单纯性，减少社会各界对于新式学堂及学生的误解。

但是，《奏定学堂章程》并未对各类学生服饰式样做明确规定，除提及学生行礼时均戴大帽外，具体服饰式样仍由学堂自定。同时，该章程允许学生穿着仿效西式服装的操衣，并可以穿着操衣外出。这样一来，学生穿戴操衣成为清廷承认的合法行为。章程未明确操衣的具体式样，这给学生以操衣为名改易西式服装留下了空间。光绪三十四年（1907）五月，学部因各学堂上堂授课时，学生多着操衣，与中国礼俗不合，决定仿照日本的办法，拟定

① 张之洞．奏定学堂章程·学务纲要[M]//沈云龙．近代中国史料丛刊（第723—724册）．台北：文海出版社，1986：18.

一种校服式样，准备通饬各省遵照执行。规定学生除体操外，都必须穿校服，“其发辫仍须按照旧制下垂，不得盘结操帽之中，致失体统”①。

光绪三十四年（1907）九月，清廷颁布《文学堂冠服章程》。该章程规定，文学堂自大学至中学之学生服饰共分三式：礼服、讲堂服和操场服。在操场及整列出行时可穿仿西式操衣，但礼服和讲堂服均为中式长衫。常服虽可听便，但必须罩长衫，不准穿短衣。②总之，要处处与外国装饰有别。《文学堂冠服章程》对学生的服饰用料进行了详细规定，其最重要的考量因素是节省与俭朴，在服装的用料上讲求节省，采用价廉耐用的材料。例如，大学堂、高等学堂、中学堂及同等学堂的学生在出席典礼时的装束为冬天戴呢檐红纬暖大帽，夏天戴纱胎红纬凉大帽。冬天穿浅蓝色布长衫，夏天穿浅蓝色夏布长衫，束腰用蓝色棉线织成的板带，足蹬青羽绞靴或青布靴。上讲堂除不用戴大帽外，其余着装类似。操服与礼服、讲堂服的差别在于不罩长衫，但其面料一样，靴子为青布靴。1910年，清廷又颁布《女学服色章程》，对女学生的服饰进行了详细规定，不仅包括式样、颜色、材料（国货），而且规定女学生“不得缠足”，“不得簪花傅粉被发，髻以覆额”，“不得效仿东西洋装束”。

除小学生外，中学以上的学生都要穿制服，制服分季节，用国产布，各级学生都要戴徽章。男女学生不得仿效日本人和西洋人的装束，这是清末维持民族独立性和民族特性的自觉行为。

清末开始女学生以合法的身份进入学校，女学生的服饰对社会有很大的影响力，各界女子广为模仿。宣统二年（1910），湘巡道桂梦九观察查访，发现长沙各妓院妓女，经常“故作女学生装饰以为新奇者，殊属不合，盖女学生之人格极为尊贵，岂容若辈冒其服饰，以致无从辨别”。该年11月26日专门下令严行禁止，不准妓女作女学生装饰，以维风化。③宣统三年

① 学部通饬画一校服[N]. 申报，1907-05-08.

② 十洲古籍书画社. 中国近代教育史料汇编(晚清卷)[M]. 北京：北京全国图书馆文献缩微复制中心，2006：1617—1622.

③ 女学服饰岂容妓女效颦[N]. 申报，1910-11-27.

（1911）六月，学部大臣唐景崧称："当时女学服饰未能划一，且多争奇斗艳，愈出愈奇，对于学业前途有碍，拟即由学部规定章程，颁发各省，一律崇尚朴素，以资缔制而便维持。"[①] 可见，虽然国家对学生服饰格调有了基本的要求，但是具体的式样归学校管理，这样不利于国家的管理和社会的稳定。

（二）民国时期大学生的制服统一

1. 民初统一学生制服的努力

民国建立后，政府对学生服饰问题十分重视，积极制定相关政策。1912年9月，民国政府教育部颁布《学校制服规程》，内容如下：

一、男学生制服

甲　男学生制服形式，与通用之操服同。

乙　寒季制服用黑色或蓝色。

丙　暑季制服用白色或灰色。前二项制服，一校中不得用两色。

丁　制帽形式与通用之操帽同，寒季用黑色，暑季顶加白套，或用本国制草帽，靴鞋亦用本国制造品。前项制帽、靴鞋，一校中不得用两色。

戊　各学校得特制帽章，颁给学生，缀于帽前，以为徽识。

己　大学生制帽，得由各大学特定形式，但须呈报教育总长。

二、女生制服

甲　女学生即以常服为制服。

乙　寒季用黑色或蓝色。

丙　暑季用白色或蓝色。前项制服，一校中不得用两色。

丁　女学生自中等学校以上者着裙，裙用黑色。

三、制服质料，以本国制造品之坚固朴素者为主。

四、高等小学以上各项学校学生，均应遵照本规程一律着制服，但

① 学部取缔女学服饰[N]. 大公报，1911-06-26.

依地方情形，不能即时遵行者，暂准变通办理。[①]

这一规程简单易行，男学生的制服与操衣相同，女学生以常服为制服，女大学生穿裙子。颜色夏天男生用白色或灰色，女生用白色或蓝色，冬天男女都是黑色或者蓝色，大学生的制帽，由学校自己设计。这一规程虽然颁布，但是因为政局动荡，地方军阀各自为政，规程没有得到很好地执行，并未起到“养整齐严肃之风，于生徒起居并以杜放荡奢靡之弊，至于便利作劳有助训练”，进而陶冶学生精神的作用。1915年10月19日，民国政府教育部再次发文要求各地教育局要督促学校按照规程办事，“劝令学生，一体遵照服用，并将制服制帽式样及帽章襟章之属，分别详陈汇送本部，以资考核”[②]。1917年，北京学生之服饰日趋统一，大学生戴方头帽。[③]

岭南大学不仅积极贯彻学生制服规程，而且产生了很好的社会效应。1917年岭南大学仿牛津大学，制作学生制服。制服为背心式，左右有两带；校帽四方形，帽缨则垂于左方。2月13日该校举行运动会，全体大学生第一次统一穿制服，排队大步进入会场，“道途观者均甚诧异”[④]。周围民众第一次看到整齐的制服，其壮观和气势，令人眼前一亮。

当时制服的来源不一，有的是学校发给，有的是学生自制。1918年秋，北京高等师范学校发给学生制服。[⑤] 1925年春，北京民国大学《女生规约》中女生制服式样包括以下几点：

（一）春夏秋上褂，下裙；冬大襟长袍。

（二）颜色褂白色裙黑色长袍藏青色。

① 中国第二历史档案馆．中华民国史档案资料汇编·第3辑·教育[M]．南京：江苏古籍出版社，1991：61—62.

② 教育部饬第二五四号内开案照学校制服规程[J]．京师教育报，1915(23)：15—16.

③ 芙孙．箴女学生新装束[J]．青声周刊，1917(3)：1.

④ 大学生制服[J]．岭南，1917(4)：89.

⑤ 斋务课纪事：发给学生制服[J]．北京高等师范学校周报，1918(49)：6.

（三）标志：大襟左方标志民大徽章用红色线。[①]

女生的服饰颜色朴素，样式大方，而且都要佩戴徽章。可见，民国初期的大学生服饰以大方得体为标准，力求整齐一致。

2. 国民政府时期大学生制服的变迁

1927年国民政府成立后，政府加强了对教育的管理和控制。1928年，全国形式上统一各级学校学生制服问题再次提上了议程。部分高校积极探索制服式样，如第三中山大学、东北大学。[②] 1929年2月1日，国民政府教育部公布《学生制服规程》10条，对小学、中等学校男女生及专门以上学校男生制服的款式（包括帽、鞋、袜）做出具体的规定，并规定制服材料须全用国货；并且明确规定各校男生须用帽章，女生须用襟章。

4月20日，国民政府教育部制定的《修正学生制服规程》第8条规定，各校学生帽徽限用国徽，男生须用领章，女生须用襟章以为标志。

1929年6月21日教育部通令各大学、中等以上各校学生，须一律着制服。原令云：

为令饬事，学生制服规程，前经制定公布，近查各级学校，尚多未遵照执行。自下学年开学之日起，凡中等以上学校学生，应一律遵着制服，以示整齐，除分令外，合行令仰遵照，并转所属学校，一体遵照，此令。[③]

6月22日，教育部令全国学校自下学期起，遵照《学生制服规程》穿着制服。[④] 各大学都要按照规程的式样进行制作。这里值得关注的是，1918年时北京

① 李森．民国时期高等教育史料汇编：第9册[M]．北京：国家图书馆出版社，2014：416.

② 学生应着制服[J]．国立第三中山大学教育周刊，1928(18)：15—16.

訊．同学筹做制服[J]．东北大学周刊，1928(53)：56.

③ 学校条例：大学生一律着制服[J]．教育益闻录，1929(3)：86.

④ 安树芬，彭诗琅．中华教育通史：第7卷[M]．北京：京华出版社，2010：1479.

法规：学生制服规程[J]．国立中央大学教育行政周刊，1929(84)：6—8.

大学决议称该校将制服式样上报教育部，其他学校一概不能相同或相似。1929年的《学生制服规程》要求全国样式统一，国家统一管理的趋势日益明显。

20世纪30年代，蒋介石也认识到服饰整齐对学生风纪的重要作用，为此专门致函教育部部长王世杰，要求整肃：

> 蒋委长近日考察京各校学生制服及生活习惯，认为亟须严加整顿。顷特手函教长王世杰，首谓学生制服制帽多不整洁，应严令各校长特别注意整顿，各教员亦应负责检查纠正，大概戴帽必正，着服必紧，以免养成怠懈习惯。凡着黄制服之学生，最好能束皮带以资紧结，继谓中学生养长发亦非所宜，并应取缔。校长教员如以身作则，自更易整饬，最好校长教员在校时一律着制服。又谓首都大学生在服装与行动方面，亦均缺乏整齐严肃，统须责成社会局及各校长郑重纠正，闻教长接函后，对于学生服制之整饬，起居行动之振作，已嘱各校长严订办法，以期切实进行，并将督促全国各校，一体注意改善。[①]

蒋介石要求教育部整顿全国学生风纪，其中特别提到南京的大学生在服装和行动方面缺乏整齐严肃，可见学生的服饰行动对国家有着重要的影响。

图6–14　学生制服规程中男女大学生制服式样

［资料来源：国民政府教育部.教育法令汇编：第一辑［M］.上海:商务印书馆，1936：25.］

① 蒋委长函王世杰，整饬学生风纪[N].申报，1935–11–07.

学生制服分春夏装和秋冬装，大学男生有帽子，制服为仿制中山装的学生服，有皮鞋；女生的制服为旗袍，半袖式的。

这一规程在各地各大学得到了较好的执行，如1929年10月15日，广东省教育厅通令全省各级学校统一男女生制服，把规程和服饰图样都作为附件发给各地政府，要求遵令执行。① 一直到1935年该省对学生的制服都甚为注意。

具体到各个大学，统一制服的时间各不相同。以大夏大学为例，1931年春，该校第89次校务会议决，从该学期起，所有男女同学均须一律穿着制服，以示整齐。② 1932年10月，该校校方正式通知学生，无论新生、老生一律穿制服，以示整齐。③ 随着"新生活运动"如火如荼地开展，学生统一制服的运动也增加了许多新的含义。1935年初该校重申："服装为精神之表现，关系个人之品格、影响团体之观瞻者至大。在校学生应穿着制服，以表示整齐朴实之精神，教部屡申明令，学校定为常规。"新学期开始，部分新生制服还在赶制中，学生衣服有参差不齐之感，星期一时新添制服全部送到，所以校长特为布告："自三月十八日起，全体学生一律穿着制服；纽扣衣帽力求整齐。现在男生均已穿上黑呢制服，女生则穿蓝布制服。"该校周报称："新生活空气更弥漫于中山路旁矣。"④ 可见学校对学生制服的穿着、形象都有具体要求。

1934年秋，河南大学按照教育部要求，为学生定制冬夏两套制服，新生穿夏季制服，秋天来临，学校积极联系制作冬季制服。⑤ 1935年，该校加强对制服穿戴时间的规定："（一）自十月一日起，一律穿制服，戴军帽，佩戴符号；（二）无论上课或课外，均不得再着其他种类服装；（三）星期六下午及星期日，可以换衣洗涤。"平时如果没有穿制服，点名的时候以旷课论

① 黄秀华，高惠平，官爱民，等. 广东妇女运动历史资料5[M]. 广州：广东省妇女联合会广东省档案馆，1991：385.

② 概况：男女同学备制服[J]. 大夏周报，1931(99)：285.

③ 校闻：学生一律穿着制服[J]. 大夏周报，1932(4)：76.

④ 校闻：三月十八日起全体学生一律穿着制服，纽扣衣帽力求整齐[J]. 大夏周报，1935(20)：592.

⑤ 一年级同学之棉制服，上周丈量尺码[J]. 河南大学校刊，1934(56)：1.

处。[①] 无论是课上还是课外，只要是周一到周五，必须穿着制服。

图6-15 1935年中山大学化学工程系学生乘海轮赴华北考察

浙江大学向来要求学生一律穿着制服，并且规定复学及转学的学生，须补做黄色制服及冬季呢制服等，颜色样式须与现在年级之制服相同。[②] 不只是平时上课穿，体育课与课外运动时，学生也必须穿着运动制服。[③] 20世纪30年代，厦门大学和暨南大学也积极响应教育部号令，推广制服。[④]

（三）北京大学学生制服演变的历史

1. 清末大学堂统一操衣

清末京师大学堂时期，因为学生大多都是有品级的官员，所以没有必要统一服装。不过在学生运动时情况特殊，早在1901年制定的《京师大学堂章程》第八章《建置》第四节就规定：体操时所用之衣服冠靴，分冬夏两季，发公款制给。由学校发给操衣。

---

① 本校学生一律穿着制服[J]. 河南大学校刊，1935(85)：2.

② 总务处通告[J]. 国立浙江大学日刊，1936(33)：129.

③ 体育课通告(第七号)[J]. 国立浙江大学日刊，1937(132)：525.

④ 公牍：福建省政府教育厅训令：通字第六〇〇号：令私立厦门大学：为各级学校学生平时一律应穿着制服由[J]. 厦大周刊，1935(2)：1.

布告：训育委员会布告：为布告事，案奉教育部令饬，本校学生，应一律穿着制服[J]. 暨南校刊，1936(184)：1.

图6-16 1902年京师大学堂师生在藏书楼前合影

2. 民国前期制服案

民国初期，政府积极推进学生统一制服，北京大学师生也积极酝酿。1918年1月初，北京大学教授评议会通过《制定教员学生制服案》，方案包括制服制定理由、制作办法等，共8条。具体分析如下：

首先，学校统一制服的原因有"整齐形式""使学生有尊崇大学制服之观念，行检上加以精神管束""表示本大学已进于世界各大学之列"三点。形式上统一，师生都有制服，且制服可以约束学生的行为，因为其一举一动都代表学校。另外，世界上一流大学都有制服，北大也是世界一流大学，自然也应该有自己的制服。方案第七点中强调北大的制服式样之独一无二，这里可以看出大学的自信、民族的自信。

制服制作有几个原则：符合世界大学通例，要廉价，要方便穿戴，一年四季都可以穿，老少皆宜。制服主要规定帽子和上衣的式样，对裤子和鞋子都没有要求。制服式样如下：

(1) 帽　方顶无前沿，上加丝缨，缨色校长用金色，学长及教员用银色，毕业生用白色，本科生用黑色，预科生及补习生无缨。

(2) 衣　校长、学长、教员袖大十八英寸开口衣，后有兜，学生袖大十二英寸合口，毕业生有兜，余无兜。

（3）裤履等不规定。

制服是得到民国政府教育部认可的学校与学生的身份标志。作为师生身份的标志，作为一种统一的标识，制服穿着时间主要是上课和各种集会、公共场合，学生被斥退或者师生任官以后不再穿该校制服。制服表达了师生与学校的关系，当学生离开学校或不再是学校的一员时，不得再穿该制服。[①]

根据上述方案，1918年4月，北京大学开始置办制服，由学生缴费，学校统一招商制作校服。[②] 当时校服主要用来上体操课，预科二年级因故不能上体操课，学生要求退回制服，把费用退还。学校重申制服是每个学生必须有的，不能因为不上体操课就退还。[③] 可见，当时北大学生平日并不常穿制服，学校评议会的议决案还没有真正执行。

此后，制服成为北大学生身份的重要标志。当时北大学生到北京图书馆、颐和园、农场、中山公园等都有优惠和免费政策，凭学生制服可以获得。1920年，该校同学李君濂镗等呈请校长，发函本京内外各游览所，转请以佩戴北大徽章与着学校制服者同等优待。各处覆函中，中央农事试验场和京师图书馆同意；颐和园称需要参观时单独来函；中央公园因之，称前已经有规定不便更改而未同意。[④] 可见，当时制服作为大学生身份标志逐步为社会认可。

国民政府时期，北大学生制服仍然由学校统一定制。1933年，北京大学秘书处庶务组制定《量制学生制服办法》，由于当时所有学生都要军训，因此，三、四年级各生须受军事训练实行上操，而未经置备夏冬季制服者，也要制作制服，皮带裹腿暂由校置备借给各生，黑帆布鞋须学生自备。服装质料均用国货，费用除由学校津贴夏冬季每人4元5角、8元外，剩下的均由

① 纪事[J]. 北京大学日刊，1918(48)：1—3.

② 本校布告[J]. 北京大学日刊，1918(116)：1.

③ 本校布告[J]. 北京大学日刊，1918(132)：1.

④ 前者本校同学李君濂镗等呈请校长转请本京内外各游览所以佩戴北大徽章与着学校制服者同等优待兹得各处覆函汇志如下[J]. 北京大学日刊，1920(578)：3.

各生自行支付。制服由学校统一在衣庄定做，由衣庄到校量身制作。[①]

（四）时人和学生对学生统一服饰的认识

1. 时人认识

对于学生服饰，早在清末就有议论。1911年初，沈同芳《女校宜提倡改良服饰议》一文称：每个朝代的服饰都不相同。服装是一种标识，一种符号，也代表国家和政权的变更，是否按照国家要求更改服饰，是民众对统治者顺从与否的标志。[②] 20世纪30年代，社会上崇尚奢华，仰莽《服装与仪态》一文开宗明义：衣服为章身之具，大凡观察一个人的态度、仪容，第一便注目到服装上面。[③] 衣服代表一个人的身份，人要衣装，看人首先看衣服，鲁迅先生曾经说，穿着西装要明显好办事。

2. 学生的认识

沪江大学学生王其培在《女同学的制服》一文中对学校制服问题有精辟的论述。他认为，学生制服的问题由来已久，在其做小学生的时候，就听到许多人讨论，结果还是没有解决，穿有穿的理由，不穿有不穿的缘故，除了几所官立或公立的学校之外，还有些是听凭校长、教员摆布的。上海穿制服的学校寥寥无几，差不多一切大的学府的学生统统都穿西服了，这个小小的问题仍然很难解决。原因在于很多人认为学生到学校的目的是念书，是专心学术的，而不是研究穿制服的。究竟穿着制服上堂念书和不穿制服上堂念书有什么分别？有人说："假使我们所有的学生都披上制服，那不是显然的成为学生阶级？那些贫苦的学生，连学费都不能供支，哪还有余下的钱来做制服呢？这样一来贫苦的学生是不能读书的，非小康之家不可呵！"

> 我们沪大的学生是没有制服，所以别人批评我们是资产化的样式大学，是特殊阶级的学府。自从刘校长以来，就提倡俭朴的校风，但是穿

① 李森．民国时期高等教育史料汇编：第1册[M]．北京：国家图书馆出版社，2014：97.

② 沈同芳．女校宜提倡改良服饰议[N]．申报，1911-02-08.

③ 仰莽．服装与仪态[N]．申报，1933-09-30.

> 的还是穿，我们上半年给日本人耻辱了一顿，同学们就发誓加了军事训练，通过今年穿制服，到了开学，这议案不知为什么气息了绝，变成泡影了。有人说当局的干涉，照我看，只要我们想做，什么人干涉都不成问题了，我们自称为热血的男子，有勇的青年，到今日反被女子抢上前去了，她们那蓝色的礼服，突然在图书馆落成的那天发现，好像是清蓝色的明镜，照出我们男同学的耻辱呵！

他认为当时全国各处的女学生，尤其是上海的女学生，“太趋于爱美的途上，因此就变成奢侈的恶习，她们穿的衣服，固然是要时髦的，衣料固然是要绸缎的，这还不算数，必要颜色鲜艳，镶滚新奇，大红大绿的，是要尽量极妍，那作俑的自然是家中有几个钱的学生了”。富有的学生可以，但是贫困的学生为了时髦一下，就逼着自己的父母给钱买衣服。“我聆闻去年，在我们邻近的大学有个女学生，她家里清寒，因为她看同学穿戴得时髦，时常回家去向她守寡的母亲要钱来做衣服，好去争妍斗丽。她母亲因儿女的要求，也只好设法去供给。起先还可设法供给，后来无力，以致她忍心离开她的母亲去嫁了个浮荡的人。这位醉心时髦的女士，用惯穿惯，就因此而堕落了。”如果有朴素的制服，大家就不会争奇斗艳，可以花心思在学习上。女生爱赶时髦，浪费金钱和时间，女生制服应该朴实。

> 1. 衣料——要布的，或是棉绒的，最好是本国的土货。
> 2. 颜色——要黑白蓝，不要花花绿绿和金光闪耀，炫人眼目的。
> 3. 样式——要纯朴寻常，装束不要太特别。

总之，穿制服可以加强学生合作的精神和俭朴的美德，减省金钱。[①] 学生已经把服饰与国家民族的前途紧紧联系在一起了。

金陵女子大学侯婉如女士回忆了统一制服中学校受到抵制的情况。学生

① 王其培．女同学的制服[J]．沪大周刊，1928(7)：1—4.

认为青布衣服本来是乡下大妈穿的，城市中的小姐，是绝对不愿把青布作为衣料的。但是这种青布被学校当局定为校服，当时学生们都反对。侯女士那时还在中学读书，记得有许多同学，联合起来正式对训育主任提出抗议说："我们不赞成穿青布衫黑裙，这样像卖鱼婆，我们也不愿穿青布长衫，这样像裁缝师傅；若一定要穿校服，我们情愿穿灰色的。"但学校当局没有答应，且有"不穿校服即作旷课论"的规定。于是，学生们只得愤愤地穿上了，时候一久，社会上的女人，都穿起青布衫来，渐渐地，青布衫简直变了顶摩登的衣服。侯女士在文中称："难道社会上的女人，都愿做卖鱼婆或裁缝师傅吗？不是，那是社会上的人士，对于学生的羡慕而从以模仿的缘故。"[①] 可见学生在社会上有很大的号召力和引导性。

学校的服饰规定是一种对学生身体日复一日、持续不间断的规训，企图形塑或改变学生，而且为巩固规定的合理性基础，学校也发展出关于服仪规定的一套"知识与权力关系"，即服仪规训是由一套"知识"和"教育理念"所支持，并透过相对应的奖惩规定来进行权力的施展，而这些规定在长久的实施下，又更加肯定这套知识的教育价值，如此才能长久稳定且广泛地行使于各校园之中。[②]

学校统一服饰有利有弊。从正面的意义来看，统一服仪的优点包括：它象征集体的认同，可培养学生对学校的认同；教导学生合宜的服饰规范及良好生活习惯；容易区辨出学生与校外人士，维护校园安全；减少因服饰而显现的家庭穷富差距；让学生专心于课业学习，而非竞较服装和外表等。但是，若从负面影响来看，统一制服规定也引发许多争议，因为它可能侵害学生的个人自由及身体自主权，也象征教育工作者过度重视规训与一致性，忽略了学生的个别性和自主性。

① 侯婉如．献给全国大学中的女同学们[N]．申报，1935-01-10.

② 张如慧．学校服装仪容规定中之性别差异：潜在课程的观点[J]．课程与教学，2009(4)：35—49.

二、追求美丽：个性化的服饰

（一）近代大学生服饰变化简单轨迹

1. 清末民初（1895—1919），男生长袍马褂为主，女生裙子，女装走向平民化。

清末近代大学诞生，但一开始学生几乎清一色都是男生，他们都是长袍马褂，书生打扮，即使是西方人办的学院也是如此。在下面的照片中可以看出，哈巴安德[①]与岭南大学前身格致书院学生合影，照片中学生都梳着辫子，一袭长袍，有的外面套着马褂，大多数学生手中有一把扇子，表情严肃。

图6-17 1890年左右，传教士哈巴安德及其夫人与格致书院学生合影

［资料来源：孙健三，孙宇静. 1937：万里猎影记[M]. 杭州：浙江摄影出版社，2016：290.］

清末民初，女学弛禁，社会各界竞相办女学，掀起了一股女权运动之风，寻求思想、个性解放的社会大气候涤荡着女子服饰上的陈规陋习。社会对女性的种种礼节限制有所松弛。女性服饰一扫清代矫饰之风，趋向于简洁，色调力求淡雅，开始有意识地体现女性的自然之美。民初女装一般是上衣下裙，不施脂粉，而女学生则多穿校服，但女装更趋多样化，变化更迅速，引领潮流。

① 哈巴安德（Andrew Patton Happer，1818—1894），美北长老会最早派往中国的传教士之一。1887年，哈巴安德在广州沙基金利埠（今六二三路）创办格致书院，即后来的岭南大学。1891年，哈巴安德因病返回美国，1894年去世。

图6-18　1907年北京汇文大学堂毕业的女生

〖资料来源：华声论坛〗

清末民国时，女学生的服装领风气之先。上图为1907年北京汇文大学堂的女学生。这些女学生穿的仍然是旗装，但比一般旗装显得简洁。她们的发型也跟一般女性有着明显区别。

这一时期我国受日本西式服装影响很大。妇女（尤其是女学生和女教师）多穿窄而修长的高领衫袄，下穿黑色长裤，裙上不施纹绣，呈现朴素、清纯、淡雅的风情，昔日繁多的簪钗、手镯、耳环、戒指等首饰一概不用。在反映当时社会生活的小说中，有关于学生装的描写，张恨水《春明外史》第二十四回描写："她身上穿了一件瓦布灰皮袄，下穿黑布裙子，肩上披了一条绿色镶白边围脖，分明是个女学生。"①

图6-19　1917年广州夏葛女医学校毕业生

〖资料来源：广东省图书馆教育资料图片〗

① 张恨水．春明外史·中［M］．太原：北岳文艺出版社，1993：376.

前面的图片中，夏葛女医学校毕业生上袄下裙，而且几名同学一样，应该是制服。男生方面，民初学生装大行其道，学生装是西装的变种，形制比西装简单，一般不用翻领，只是一条窄领，穿时用纽扣绾襟，不需要领带、领结装饰。

2. 20世纪20年代（1920—1929），曲线初露别样风情。

自宋代以来，传统社会的妇女服制一直采用直线，胸、肩、腰、臀等部位呈平直状态，不允许有明显的曲折变化。除了缠足外，女子还要束胸，女性的曲线美完全被遮蔽。新文化运动唤醒了年轻一代人追求美的意识，中国女性逐步意识到“曲线美”的重要性。女子初受西方文化的熏陶，醉心于男女平权之说，开始有人尝试穿改装的旗袍，起初有点方正，几年后，款式有所突破，女性的胸部、腰部、臀部得以体现出来。①

图6-20 20世纪20年代女学生装束

〖资料来源：安顿文．西施有恨[M]．北京：中国摄影出版社，2015：123.〗

20世纪20年代，女学生大都以朴素淡雅为时尚，这与知识分子受过开明教育，以及当时学校崇尚简朴有关。国民政府建立后，规定以蓝色、浅蓝色上衣，下系深色裙为校服的素净服饰。② 当时女学生流行长衣裳，短裙裤，过膝一公尺文明女袜。③

男学生中，西装开始流行，中山装出现。这一时期在教师和大学生中，

① 陈子善，蔡翔，武洁琼．衣[M]．济南：山东文艺出版社，2014：30.

② 黄强．衣仪百年：近百年中国服饰风尚之变迁[M]．北京：文化艺术出版社，2008：15.

③ 女学生的服装问题[N]．申报，1925-10-30.

流行的是长袍和西裤，一般是上身穿阴丹士林的长袍，下身穿西式裤子，脚蹬布鞋，这种装束成了知识分子的标志性装扮。杨沫女士在《青春之歌》一书中这样描写：

> 余永泽过去是穿短学生服的，可自从一接近古书，他的服装兴趣也改变成纯粹的“民族形式”了。夏天，他穿纺绸大褂或者竹布大褂、千层底布鞋；冬天是绸子棉袍外面罩上一件蓝布大褂，头上是一顶宽边礼帽，脚底下竟穿起了又肥又厚像小船一样的“老头”靴。道静不喜欢他这样打扮，老里老气，不像个青年人。可是他却说这就是爱国。整理国粹和民族服装这就是爱国的具体表现，这在余永泽的言论中是时常隐隐出现的。因此道静才这样说他。①

当时学生穿着和民族情绪有关。虽然西装也穿，但是包括胡适在内，很多留学归来的教授都以穿长袍为主，鲁迅一般也是长袍，学生也穿土布长袍。也有穿西裤的，因其方便。1924年鲁迅在《记“杨树达”君的袭来》一文中描述了当时北师大学生的装束：“穿着一件藏青色爱国布长衫，时式的大袖子，手上拿一顶很新的淡灰色中折帽，白的围带”，“玄色的深梁的布鞋，裤是西式的，全体是一个时髦的学生”②。可见，大学生的时髦服饰就是长袍西裤布鞋。但是流行的还有学生装，头戴鸭舌帽或白色帆布阔边帽，式样主要为直立领，胸前一个口袋，一般为资产阶级进步人士和青年学生所穿着。这种服装系清末引进的日本制服。

3. 20世纪30年代，西装旗袍大放光彩。

20世纪30年代，女大学生的典型装扮就是烫发，穿长丝袜，脚蹬高跟鞋，身着修长入时的旗袍。女学生穿旗袍在当时是非常普遍的，特别是20世纪二三十年代，几乎每个女生都有几套漂亮合身的旗袍。1931年2月初，

---

① 杨沫．青春之歌[M]．北京：中国青年出版社，2000：97.

② 鲁迅．鲁迅全集·编年版：第2卷[M]．北京：人民文学出版社，2014：760.

上海法学院女生宿舍被窃，学生被偷去大衣4件、旗袍2件等。[①] 1933年12月6日，住在北京东直门外的朝阳学院女学生潘佩琴的房间被盗，丢失绸制旗袍1件，现洋若干。[②] 可见学生穿着旗袍比较普遍，而且旗袍价格不菲。

图6–21 1930年沪江大学的女学生

〖资料来源：许德佑.沪江大学的女学生［J］. 中国学生，1930(5)：16.〗

图6–22 1930年大同大学女学生

〖资料来源：叶长烈. 大同大学女学生课余在宿舍前摄影［J］. 时事新画，1930(5)：1.〗

从上面的照片可以看出，女大学生穿着旗袍，有的长至小腿，有的已经露出了膝盖。图6–21中沪江大学的女学生胳膊裸露，即使是春秋装，胳膊也有一截露在外面。这在当时是普遍的现象，与传统的包裹严实的服饰风格大不相同。

① 法学院女生宿舍竟来窃贼，大衣与旗袍齐飞，损失共三百余元［N］. 民国日报，1931–02–22.

② 朝阳学院女生潘佩琴失财，被窃数十元及绸旗袍［N］. 京报，1933–12–07.

图6-23　1937年北大女生李小姐着旗袍在罂粟花丛中

［资料来源：孙明经．1937：万里猎影记[M]．杭州：浙江摄影出版社，2016：162．］

对于男学生来说，西装、长袍、中山装是当时的三大流行服饰。一般平时倾向于穿长袍、长衫，周末的时候喜欢穿西装去见朋友。[①] 很多男学生都有西装，周末穿着，精神抖擞，出去约朋友玩。[②] 有的学生家庭富裕，西装革履不止一套。1932年初，淞沪会战爆发，有几所大学惨遭无情的炮火袭击，堂堂学府几成废墟，大学生也损失巨大。某大学的一名学生，21身西装和6件大衣、7双皮鞋在战火中被毁，"他在寒假归去时，一身之外未带他物，不料他这文身之宝，几日相违，竟和他宣告永诀了"。他损失的总值，大约1500元左右，因为当时每套西装平均约50元，大衣每件约70元，皮鞋每双约20元。[③] 可见，没有强大的国家做背景，西装也保不住。

大学教师对学生普遍穿着昂贵的西服颇为担忧。圣约翰大学教师钱基博在回忆中称，该校学生个个西装笔挺，有一天，一名学生穿一件崭新的大衣，华贵异常，许多学生很羡慕，围上去问他价格。他得意地说："50元！"钱基博看见了，就笑着说："一个人50元，如果同学每个人照着做一件，现在圣约翰大学同学，合800多人，积少成多，西服店很是一笔生意；然而一切材料来自外国，圣约翰学生就变成外国货的推销员；一天一天下去，我们中国就不行了！我们在外国人办的学校读书，要学他的科学，不要

① 黄强．衣仪百年：近百年中国服饰风尚之变迁[M]．北京：文化艺术出版社，2008：130．

② 张玲霞．藤影荷声：清华校刊文选（1911—1949）[M]．北京：清华大学出版社，2001：237．

③ 岩野．一个大学生的损失[N]．申报，1932-05-22．

学他的生活；学他的生活，我们自身就成本国漏卮!”当时，钱基博看到学生都穿着西装，很担心学生的国民性会被磨灭，所以抓住这个机会，对学生说了上面的话，穿西服的学生以为十分有道理。① 可见在老师的心目中，学生的服装已经和国家的命运紧紧联系在一起了。

平日里，除了个别贵族式的大学，大多数大学的学生以穿长袍为主。在北京交通大学北平铁道管理学院学生的回忆中，蓝布大褂是印象最深的。不少大学生家里比较贫苦，很少西服革履，最普遍、最有代表性的是蓝布大褂和黄斜纹布裤子，这种布又结实又耐脏，经得起胰子擦、热水洗，真是如同卖布的人说的，越穿越牢。

> 因此那被一般不知死活的摩登青年所讥笑为麻布袋的校服，还远不如此种衣服之普遍。实在说来，这蓝布大褂和黄斜纹布裤子才真是象征我们——交大学生——的校服哩！俭朴既然支配着这二百多人的社会，因此，修饰就不是大多数人的爱好和需要。别人穿皮鞋结领带的功夫，我们可以用来读参考书翻字典，别人做西服制上等呢帽子的金钱，我们可以拿来买中西学者的杰作，我们图书馆里所藏的书籍，虽不算十分多，但那一本本切乎实用的名著，却绝不会有如伊尔文所形容的“被遗忘了”的怨嗟和悲愤。②

交通大学的学风好，很多学生每日穿蓝袍大褂，勤奋苦读，这是当时社会对大学生普遍的期望。当然，学生在学校里的穿着大多数时间是自由的，可谓形形色色。雍光在《清华生活一瞥》一文中回忆称，清华学生除了大学一年级新生参加军训穿军装制服外，之后就没有制服了。所以大一之后学生的装束五花八门。帽子有常礼帽、便帽、瓜皮帽、小白帽、红帽等；衣服则自东往西，由文到武，应有尽有，有一些穿西装裤而外罩中国长衫；鞋子有

① 傅宏星．钱基博年谱[M]．武汉：华中师范大学出版社，2007：271.

② 李森．民国时期高等教育史料汇编：第12册[M]．北京：国家图书馆出版社，2014：221.

布鞋，有皮鞋。[①]

表6-9　1928年清华大学服装形式统计表

	述要	人数	百分比
非武装	长袍	63	12.5
	西装	34	6.8
	马褂	4	0.8
	学生装	6	1.2
	总数	107	20.2
武装	全副武装	217	41.2
	武装束皮带而无绑腿	76	14.6
	皮带绑腿均无	41	8.0
	军衣西裤	49	9.4
	西衣军裤	14	2.7
	长衣军裤军帽	10	2.0
	西服军帽	5	1.0
	学生服束皮带	1	0.2
	总数	413	79.7
总数		520	100

［资料来源：零碎消息：本校服装形式统计表[J]. 清华周刊，1928（4）：64.］

（二）追求时髦：各领风骚几十年

1. 淡妆浓抹总相宜——学生妆饰的变化

近代女学生的装饰是变化的。20世纪20年代初，都市里的女学校崇尚自然，女学生个个洗净铅华，丰韵天然，人家都啧啧称赞她们的天然美。

① 张玲霞. 藤影荷声：清华校刊文选（1911—1949）[M]. 北京：清华大学出版社，2001：237.

“于是未进学校的奶奶小姐们，也都十分羡慕伊们，于是却嫌脂粉污颜色，而竟作淡装了。”摩登女郎的美容，是崇尚天然美的“淡装”！

受西方文化的影响，近代上海等大城市摩登风尚的出现，最主要的表现方式就是女性与女体的物化与娱乐化。①20世纪30年代初，爱美的摩登女郎都喜欢把“眉儿画得乌黑而长长的，把嘴唇抹得殷红如血的，把脸儿涂得雪白的，浓妆艳抹，如花如玉，可谓美到极点了！”②时人描述：“我们在上海的街道上、学校里，举目都可以看见一般密司们，她的嘴儿像一朵玫瑰花般红，脸儿像个苹果般靓，骤然看去委实惹人怜爱。若细视之，便觉得这是人工弄成的假美丽，不免令人感到不是天然生成之可惜。”③女大学生和摩登女郎是一样的。

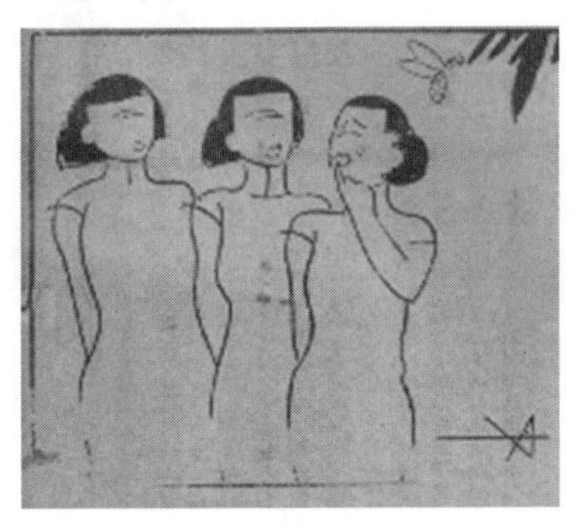

图6-24　校花的口红

〖资料来源：翁丹.学生生活漫画版——校园里[J].中国学生，1937(9)：16.〗

20世纪20年代，学生讲究天然美，自然清纯；20世纪30年代，受社会奢靡之风影响，大学生都喜欢化妆，淡妆浓抹，引起了当时人们的热议。图6-24中女学生因口红太艳太香，被蜜蜂蜇了一下就是对当时学生化妆的一种讽刺。追求美并非女生的专利，男生也有化妆的。大学生W君是追求摩登

① 罗苏文.女性与近代中国[M].上海：上海人民出版社，1996：436.

② 青萍.女子美容的转变[N].申报，1932-09-26.

③ 再生.上海女学生与广州女学生[N].申报，1929-08-01.

的典型，他家里富有，穿着时髦的西装。他认为终身遗憾的是“父母给他一个不圆整的脑袋及一张不大好看的脸儿”，不过他抱定“人定可以胜天”“佛要金装，人要衣装”的格言，努力在化妆学上研究，每星期六、日非牺牲两小时的化妆工夫不可，他的桌子抽斗里有剃刀、夏士莲、孩儿面、施丹康、白衣神、木梳等，“甚于女生出门时放在皮箧内的Kiss Proof，他也老实不客气的备而大用”[①]。可见涂脂抹粉不只是女生的特权，爱美的男生也在用。

2. 丝袜与高跟鞋

丝袜是一种新式的女子袜式，比较薄，容易凸显女生腿与脚的朦胧美。民初丝袜从西方传入，迅速流行于社会各界，女学生更是趋之若鹜。由于穿着丝袜会透露皮肤，有关社会风化，政府开始干涉。1920年11月初，北京学务局发文称，近日各校女学生穿着的单丝洋袜（即丝袜）透露皮肤，“殊于外观不雅。特通知各学校，务须禁止，以重观瞻”[②]。丝袜过于暴露，诱发不良思想，影响社会风化，所以要禁止。但是丝袜流行难以遏止，不仅夏天有人穿，冬天也有人穿。卿孙《咏女子冬日穿丝袜》一诗，再现了当时妇女只要风度，不要温度，冬天穿丝袜的情景：

北风腊腊过街冲，冻煞红妆白玉趺。
却为时髦轻遮束，素娥原有耐寒肤。[③]

民国女学生流行穿高跟鞋。据报载，某女子专门学院的学生“个个都穿着高跟鞋”，而且要穿长长的袍子，若非这样，便不配做该学院的学生，于是该校就得到“高跟鞋专门学院”之称号。因此也形成一个不成文的规定：“凡想要报考本校的，须具有穿高跟鞋的资格，或者具有同等脚力者。”还有一个更有趣的故事，某校有一女生，脸蛋非常漂亮，只因个子太矮，没有男

① 一萍．一个大学生[N]．申报，1932-08-28.

② 学务局干涉女生服饰[N]．民国日报，1920-11-04.
取缔女生服饰[N]．晨报，1920-10-31.

③ 卿孙诗．咏女子冬日穿丝袜[J]．海光，1929(12)：4.

生追求。一天同校有位男生寄给她一封情书说："贵密司美是美，但不够尺寸又能怎样呢？哪一天能够使你的芳躯增高五寸，我将向你求爱。"女生得信，迫不及待地到鞋店购买跟最高的鞋来垫高自己，"身高增了三寸多一点"，仍不能达到那男生的要求，终未能如愿。该女生因此整天闷闷不乐。[①] 可见女大学生穿着高跟鞋相当普遍，男生对女生身材的关注，使得更多的女学生选择穿高跟鞋。[②]

3. 时人的批评

近代大学生喜欢追求时髦，特别是女生，清末开始，女学生就成为时髦女子模仿的对象。有的妓女竟穿着学生装接待客人，[③] 也有女学生模仿妓女的装束。《申报》言论称："妓女模仿学生妆饰，意在博欢新人物，而女学生效妓女妆饰，到底是为什么呢？"其他媒体也敬告女同胞，勿浸淫于奇装异饰，以甘做男人之玩具，否则前途黑暗。[④]

民国初期，许多城市女性追逐时髦，广东女学生亦纷纷效法一些女性"穿着猩红袜，裤脚高不掩胫，后拖长长的辫子，招摇过市"。政府认为一般女性可以，尊贵的女学生这样就"有伤风化"。[⑤] 针对新潮服饰，各地教育部门就女生服饰颁布了新规定。1913年，广东省教育司"令女学生自中等以上着裙"，"其小学女生凡十四岁以上已届中学年龄者亦一律着裙，裙用黑色，丝织布制均无不可"[⑥]。

1913年，张朱翰芬撰文对民国初期上海学生追求时髦，妓女模仿学生，学生模仿妓女的风气进行了无情的批判和揭露。[⑦] 姚奎源认为女学生的服饰过于艳丽是取媚于男人。

---

① 刘永龙，苏从林. 民国旧报集萃[M]. 北京：国际文化出版公司，1994：198.

② OX. 从高跟鞋说起[J]. 燕大周刊，1934(13)：10—11.

③ 谁是妓女，谁是学生[N]. 民立报，1912-07-24.

④ 申报，1912-08-11.

⑤ 粤女学生之怪装[N]. 大公报，1913-06-15.

⑥ 划一女校服式[N]. 申报，1913-06-09.

学事一束：取缔女学生之服装[J]. 教育杂志. 1913(4)：30. "广东湖北教育司命，广东女学生穿猩红袜，裤不掩胫，一般人可以，尊贵的女学生戴着徽章，有伤风化，女学生十四岁以上要穿裙子。"

⑦ 张朱翰芬. 论上海女学生之装束[J]. 妇女时报，1913(11)：11—13.

我万想不到有知识的女学生，负解放责任的女学生，对于装束亦复是争奇斗艳，无怪有人说，现在女学生的装束娼妓化了。你们看现在女学生的装束，从头到脚，无一处不新奇、不夺目，衣服的色彩更是鲜艳非常。这种媚男遗传性不革除，怎能谈到解放呢？

况且求学时代，光阴应如何爱惜，哪有工夫研究装束，求学时代，金钱仰给于家庭，应如何节俭……教育公平，经济独立，是女子解放最要紧的先决问题，装饰原是一个小小的问题，但是艳装，因为习惯的关系，不能说和女子人格上没有关系，和解放没有障碍。[①]

作为女学生，应该努力摆脱取媚于男人的习惯思维，珍惜时间学习，争取自身的解放；而不应该过于看重装束，争奇斗艳。1933年，化名为菊生的作者在《女同学的服饰》一文中对当时女学生过于重视装饰的行为进行了入木三分的刻画：

照理，知识界的女人应该比旁的人看得穿些，因为她们能够彻底明了自身的地位和社会的需要，也许聪明的女同学已经觉到自己必需极度的装饰，才合社会的需要，那我可没有话讲了。事实上，也尽是这样，各地的女同学都以“搽粉”“涂胭脂”“穿高跟鞋”“扭扭捏捏”“曲线美”“淫荡”当作时髦，书报上也竟登一些“富有肉感”“有引诱力”的照片，标上“校花”“皇后”“高才生”“擅××”等字样，来作女同学的指导，或者给青年学生们“评头论脚”，“批分数”“过瘾”之用，这些现象在大学里是最显著，能够给女同学作表率的大学生竟是这样无耻，难怪要想出各色的花样，打扮起来达到诱惑的目的。一般行人能够向她行注目礼，便是她绝大的成功，引为最荣耀的事。

现在单讲杭市的“山大学”“水专校”里的女同学出来巡街的时

① 姚奎源．杂谈：女学生和装束[J]．民国日报·妇女评论，1922(35)：3.

候，多数是会使大家觉得异样的，那红得像猢狲屁股的脸儿，鲜红欲滴的嘴唇，袖口的长短，腰身的狭窄，小腿，小部分的大腿，鞋子……点缀女学生界里的尽是这批“极尽骚狐之媚态”的东西，杭市的女学生人格是染了一个大污点，我们该大家共同来负起这个责任，消灭这些不要脸的东西。①

大学生是最有知识文化和社会担当的优秀分子，她们应该看得开，明白自己的社会责任和身份，对服饰把握有度，事实上却恰恰相反，大学生的奢华已经使得民众的信念动摇。大学生是所有学生的表率，是社会民众的表率，她们的一言一行都会影响社会风气，但是当时大学生热衷于化妆，过度的装饰和大学生的身份格格不入，已经使得民众和社会、学校和部分学生感觉不满，这是社会上口诛笔伐的人层出不穷的根本原因。大学生走出校园以后，代表学校和高级知识分子的形象，在众目睽睽之下，仪容十分关键，但很多学生化妆过浓，穿着过于暴露，给民众留下不好的印象。

大学生是年轻人，处在青春期的他们，渴望被异性关注，渴望出风头，无论男女，都在追求时髦，追求自我表现，追求个性，这本来无可厚非。但是当时大学生非常少，他们或她们的服饰仪容成为大众观瞻的对象，整个社会受传统文化的影响，穿着暴露或者性感会用骚狐或者狐媚等下流的词汇来形容，大学生被这种传统的“看的暴力”征服了，他们被无形地剥夺了展现个性的机会。有的大学生提出，“一国有一国的服饰，中国人就应该穿中国的服装”②。

（三）国货的推广——当时髦遇上国难

学生服饰中最关乎国家命运的是其服饰的材料。近代西方资本主义经济入侵，渗入到百姓生活的方方面面，丝袜是洋袜，火柴是洋火，钉子是洋钉，房子是洋房，呢子是洋货……传统的纺织业受到了巨大的冲击，男耕女织的传统模式被颠覆，成千上万的男女因此失业，但是传统纺织业并没有完

① 菊生．女同学的服饰[J]．学校生活，1933(26)：7.

② 徐尚绪．对于我校同学服装的我见(未完)[J]．暨南校刊，1929(25—27)：36—37.

全退出历史舞台，为了维持百姓生计，坚持用国货，特别是土布，成为一个热门话题。穿着用国货，这是官民一致的心声。

1927年9月8日，教育部发文要求学生服装均用土布，务须朴素。[①]当时媒体报纸都在宣传土布，如《申报》1933年《服装与仪态》一文举例说，某学校举行入学考试，录取的200个新生之服装，穿西服的不过10%，穿绸缎的约35%，穿布衣的约50%，因为"穿布衣的是朴素，是文雅，是落落大方，是有俭美和壮美的态度"，"我们青年，尤其是我们在此国难重重之下的青年，大家要养成穿着布衣的美德"。[②]当时最受欢迎的是阴丹士林布做的旗袍。南开大学毕业生回忆称：

> 阴丹士林布的旗袍很受欢迎，学生平等，有的家里很有钱，部长总统之女，凡在学校，多穿阴丹士林蓝色布长衫，俭朴整洁。此非学校规定之制服，而系校风使然，人人养成勤俭习惯，实有注意毕业后在社会服务之态度。[③]

随着国家危机的加深，学生服饰的材料与国家前途的关系日益紧密。1934年是国货年，社会各界纷纷参与国货运动，积极购买国货，特别是衣服。当时的社会对大学生服饰中的崇洋媚外心态非常反感，《大学生与女学生之服饰》一文中的论述颇为深刻：

> 最近教育部派员视察上海六大学之报告中，有各校学生服饰，大同比较朴素，其余大多数习于奢侈繁华，衣履则竞尚新奇，体态则趋于柔靡，甚至出入娱乐场所，感受时下习气极深，此项事实，报章历有登

---

① 教部限制学生服装均须用土棉布[N]. 晨报，1927-09-09.
学生服装均用土棉布[N]. 益世报，1927-09-09.
教育部通令限制各校学生服装宜力求朴素[N]. 顺天时报，1927-09-09.
② 仰荞. 服装与仪态[N]. 申报，1933-09-30.
③ 陈明章. 学府纪闻　国立南开大学[M]. 台北：台北南京出版有限公司，1981：263.

载。至女生服饰，尤多繁华新奇，苟不加以矫正，质朴刚强之风气，决无由养成，而家庭与社会，将俱受其害。

这一段话，说得极为沉痛，极为透彻，凡是看到的，没有一个不为动容。吾早经说过：目下社会中最繁华奢侈的，无过于学生，无过于大学生，更无过□，坐坐汽车，吃吃西菜，酒非威士忌不喝，茶非咖啡不饮，烟非英美舶来品不吸，这种学生早已十足的洋化奴化，还配和他们讲爱国谈国货么？

该死的大学校长和一般教授，造成了这般学生，还讲什么教育，什么训诲？一年一年一批一批地制造这许多推销洋货人才，来和国货作对，造孽够了，问心怎样？看了这段报告，吾不知他们作何感想，有何表示？①

文中怒斥大学校长和教授培养的学生奢侈浮华，崇尚洋货。奉劝学生尚节俭，用国货。认为学生洋化奴化，是因为用洋货、穿洋装。报纸对大学生特别是女大学生的奢侈时髦行为大加鞭挞：

这年头儿，世界闹着经济恐慌，尤其我们中国再加上国难重重，内乱又作，人祸之不足，又加以天灾，古人所谓于大学中之女生。所以有人说，教育程度愈高，需用奢侈品愈多，便是推销洋货愈力。烫头发，买外国衣料，买外国首饰，买外国化妆品，仿佛是他们的常客。管什么费钱不费钱？问什么国货非国货？只要是漂亮、是时髦、是可以引逗异性的注意，那么十元三十元五十元，乃至一百元三百元，都不吝惜，反正有他的祖父遗留下来不少的造孽钱，可以供这般男女大学生的挥霍。吾的朋友，很多是薪水阶层的，他们的儿女，在大学里，一年总要花到五六百元，甚至到八九百元，他们都在那里皱眉发抖，可是可怜父母的心，哪里可以感动他们。故而有人说，和大学生谈服用国货，等于对牛

① 天然．大学生与女学生之服饰[N]．申报，1934-01-01.

弹琴；和大学中的女生谈服用国货，等于与虎谋皮。吾不是挖苦他们，事实是如此，无可讳饰的。……然而去年一年洋货输入中国竟达九万万元，为海关入超空前之纪录。①

大学生引领社会潮流，是社会的领袖，他们的一举一动影响颇大。国难当头，花大量的物资去购买外国的服饰，对国家不利。② 1935年1月10日，上海商学院谭秉文拟定《拟学生国货年十诫》：

（一）国货文具，既廉且美，凡我学生，极力倡用。

（二）体育足以强身，采用国货体育器具，足以救国。

（三）在汝之身体尚未失去自由之时，汝应服用国货服装。

（四）食用国产物品，始能培养爱国之气。

（五）汝有一钱，必存诸本国银行。

（六）汝出游时，毋乘外商轮船。

（七）汝观电影时，毋入外商电影院，毋观外国影片。

（八）汝每用一钱，亦必以国家之福利为依归。

（九）汝每日必劝汝之亲友采用国货。

（十）汝每日自省有否违犯国货十诫。③

大学生包括每个国民的日常所用与国家命运息息相关。针对当时学生的奢靡风气，广州教育厅草定条例规定：（一）学生须穿国货制成之服装；（二）男生须将须剃光；（三）女生不得烫发；（四）女生禁涂脂粉及着高跟鞋；（五）女生不得戴钻石戒指、手镯等饰品。要求此后全省学生必须遵守，凡违章之学生，将严加惩罚。④ 这里的禁令不仅强调服装的材料必须是

① 杨卫玉．谁之过欤?[N]．申报，1934-01-01.

② 侯婉如．献给全国大学中的女同学们[N]．申报，1935-01-10.

③ 谭秉文．拟学生国货年十诫[N]．申报，1935-01-10.

④ 粤制裁男女学生装束[J]．玲珑，1935（43）：2.

国货，而且男生必须刮胡须，女生不得烫发，不得涂脂抹粉，不得穿高跟鞋，不得戴钻石戒指、手镯等饰品。表面上是奢靡的社会风气，实际上是学生追求美，追求个人服饰自由与国难当头和国家统一的矛盾日益明显。

第七章

教育身体史研究案例篇（下）①

在上一章中，节选了岭南师范学院魏珂博士所作《归属与自主——近代大学生教育身体史研究（1895—1937）》的内容，主要呈现了与近代大学生“身体”相关的“国家化”和“军事化”、“教育身体”与空间和时间、“教育身体”的疾病和防护、“教育身体”的体育活动和表演、“教育身体”的装饰几方面。本章则主要节选自华中师范大学教育学院周娜博士所作《臣属与自决——近代中国女学生身体生成研究》，专门就“性别的教育身体”——女学生的教育身体生成进行了研究。该文指出，无论是民族国家话语对身体的规训和模塑，还是在女权学说及教育现代化影响下身体的自我建构，都是在女学生由校园中的“生”身体转变为“熟”身体的过程中展开的。近代女学生身体的发展和建构是在充斥学校场域中的多种话语影响下实现的。基于此，该文旨在考察影响女学生身体发展的主要话语力量，呈现它们之间交错复杂的关系，且主要呈现了民族国家话语如何打造近代女学生的强壮身体、规范服饰装扮以及现代教育时间与身体等。第七章在展现近代女学生“教育身体”时，主要关注女学生“教育身体”的解放、“国家化”“个性化”“主体

① 本章是教育身体史研究案例，相关内容节选自：周娜．臣属与自决：近代中国女学生身体生成研究[D]．武汉：华中师范大学博士论文，2017.

性”和“时间化”的教育身体，再现了近代女学生的“天足”和“天乳”、“装扮自我”的女学生的身体、自我管理和自治的女学生身体、现代教育时间与女学生的身体。

第一节 女学生“教育身体”的解放
——“天足”“天乳”运动：近代女学生身体的解放

一、“缠足”到“天足”：解放小脚

传统中国女子出嫁前，被要求“不出闺闱”，为人妇后，则被规约“女不言外”。此类倡导男尊女卑、贞节观等纲常礼教从心理上弱化了女子；而延续千年的缠足戕害了女子的身体，使得女性以孱弱的身体不得不依附于男性。孱弱的肉体和卑微的心理使得女子尽沦为男子的奴隶与玩物。清初李笠翁曾谈到古人对女子脚的讲究：

> 选足一事，如但求窄小，则可一目了然，倘然由粗以及精，尽美而思善，使脚小而不受脚小之累，兼收脚小之用，则又比手更难，皆不可求而可遇者也。其累为何？因脚小而难行，动必扶墙靠壁，此累之在己者也；因脚小而致秽，令人掩鼻攒眉，此累之在人者也。其用为何？瘦欲无形，越看越生怜惜，此用之在日者也；柔若无骨，愈亲愈耐抚摸，此用之在夜者也。[①]

李氏此番关于“何种女子脚为美”的言论，不但表达古人视“小脚”为女性美的审美观，而且处处流露出玩视女性的态度。

① 陈东原．中国妇女生活史（影印版）[M]．北京：商务印书馆，2015：175.

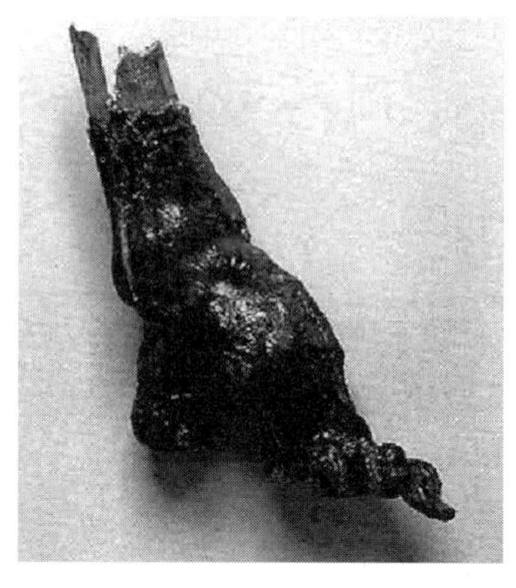

图7-1　美国费城医学院保存的缠足标本

〖资料来源：Beverley Jackson, Splendid Slippers: A Thousand Years of an Erotic Tradition [M]. Berkeley Califonia: Ten Speed Press, 1997.〗

清末不缠足运动的兴起源于西方传教士对小脚美的批判。1876年，厦门戒缠足会抱拙子发表《戒缠足论》一文，罗列出缠足四大害，告诫中国人应该戒缠足："缠足乃倾家败国之兆""人皆应有爱子之心，愿其健康爽利，而不应缠其足，伤其肢体""汉俗非汉俗，不在乎缠足、无非缠足之分""夫人之妍媸在乎容貌之丑丽，不在其足之缠与不缠也"。[①]作者熟知中国风俗人情，有理有据地道出隐匿在国人缠足背后的价值诉求，并有的放矢地逐一进行驳斥。后来无论是传教士，抑或中国知识分子对缠足的批驳与抨击，无能出其右。值得注意的是，虽然西方传教士早在1876年就在厦门创设第一所戒缠足会，借助报纸、书籍等形式宣扬提倡天足，成效却不大，直到1895年后，晚清官绅共而倡之，戒缠足方渐成大势。1898年，上海蔡而康在《戒缠足丛说跋》中曾感叹："三年前，仆为泰西寓沪诸女士译匡谬正俗诸说，极言变行缠之为害，六寸肤圆之可贵，而只以上海天足会具名。"[②]这番话表达了论者为国人未能提前几年认识到缠足之害的遗憾，也从另一面透露出西方传教士提倡戒缠足并未得到中国人积极响应的事实。其实，缠足之害之所以在1895年后得到晚清官绅的关注，并非偶然使之，也并非完全归于西方传教士的宣传之功，乃是甲午中日战争的失败让中国人认识到"欲强其

① 李又宁，张玉法．近代中国女权运动史料（1842—1911）：上册[M]．台北：龙文出版社股份有限公司，1995：837.

② 蔡而康．戒缠足丛说跋[J]．万国公报，1898(111).

国，先视其民”，坚持身体与国体必须同步进行改造的决心。在为缠足害妇女不可资国家之用深表痛惜时，张之洞直言，提倡戒缠足在于“吾不惟伤此中华二万万妇女，废为闲民僇民也，吾甚惧中华四万万之种族，从此嵬琐疲茶以至于澌灭也”[①]。一语道出晚清人士极力倡天足之深意。他们之所以这样想，是受社会达尔文主义进化论的影响，基于“人之生子，得父母气各半，其母既残其筋骸，瘁其血脉，行立操作，无不勉强，日损无已，所生之子女，自必脆弱多病”[②]的考量，赋予女子生育“强种”之重任。这种以国家取向为改造女子缠足的取向开始建立起来。

在如何戒缠足的问题上，晚清论者毫无异议地一致指向兴女学。甲午中日战争之后，各地模仿西方传教士，纷纷设立不缠足会，组织女子放足。各缠足会的章程中往往将戒缠足与兴女学相提并论，甚至认为兴女学为天足会之天职。1903年，杭州设立不缠足会。在该会第一次集会上，创办人高白淑夫人直截了当地提出不缠足与兴女学齐头并进，方为抵御外来屈辱之手段：

> 今天放足的事，不过是小小的一点儿起根，将来还有别的事，要与诸位商量。今日先把两件紧要的事告诉诸君罢！一放足的事，不过是养身体、强种族的一端，并非不缠足，便能强国，若说不缠足，便能强国，那江北地方和各省的乡村妇女，大脚的不知几多，为什么也和我们一样，受外人欺负，这可不是没有学问的缘故末？……这些看来，振兴女学的事情，是万不能再缓了。[③]

在上述论述中，这位夫人实际上表达了以下观点：戒缠足仅仅是女子强国强种的起点，还要入学读书、增进智识学问，才能担起救国大任。兴女学

① 李又宁，张玉法. 近代中国女权运动史料(1842—1911)：上册[M]. 台北：龙文出版社股份有限公司，1995：847.

② 李又宁，张玉法. 近代中国女权运动史料(1842—1911)：上册[M]. 台北：龙文出版社股份有限公司，1995：847.

③ 杭州设不缠足会记[J]. 女学报，1903(1).

与戒缠足相结合，不但推动新式女子教育发展，也使得女学堂成为宣传戒缠足的关键场所。另外，晚清倡“戒缠足”者普遍认为：缠足之风盛行源于女子无学。这种认识使得女学在兴起之初就肩负倡天足重任。在论及缠足之风俗为何在五代两宋之间，尚局限于“教坊乐籍，用以饰狐媚，博缠头”，后来则广为流传，梁启超分析道：“非人性本恶，所习者然耳”，继而又抨击道：“且中国之积弱至今日极矣。欲强国本，必储人才；欲植人才，必开幼学；欲端幼学，必禀母仪；欲正母仪，必由女教。人生六七年，入学之时也，今不务所以教之，而务所以刑戮之。”[①]提出应该废除“陵人之恶风”，鼓励女学。宋平子认为汉族女子之所以缠足是因为女子不能接受教育，只能通过“听歌、观剧”这类经过修饰的渠道认识世界，导致女性“闻见之虚影，迷误其羞慕；古今之实形，隔绝于耳目”，误以为歌剧中描摹的“美若才若贵夫人，亦必短其足；丑若蠢若贱妇人，亦必长其足”是真实的，所以竞相模仿。因此提出挽救此病，必须“师东邻之制，下教育之令”[②]。基于“化民成俗必由学”的圣言，张之洞同样主张以“父母儆其家，乡绅晓其乡，其俗已动于学，然后以法从之”[③]的方式，引导女性尚天足。张之洞与梁启超、宋平子等人把戒缠足提升到国族存亡的高度，确立了女子天足的国家意义。

戒缠足国家意义的确立，使得兴女学成为社会变革的重要组成部分。兴女学以倡天足，在教会女校中早已出现。1886年，教会刊物《益闻录》连载《创设女学论》一文。该文拟创办女塾应遵循的十五条规则，其中之一为“缠足宜废弛也”。其实在19世纪80年代之前创设的教会女学，如1859年福州设立的育英女书院、1864年公理会裨治文夫人在北京设立的贝满女学等，都已把“不缠足”或“已缠足者要放足”作为就读条件。到维新变法时期，维新人士把兴女学以戒缠足与救亡图存大计联系起来，为女学堂及女学

① 梁启超．戒缠足会叙[N]．时务报，1896(16)．

② 李又宁，张玉法．近代中国女权运动史料(1842—1911)：上册[M]．台北：龙文出版社股份有限公司，1995：853．

③ 李又宁，张玉法．近代中国女权运动史料(1842—1911)：上册[M]．台北：龙文出版社股份有限公司，1995：850．

堂实施放足的章程要求提供了合法依据，尽管当时的清廷并未认可女学堂的合法存在。此后，得益于晚清知识分子的宣传与推动，在1907年前，女学堂禁止缠足的规定形成法令之前，国人兴办的大多数女学堂已执行这项要求。1898年，国人兴办的第一所女学经正女塾规定："兹暂拟有志来学者，无论缠足未缠足，一律俱收，待数年以后，始划定界限，凡缠足者皆不收入学。"[①]1902年创设的上海务本女塾在章程中明确规定："学生天足者不得复行缠足，已缠者则应逐渐放宽。"[②]1903年设立的公立杭州女学堂的入学资格之一是"不得缠足（已缠足者，入校后须渐解放）"[③]。1904年，直隶天津县创设女学堂，要求"学生以身家清白，不复缠足"为入学条件。1904年3月20日，《警钟日报》报道天津数人自筹资金办女学，规定"所有学中子女均不缠足"。1904年创设的宗蒙女学堂同样要求入学者"能不缠足最为合格"。在学校的要求下，入学女生逐渐解除脚上的裹脚布，实行天足。1903年6月20日，《苏报》报道黄岩一地的女学情况，介绍该地女学虽开设不久，学校规章制度及设施尚未完善，但在极力提倡下，学校中30多名学生都已不缠足。1904年，《东方杂志》"教育栏"记载天津一所由女学生父兄筹办的女子学校中"所有学中之子女均不缠足"[④]；北京崇文门北孝顺胡同之美国医院所设女学堂，"专授华文及普通学科，尤注重于卫生学，年以十四岁为限，逾限及缠足者不收"[⑤]；湖南女学堂"不缠足者亦所在风行，且所习柔软体操，两星期亦皆就范，视男学堂诚有过之"[⑥]。

1907年，晚清政府颁布《女学堂章程》，使得女学推动女子天足运动得以制度化。在《女子师范学堂章程》与《女子小学堂章程》的"教育总要"

---

① 陈学恂．中国近代教育史教学参考资料：上册[M]．北京：人民教育出版社1986：323.

② 朱有瓛．中国近代学制史料：第二辑：下册[M]．上海：华东师范大学出版社，1987：604—608.

③ 公立杭州女学堂章程[J]．浙江潮，1903(10).

④ 李又宁，张玉法．近代中国女权运动史料(1842—1911)：上册[M]．台北：龙文出版社股份有限公司，1995：1052.

⑤ 李又宁，张玉法．近代中国女权运动史料(1842—1911)：上册[M]．台北：龙文出版社股份有限公司，1995：1053.

⑥ 李又宁，张玉法．近代中国女权运动史料(1842—1911)：上册[M]．台北：龙文出版社股份有限公司，1995：1054.

中均规定："至女子缠足，尤为残害肢体，有乖体育之道，务劝令逐渐解除，一洗积习。"[①]这一规定的逻辑依据是：因缠足戕害女子身体，使得女性不能勉学持家，无能耐劳瘁，不能胜任贤妻良母的重任，所以禁止学生缠足。可以说，戒缠足是清末女子学堂规训女学生身体的主要任务之一。

图7-2 黎里求我蒙塾女生合影（由图可以看到女学生的脚，大部分为小脚，个别为天足）

〖资料来源：黎里求我蒙塾女生摄影［J］．女子世界，1907（4—5）．〗

作为戒缠足的主要场所，女子学堂不但成功规范出不缠足的学生，还对学生家庭及周边社区产生了示范性影响。埭溪蒙学堂女学生蔡爱花在学校读书一年不到，受学校教习对缠足之害演说的影响，决意立志放足。该校为鼓励学生放足，特借课堂为蔡爱花召开放足纪念会，"自留堂经理至教习外，客及男女各学生诣会者凡二十人"，在蔡爱花陈述缠足之害、表达解缠决心后，教习首先祝贺蔡爱花，继而"劝在座诸女学生继起解缠，以期互相竞争，光复故体"[②]。1909年，浙江省省视学在呈具的学务报告中，赞扬该省松阳县震东女子两等小学堂：

> 规则严肃，形式整齐。凡缠足者不许入学。自开办至今，首尾甫及三载，不图佳溪全村已鲜缠足之幼女，转移习俗煞费苦心……风气开通实为处郡之冠。[③]

---

① 璩鑫圭，唐良炎．中国近代教育史资料汇编：学制演变[M]．上海：上海教育出版社，1991：577.

② 记埭溪发蒙学堂女学生蔡爱花放足纪念会事[N]．警钟日报，1904-12-31.

③ 松阳县各学堂调查表[J]．浙江教育官报，1909(8).

待到辛亥革命前夕，女子学堂中缠足者已为少数。正如台湾学者林维红所说："这一时期各省设立的新式女学堂是不缠足运动开展的重要基地和对象。"然而，因清末女子学校数量少，不够普及，接受教育的女生实属凤毛麟角，对大多数女性而言，缠足之风依然盛行，废除缠足仍是一项艰难的工程。只不过对于受教育的女学生而言，天足已经成为她们学生身体的一部分。

二、"不剪发"与"天乳"：规制发式与乳房

在改造国民性、实现国族重建的关怀主导下，女子的言行表现及其特质象征成为国族论述的重要组成部分，塑造有利于国家发展的女性成为近代中国国族建构的重要议题。在这种考量下，近代女学生从头到脚都置于社会及学校的凝视下。剪发与束胸问题，虽然都是肉体的修饰或改变，但因身体的隐喻与符号化，以及男性"正女"姿态的自居，使得女性发式与乳房也成为民族国家话语意欲规制的对象。

（一）"剪"与"不剪"的冲突

近代中国，提倡女子剪发的"第一声"[①]是金天翮喊出的。在1903年发表的《女界钟》中，金天翮倡议："吾以为女子进化亦当求截发始。"[②]然结合全书及时局背景可知，金天翮号召的"截发"并非"女权式"的，真实目的在于提倡"从国家利益出发的女子身体改造"[③]。金天翮"截发"的号召并未对晚清女学生产生实质影响，很少有关于晚清女学生剪发实践的记载。目前有资料记载的最早的女学生剪发实践发生在1912年。1912年3月5日，中华民国临时政府颁发了《大总统令内务部晓示人民一律剪辫文》，要求所有男子"凡未去剪者，于令到三日，限二十日一律剪除尽净，有不遵者违法

① 陈东原. 中国妇女生活史(影印版)[M]. 北京：商务印书馆，2015.

② 金天翮. 女界钟[M]. 上海：上海古籍出版社，2003：17—18.

③ 姚霏. 近代中国女子剪发运动初探(1903—1927)：以"身体"为视角的分析[J]. 史林，2009(2).

论”[①]。受要求男子尽除其辫的影响，当年4月，湖南衡粹女校一学生剪断头发，并倡设剪发会。[②]同年6月，黑龙江省一所女子师范学堂，学生集体提倡剪发，个别学生甚至剪去头发。[③]虽各地女学不断涌现剪发要求及行动，但并未得到学校及行政当局的肯定和支持。1913年9月，中华民国教育部颁布了针对女子学校的“五条惩戒规则”[④]，第一条就是“不准剪发，违者斥退”。有人对民国初期的女子剪发曾这样评价：“女子剪发这件事，在1913年的时候，已经有人提倡过，并且也有人实行过了。不过国人怯于进取，旧俗难以骤除，所以还没有成为风气。”[⑤]这番评价对女学生剪发未流行的事实给予了符合实情的描述，但把剪发未流行的原因归于“国人怯于进取”，恐有流于表面之嫌。真正的原因，应当如前面所分析的那样，男性精英主导的、国家利益至上的女子身体改造并未把“剪发”列为改造、规范之列，女学生自我主张的“剪发”行动遭遇重重阻挠和抵制，谈论女子剪发的言论在媒体上也渐渐式微。

“五四”前后，在民主与科学思想的鼓舞下，社会各界对女性作为“个人”独立问题给予了从未有过的关注。陈独秀号召全体青年，不分男女“其各奋斗，以脱离此附属品之地位，以恢复独立自主之人格”[⑥]。在“五四”女性追求独立的斗争中，女学生再次不负众望地发挥了重要作用，带领全国进步女性争取男女教育平等、呼吁婚姻自主、要求经济独立与职业平等，提倡社交及身体装扮自由等问题。在此背景下，女子剪发问题再次受到关注。支持女子剪发的文章相继见诸报端，以1919年12月5日《晨报》刊登黄女士的《论妇女们应该剪发》为发端。随后出现众多的响应者，以多种形式表示支持“女子剪发”。12月8日，《晨报》刊载惠瑭女士的《我对于妇女剪发

---

① 广东省社会科学研究院历史研究室，中山大学历史系孙中山研究室，广东省社会科学院历史研究室．孙中山全集：第2卷[M]．北京：中华书局，1982：177.

② 女子剪发之狂热[N]．民立报，1912-04-06.

③ 时报，1912-06-14.

④ 惩戒女学生规则之严厉[J]．教育周报，1913(8).

⑤ 女子剪发问题的意见[J]．妇女杂志，1920(4).

⑥ 陈独秀．一九一六[J]．青年杂志，1916(5).

的意见》，列举剪发的众多好处，甚至包括长发是疾病养成所，除去头发，干净卫生。[①]刘静君女士从“梳头太费光阴、蓄发太不清洁、梳头不利于女子人格保存”[②]三个方面，主张女学生应该剪发。从上述支持女子剪发的理由中可以看到，不同于民国初期女子因模仿男子而剪发的追求，而是从“男女平等”“利于人格保存”等这类主张出发提倡剪发，确立了“五四”时期“女子剪发问题”的独特性。

北伐结束后，由蒋介石领导的南京国民政府名义上统一了全国。为了巩固政权、展开国家建设，国民政府着手塑造理想的国民，参与社会活动与建设。与此相应地，对理想的女性国民形象也提出期待，希望打造出配合国家与政党发展的时代女性。有研究者对此评论说：“国民政府在20世纪30年代初期从事的时代女性形象塑造工程，基本上为‘妇运国家化’这样的历史发展趋势，做出了某种示范。”[③]也就是说，20世纪20年代末期至30年代初期，中国女子发展再次被国家主义话语所主导。1929年，南京国民政府颁布《中华民国教育宗旨及其实施方针》，对女子教育提出“必须陶冶健全之德性，保持母性之特质，并建设良好之家庭生活及社会生活”的要求，宣扬“母性”，引导女子发展朝向维系家庭伦理、安定国家社会的目标前进。1934年展开的“新生活运动”，从国家层面要求女性过“朴素”的生活，并从衣着装扮、发型、社交等方面对女性加以约束。政府规定在校女生“绝对禁止烫发，并不得蓄长发过耳际”[④]。为禁止烫发，南京市政府还强令所有理发店收回烫发工具。[⑤]

这些法令的颁布影响了女学生的生活，引起了她们的反抗与质疑。政府为此做了一番苦口婆心的劝导：

近年以来，妇女在国家社会家庭中所居之地位极为重要，所负之责

① 惠塘女士．我对于妇女剪发的意见[N]．晨报，1919-12-08.

② 刘静君．女子剪发问题[J]．曙光，1920(3).

③ 邓小南，王政，游鉴明．中国妇女史读本[M]．北京：北京大学出版社，2011.

④ 整饬京市学生仪容[J]．汇文旬刊，1935(25).

⑤ 首都禁止男女烫发：理发业将自动收藏烫发器具[J]．新生活运动促进总会会刊，1935(16).

> 任亦极重大，而近年来我国妇女颇多以趋尚时髦为荣，以致生活行动多浪漫不羁，影响国家民族复兴之前途极为巨大，深觉有彻底改革之必要……所以提倡禁止蓬发烫发者，其真意不外乎此。然而，并非干涉与禁止也……乃矫正浪漫不羁之恶习，而代以淳厚朴素之美德。[①]

这番解释透露出南京国民政府打造理想女性国民的策略逻辑：赋予女性复兴民族大业的重要责任，用“国家主义话语”再次主导女性问题，借倡导“淳厚朴素之美德”，污名化“时髦摩登”，力图消解自决话语、时尚话语在女性身体生成中的影响。

（二）“束”与“不束”的较量

“发式问题”之外，“天乳”运动是近代国家模塑女学生身体的又一动作。作为女性的性别特征，乳房突显了女性曼妙之美，更是女性发挥母性之爱的生物学基础。美国学者玛丽莲·亚隆曾言，整个女性乳房的历史就是男子企图据为己有的过程，在这个过程中，男性认为作为女性身体象征的乳房有“好”与“坏”之别。[②]这里所谓的“好”与“坏”，实际上是男性对于女性乳房两种功能的价值评判：发挥母性之爱、用于哺乳的乳房为“好”；彰显女性曼妙之美、有性吸引的乳房为“坏”。

束胸，作为一种通过束胸衣紧紧包裹乳房以减弱其性吸引的装扮行为，在中国并非由来已久。唐代以前，清新自然、健康丰腴的女性美受到推崇，女性的乳房也是自由的；宋代以后，尤其从明代开始，随着女性身体“性”意味被过度强调，传统礼教加强了对女性身体的控制，产生控制乳房的要求，束胸之风慢慢推广开来。[③]在传统礼教的规制与约束下，人们对彰显女性特征的身体持鄙弃态度，力求将其压制在“正当的”、不易引起男性想入

---

① 蒋夫人谈禁止妇女剪发烫发[J]. 妇女月报，1935(3).

② [美]玛丽莲·亚隆. 乳房的历史[M]. 何颖怡，译. 北京：华龄出版社，2001：4.

③ 曾越. 社会·身体·性别：近代中国女性图像身体的解放和禁锢[M]. 桂林：广西师范大学出版社，2014：51—84.

非非的“安全”标准内。乳房因被视为对男性的“诱惑物”，因“极具危险性”而紧紧裹在束胸衣内。民国性学研究者张竞生分析道：“我想束奶的原因最重要之一乃为羞耻与礼教。女子奶的突起的确为特别的性征，主张礼教的男子们断然不肯自己的女人向人隐约地表示出她的两块肉，以引出不利的事情来。”[①]张竞生的这番话佐证了上述论证。

民国时期，不束缚的胸部依然同放纵、浮荡联系起来，束胸之风依旧流行。城市中的女性，尤其是知识界的女学生们以平胸为美。“束乳之风于民气先开者为尤甚，若僻陋之乡则无见焉”[②]，当时“在城市中所看见的妇女最大多数的就是束胸”[③]，“各地女学生，均以束胸为美观，前行后效，相习成风”[④]。而不束缚的、自然乳房被视为粗俗、未开化的象征。1927年8月26日，《民国日报》刊载这样一则消息：一位不束胸的女子因不堪忍受在街上被人直呼为“村下婆”而束起胸来。将过于突起的乳房视为“丑”的审美取向严格规范着女性身体。由于长期穿束胸内衣，把乳房紧紧包裹在内，阻碍乳房血液流动，致使乳房干瘪，而且胸部长期为强力所压，导致呼吸不畅，严重影响女性的身体发育。束胸对女性身体的危害，随着女权主义的引入而受到关注。早在民国初期，束胸之害就为人们所抨击。1915年，《妇女杂志》刊文强烈要求“束乳之宜革”：

> 缠足之害渐灭，而束乳之患方兴。两者举为女界至伤至惨之事。前弊未祛，而后祸至……然束乳之风于民气先开者为尤甚，若僻陋之乡，则无见焉。是诚大惑不解者也。胸部之发达，系于一身者基重。乃今束缚之，以伤其腑肺，阻其呼吸，必使肢体羸弱，疾病丛生，而寿不久矣。吾女界之同胞何贸然而不思之也。[⑤]

① 张竞生．大奶的复兴[J]．新文化，1927(5).

② 林树华．对于女界身体残毁之改革论[J]．妇女杂志，1915(12).

③ 忝生．裹足与束胸[J]．申报，1928-07-13.

④ 内政部提倡天乳运动[N]．大公报，1929-12-15.

⑤ 林树华．对于女界身体残毁之改革论[J]．妇女杂志，1915(12).

直到20世纪二三十年代，在塑造健康“女国民”的追求下，缠绕在女性胸部的束缚方有所松动。1927年7月，广东省政务会议通过了委员兼民政厅厅长朱家骅《禁止妇女束胸的提案》：“严禁妇女束胸，以重卫生，而强种族，限三月禁绝，犯者罚款五十元。”[①]从官方角度把束胸问题列入女子身体改造对象，使其得到广泛关注。

图7-3　束胸，解放

【资料来源：解放束胸：束胸，解放[J]. 通俗教育月刊，1928(4).】

同戒缠足的逻辑一致，以朱家骅为代表的男性精英人士从国族建构的理论出发，把女性的身体健康与强国强种密切联系起来，以此为着眼点，反对女子束胸，提倡女性天乳，认为“妇女束胸，实属一种恶习，不但有害个人卫生，且与种族优生有损”[②]。这种观点在“天乳运动”中颇具代表性，得到众多肯定的回应。各报纸杂志纷纷刊登关于倡“天乳”的文章。《湘中学生》称女学生担负着“繁衍的养育责任”，“实是盛开着中华民族之花”，鼓励女学生解下胸前的束缚衣，“在这民族消沉，人口减少的时候”“注重锻炼体格、繁衍生育，使得中华民族滋养于无穷”[③]。《广西卫生旬刊》刊登浙江省民政厅卫生科主任毛咸关于“女子束胸与国民健康”的电台演说。在该演

① 广州明令禁止女子束胸[J]. 妇女周报，1927(8).

② 薛笃弼. 国民政府内政部公函第三七四号：函大学院：对于禁止妇女束胸请查核由[J]. 政府公报，1928(3).

③ 赵日冬. 女子束胸与民族主义[J]. 湘中学生，1929(1).

说中，毛咸指出：女子束胸“乃构成女子身体的衰弱，促进女子死亡率的增加”，并且导致女子在乳儿方面受到影响，造成“乳儿多病和婴儿死亡数的剧增”，为增进国民健康之目的，“国民政府与浙江省已多次通令各处女子禁止束胸”①。

知识分子的议论与构建“女国民”的时局需要，使得禁止女子束胸的倡议在20世纪二三十年代的南京国民政府时期官方化、普遍化。朱家骅“禁束胸”的提议得到广东省政府的支持，很快“布告及通令各县晓谕，并分函省市党部妇女、宣传两部，广为宣传，暨行各女校知照”②。广东省强制推行“女子束胸令”在全国引起很大反响。1927年，《民国日报》刊文响应“女子束胸令”，支持禁止束胸，提议“应该稍有些强制的意味……由党部或行政当局训令各女校校长，严禁学生束胸，如有违犯，一经查出，初次记过，屡犯者予以较严重的处分”③。1928年，国民政府内务部公函第374号令：“函大学院：对于禁止妇女束胸请查核由”④；同年，中华民国大学院发布训令：因束胸“妨害个人卫生，损伤种族优生”⑤，要求查禁女生束胸。各省市教育厅及教育局接到命令后当即响应。浙江省国立浙江大学训令第180号：令“省立第五中学查禁女生束胸”⑥。福建教育厅训令第114号：令私立厦门大学及“各学校女生自应一律遵守”⑦。南京国立中央大学训令第1055号：“令各局、各校为奉院令禁止妇女束胸，各校女生一律遵守。”⑧各地纷纷出台相应训令，实施禁束胸行动。

把清末时期戒缠足运动与民国时期倡“天乳运动”做一比较，可以发现

① 女子束胸与国民健康：毛咸在浙江广播电台演讲[J]. 广西卫生旬刊，1935(26).

② 广东省档案馆. 民国时期广东省政府档案史料选编：1　第一、二、三、四届省政府会议录[M]. 广州：广东省档案馆，1987：136—137.

③ 圣. 女子解放胸部[N]. 民国日报，1928-08-11.

④ 薛笃弼. 国民政府内政部公函第三七四号：函大学院：对于禁止妇女束胸请查核由[J]. 政府公报，1928(3).

⑤ 大学院严令查禁女生束胸[J]. 三三医报，1927(21).

⑥ 国立浙江大学训令第180号[J]. 绍兴县公报，1928(6).

⑦ 公牍：福建教育厅令第114号[J]. 厦大周刊，1928(191).

⑧ 国立中央大学训令第1055号[J]. 教育行政周刊，1928(51).

民族国家话语在女学生身体规训中呈现逐步加强的态势。清末戒缠足运动，虽然清末政府在《女子学堂章程》中对“戒缠足”给予了官方的要求，也只是“务劝令逐渐解除”，其他强制性规范并未出现。从某种程度上说，戒缠足运动是在缺少国家主动性的情况下，由民间知识分子发动的、深负国家意识形态的女学生身体改造运动。民国时期的倡“天乳”运动，虽然表达了民间知识分子的意愿，但发起者及推动者均是由政府主导，[①]从中央政府、地方政府到教育主管部门，再到各学校，对女学生束胸的行政禁令逐级下达，企图以国家政令来规范女学生的身体，表明国家主动入场领导女学生身体改造。

必须承认的是，国家权力在规范身体时会遭到来自身体主动性的挑战与抗衡，使得国家权力显露出一定的脆弱性。查阅当时的新闻报道可知，“天乳运动”虽得到部分女性的认可与接纳，但是更多的女性对禁束胸采取抵制态度。江苏省妇女协会杨石癯女士在无锡镇江女学宣传“天乳”，遭到同事的谩骂，并且学校中有老师不仅自己束胸，还反对别的女性戒束胸。[②]1931年，在内务部下达“束胸令”的3年后，《申报》刊文称：“女子束胸之风，自盛行以来，前行后效，有进无退。虽历经内政部遵令查禁，无如言者谆谆，听者藐藐。”[③]并记载了这样一个事例：浙江省萧山县立女子中学以女生束胸实属有碍身体健康，特令各女生一律解放，并拟定期检查，以免隐讳，但该校女生的态度则“莫不羞形于色”。但从整体发展来看，这些挑战与质疑并没有从根本上减弱国家强势入场女学生身体改造的趋势。1930年，南京国民政府召开的“第二次全国教育会议”，审定中等教育组改进训育方法，要求加重中央对训育标准及其考察方法的核定，[④]基本上都是说明身体的国家取向是大势所趋。这种趋势的不断加深，说明国家对女学生身体的主导已经由之前的知识分子虚拟出的国家形象替换为真正的国家机器。

---

① 1927年，广东省《禁止妇女束胸提案》的提议人朱家骅，当时不但是广东省民政厅代理厅长，同时任中山大学副校长，是位出入“官”“学”之间的知识分子。

② 杨石癯．妇女束胸问题零感[N]．民国日报，1930-07-04.

③ 陶亚．束胸之检查[N]．申报，1931-06-13.

④ 第二次全国教育会议始末记[J]．教育部公报，1930(48).

第二节 女学生“教育身体”的国家化
——“天下兴亡，匹妇有责”身体养成

20世纪初，在民族国家话语论述的激荡与启蒙下，女学生国民主体意识逐渐觉醒，自觉把个人身体同国族兴亡紧密联系起来。“国民”不但成为最有时代特色的女性社会形象期待，也成为女性自我考知、自我模塑的参照。国民主体意识的觉醒，让女性认识到自己肩负的国家责任，激起女界的爱国热情与爱国自决，自觉地履行爱国救亡运动的责任与义务。尤其作为知识女性代表的女学生，以主动自决的身体经历了女子国民捐、抵制洋货及谋取参政等运动，上述运动时间虽有交叉，但内容循序渐进，淋漓尽致地展示了近代女学生身体在高亢的民族主义舆论下表现出的爱国行动，同时显示出民族国家话语对女学生身体开发与模塑的成功。需要指出的是，国家思想激荡下的女学生身体自决，表现为主动尽国民义务、担国民责任，同争取女性权利的身体抗争是不同的，是一种身体服务于国家的自觉奉献，是另一种形式的身体自决。

一、踊跃参加女子国民捐

丧权辱国的《辛丑条约》签订后，因担心常达几十年赔付数额巨大的“庚子赔款”将拖垮危机重重的清朝，晚清爱国人士发起“国民捐”运动，提议全国4亿人“毁家纾难”，合力凑出该项赔款，争取一次性完成赔付。1905年、1909年和1912年，国内先后兴起3次国民捐热潮，在这3次国民捐运动中，女学生都积极参与和推动。

1905年，《京话时报》的创办人彭翼仲同友人首先发起“国民捐”运动，鼓励国民捐输自救。次年，在清政府的参与推广下，国民捐逐渐成为全国规模的运动。受此影响与鼓舞，女子国民捐发展起来。吴芝瑛（字紫英）女士为近代倡办女子国民捐第一人。1906年4月，吴芝瑛致函上海总商会，

告知自己“倡办女子国民捐，撰有白话演说及劝捐简章”[①]，希望总商会把已经刊印出的一千张“白话言说及劝捐简章”分别交给下辖各商帮，使其广为传布，由此拉开女子国民捐大幕。

在“劝募女子国民捐演说”中，吴芝瑛鼓励女子“担些义务”，早些偿还完“九万万两国债”，并承诺自己先把平日所写的屏帖等印出变卖，将所有卖得的钱全部充捐，同时立志“以后天天临帖，随写随印，变价后一并缴存户部银行，专备提还赔款”[②]。吴芝瑛在上海倡办的女子国民捐，很快得到各地女学生响应。天津女学生在女学堂总理吕碧城的带领下，“开会广募，设立演说场”[③]，高唱着“毁家纾难奠国基，同乐自由天”[④]在会场上奔走募捐。周督夫人领导女学生，在旅甯女学堂办理南京女子国民捐事务。山东济南女学生积极倡办国民捐，“一来报效国家，二来免去本身并子孙后代无穷的累”[⑤]。由《续天津鼓楼东普育女学堂代收女子国民捐》一文的记载可知，女学生倡办国民捐，不但劝说国民捐助，自己也慷慨解囊、带头示范，如普育女学堂学生杨淑娟捐铜元24个，金氏女塾女学生黑素卿、黑素珍各捐大洋5角共1元。[⑥]

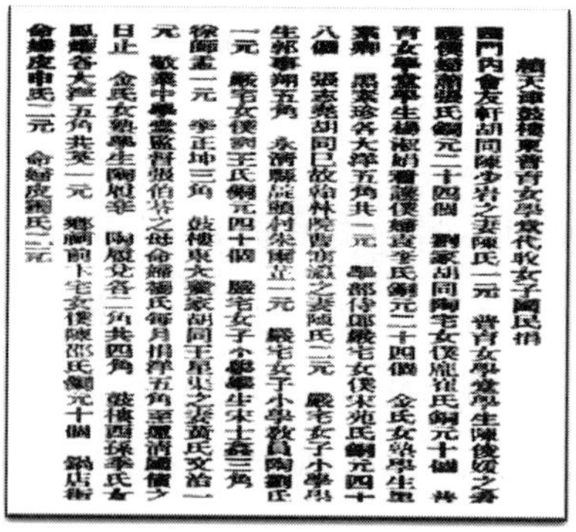

图7-4　天津普育女学堂代收女子国民捐名单一览

〖资料来源：续天津鼓楼东普育女学堂代收女子国民捐[J]. 敝帚千金，1906(14).〗

① 吴紫英女士致上海总商会公函[J]. 卫生学报，1906(3).
② 桐城吴紫英女士劝募女子国民捐演说[J]. 敝帚千金，1906(12).
③ 女子国民捐[J]. 女子世界，1907(4—5).
④ 刘清扬. 天津国民捐和同盟会活动的回忆[J]. 近代史资料，1955(2).
⑤ 创办山东女子国民捐白话演说[J]. 卫生学报，1906(6).
⑥ 续天津鼓楼东普育女学堂代收女子国民捐[J]. 敝帚千金，1906(14).

在吴紫英喊出的“共尽义务”“报效国家”口号的鼓舞下，在“欲期他日同享权利，即目前不当放弃义务”的鞭策下，女学生认识到为国付出不只是虚无缥缈的空话，而是享有权利的基础，更是国族陆沉之际，唇亡齿寒的生死现实。这种考虑一定程度上激发了女学生的国民主体意识，是女学生自发性募捐产生的基点，更是后来女学生不惜以生命为代价，抵制外国货、参与革命行动的原因。

第一次女子国民捐运动于1907年初式微，尽管延续时间不长，却显示出女学生正试图以自决化的形式担负起应负的国民责任。1909年，由海牙国际和平会议监督中国财政的提议传至国内，天津商界发起筹还国债会，一时之间，全国各界纷纷响应号召，女学界也不袖手旁观，主动担负起国民的责任。1909年，江宁学界成立国民捐会，蚕桑学堂女学生积极响应参加。[①]1910年1月，上海崇文女学堂校长立意募捐筹还国债，并联合“振华、苏苏、大同等各女校校长”[②]开会商议，成立募捐会，开展募捐活动，以尽国民义务。四川富顺女学生程昭、程芰1909年在四川发起女子慈善会，为“陇鄂等水灾赖以存活者”筹集灾款，次年又“在本籍创设女学国债会，并设分会于成都”，在她们的鼓舞下，成都女校学生争先恐后地捐输，更有“典钗饰以为捐款者”[③]。长春女学界在女学堂召开“筹还国债会”，鼓励参会者认捐，并举行演讲，宣传爱国思想。女学生张华先等登台演讲，告诉女性“国由家而成，家由个人而成，家有债累，家即不兴，个人即难安生”，鼓励她们认捐国债，“速尽国民一分子之天职，以保国保家保身为念”[④]。

通过女学生国民捐可以看到女学生踊跃参加国民捐会议，帮助筹还国债，以免国家经济命脉为列强控制的国民责任感，还应该留意到她们特别强调国民与国家唇齿相依的关系，以国家利益规范身体行动的自决性。女学生站在国家的高度阐述国家、家庭与个人三者之间的关系，明确个人对国家存

① 学界国民捐汇志[J]. 教育杂志，1909(13).

② 女界发起偿还国债会[N]. 申报，1910-01-31.

③ 女学生偿还国债其血热矣[J]. 华商联合会报，1910(3—4).

④ 东三省：女界筹还国债会开会纪事[J]. 广益丛报，1910(234).

亡应担负的责任和义务，不仅自我规范，还号召民众尽国民之天职，这表明国家化的身体显然已经趋向公开与成熟。因此，当时浙江、直隶等地学生“以中国时事孔亟，国步日艰，非振兴海军不能为自强之计”，特发起“日省五文零用钱”的海军捐，女学生也纷纷响应，无懈怠之意。[①]

接连而起的国民捐唤醒了民众的国民主体意识，真正激发了国民主体参政意识，这同专制的清末政体产生了冲突，清末统治者对国民捐十分警惕。学部对包括女学生在内的学界组织的国民捐“颇不满意”，“拟即严行禁止”[②]。因此，清末两次国民捐都因为官方的消极应对而不了了之。即便如此，在运动中唤醒的国民主体意识和养成的趋向成熟的自决化身体，都时刻准备着参与未来的爱国救亡运动。

1911年，辛亥革命胜利，民国肇兴，百废待兴，建设国家“见需款甚巨，而国内经济久已支绌，难于筹措”[③]。在此情况下，1912年4月，黄兴发起“国民捐”运动，劝告民众应自觉担起国民责任，为国家排忧解难：

> 国家者，吾人民之国家。与其将来殉债而致亡，毋宁此时毁家而纾难。况家未至毁，而可以救国不亡，亦何戚而不为则。惟有劝募国民捐以减少外债之输入乎。[④]

全国各界爱国之心再一次被激起，纷纷慷慨解囊，为国捐输。女学界迅速出台《劝募女子爱国捐启》号召全国女性认捐，烟台、南京等地女学生积极响应。女子同盟会吴木兰等在南京发起女子公债会，鼓励女同胞变卖金银珠宝首饰，“以赎公债票，既可减轻外债，兼可发生储蓄”[⑤]。各地国民捐运动中都有女学生积极演说劝捐的身影，在国民捐运动中发出了女学界的声音。社会上也逐渐认识到学生参加国民捐的重要性，“国民捐之急应输，将令受学生徒均知

① 学界海军捐汇志[J]. 教育杂志，1910(1).

② 学部对于国债会之意见[N]. 大公报，1910-01-06.

③ 黄留守劝募国民捐之伟论[J]. 大同报，1912(14).

④ 黄留守劝募国民捐之伟论[J]. 大同报，1912(14).

⑤ 南京之国民捐热[J]. 大同报，1912(13).

国家与己身关系之密切。归而传其师说，于其父若兄，积而久之，必可收效也”[①]，号召学界参与国民捐。这种以强调学界所担负的救国之任而鼓励学生的做法，给予女学生参与国民捐强烈的意义感，同时，对“昔日之胜俄也，识者曰小学生之力”[②]的事例宣传，极大地激发了女学生的国民责任感。

图7–5 女子踊跃参加国民捐

〖资料来源：女子提倡国民捐[J]. 浅说画报，1912(1247). 〗

二、抵制洋货行动

女子国民捐运动虽然因各种原因均不了了之，但女学生在组织募捐会、聚会演说鼓励认捐的行动中，身体的国家化与自决化同步发展。在身体自决化所带来的信心与身体国家化所注入的国民意识的双重影响下，女学生的爱国热情高涨。尤其是“五四”时期，在反帝反封建口号的鼓舞下，女学生更加勇敢无畏。1919年5月3日，中国代表团在巴黎和会上外交失败、索回胶东半岛无果的消息，经《晨报》等多家权威报纸报道，传到国内。至此，压抑在学生心头的怒火终被点燃，轰轰烈烈的“五四”运动拉开序幕。以反对日本侵略、维护领土完整与国家基本权利为目的抵制日货运动，从一开始就被作为“五四”运动的重要部分。由学界倡导发起的“五四”抵制日货运动，女学生不但参与其中，而且发挥着重要的作用。

① 陈其美. 国民捐启[J]. 社会世界，1912(3).

② 愧. 为国民捐谨告教育界[J]. 教育界，1912(2).

(一)积极提倡,身先士卒

“五四”运动的第二天,北京各校推举代表在北大集合,讨论进一步斗争与组建学联等事宜。在这次会议上,有代表提出以抵制日货反对日本帝国主义,该提议得到众人一致赞同。5月6日,北京中等以上学校学生联合会成立,在联合会章程中明确提出“全国一致抵制日货”的倡议。与此同时,北京大学学生组建救国军,并要求“凡在此救国军中之人物,均相约不购日本货,不用日本纸币,不存款于日人银行,总之,不与日人有一切往来”①。上述行动标志着学界抵制日货运动的开始。

图7-6 救国声中之女学生

〖资料来源:救国声中之女学生[J].小说画报,1919(21).〗

北京学界发起的抵制日货行动,很快得到天津、上海、武汉等地学界的响应。天津女学生以“女界爱国同志会”为组织核心,出版杂志《醒世月刊》,发表演说,向各界民众进行爱国思想宣传教育。考虑到当时受传统礼教束缚的妇女尚不能走上街头抛头露面听演讲,女学生们有策略地在市内四个城区分别设立演讲台,方便民众近距离听宣讲,演讲的内容是“宣传抗日救国、抵制日货以及朝鲜人民所遭受的亡国痛苦等”②。女学生组成的“讲

① 中国社会科学院近代史研究所《近代史资料》编译室.五四爱国运动:上[M].北京:中国社会科学出版社,1979:177—178.

② 中国社会科学院近代史研究所《近代史资料》编译室.五四运动回忆录:下[M].北京:中国社会科学出版社,1979:539.

演队为了使爱国宣传更加深入妇女群众，还时常做家庭访问。有些比较偏僻的地区和贫民区，讲演队员挨家访问宣传”，使得“五四”爱国精神为民众所接受。山东济南女校学生，为了唤醒民众反对日本亡我的阴谋，抵制经济侵略，分组在街头甚至下乡进行讲演，散发传单，登载“泣告全国父老抵制日货宣传书”，揭发日本帝国主义对中国的侵略野心和欺凌暴行。济南女师学生不但积极宣传，而且身体力行。

> 学校设立“国货贩卖部”用以推销国货。学生会号召同学不穿洋布，不坐洋车，不乘日本人管理下的胶济路火车。而且，她们还节衣缩食、筹集资金，于七月中旬，成立了爱国商行，出售自己用布和昌邑绸子做的伞、手绢、钱包、书包、儿童玩具等。在手绢上精心绣上“勿忘国耻”“抵制日货”等字样，颇受欢迎，一时供不应求。①

安徽女学界组织“街头宣传队”，每周日分上下午两班学生走上街头，宣传爱国反日思想。安徽第一女子师范学校、女子职业学校、培元女校等学校的学生，开设国货贩卖部，女学生牺牲时间、金钱，购买原材料，制作手工制品和化学用品来贩卖，号召民众用国货。②据王一知回忆，她所在中学的学生组织“救国十人团”，废寝忘食地编织毛衣，换成钱捐出来。同时，开展抵制日货运动。大家毫不犹豫地把箱子中新的或半新的日本料子衣服亲手抛到烈火中焚毁。③

女学生种种抵制日货行动，表现出的前所未有的爱国激情，亦启发着民众的政治觉悟。在女学生救国热情的鼓舞下，不少山东济南的民众参加了反日货的爱国运动，很多人以用国货为荣、用日货为耻。温州学生组织的“国货营业部”送货上门，“群众看见了本国货，没有一个不欢迎购买，大有应

① 胡汶本，田克深．五四运动在山东资料选辑[M]．济南：山东人民出版社，1980：287.

② 中国社会科学院近代史研究所《近代史资料》编译室．五四运动回忆录：下[M]．北京：中国社会科学出版社，1979：789.

③ 中国社会科学院近代史研究所《近代史资料》编译室．五四爱国运动：上[M]．北京：中国社会科学出版社，1979：517.

接不暇之势"[①]。可见学界推动的反日货运动在民众中产生的深刻影响。

（二）成立组织，联合力量

女学生认识到，反日货运动单纯依靠个人行动，影响有限，应发动妇女成立爱国团体，加强联系，共同行动。共同的信仰与追求促成女学界内部及女学界同男学界的团结与结盟，不少地区的学界组建爱国团体。"五四"运动爆发后，天津直隶北洋第一女子师范学校学生郭隆真倡议设立妇女爱国团体，其他女同学如邓颖超、张若名、郑季清等都纷纷表示赞成，并决定联络中西女中、高等女校、普育女中、竞存女校、贞淑女校等校同学，进行筹备工作。1919年10月，天津女学生冲破封建礼教的枷锁，之前只有女学生参加的"女界爱国同志会"加入了原来只有男学生的"学生联合会"，女学生邓颖超等还担任学联讲演部部长等职务，从此男女学生联合并肩作战。为使爱国运动开展得更为广泛、更加持久，济南女师学生组织"救国十人团"，齐心协力不买日货。

考虑到"这个运动要想取得显著的成绩，必须联合各界共同行动才行"[②]，没有其他各界的响应支持，学生团体的力量很难支撑长久，因此，女学生"决定要扩大团结妇女的范围，妇女爱国团体不限于女学生，家庭妇女、女教师都可以参加"[③]，联合各界妇女力量，携手合作，推动反日货运动的发展。1919年5月25日，天津女学生筹建的"女界爱国同志会"在义仓街江苏会馆召开成立大会，会员达600多人，其中有"六十多岁的老太太，也有十三四岁的天真热情的小学生"[④]。周南女校学生协会联合湖南省学联、商会、教育会组建"国货维持会"等，扩大运动的群众基础，推动运

① 中国社会科学院近代史研究所《近代史资料》编译室. 五四爱国运动：上[M]. 北京：中国社会科学出版社，1979：781.

② 周新民. 五四时期的安徽学生运动[J]. 安徽史学通讯，1959(2).

③ 中国社会科学院近代史研究所《近代史资料》编译室. 五四运动回忆录：下[M]. 北京：中国社会科学出版社，1979：539.

④ 中国社会科学院近代史研究所《近代史资料》编译室. 五四运动回忆录：下[M]. 北京：中国社会科学出版社，1979：539.

动持续、深入发展。

原本女学生唱独角戏的女界反日货运动，因为普通民众的加入，更显得人才济济。但这并没有使得女学生的力量相形见绌，相反女学生的领导与示范作用在其中更加重要。女学生有组织、有策略地推动运动向纵深发展。随着反日货运动的深入，女学生不仅进行口头宣传，还联合商界采取行动，从源头上遏制日货在市场上的出现。周南女校学生在“国货维持会”的名义下，进入各百货商店，检查和销毁日货，有的学生来到码头劝说民众不乘坐日本商船。天津“女界爱国同志会”同“学生联合会”密切合作，进一步抵制日货，她们依靠民众的协助，严厉检查、没收和焚毁日货，惩罚贩卖日货的奸商。学生的行动与坚持，鼓舞着民众。天津的妇女不仅抵制日货，还提倡国货，有的还加入了“女界爱国同志会”。济南多数中小商号欢迎和响应反日货运动，尤其是上海等外地公司在济南设立的分公司，如广生行、泰康食品公司等，态度更为积极。

（三）身体行动日益激进

在这场反日货运动中，女学生的身体经历着持续的改变，日益激进，用身体作为斗争武器是身体展演的总特征。虽然受传统礼教与自我的约束，这种趋向并不能概括所有女学生，但运动中的女学生身体整体上表现出上述特征。

身体激进的展演，首先表现为不妥协的斗争。1919年12月的某一天，天津各界爱国联合会代表正在开会，讨论抵制日货的问题。军警突然闯入，把所有参会的24位代表全部逮捕，并全城戒严，封查学生联合会和各界救国联合会，搜捕其他爱国学生。这种严酷的打击，并未动摇女学生战斗的决心，她们同男同学一起四处借住，在不断转移中坚持抵制日货的宣传工作。她们积极组织参加游行请愿活动，在交涉无果的情况下，直隶北洋第一女子师范学校学生郭隆真同周恩来等其他三位请愿代表，勇闯省政府，却遭到军警“赏以老掌耳光”，参加游行的男女同学同样遭遇军警的刀枪棍棒，“有的头破血流，有的眼伤骨折”。但他们仍奋勇斗争，毫不妥协。湖南女学生李思安只身从湖南赴北京，参加请愿游行，当遭遇警卫阻拦时，以大无畏的精神闯入总理府，控诉军阀的卖国行径，要求严惩卖国贼，保护爱国学生。在没有武力作后盾的情况下，女学生依靠身体的四处转移，只身奔赴京城，赤手空拳抵抗军警的刀枪棍棒，激愤地坚持着正义的政治诉求。

她们把身体作为武器工具对抗军警的武力威胁与恐吓，不但是对日本帝国主义侵犯主权的行径满腔怒火的表达，还使得女学生爱国诉求的表达方式由此发生改变。先前在女子国民捐运动中，女学生的身体行动，更多地表现出对既定权力体系的配合与服从，此次抵制日货运动，女学生以上街游行、示威、同军警正面冲突等方式表达诉求，在"五四"狂飙突进的风潮裹挟下，女学生身体倍显激进与奔放。

三、要求参政权运动

近代新型国家观的传入，使得知识分子产生了新的爱国观，"国家者，国民之所有物也""而所以巩固而保持之者，则人人对于此物而各负起责成者也"[①]，建立国家与普通民众的联系，剥离了国家与帝王的关系。这种爱国观，激起普通民众的国家主体意识和国民责任感，也是近代"群众性运动赖以形成的思想基础"[②]。包括女学生在内的学生不是近代国民思想的提出者，也并非该思想的最早宣传者，但学生们较早接受了这一思想，并通过实际行动如抵制外货、保护铁路、国民捐、爱国学潮等，不仅使得该思想由主观认识转化为客观存在，同时，强化和升华了自我对近代国民思想的领悟。具体到女学生，民族国家话语对女学生身体的一系列规训与模塑，使得女学生的国民主体意识愈加清晰与自觉。这是因为在女学生走出学堂、走向社会，通过身体具体行动表达与争取爱国的政治诉求过程中，不仅使得女学生身体与国家命运的关系愈加紧密，也足以让她们认识到自己身体的实践威

① 大公报，1905-07-11.

大公报，1905-07-12.

② 桑兵. 晚清学堂学生与社会变迁[M]. 桂林：广西师范大学出版社，2007：229.

力，意识到自己是一个足以影响历史的主体。“五四”以后，女学生爱国运动方向发生细微变化：把爱国政治诉求与争取女权结合起来，要求同男同胞一样肩负治国责任，集中表现为对参政权的争取。

中国女子参政的要求，兴起于辛亥革命胜利之后，但因环境及条件不具备，昙花一现。有人曾对民国初期的女子参政运动给予这样的点评：

> 不过当时所谓“男女平权”的名词，在大多数人还当作一种空想时，就有少数承认的人，也都是以为女子的知识没有充分发达，距离参政的时机，尚属过早。所以，那时女子参政团的种种举动不过被当作一个笑话的资料，从没有人肯十分真切的注意她们。[①]

这说明民国初期女子要求参政的运动在当时并未引起太大反响。1917年，孙中山领导的护法军南下在广东成立护法政府，广东女界继起力争，得到女代议士、县议会选举、被选举权等权利。20世纪20年代“联省自治运动”中，湖南、浙江等省女界成立联合会，有组织性地表达女界反帝爱国、要求参政权、选举权、婚姻自主权等诉求。在这些组织的带领下，经过不懈的斗争，1922年，湖南、浙江两省个别知识女性当选进入省议会，标志着妇女参政运动取得局部胜利。

以民主、自由、平等、博爱为口号的“五四”运动，极大地鼓舞着女性追求进步。女性对女权的争取，不再囿于参政的要求，乃是觉悟到应当反抗一切压迫和束缚女子的不平等待遇，争取女性应有的一切权利。1922年，北洋政府恢复国会，提出修改宪法。这一消息，激起了女性要求在宪法上取得男女平等的决心。北京几所高等学校的女学生号召全国女子联合行动，组建参政会及女权运动同盟，向国会要求在宪法上确立男女一切平等的原则，随之上海、天津、南京、湖北等地此类组织应运而生。这次运动“主要目的

---

① 晏始．最近的女子参政运动[J]．妇女杂志，1922(9)．

在于宪法上取得男女一切的平等”[①]。上书请愿、阻挠不平等律令的制定，不约而同地成为各地女子参政会及女权运动同盟会的一致行动。1923年，因对省议会开会讨论关于省自治条例中选举与被选举资格仅限于男子的决议大为不平，河南省立女子中学校学生在校召开紧急会议，提出抗议办法：“（一）向省议会请愿，要求修正该自治条例第十条被选资格，应将女子加入；（二）联络各女子学校一致进行；（三）发布传单，求各界援助。”在省议会开会当天，全体女学生赶赴现场旁听，以示抗议，“省议员见风头不佳，多不敢出席，未到者托故请假，已到者溜之大吉，终致该会议无法召开，成为流会”[②]。

虽然参政为当时女学生运动所重视，但实际行动中，她们并不局限于此，同时还争取财产与继承权、职业与工资平等权、教育平等权等。在1922年上海女权运动同盟会的工作总结中，提到过去一年该组织的工作有“要求北京清华学校考送女生出洋，致书总邮务司招考女生，推举代表参加万国女子参政协会”等。这说明女学生已经不再把自己摆在任历史模塑的被动位置，试图通过自我身体的规范与改变，参与国家的变革治理。由此可以看到国家主义与女权主义在女学生身上得到了和谐统一。

图7-7　广州女界联合会向省议会要求女子参政权，同省议员发生冲突

〖资料来源：广东之女子参政运动[J]. 妇女杂志，1921(7).〗

① 警予. 中国最近妇女运动[J]. 前锋，1924(1).

② 中华全国妇女联合会妇女运动历史研究室. 中国妇女运动历史资料(1921—1927)[M]. 北京：人民出版社，1988：146.

1924年，孙中山提出“倡国民会议，欲以之收拾时局”[①]。消息一出，女界涌动，纷纷要求参加国民会议，同男性共论国是。[②]向警予认为国民无论男女都应该参加国民会议，并且应该单独选派“妇女团体”参会，理由在于：

> 妇女与男子不过是性的区别，而其国民的身份则无二致，故妇女之参加国民会议，当然是不成问题的；纵然有一二杰出妇女能在各团体中当选为代表之一。然而，一种团体有一种团体的性质，一种团体代表负有一种团体的使命。妇女本身的要求，如母性保护权、结婚离婚自由权、财产继承权等只有妇女才能提出来。所以，为达到妇女本身利益的要求起见，更非主张国民会议有妇女团体参加不可。[③]

在这些宣传的鼓舞下，全国各地女界组织成立国民会议促进会。1924年，上海各妇女团体，各大、中学女生及劳动妇女等，暗中联络活动，组织女界国民会议促成会，要求妇女团体加入国民会议。到12月4日，便以南方大学女生、上海大学女生团、群治大学女生团、女子自悟社、上海妇女运动委员会、大夏大学女生全体等15个学生团体的名义发表“通启”，征求上海各界妇女同意。1924年12月21日，上海女界国民会议促成会在宁波同乡会召开成立大会。同日，天津妇女国民会议促成会在南开女子中学礼堂开成立大会，并发表宣言明确要求同男性一样的治国权利，“我们妇女也是国民一分子，对于国是当然应与男子同负解决的责任。同人等今敢以国民的身份大声主张：国民会议应是人民团体的国民会议！而且因为我们妇女处境的特

① 孙中山号召国民会议[J]. 清华周刊，1924(330).

② “国民会议”召开的意义在于：一是要在割据分裂的政局之下发挥民意在解决诸如战争、制宪等重大问题时的作用，二是要更好地体现主权在民的思想，使得全体国民能够普遍、常态、有效地行使主权。

桑兵. 辛亥国事共济会与国民会议[J]. 近代史研究，2015(2).

③ 警予. 国民会议与妇女[J]. 民国日报·妇女周报，1924(63).

殊，不得不更进一步地主张人民团体的国民会议应有妇女团体参加”[①]。

上海女界国民会议促成会筹备处，曾接到上海各团体国民会议促成会筹备处信札一通，请其加入，联合行动。上海女界虽答应加入，但声明要保持原有组织以专为获得女权奋斗：

> 敝会在促成国民会议见地上，当然可以加入贵会与各界同胞合作。但敝会有不能不向贵会声明者：（一）在中国现状之下，欲使少数妇女参与政治奋斗，则妇女的单独组织，实在有存在之必要。（二）中国妇女既处特殊境地，则国民会议如无妇女团体参加，事实上即等于剥夺妇女解决国是权，而妇女本身利益之要求，亦无可以提出之机会。故敝会于奉读贵会来函后，决定敝会一面加入贵会与各界合作，一面仍继续努力为敝会谋单独之发展，庶几达到妇女团体参加国民会议之目的。[②]

这种力求女性组织团体独立的要求，除了显示出女性争取自我权利的强硬态度，也是历经多次运动后女学生对自我身体战斗力信任的体现。在学界的强力推动下，男女同学参政热情高涨、参政行动力增强，学生是1926—1927年国民革命的主力就是很好的例证。

从女子国民捐到反日货运动，国难危机推动着女学生身体行动的展开，反过来，在此过程中，她们认识到身体作为一种实践工具的重要性。这种在国族陆沉重压下所获得的身体知识，加上“五四”新文化运动对身体解放的宣传与鼓励，使得女学生勇敢走上谋取参政权、要求宪法面前男女平等这样一条看似一味扩张女权的路子。在这些运动中，我们看到一个国族化的女学生身体脱胎而出。事实足以说明，近代女学生从未把自己置于国族建构的对立面，也从未因争取自我权利而把自己凌驾于国家之上，始终在国家利益考量的范围内谋求身体解放与发展。这当然有多种原因，既有数千年传统礼教

① 上海女界国民会议促成会筹备处对全国女同胞宣言[J]. 民国日报·妇女周报，1924(64).

② 上海女界国民会议促成会筹备之经过[J]. 民国日报·妇女周报，1924(63).

规训女性而积淀到骨子里的基因使然，也同彼时女权初兴对女学生影响有限有关，更主要的原因恐怕在于，近代女学生是国族危亡之际诞生的，救危亡、论国是是其天然使命。

第三节　女学生“教育身体”的装饰和个性化
——“装扮在我”的近代女学生身体

谈论女学生身体自决化展示时，是有两个潜在参照物的：其一是传统时代的女性；其二是与女学生同时代的社会女性。从戊戌维新时期国人兴办第一所女学开始，到1907年女学获得官方承认，女学生群体逐渐形成并渐次扩大。女学从诞生之日起，就以新式教育为主要，女子学堂无论官立或私立，都开设历史、地格致（科学）、体操等课程，可以阅读各类西方著作，还可以阅览报纸，接受新思想与新学说。所以她们表现出与传统女性很大的不同：愿意接近进步势力，对旧礼教与旧道德保持适当距离，即使她们入学年龄大，经过现代知识的洗礼，也愿意接受除旧布新的改变。另外，她们与同时代的社会女性也不同。作为被称作“知识女性”的女学生群体来说，社会对其形象期待可用“新女性（New Woman）”[①]一词概括。这类女性被描述为站在国家立场上，从思想上、行动上积极主动地拥抱现代性，希望中国振兴和富强，象征着国家向现代化演进中纯洁的力量。在批判与质疑旧礼教、旧道德与拥抱现代性的过程中，女学生展示了自己对身体的掌控力。

① 美国学者史蒂芬（Sarah E.　Stevens）提出民国时期有3种类型的女性：除了自晚清延续下来的“贤妻良母”式的女性外，还有“新女性”（New Woman）和“摩登女郎”（Modern Girl）。“新女性”和“摩登女郎”同代表传统的“贤妻良母”式女性形成鲜明对比，与此同时，两者在诸多方面存在紧张的冲突。主要表现在对“现代性”的认识上，前者常被认为站在国家立场上，从思想上、行动上积极主动地拥抱现代性，希望中国振兴和富强；后者常被描述为在“视觉”上呈现近代性，内心则对国家近代化充满恐惧，被认为是近代化的缺陷。

Sarah E. Stevens. Figuring Modernity: The New Woman and the Modern Girl in Republican China[J]. NSWA Journal，2003，15(3).

一、“我的头发我做主”

头发，作为身体附属器官，自中国古代就是一种政治符号，发式的政治化隐喻在民国初期再次被运用于新国民形象的构建。1911年，辛亥革命在武昌打响，革命军发告的《宣布满洲政府罪状檄》斥责满人强迫汉人蓄发辫之罪，把“除辫”作为革命象征。1912年，民国成立伊始，南京临时政府代总统孙中山颁布大总统令，强制男子在一定期限内务必尽除发辫，并对不遵守者一律以违法论处。革命不但以暴力形式对旧国家机器发起攻势，对象征旧国家机器的发式同样以武力改变。即使有人发出“辫子乃系头发，与革命何干”的质疑，仍被拉去除辫，以符合新国家构建的国民形象。

民国初期，男子发辫被勒令尽除，女权意识觉醒的部分女学生跃跃欲试，剪除头发，或组建“剪发会”，但遭到学校或政府的禁止。而这一切，随着强调“个人主义”的“五四”新文化运动的到来，旧礼教、旧道德遭到猛烈批判与反抗，关于女学生头发的种种政治与礼教束缚开始松动，女学生开始要求掌控自我身体。“五四”时期，在民主与科学旗帜的引领下，社会各界对女性的人格独立问题给予了从未有过的关注。陈独秀号召全体青年，不分男女“其各奋斗，以脱离此附属品之地位，以恢复独立自主之人格”[①]。上述言论表达了不同于晚清以来的认识，开始从“完完全全的人”[②]的角度出发解读女子。这些观点对女学生产生了很大的影响。尤其是1918年，《新青年》杂志推出“易卜生专号”，“娜拉”这一人物的出现，在全国范围内引发众多女青年的效仿，一时间，“不当玩偶”“争取独立人格”成为女性的普遍追求。

在此背景下，女子剪发问题再次受到关注。以1919年12月5日《晨报》刊登黄女士的《论妇女们应该剪发》为发端，支持女子剪发的文章相继见诸报端。文中，黄女士首先从卫生学及美学的角度谈了女子剪发的好处，

① 陈独秀. 一九一六[J]. 青年杂志，1916(5).

② 茜玉. 女子与共和之关系[J]. 星期评论，1919(纪念号4).

最后，从男女平等的观点出发，主张剪发不是男性的特权，女性也可以剪发。[①]随后，出现众多的响应者，以多种形式表示支持“女子剪发”。12月8日，《晨报》刊载惠瑭女士的《我对于妇女剪发的意见》，列举剪发的诸多好处，甚至包括长发是疾病养成所，除去头发，干净卫生。[②]刘静君女士从“梳头太费光阴、蓄发太不清洁、梳头不利于女子人格保存”[③]三个方面，主张女学生应该剪发。1920年，以《民国日报》《女学界》等媒体为平台，女学生讨论交流剪发问题及发表个人意见。她们写信讲述个人剪发经历、或劝人剪发的建议及遇到的阻挠和挫折。在这些来信中，很多女学生强调“剪发是女子自己的事”“我的事，我有全权的主张”，喊出了“女子自决”的口号。[④]

在男女平权、人格保存等进步思想的激励下，女学生开始从“利于人格保存”“我的事我做主”等自我主张出发，进行身体的塑造和改变。在剪发运动中加入“自决”意识，表明女学生自我主体意识的觉醒，而正是这枚“自决”的武器，确保了女子剪发行为的主动性和自主性。头发的剪或不剪，都能冷静理智对待而不盲从。

在众人纷纷为“女子剪发”摇旗呐喊的同时，一些女学生冷静待之，认为“男女平权”的真谛“原不在此区区之形式上也。凡事当察其厉害而行

① 黄女士．论妇女们应该剪发[N]．晨报，1919-12-05.

② 惠瑭女士．我对于妇女剪发的意见[N]．晨报，1919-12-08.

③ 刘静君．女子剪发问题[J]．曙光，1920(3).

④ 决心剪发的女子[N]．民国日报，1920-04-04.

青年的前途与剪发[N]．民国日报，1920-04-09.

女子剪发与服装的讨论[N]．民国日报，1920-04-10.

女界“先觉”究竟怎么样?[N]．民国日报，1920-04-10.

一个女子的梦[N]．民国日报，1920-04-15.

剪发是自己的事[N]．民国日报，1920-04-16.

女子剪发与“自决”[N]．民国日报，1920-05-03.

我自决的第一声[N]．民国日报，1920-05-04.

剪发全任女子自动的主张[J]．民国日报·觉悟，1920(14).

我剪发的几句话[J]．女学界，1923(7).

之。今剪发既无大益，留着发亦无大害，何必多此一举哉”[1]，提出“女子不必剪发”的独立思考。随着女性主体意识的觉醒，女学生对行政当局、学校及教师阻止“女子剪发”也有了敢于质疑、反抗的能力。1921年，《妇女评论》第10期、第11期连载了《为拒绝剪发女生质大同学院院长》[2]一文，对上海大同学院拒绝剪发女生入学的事情进行声讨。文章从女子与男子实际具有同等人格、教育取人应以社会所需而非个人喜恶为标准等方面义正词严地为剪发女生理应入学做了辩护，同时强调了“剪发”是具有独立人格的女性自决的选择，任何人不得以此为借口拒绝或轻视。同样，对苏州女师勒令剪发女生退学一事的评论中，也在强调“我则以为此（剪发——笔者加）为女子自身的事，应纯由女子自决”[3]。一言蔽之，“五四”时期，女性“自决”主导着女学生头发的剪或者不剪，可以说，这一时期，对独立人格的追求构成了规范和打造女学生身体生成的重要力量。这当然与“五四”时期女子问题思潮注重女子主体性的唤醒与培养有关。

1925年后，随着画报及电影的普及，电影明星及摩登女郎成为年轻女学生竞相模仿的对象，女明星及摩登女子的短发式，引起了女学生的效仿。嘉定的女学生有的“两鬓垂于耳际，前覆刘海，如昔之黎明晖[4]式。亦有左右分披，低垂及颈者，又如今之黎明晖式”[5]。扬州五师小学及五师初中的数名学生，在看到自己的老师效仿黎明晖而剪短发后，也随之剪发。[6]天津的女学生，尤其是南开大学的学生，相互效仿，在1926年的暑假开学时，31名女生中有16名剪了短发。[7]

这一时期，女学生单纯以“审美”取向进行发式改变，与晚清民初及

① 闵包绯. 答友人论剪发书[J]. 江苏省立第二女子师范学校校友会汇刊，1920(10).

② 杨璿玉. 为拒绝剪发女生质大同学院院长[J]. 妇女评论，1921(10—11).

③ 苏州女师剪发潮[J]. 民国日报·觉悟，1921(15).

④ 黎明晖，民国时期著名女演员。其在出演电影《小厂主》中，因扮演短发男装的角色需要而剪去长发，并因此而引起轰动。黎明晖的短发发式，当时被称之为“鸭屁股”。这一发型引起其他女明星的效仿，加上媒体的宣传，短发的审美意义被强化。

⑤ 女子剪发声中之嘉定[N]. 申报，1927-06-06.

⑥ 时报，1927-08-06.

⑦ 天津的女子理发店(一)[N]. 大公报，1928-09-27.

“五四”时期关于“女子剪发”的政治化论述有很大的不同，“女子剪发”被赋予的种种隐喻与符号，在时尚文化冲击下趋于消解，确立了以“时尚”为审美取向的身体改造维度。这种情况在一定意义上象征着女学生身体摆脱了传统礼教束缚后，再次从国家政治话语的规训中逃脱，是女学生身体的又一次获得自由，但也预示着其步入了消费主义的陷阱。

二、“美就是权力”的服装变革

服饰是一种身体语言，讲述着“一个心理—生理—社会—政治的故事”[①]。前面第二章从服饰的角度探讨过女学生身体国家化的问题，从官方服饰规制、学校对女学生的着装规范及社会舆论对女学生的着装批评方面，反映了外界试图以政治法则化和社会约制化的着装规范模塑女学生身体。这样以身体为受众者考察近代女学生服饰问题，未能完全反映历史事实。事实是，女学生走出闺房、走进学堂和社会，由传统女性转变为社会女性，这一过程伴随多重冲突，相应地，她们的服饰从传统女性服饰转变为女学生服饰、社会女性服饰，女学生服饰的变迁，有国家、学校及社会力量的介入，他们竭力通过阻止女学生“服式的日变古怪”而规约身体，确保女学生引导全国女性维持“纯良的风化”[②]，同时，还有女学生在用服装表达独立、自主的意愿时而呈现的身体自决力。后者是本章探讨的主题。

禹燕在《女性人类学》中提出用“倒置的金字塔”理论反映中国传统女性的生存现实困境。笔者认为可以运用此理论充分揭示近代女学生服饰转变中的主要冲突来源。禹燕认为，作为正常的人的存在，其结构应该是一个完美的金字塔，“精神存在”在上，“社会存在”居中，“自然存在”位于最下层。长久以来，中国女性在父权制的压迫下，依附于男性，成为男性的玩物，自然存在被不断放大，却失去在政治、经济、法律等方面的自由，结果造成中国女性生存结构发生变化：“作为底座的自然存在上升为顶端，而作

① 吴昊．中国妇女服饰与身体革命(1911—1935)[M]．北京：东方出版中心，2008：序．

② 碧梧．服饰与风化[J]．女青年月刊，1935(6)．

为顶端的精神存在则下降为底座，从而形成了自然存在压抑社会存在、自然存在压抑精神存在的奇特格局”[①]，形成“倒置的金字塔”。

作为知识界女性代表，在民主、科学与女权意识的启蒙下，女学生引领近代女性，努力扳转这个倒置的金字塔，反映在服饰装扮上，就是她们不甘受约于官方和学校的服饰规制，以勇往直前的姿态改进、引领近代女性服饰，显示出创造自我、模塑自我的身体主动，从而提升女性精神存在的层面。

近300年的清代，女性服饰变化很少。对此，张爱玲的回忆予以佐证：“我们不大能够想象过去的世界，这么迂缓，安静，齐整——在清朝300年的统治下，女人竟没有什么时装可言。”[②]对于女子服饰很少变化的原因，许地山给出的解释不无道理：“女子的工作只在家庭里面，而且所做的事与服饰没有直接的关系，所以，它的改换也就慢了。”[③]自晚清女子走出家庭，接受教育，谋求职业，女子的活动多起来，女子服饰也日益繁复。这一历史事实，证明许氏所言非虚，但还有一点为许氏未道的是，女性身体的服从与被动存在，也是传统女性未能轻易变更服饰的重要原因。

19世纪末，维新人士在变法建议中，提到服饰习俗的改良。虽然变法失败，服饰改良的建议当时未被采纳，但在晚清新政期间，政府在军队、警界及学生之中推行仿照西式的新装，当然学生的新装限于体操科所用的“操衣”。与此同时，随着国人留学游历的增多，西服为越来越多的人所选择，服饰变革，成为势不可当的潮流。纵观晚清、民初、北洋政府及至南京国民政府，官方及学校对女学生制服的规定，[④]所体现的价值期待几近一致：倡“学风之朴，妇容之庄，有以养成高尚端淑之人格”[⑤]。报纸杂志等社会媒体舆论，对女学生着装同样坚持“服装朴素为女子必要之俭德”[⑥]。随着民主

① 禹燕．女性人类学[M]．北京：东方出版社，1988：46.

② 张爱玲．更衣记[J]．古今，1943(36).

③ 许地山．女子底服饰[J]．新社会，1920(8).

④ 晚清、民初、北洋政府到南京国民政府这一时期，官方颁布的女学生制服条例有：1910年，清政府颁布《女学服色章程》；1912年，民国临时政府颁布《学校制服规程》；1929年，南京国民政府颁布《修正学生制服规程》。同时，各女子学校章程中均对学生的服色做出规定。

⑤ 学部奏遵拟女学服色章程折(并单)[J]．学部官报，1910(112).

⑥ 顾肇煦．说服装朴素为女子必要之俭德[J]．中华妇女界，1915(6).

思想不断膨胀与女权意识持续扩张，女学生并不愿意把解放自己的权利让渡给以男性精英为主的官方、学校及社会媒体，她们勇敢地用服装表达自我的解放，即使要面对重重挑战，如父权制的压迫、政府及学校的阻挠，甚至顽固的军阀及西方入侵者。

晚清女权初兴之时，有壮烈情怀的女界精英人士以具有男性一般的英雄气概为骄傲。她们以“女英雄”“女志士”“金闺国士”“英雌”等这些原本用来指涉男性的词语，来表达对杰出同性的赞美，也为被这样称呼而自豪。这一时期，女性在服饰装扮上多崇尚男装。近代女豪杰秋瑾常着男装，“身穿一件玄青色湖绉长袍（和男人一样的长袍），头梳辫子，加上玄青辫穗，放脚，穿黑缎靴，那年她23岁，光复会的青年会员都称呼她为‘秋先生’”[①]。当时很多女界精英都有着男装的偏好，城市的女学生也有这种倾向。据1909年《大同报》报道，彼时北京女学生多以“男装及油松大辫为美”[②]。这种着男装的装扮形象，辛亥革命前后尤其流行，“光、宣间，沪上衎衎中人竞效男装，且有翻穿干尖皮袍者”，或“戴西式之猎帽，披西式之大衣者，皆泰西男子所服者也”[③]。

对于女慕男装的现象，可以从美国学者罗宾斯坦提出的理论中找到解释。该学者认为，传统男女两性服饰价值取向截然不同，表现为“统治原理（Hierarchy Principle）”与“诱惑原理（Seductive Principle）”。在“统治原理”支配下的男装，反映男子控制、统治与抢掠的态度与气质；而“诱惑原理”支配下的女装，则用来吸引、诱惑男性的目光与宠爱。因此，每当女权扩张时期，女装的“诱惑原理”必被视为罪大恶极，对服饰上一切彰显性别特征的修饰必弃之如履，提倡无性别化的服饰，如短发、着男装。因此，在“五四”时期，女学界再次掀起着男服风潮。

高举民主与科学大旗的“五四”运动，深深地启蒙了被奴役数千年的中

① 中国人民政治协商会议全国委员会文史资料研究委员会．辛亥革命回忆录：第1册[M]．北京：文史资料出版社，1961：627.

② 女生易辫为髻[J]．大同报，1909(7).

③ [清]徐珂．清稗类钞：第13册[M]．北京：中华书局，1986：61—72.

国女性，在“自由”“平等”的鼓舞下，在“打破礼教”“打倒迷信”的召唤下，女性以英勇的姿态加入反帝反封建斗争。在这些斗争中，女学生积极参与，“当时在北京以及全国各地，无论哪一个示威运动中，女学生从不后人，在军阀的逮捕威迫之下，军警的鞭笞之下，她们和男青年一样地英勇斗争”①。女性解放问题，是“五四”运动的题中之义。同男性精英们一起，女知识界人士提出“男女平权”“恋爱自由”“社交公开”，要求“大学开女禁”，争做“新女性”。在坚称“女子做男子的玩物是不合人道”的同时，“新女性”悄然改变着自己的着装。

首先是兴起“裤子革命”。中国传统服饰习俗中，女子的长裤穿在长裙里面，称之为“内裤”。这种内裤，是不能让外人看到的，否则视为“大不敬”。清末广东等省，一些女性革命者为便于行动，开始仿照乡间的劳动妇女，裤子外穿。康同璧曾抨击过这种着装方式为“皆亵服者”，并预言“必不可存明矣”②。然而，民国初期，女学堂及沿海大城市的妓女开“外穿裤子”的先例。虽然，1912年9月，民国临时政府教育部颁布《学校制服规程》，规定“女学生自中等学校以上着裙，裙用黑色”③，各省亦有同样的规定与要求，如广东省规定“除中学以上之女生必须着裙外，其小学女生凡在十四岁以上，已届中学年龄者，亦一律着裙，用黑色丝织布制”④。女学生外穿裤子已经普遍，各地顺势而为允许女学生着“褂袴”，但对布料等给出要求：“女生褂袴，俱用竹青洋布，褂与膝齐，袴须没胫。”⑤而“操衣”的推出，一定意义上加快了“裤子革命”。当时女子学校大都设有“体操”课，规定上课穿“操衣”，“上装为短袄，袄外束腰带，下穿裤子，裤脚以带绑束”⑥。因此，此种着装利于行动，且源自西式服装，渐得学生们欢心，

① 中国社会科学院近代史研究所.“五四”运动回忆录：下册[M].北京：中国社会科学出版社，1979：1019.

② 李又宁，张玉法.近代中国女权运动史料（1842—1911）：下册[M].台北：龙文出版社股份有限公司，1995：957.

③ 学校制服规程[J].政府公报，1912(129).

④ 取缔女学生之服装[J].教育杂志，1913(4).

⑤ 取缔女学生之服装[J].教育杂志，1913(4).

⑥ 吴昊.中国妇女服饰与身体革命(1911—1935)[M].北京：东方出版中心，2008：57.

他们不但课堂上穿，而且穿到校外，“学员有终日穿操衣上课者，甚至有出外亦不更换者”①。

起初，校方对学生穿操衣出校园是禁止的。社会上对女学生不着裙装，而穿裤子的打扮，很是批判，抨击女学生“鼻悬眼镜金丝样，腰不系裙益无状”，希望她们能“妆梳易弗返之古，及笄束发中华风”②。然而，女学生们不为质疑声所动，坚持上衣下裤的着装打扮，显示自我的立场，与社会的保守势力对抗。

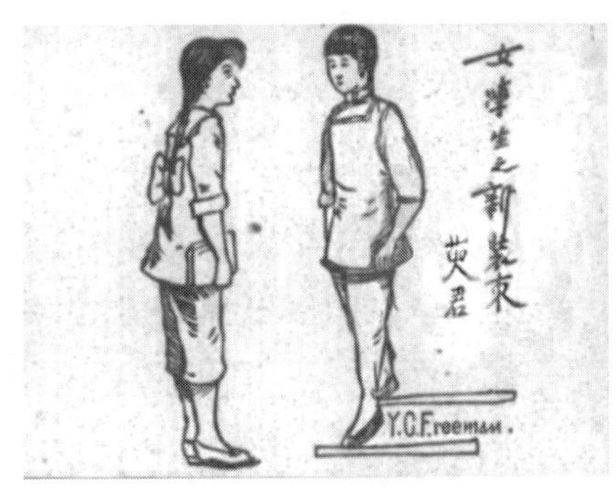

图7-8　女学生新装束（图中女学生着装为上衣下裤）

［资料来源：英君.女学生之新装束[J].青声周刊，1917(3).］

第四节　女学生“教育身体”的主体性
——自我管理的身体：学生自治与教育平权

一、实施学生自治

学生自治，作为一种学生管理方式，在20世纪初期介绍到中国。清末曾掀起过“学生自治”的讨论，个别新式学堂也积极尝试创设学生自治组

① 中国社会科学院近代史研究所.辛亥革命回忆录：第7册[M].北京：中华书局，1961：510.
② 时世妆·刺女学生辫服也[J].女学生杂志，1912(3).

织。[①]民国初期到“五四”之前，对于“学生自治”的讨论较为平淡。“五四”运动之后，民众对民主政治的向往与教育界实验主义的盛行，协力推动“学生自治”风行全国。在前后近30年的时间内，作为“学生自治”对象的身体，定然因为“学生自治”的推行而受到影响。本节试着探讨“学生自治”对女学生身体自觉与自决形成的意义。

清朝最后十年，“自治”成为一种显著的政治现象，朝野人士对实施“自治”罕见地达成一致。之所以如此，是因为时人认为“今日救亡之法，舍合群自治，别无下手之处”[②]，期待通过“自治”的实施，养成“有格之人”与“有法之国”，从而挽国家于沉沦之际。这种认识支配下，“自治”运动在各地及各领域轰轰烈烈地展开。[③]1903年，《新民丛报》刊登《学校之自治政府》，鼓励学生自治，以“启发其公益之心，习成其自治之实力，培成起协力奉公之习惯，使尊重他人之权利，以习其规律秩序之举动，使敬负职务之责任，以发起自尊自重之精神”[④]。《教育杂志》《直隶教育杂志》《女子世界》等相继刊文鼓励创设学生自治会。在各地自治实践及舆论的感召下，不少学堂学生纷纷设立自治组织，对自我身体进行规范与约束，以养成自治实力。1904年，福州市内各学堂除“闽县学堂、苍霞精舍及普通小学堂”外，其余学堂的学生联合筹建了一个青年自治会，“讲求民族主义自治

① 晚清时期，随着西方民主思想在中国的传播，“自治”作为一种民主政治实践方式在中国备受推崇，各类自治团体相继成立。在民族与民主意念的影响下，“自治”理念为学校所倡导，1903年，《新民丛报》刊发《学校之自治政府》，介绍美国人毅尔创设的一种名为“学校都市(School City)”的学生自治组织，鼓励清末学堂设立该类学生组织。无锡竞志女学设立自治会，分演说练习、运动练习、唱歌练习三部。1909年，顺天中等农业学校本、预两科学生订立“宿舍自治规条”等。

学校之自治政府[J]. 新民丛报，1903(36).

倡立学生自治会[J]. 直隶教育杂志，1907(11).

扬州学生拟立自治会[J]. 广益丛报，1906(119).

② 与同志书[J]. 游学编译，1903(71).

③ 史学界对清末“自治”运动的研究颇多，参见：

[美]费正清. 剑桥中国晚清史：1800—1911：下卷[M]. 北京：中国社会科学出版社，1993.

贺跃来. 论清末地方自治思潮[J]. 中山大学学报论丛，1994(1).

冯峰. 清末“自治”思潮的两个方向[J]. 史林，2006(5).

④ 学校之自治政府[J]. 新民丛报，1903(36).

精神”[①]。1905年，江苏扬州学生朱华廷因担心“学生中颇有败坏名誉之事，以至于拘守旧之徒有所借口”[②]，从而阻碍学界进步，特召集扬州官私各学堂学生设立自治会，实施自我管理，保护学界声誉。同年，无锡竞志女学学生设立自治会，实施自我管理。该自治会的运作方式是：社长为第四学年学生；会中分三部，一为演说练习，二为运动练习，三为唱歌练习；每星期六下午三时后对练习成果进行汇报。除了实施学生自治，该组织还注重培养学生的爱国之心。据记载，自治会召开第三次会议时，“社长布告美货牌号，并演说华工蔡约，力劝学生不购美货，众学生均赞成”[③]。上述学生自治行动，最大特点是着力规范身体的高度自律，约束身体使其没有“不顾名誉，败坏公德”[④]的行为。

纵观中国近代学生身体生成，迈向自由与张扬是其趋势，为何此时会出现学生对身体的自我规制？其实是受当时舆论影响而成。彼时，知识分子对何谓“自治”、自治与自由的关系等与自治相关的问题争执不下。人权派强调“人人有自由之权，而后人人能自立，人人知自由之道，而后人人知自治”。对此认识，主流舆论不以为然，认为该主张本末倒置，提出“不能保群之自由”的个体自由没有价值，“自由以不侵他人自由为界”[⑤]，强调自治首在“自律”，从而养成如英国国民般的“自守无形法律”[⑥]的国民。从以上讨论可以看出，这场攸关身体规范的“自治”运动，着眼点不在身体本身的自由。它所留意的只不过是配合“群”自治的个人自治能力。也就是说，清末女学生自治的逻辑起点是养成“守秩序命令”“能立于竞争剧烈之世界而屹然有以自存”的身体，落脚点在于“群”的自治，继而发展到国家主权的维护。这个为了提高“群”自治力的运动，虽然使得女学生身体获得一些前所未有的自由，但也使得身体为国家所绑架。

① 纪学生自治会[J]. 鹭江报，1904(83).
② 倡设学生自治会[J]. 教育杂志，1905(3).
③ 自治设会[J]. 女子世界，1905(2)
④ 学生自治[J]. 四川官报，1904(25).
⑤ 湖南自治论[J]. 游学编译，1903(12).
⑥ 重堪. 自治篇[J]. 浙江潮，1903(6).

从身体发展的角度来看，“五四”后的女学生自治与清末有着很大的不同，主要表现为以下两个特点：1.“自治”中身体主体性增强；2. 身体主动性极大发展。具有上述特点的女学生，对当时教育体制及社会制度表现出强烈的反抗与斗争，身体显得激进与鲁莽，这同晚清时期女学生自治中高度克制的身体，形成鲜明对比。

1925年，张君劢在南开大学做演讲时，指出“学生自治乃一种教育之方法，非以学生资格之完全无缺，而令其以主人翁自居”①，鼓励学生在自治中唤醒主体性，发展个人自决能力。“五四”后女学生通过自治活动的开展增强了身体主体性。

第一，设立组织，自订章程。每所实施自治的女校学生均创设自治组织，一般命名为“自治会”，也有些学校名之“湖市”，利于号召与组织学生自治。广东女学校学生方宝翠对学校的自治会组织称赞不已，认为自治会不但利于消除学生间的隔阂，利于她们“互相策励”，还让学生了解到自治精神与意义，“该会未成立以前，吾人只知苦心求学，固不知所谓自治。自治会成立，学生全体入会，于阴历八月二十七日举行开幕式，于是吾人自治之精神咸知振奋”②。学生设立自治组织，又关心“真能有健全组织之精神与实行之力量”，尤其是1920年全国教育联合会议通过“学生自治纲要案”，要求学生自治会“除学校行政外，均得由学生根据校长所授予之权限，定相当之办法，由指导员会通过施行”③，于是，学生自治会纷纷订立组织章程，确保自我治理的顺利实施。自治会章程名称各异，或为“草案”，或为“简章”，或为“章程”，但内容相似，主要包括组织宗旨、入会资格、组织架构及职权分责等，尤其是彰显自治会精神的组织宗旨无不以培养训练学生自治能力为基本准则。南开女中学生制定的“自治会草章”，规定组织宗旨为“敦品励学及训练自治之精神”④。江苏省立苏州女子中学的学生自治会

① 张君劢. 学生自治[J]. 南开周刊，1925(4).

② 方宝翠. 自治会纪述[J]. 广东女学校学生自治会年报，1922(1).

③ 学生自治会要案(通告各省区教育会)[J]. 教育杂志，1920(12).

④ 女中自治会草章[J]. 南开周刊，1925(112).

章程的宗旨为，“本三民主义之精神作成在学校以内之自治生活，并促进德育、智育、体育、群育、美育之发展”[①]。广东女学校学生自治会以“养成自治之精神为宗旨”[②]。

第二，自治之下的女学生表现出对学校事务的高度责任感。学生在参与学校事务管理中，历练自我管理能力，学生在学校的角色由被动消极转为主动参与，身体主体性增强。学生自治组织的职权是“帮助学校当局改新校务，增添设备，补充学校之不足”[③]，为较好地行使该职权，学生设立了较完善的自治组织架构（如图7–9）。

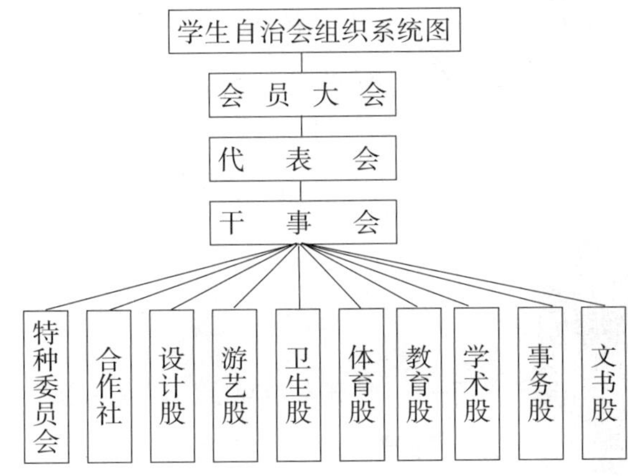

图7–9 惠兴女子中学学生自治会组织系统图

〖资料来源：杭州市私立惠兴女子中学学生自治会章程[J]. 惠兴女中，1935(5).〗

除了通过会员大会商讨、议决学校事务问题，自治组织利用干事会下设的学术、体育、卫生、游艺股等，还组织学生参加学术及体育、卫生活动，拓展与补充学校课堂教学，鼓励学生参与学校事务管理。南开女中自治会音乐股组建音乐团，请学校老师作为音乐团教员，指导会员练习；演讲股举办讲演练习与辩论会，请老师讲授演讲方法。[④]苏州女子中学自治会卫生股对学校宿舍、教室及自修室清洁卫生进行调查，两周做一次调查总结，对最优

① 江苏省立苏州女子中学学生自治会章程[J]. 江苏省立苏州女子中学学生自治会月刊，1930(1).

② 学生自治会章程[J]. 广东女学校学生自治会年报，1922(1).

③ 杭州市私立惠兴女子中学学生自治会章程[J]. 惠兴女中，1935(5).

④ 自治会消息[J]. 南开周刊，1924(88).

者给予“模范室镜架一个”[①]作为奖励。除了检查学校清洁卫生，湖南省长沙女子中学卫生股负责看护学校学生偶然发生的各种病症，组织学生进行学校大扫除等，维护学校的环境卫生。以“养成学生自动求知的能力和精神”[②]为宗旨的学术股，通过组织演讲比赛，国文大赛，英文、物理等课程研究小组等，奖励先进，鼓励落后，提高学生自主学习的意识与能力。

这些活动的组织与参与增强了学生的身体主体性，有助于学生“彻底明了地认识自己的完全人格是怎样的，了解学校的管理不是片面的事件，而是双方——学校和学生——所必须负的共同责任”，“培养一般青年男女们为将来共和国家的社会中之有用的健全分子”，“养成一般青年男女们的自学辅导的精神和能力”，“养成一般青年男女们有参与或改革学校事务的精神、责任和能力”，“养成一般青年男女无论为学生为公民所必具的种种美德，如诚实、果敢、忍耐、公德、勤劳等”。[③]

图7-10　广东女学堂学生自治会游艺股：舞蹈

〖资料来源：舞蹈[J]. 广东女学堂学生自治会年报，1922(1).〗

“五四”后高涨的民主氛围，加上一些报纸杂志的宣传，“五四”运动引发了学生自治运动。[④]“五四”运动中，学生运动与救亡图存紧密联系起来，在养成团结爱国的精神品质的同时锻炼了学生的自治能力，在游行示威

① 卫生股调查报告[J]. 苏州女子中学月刊，1929(9).

② 学术股组织细则[J]. 江苏省立苏州女子中学学生自治会月刊，1930(1).

③ 学生自治中的问题[J]. 女学界，1923(15).

④ 俞子夷. 学生自治[J]. 新教育，1923(3).

的身体展演中形成了学生政治实体，在追求国族独立的斗争中培养了学生为民主而斗争的勇气与果敢。“五四”后女学生自治运动的矛头直指学校当局，反对专制束缚，提出学生参与学校管理决策。随着学生运动主旨的改变，这一时期女学生运动中的身体，更加凌厉与激进，表现出更强的主动性。

1924年，直隶女二师“驱燕”学潮中，该校学生自治组织领导学生同校方及教育行政当局展开斗争。她们多次公开发表驱逐宣言，要求撤换专制无能的校长，明确提出对新校长的要求：“思想新而合理——不反对时代思潮；人格高尚无缺——不带有一切嗜癖；尊重一切女权——不阻挠女权运动；热心努力教育——不怠乎所司职务。”[①]她们勇敢揭露行政当局对付学潮的伎俩，奔赴天津呼吁社会“为全女子人格计，为全学生人格计，为革新教育计”[②]而伸手援助。在这场运动的开展中，我们看到，自治组织的存在确保了学潮斗争的有序进行，使得女学生面对行政当局的高压政策，“气不消馁，志不稍变”，更加勇敢，努力向前。当然，更多的时候女学生身体的主动性是自治斗争的结果。1925年北京女高师“驱杨”学潮中，学生自治团体战胜运动中的动摇与退却，组建新的自治组织，重新领导组织学潮运动，实则表达出女学生对自我身体能量的肯定与推崇。

女学生对自我如此有信心的原因有二：其一是自清末以来，在知识分子的宣传下，男女平等思想已经深植女学生脑中，女学生摆脱了抑制发展的种种戒律；其二是彼时教育界提倡学校实行“学生自治”，鼓励学生“以主人翁自居”，增强了女学生的责任感。在此情况下，监督学校事务管理，纠正学校管理的不足，声讨学校管理者的无能与失职，不但成为一件理所当然之事，也是女学生证明自己的价值和衡量自己行为的主要方式。这种独立自主的主人翁意识，使得女学生敢于在自己的权利受到学校当局威胁时，勇敢主动地站出来，以不容侵扰的姿态维护女性权利。

① 直隶女二师驱燕第四次宣言[N]. 民国日报，1924-03-25.

② 学生自治会代表的报告[J]. 民国日报·觉悟，1924(7).

二、要求教育平权

"女子教育为妇女问题的根本问题"[①]，是近代精英人士的共识。以女学生为代表的近代女界知识分子，始终把女子教育作为实现男女平等、女性解放的前提条件。从要求确保女子受教育权，到提出男女同教，继而提倡男女同校，可以清楚地看到女学生主体意识的逐渐增强，她们不再囿于体现男性精英意志的女子教育论述，开始运用掌握的民主、科学与女权思想自觉思考女子教育问题，争取女性教育权利。

甲午海战之后，晚清人士基于"国家兴亡，匹夫有责，匹妇亦有责"的认识，提出"男女平等"，并以此作为兴女学的理论基础。这种忽略考量女性自身权利的"兴女学"论，遭到接受女权思想洗礼的女性知识分子的质疑和反对。1904年，广东女学堂学生喊出"欲倡平等先兴女学"，"女学不兴，则女权不振"[②]，纠正了前期以男女平等为兴女学前提及兴女学为救国的手段的观点，提出了新的兴女学观点：为女权之张，为男女平等。这种兴女学的认识，得到广泛的支持与回应。1905年，《女子世界》刊登《论复女权必以教育为预备》一文，详细论述了女子教育为复女权之预备，强调"夫惟有自治之学识之道德之女子，而后可以言女权"[③]。

无论是晚清保守人士以兴女学为救国之手段的论述，还是以女学生为代表的女界主张的"教育为女权之预备"的观点，都合力推动了晚清女子教育实践的发展。1907年3月8日，晚清政府颁布《女子师范学堂章程》与《女子小学堂章程》，标志着女子教育得到官方的认可与保障。这一时期的女子教育不但数量少，而且男女教育截然分离。女子学堂章程明确规定"女子小学堂与男子小学分别设立，不得混合"[④]，虽也偶尔存在男女同校的情况，湖南一师范学堂附属女校招生，要求"男女皆可入，年龄十三以上"[⑤]，江

① 王光祈．评《大学开女禁的问题》[J]．少年中国，1919(4)．

② 张肩任．欲倡平等先兴女学论[J]．女子世界，1904(2)．

③ 丹忱．论复女权必以教育为预备[J]．女子世界，1905(3)．

④ 璩鑫圭，唐良炎．中国近代教育史资料汇编：学制演变[M]．上海：上海教育出版社，1991：583．

⑤ 男女同校[J]．女子世界，1905(1)．

苏等地的小学也有男女同校的，[①]但因我国“男女有别”礼教的根深蒂固，“中国初期之新教育，是采男女学校绝对之分立的”[②]。

> 民国元年，国体维新，设立教育部，规定初等小学，男女可以同校，自第三年期，加课珠算，注重手工，废止读经。民国三年二月，定高等小学男女同校者，各编学级，自后男女同学为政府所许，而社会上仍存男女授受不亲之观念，女子进男子学校者不多。[③]

随着新式女子教育的兴起，人们围绕着两个问题展开对女子教育发展的探讨，其一是男女教育平等，其二是女子教育与男子教育的异同。这两个问题的不同回答不但表达了不同的女子教育观，同时也影响着女子教育实践。20世纪初期，主流观点认为，男女享有同等的教育权利，但因男女有别，应给予不同的教育，“重男教而轻女教，固不可也。效仿美制以同等教育施之于今日女子，亦不可也”[④]。值得注意的是，不同的教育包括教育内容的差异，更意味着教育程度的不同。因此，我们会看到，1912年民国临时政府教育部颁布的一系列小学校令、中学校令及师范教育令，均涉及女子教育，但各级教育对男女教育的内容及授课时数均有不同规定。以中学教育为例，普通中学与女子中学校开设的课程不同，女子中学加设“家事园艺”与“缝纫”两门课，除此之外，规定“女子中学校数学可减去三角法”[⑤]。

不但在上述三级教育中对男女教育内容有不同的规定，甚至在专门教育与大学教育中对女子教育避而不谈。这种情况引起女界的愤慨，以唐群英为首的女子参政同盟会邀请一些知识女性，联合上书到教育部，质问道：“共和国家，男女既属平等，在教育上自然要享那平等的利益”，“为什么煌煌的

---

① 陶行知．中学男女同学问题的检讨[J]．教育学报，1936(1)．

② 舒新城．男女同学问题[J]．雄风，1947(5)．

③ 朱端琰．我国女子教育之过去与现在(附表)[J]．教育汇刊，1929(1)．

④ 吕怡．男女教育之异同辩[J]．学粹，1911(4)．

⑤ 璩鑫圭，唐良炎．中国近代教育史资料汇编：学制演变[M]．上海：上海教育出版社，1991：583，679．

民国大学，不许女子一同入校呢?”要求教育部“于女子各种相当学校毕业之后，验其程度，准其收入大学，与男子一同学习”。[①]从上述女学生们对教育部的质问及所提要求，可以看到她们不再盲从官方制定的教育政策，有了审视与质疑的勇气和理智。这就意味着民主、平等思想对女学生的影响，已经唤醒了她们的主体意识，使她们得以独立、自觉地要求自身权利的保障与维护。

虽然临时政府教育总长在回信中辩解道：“本部订定各项学制，自小学以至大学，程度年限，男女均属一律，并无轻重的分别，女子们如果真有中学毕业的程度，而且人数足以合成一级的时候，理应准其升入大学，与男子一同学习。”[②]实际上，在1919年之前，女学生一直未获得进入国立高等学校求学的机会，虽然私立大学如岭南大学、上海大同学院[③]等，已为女学生敞开大门，但国立大学的女禁说明了官方对女子接受高等教育的不认可。

反帝反封建的“五四”运动爆发以来，其推崇的民主思想，“自由”“平等”的口号，给中国被奴役了几千年的女性以深刻的启示；其提倡的科学思想，“打倒旧礼教”“破除迷信”的口号，给旧礼教压迫下的女性以极大的鼓舞。如果说在20世纪初期，男性精英建构的民族话语成为女性解放与受教育的价值诉求，那么，到了“五四”时期，在民主与科学思想的双重鼓舞下，女学生不但对女性解放与男女平等有了更为深刻的理解与认识，而且在反抗教育中的专制与不公时身体的主动性增强，提高了对自我的期望值，增强了对身体能量的信心。女学生首先对大学女禁发起攻击，希望大学开放女禁，确保女性同男子一样有接受高等教育的机会。1919年5月19日，受

① 男女教育平等之确证[J]. 女子白话旬报，1912(7).

② 男女教育平等之确证[J]. 女子白话旬报，1912(7).

③ 据陶行知论，“其实大学男女同学早已试行。岭南大学、大同学院在国立大学未行男女同学之先，早已办过了，结果都很圆满”。参见：陶行知. 为反对中学男女同学的进言[J]. 新教育，1923(1).

据甘乃光介绍，岭南大学男女同学之历程可分为3个时期：(一)插收女生时期(1905—1915年)；(二)分辨女学时期(1916—1917年)；(三)男女同学时期(1918年至今)。参见：甘乃光. 岭南大学男女同学之历程(附表)[J]. 教育杂志，1920(7).

“五四”运动精神的鼓舞，无法继续升学的甘肃省立女子师范学校毕业生邓春兰大胆写信给北京大学校长蔡元培，喊出“于大学添我女生席”[①]的第一声，要求大学开放女禁，招收女学生，使得男女享有相同的接受高等教育的权利。但因为兰州到北京路途遥远，彼时交通不便，消息滞后，邓春兰的这封信寄出后方接到北京的消息，蔡元培已经于5月9日辞职，致使邓春兰第一次呼吁未能奏效。

但邓春兰并未灰心，继而撰写《报界诸先生转全国女子中学毕业生暨高等小学毕业诸位同志书》一文寄给她在北京的丈夫蔡晓舟，叮嘱他转交该文至北京报界，呼吁全国知识女性为大学开女禁、男女教育平等而抗争。文章开篇描述了西方国家女权扩张、女性获取参政权的盛景，“欧战告终，西半球之女子，因助战功勋，获得参政权利，出席国会，为议员已有多人，将见其女总统出现矣”，以此比对我国男女在教育上尚未平等，遑论参政权的落后现状，鼓励“不慊于东洋式之良妻贤母之教育乎”的女学界，“组织大学解除女禁请愿团于北京”[②]，用百折不挠之精神达到大学添女生席之目的。这篇呼吁大学开女禁的文章，一经《民国日报》和《晨报》发表，迅即得到知识分子的响应和支持。1919年5月，北大学生康白情在《晨报》上以“北京学生界男女交际的先声”[③]为题撰文，倡导“大学开女禁”。10月，《少年中国》刊发“妇女专号”刊登胡适的《大学开女禁问题》[④]与周炳琳的《开放女禁与妇女解放》等文章，专门讨论“大学开女禁”“男女教育平等”等问题，一时间解除大学女禁、促进妇女解放的呼声在社会上高涨起来。

在邓春兰及报章媒体的宣传鼓舞下，女学界纷纷行动起来，积极争取与男性相同的教育权。1919年12月，自称为“新青年一分子”的谢楚桢写信

① 邓春兰．邓春兰女士男女同校书[N]．民国日报，1919-08-08．

② 邓春兰．邓春兰女士男女同校书[N]．民国日报，1919-08-08．

③ 康白情．北京学生界男女交际的先声[N]．晨报，1919-05-20．

④ 胡适．大学开女禁的问题[J]．少年中国，1919(4)．

给复任的北大校长蔡元培，声称代表全国女界请求北大解除女禁，信中谈到，“五四”运动以来，多数人“提倡解放主义，并且主张从解放妇女入手。要解放妇女，又须允许她们和男子受同等的教育”，继而列举北大开放女禁、招收女学生的种种有利条件。[①] 1919年，即将赴法勤工俭学的向警予写信鼓励湖南女青年陶毅，希望她能“加入北京大学公开的团体”[②]，到北京教育部和北京大学要求开放女禁，促进女子的觉悟。华北协和女子大学学生奚湞联络上海、南京等地的女学生，集体要求进入北京大学同男同学同校同班学习。江苏无锡女学生王兰希望到北京大学哲学系学习，并通过在北大读书的弟弟王昆仑向校长蔡元培表达这一要求。

在女学界、教育界的合力推动下，1919年10月在山西太原召开的第五次全国教育会联合会通过“改革女学制度案”，再次肯定“共和国家男女皆有受平等教育之权利”，并提出“国民学校及大学宜共学，职业学校宜分校”[③]的意见，供教育部参考。这说明教育界对“男女共学”已经形成共识，为女学生争取进入大学读书做了理论与舆论上的准备。1920年2月，在北大校长蔡元培和教务长陶孟和的同意与协调下，经过简单考试，江苏无锡女学生王兰进入北大哲学系旁听。对于北大接收女学生的举措，有人问蔡元培是否为创制之举。蔡元培回答：“教育部的大学部，并没有专收男生的条文；以前女生不抗议，现在女生来要求，而程度又够得上大学，就没有拒绝的理由。”[④] 此番回应不但说明教育界认同男女教育平等，也肯定了女学界在推动“大学开女禁”运动中的努力与斗争。随后，邓春兰等其他8位女生相继进入北大旁听。这一年暑假，北京大学正式招收女学生，这批女学生成

① 周天度．蔡元培传[M]．北京：人民出版社，1984：215.

② 中华全国妇女联合会妇女运动历史研究室．“五四”时期妇女问题选[M]．北京：生活·读书·新知三联出版社，1981：284.

③ 第五次全国教育会联合会大会决议案(续)：改革女学制度案[J]．安徽教育月刊，1919(24).

④ 陈东原．中国妇女生活史(影印本)[M]．北京：商务印书馆，2015：294.

为我国第一批进入国立大学的女大学生。[①] 北大女禁风一开，国内其他高校，如南京高等师范学校、北京高等师范学校等，先后对女学生敞开大门。据不完全统计，到1922年，国内公立大学招收女学生的至少有以下学校（见表7-1）。另据中华教育改进社的调查，1922年，除教会学校外，全国接受高等教育的女性共有665人。[②]

表7-1 1923年部分高等学校招收女生统计表[③]

高校名称	男女学生总数（人）	女生数（人）	女生百分比（%）
北京大学	2246	11	0.49
东南大学	812	44	5.42
南开大学	260	23	8.85
北京师范大学	794	16	2.02
东大上海商院	167	10	6.00
中国大学	1626	14	0.86
厦门大学	237	4	1.69
合计	6142	122	1.82

① 有学者指出，1920年春北大招收的女生均是以旁听生的身份入学，没有正式的学籍和学分，不能视她们为正式学生，因此，提出“将蔡元培在北京大学招收女生作为我国公立大学男女同校的开端的说法，有失偏颇”，主张郭秉文领导的南京高等师范为首开大学女禁之所。参见：陈寒，王建梁. 熔旧铸新　敢为人先：郭秉文首开国立大学[J]. 东南大学学报(哲学社会科学版)，2015(12).

笔者在查阅资料中，见到胡适的这样一段话：“现在女子学制没有大学预科一级，女子中学同女子师范的课程又不与大学预科相衔接，故最方便的法子是先预备能在大学本科旁听。有志于大学教育的人本不必一定要得到学位。况且，修正的旁听规则说明，旁听生若能将正科生的学科习完，并能随同考试及格，修业期满时，请求补行预科必修科目的考试，此项考试如及格，得请求与改为正科生并授予学位。”参见：胡适. 大学开女禁的问题[J]. 少年中国，1919(4).

此番话说明，第一，女学生入北大旁听读书为不得已而为之，因为当时“女子学制没有大学预科一级”，无法获取官方认可的学籍，故不得不旁听跟随。第二，旁听生并非非正式学生。这一点可从胡适提到的“旁听规则”获知。上文提到的“旁听规则”规定，旁听生如随同正科生考试并及格，且在预科必修科目的考试中及格，可以改为正科生并获得学位，这说明旁听生同正科生间有转换衔接的渠道，并非非正式学生。故，本文仍持“北京大学首开近代中国国立大学女禁”的观点。

② 陈东原. 中国妇女生活史(影印本)[M]. 北京：商务印书馆，2015：295.

③ 庄俞，贺圣鼐. 最近三十五年之中国教育[M]. 上海：商务印书馆，2015：206.

图7-11　北京大学最初入学的三位女学生（从右至左依次为 王兰、奚湞、查晓园）

〖资料来源：北大女生摄影[J]. 妇女杂志，1920(5).〗

大学女禁的开放为女学生接受高等教育开辟了渠道，同时要求女学生应该具有相应的知识以备大学录取。彼时女子教育深陷培养“贤妻良母”的泥沼中，女子中学教育发展异常薄弱，[①]课程设置侧重师范、家事、园艺等科，而数学、英文等知识课异常弱化；而且，当时“女子学制没有大学预科一级，女子中学同女子师范的课程又不与大学预科相衔接”[②]，因此，继要求大学开女禁，改革女子中学教育、争取女子与男子接受同样的中学教育成为女学界运动的新目标。1920年9月，天津、北京各女校联合女学生近500人，推举韩恂华、邓文淑等4位女生为代表，向教育部请愿，要求改革女子教育，所提的4项建议中有3项关于女子中等教育：改善女子中学课程，与男子中学一律；多设女子补习学校，养成前此中学毕业之女子直入大学之资格；女学校经费须与男校平均分配。1920年9月，湖南学界掀起开办女子中学之风，“李汉丞等即以在衡州第三女师范附设中学班”，“李执中等亦请愿省议会，在常德第二女师范附设女子中学”[③]，争取为女学生提供同样的中等教育。

① 万琼华指出，到1919年初，全国有400余所公私立中学，其中女子中学仅有10所。参见：万琼华. 近代女子教育思潮与女性主体身份建构：以周南女校（1905—1938）为中心的考察[M]. 北京：中国社会科学出版社，2010：130.

② 胡适. 大学开女禁的问题[J]. 少年中国，1919(4).

③ 设立女中学之请愿[N]. 大公报，1920-09-18.

当然，在提倡“设立女子中学”“中学男女同校”的问题上，女学界并非孤军奋战。事实上，在大学解除女禁后，改善女子中学教育为社会各界所关注。男性精英们同女学界并肩作战，为她们的斗争做理论的宣传与支持。康白情批判“如今中学的课程，男校和女校是全不相干的”，且“女子中学的程度又较男子中学的为低”，这样的女子中学教育，不但局限女子在社会上的分工，同时，导致女子没有相应的知识能力考入大学读书，直陈应该执行“绝对的男女同校”，“男女的才情初无二致，就不该用教育来限制他们学习的技能”①。黄愿壮以男女教育平等应注重实效，而非简单形式上的，批评“中等一部，虽然各处有女师范或女中学，无奈课程、校数，与男子同等学校一比，远逊约百数十倍呢；更以课程不完备，终而不能收平等之效”，呼吁热心教育者多多注意，“能造就实际与男子中学平等的——女子中学”。②

在社会各界的共同推动下，1920年11月，在全国教育联合会第六次会议上，来自全国16个省区的代表共同通过“推进男女同学以促进女子教育”议决案，并提请“教育部通令各省区各级学校招收学生或绝对的男女同学，或分部同学，或添设女子班，或附设女校”，以早日实现“男女共学之目的”。③ 1921年，北洋政府教育部训令“各省速设女子中学，并于相当学校附设女子中等部”④，这表明“发展女子中学教育”得到官方的认可。随即，各省发布训令，要求普遍设立女子中学。江苏省把无锡竞志女学作为代用女中学，在省立第一女子师范学校、第二女子师范学校设立中学班；山东省在济南女子职业学校添设女子中学班；奉天教育厅训令辖内各县知事及省立各校严遵部令，设立女子中学或在相当学校附设女子中学班；湖南省以周南女校作为省立代用中学。各省的行动使得女子中学教育，较之前有一定改观。据中华教育改进社1923年的报告，全国各地女子中学校共计25所，在

① 康白情．绝对的男女同校[J]．少年中国，1919(4)．

② 中共天津市委党史资料征集委员会，天津市妇女联合会．邓颖超与天津早期妇女运动[M]．北京：中国妇女出版社，1987：214．

③ 促进男女同学以推进女子教育案[J]．教育杂志，1920(12)．

④ 谢荫昌．奉天教育训令：第二四七号[J]．奉天公报，1921(3371)．

读学生有3249人，为当时中学生总数的3.14%。依据民国教育部的统计，1915年全国女子中学，除教会外，共有9所，学生共有948人。这两组数据相比，可以看到“五四”时期女子中学教育的飞跃式发展，但同当时女学生（女小学生、女中学生与女师范生）总数413679人相比，说明女子中等教育仍有很大的努力空间。① 虽然，在社会各界的支持下，女子中学教育取得了一定的进步，但“中学男女同学”的推动却异常艰难，且取得的成果不容易巩固。1920年11月，第六届全国教育联合会通过“推进男女同学以推广女子教育”议决案，鼓励中学男女同学以发展女子中学教育，并提交该议案至教育部。次年，教育部下发第206号训令对该议决案进行批复，原文如下：

> 据第六次全国教育联合会呈送议决“促进男女同学以推广女子教育”案，查现时女学未甚发达，实由女子中学太少，应由本部通行各省速设女子中学，并于相当学校附设女子中等部，以资推广。惟中等学校男女同校，现尚未便照准予批示外，合亟令行该厅遵照办理。②

可以看出，教育部同意推动女子中学教育，却对“男女同学”的提议未予批复。由于女学界要求“男女同校”的呼声日高，报纸杂志上纷纷发表各方面支持“中学男女同校”的意见，加上小学早已男女同校，大学也已开女禁，中学男女分校资源与生源均不足，而且教育部虽未同意“男女同校”，但也未明令禁止，这种情况下，中学男女同校随之出现。1921年暑假后，北京女高师附中首开风气，招收女生；广州的执信学校、湖南的岳云中学等也解除女禁，接收女学生。难怪有人感叹：“将来编教育史时，不能不说中国中学男女同学于民国十年开始。”③

正如陶行知所言，“中学男女同学还是我们社会吞不下的一根鱼刺”④，

① 数据来源：庄俞，贺圣鼐．最近三十五年之中国教育[M]．上海：商务印书馆，2015：184—195．朱端琰．我国女子教育之过去与现在[J]．教育汇刊，1929(1)．

② 谢荫昌．奉天教育训令：第二四七号[J]．奉天公报，1921(3371)．

③ 陆殿扬．女子中学教育机会[J]．新教育，1922(2)．

④ 陶行知．为反对中学男女同学的进言[J]．新教育，1923(1)．

中学男女同学在当时不但为社会保守势力反对，彼时教育学界对此问题的意见也不一致。对春晖中学的男女同校措施，经亨颐论道："不过我对于这问题，并不是极端主张男女同学"，"本校所以实行男女同学，绝不是好新，不过是一举两得的意思罢了。我认为男女终以分别教学为宜，在初中时代更宜分学"。[①]可见，他对"男女同校"的问题有着诸多勉强之意，认为不过是无奈下的"权宜之举"，这种看法在当时颇具代表性。陶行知也持类似观点："我并不是主张中学男女同学的人"，"我相信中学男女同学是教育界不得已的办法，决不能单靠他来解决女子中等教育问题。但是女子中学没有充分成立之先，我对于这种不得已的办法是表同情的"。[②]所以，不难理解，20世纪20年代，国内女子教育政策出现倒退现象，诸多省区教育行政部门下令禁止中学男女同校。1924年3月，湖南省教育司呈请省长发出训令："除小学及正式之大学外，概不得男女共学。"[③] 1924年5月，山东省省长熊秉琦训令教育司："所有全省官立私立男校，暂时不得兼收女生。"[④] 1926年8月，江苏省教育厅下达"中等学校禁止男女同学并注重读经与国文"[⑤]令。1928年5月召开的全国教育会议通过"中等女子学校应独立设置"的提案，当年10月，广东省教育厅实施"男女分校"的教育政策。

行政当局禁止中学男女同学的举措，引起女学界极大不满。为了回击女子教育政策的倒退，女学界掀起捍卫女子教育权的运动。针对全国教育会议通过的"中等学校男女分校"的决议，自称为"单伦理"的一知识女性质问教育当局："对于男女分校的女子教育有没有如何地积极筹划和发展的具体办法?"提出改善女子教育的3种办法：从速添办女子学校、奖励私人团体创办女校、实行女子强迫教育的方式推动女子教育的发展。[⑥] 更有知识女性直陈，要铲除这种反动的复古行为，徒用理论宣传是不中用的，必须革命，

① 经亨颐．春晖中学底男女同学[J]．民国日报·觉悟，1923(12)．

② 陶行知．为反对中学男女同学的进言[J]．新教育，1923(1)．

③ 湖南限制男女同学之省令[J]．教育杂志，1924(4)．

④ 鲁省长禁止男女同学之令文[J]．教育与人生，1924(42)．

⑤ 厅令：训令一六〇五号[J]．江苏省教育公报，1926(8)．

⑥ 单伦理．谈谈妇女运动与女子教育[J]．女青年月刊，1929(2)．

只有这样“妇女才能得到真正解放，中国才能得到真正的自由平等”[①]。把争取教育权同女性解放联系起来，给女学界英勇抗争提供了理论依据，同时表达了女性捍卫教育权的激进态度。1925年1月，湖南省立第一女子师范毕业生发起“收回附小”运动，在女学生的协力抗争下，附小校长同意聘请支持女子教育权的北京女高师毕业生担任学校主事，运动取得成功。[②]品尝到胜利果实的湖南省女学界，一鼓作气，合力坚持为捍卫教育权而抗争。次年3月8日，湖南省女学界的十余所女校联合起来，举行纪念“三八”游行示威，提出“实行男女教育平等”，要求“至少办到设立省立女子中学及职业学校”“湖南大学招收女生”“设立农工妇女的义务学校”[③]等。经过持续一年的斗争，1927年1月，湖南省教育厅颁布“改良女子教育通令”，要求“各男校开放女禁”“各县从速筹办女子高级小学及女子职业学校”[④]等。该法令的颁布，是湖南省社会各界尤其是女学界合力推动的成果，也折射出全国女学界捍卫女子教育权、追求妇女解放主动积极的姿态。

从提出女子教育权为女权之预备而争取教育权，到追求男女平等教育，再到捍卫与巩固平等的教育权，一路走来，近代女学生对女子教育权的认识日益深刻，维护与捍卫的决心日趋坚定。在一次次抗争中，女学生身体的潜力也逐渐得到开发，女学生对自己身体能量的信心增强。因此，我们必须留意这样一个事实，平等的男女教育在近代虽然并未真正实现，但近几十年的斗争成就了女学生身体的解放，使得她们敢于颠覆与反抗加诸于己的不公与专制，在这个过程中，近代女学生身体自觉由朦胧走向理性，由犹疑走向坚定。这种基于身体自由展现和释放的女学生身体发展模式，是认识近代女学生身体生成的脉络之一。

---

① 小云. 读了“从湘省厉行男女分校讲到中国的女子教育问题”以后[J]. 河北民国日报副刊：茄，1929(22).

② 黄醒. 长沙妇女自觉之新声：省立第一女子师范毕业生的收回附小运动[N]. 大公报，1925-01-18.

③ 昨日之妇女示威游街运动[N]. 大公报，1926-03-09.

④ 教育厅改良女子教育通令[N]. 大公报，1927-01-06.

第五节　女学生“教育身体”的时间化
——现代教育时间与女学生的身体教化

对现代化中“现代”的理解，可以从不同角度展开，如工业的高度发达、科技的日新月异、对工具理性价值的推崇而带来的世俗化等。作为构成现代性基础的现代时间观念，不仅支配着现代制度行为及现代日常生活，更成为现代人自身人格气质建构的最深层条件之一。[①]正如法国学者伊夫·瓦岱所言：现代性的价值表现在它与时间的关系上。它首先是一种新的时间意识，一种新的感受和思考时间价值的方式。[②]在一定程度上可以说，关于时间的思考是我国早期现代化的重要内容。事实上，正是借助于《天演论》而引入到中国的、富有现代性的历史进化论，在时人的认识中确立了指向未来的线性时间观，动摇了“祖制不可改”的权威，从而促进了中国现代化的启动。现代时间观念的引入，不仅改变了国人对历史、世界的认识与思考，国人的身体也在这种讲究匀质与效率的时间观中被计算与度量。作为现代时间观念渗透较为厉害的场所——学校因采用现代时间而实现现代化，也因严格地计量与计算学生身体使其成为制造文明化身体的执行地。近代女学生的身体时间化，正是在采用现代时间的学校中生成的。

一、现代时间观的引入

作为现代人，我们已惯于以指向未来的线性时间观考量一切，对钟点时刻计量裁度我们的日常生活也已习以为常。其实，这种以钟点制为显著特征、被称为“现代时间观念”的时间计量方式，在中国不过100多年的历

① 尤西林．现代性与时间[J]．学术月刊，2003(8)．

② [法]伊夫·瓦岱．文学与现代性[M]．田庆生，译．北京：北京大学出版社，2001：42—43．

史。从世界范围来看，现代时间的出现也不过500多年的光阴。[①]与现代时间观念对应的是传统时间观念。虽然不同地域的人群有不同的传统时间观，但总体来说，以自然经济[②]为基本经济形态的古代社会，其时间观念有两大特质：循环性与非均质性。[③]

（一）古代时间观的文化意蕴

时间观是以生产范式为根基的。古代社会以自然经济为基本经济形态，季节的交替与日夜的更迭，直接关系到人们的生产劳作与日常生活，因此，最直接地促成古代时间观的形成：强调周而复始的循环。这种循环论时间观，是古代社会对时间的普遍认识，中西方皆然。如中国古代受启于天地四时运行规律，形成一种四时循环论的时间变化观。传统时间非均质性的原因在于，自然经济活动是靠天吃饭，自然界季节交替缓慢，天气变化多端，使得古代时间的计量与裁度难以统一和标准化。循环性时间观使得古代时间观念缺乏时间的三维分化，“过去”“现在”与“未来”在过去的时间观念中只重视“过去”，以过去裁度现在与当下，因此，古人异常“隆古”与“尚古”，崇尚秩序的稳定，拒绝随意改变。非均质性时间观带给古人的是生活的随意与闲散。闲云野鹤、悠然自得，可谓古代时间观念的真实写照。这是时间的文化根基与意义。

宗教信仰和资本主义生产方式塑造了与古代时间不同质的现代时间，促使现代时间与古代时间发生裂变。面向来生的基督教信仰赋予时间“未来”

---

① 根据尤西林的研究，现代时间的产生同宗教信仰及16世纪出现的资本主义生产方式有关，因此，把现代时间的渊源追溯至5世纪末，但该研究者同时提出，较于宗教信仰，资本主义生产方式对现代时间确立的作用性更强。而且，结合“现代时间的计量工具——机械钟表是由资本主义机械制造业生产出来，并随资本主义的扩张而风靡全球”的事实，本文采纳以资本主义兴起为现代时间观念萌发的说法。

② 此处的自然经济包括农业经济、牧业经济与渔业经济等一切自给自足的、不含有商品交换的经济形式。

③ 参见：[法]克洛维·列维·斯特劳．野性的思维[M]．李幼蒸，译．北京：中国人民大学出版社，2006.

[法]列维·布留尔．原始思维[M]．丁由，译．北京：商务印书馆，2009.

的向度。摆脱靠天吃饭的工厂制造，尤其是讲究效率与标准的产品制造，使得时间的“过去”“现在”与“未来”三维化愈加清晰，线性时间观得以具体化呈现，同时，体现出时间的均质性。这里必须强调的一点是，资本主义逐利的本性导致对效率的无限度追求，因此，赋予现代时间三维化中的“未来”更多的期待，而把“过去”抛在脑后。

正如前面所讲，隆古、闲散与崇尚秩序的稳定是古代时间观的文化意蕴。在追求效率、面向未来的指向下，现代时间观形成了指向“未来”的目标特性、坚持线性历史的发展观及以钟点时刻计量裁度人的价值观。而且，随着资本主义生产方式的全球性扩张，现代性与现代时间观念推及商品交易所至之地。近代中国引入现代时间观念正是在这样的背景中实现的。

（二）指向“未来”的现代时间观的确立

作为文明的发祥地之一，古代中国生活中早已有时间观念，并且影响着生存于其间的每一个人。《尚书·尧典》称：“乃命曦和，钦若昊天，历象日月星辰，敬授人时。”这是对中国古代颁历授时概念的描述。实际上，根据《中国古代历法》一书，从古代颁布的最早历法“夏小正”开始，一直到1912年的“格列历”（即阳历），中国古代先后颁布100多部历法。[①]这种持续不断的努力，说明时间意识在中国古代一直为人们所重视。直到19世纪中叶，古代时间观念依然主导着国人的生活及对世界的认识，以“祖制”作为行为取舍的标准，以“托古”作为社会改革的依据，以“时辰”作为惯用的计时方式。

19世纪中叶以后，西方列强用先进的洋枪洋炮打开晚清国门，随之而来的是“由工业革命所激活的巨大生产力、组织力、创造力，以及与之紧密联系的政治经济制度、价值观念、思想意识”[②]汇聚成的一股气势磅礴、无坚不摧的“西潮”。危机四伏、暮气沉沉的晚清，遭遇朝气蓬勃、旺盛活跃的西方现代文明，不久就败下阵来。正如马克思所说：“满族王朝的声威一

① 崔振华，李东生．中国古代历法[M]．北京：新华出版社，1992：116—122.

② 马敏．有关中国近代社会转型的几点思考[J]．天津社会科学，1997(4).

遇到英国的枪炮就扫地以尽，天朝帝国万世长存的迷信破了产，野蛮的、闭关自守的、与文明世界隔绝的状态被打破。"[①] 滚滚而来的"西潮"当然不止打破天朝帝国万世长存的迷信，挑战国人习以为常的基本生存方式与社会组织架构，更对延续千年的农业文明的价值体系造成巨大的威胁与破坏。外力冲击而产生的"三千年未有之变局"的危机意识，以及清朝声威在英国枪炮面前的苍白无力，使得"祖制不可改"的定论开始动摇，一种离异于中国传统文化的力量开始酝酿。尤其是甲午中日战争之后，日本明治维新以海战的胜利而显成效，坚定了晚清精英人士背离中国古代传统文化的决心，开始趋向西方文明，试图以西方国富理论改造中国。随之而来的，是一种讲究过去、现在、未来的线性时间心态的产生。

这种时间心态下，以未来为行动指向的原则，逐渐深入人心，古代循环式时间观，不再成为思维主导模式。加上19世纪末20世纪初社会达尔文主义引入中国，该理论宣扬"优胜劣汰""适者生存"法则，燃起了知识分子谋求现在、指向未来的救国图强希望，强化了现代时间观念的正当性。当然，这种以现在和未来生存竞争为首要考量的时间心态，作为一种输入式的时间观，并非完全推翻中国既有的古代时间观，而是在已有的时间观上增加上自己的位置，且逐步凌驾于后者之上，成为主导行动的时间模式。现代时间观念对近代中国的影响，不仅在时间心态上，还包括现代计日、计时方式在中国的兴起与采纳。为了保持与"世界的大同"，1912年1月2日，中华民国成立伊始，孙中山发布通令："中华民国改用阳历[②]。"[③]并令内务部编印历书，颁发全国各省施行。这个通电的下达，标志着主导中国数千年的阴历不再享有官方的正统地位，而是让位于格列历，一个面向"未来"的现代时间观开始在中国确立起来。

---

① ［德］马克思，恩格斯. 马克思恩格斯选集：第1卷［M］. 北京：人民出版社，2012：779.

② 阳历又称为"格列历"，是"以地球绕太阳的运动周期而制定的历法"，故称为"太阳历"，简称"阳历"。中国古代常用的计日方式以观察月亮的变化来计算日子，又称为"月亮历"，简称为"阴历"。

③ 中国社会科学院近代史研究所中华民国史研究室，中山大学历史系孙中山研究室，广东省社会科学院历史研究室. 孙中山全集：第2卷［M］. 北京：中华书局，1985：5.

二、机械化：现代时间制下的身体

从上述讨论可以看出，中国古代时间观念在象征西方文明的现代时间观念冲击下，从历法、纪年法到计时方式等都节节败退，这与古代时间观念所承载的东方农业文化不如西方机器文明有着直接关系。现代时间观念的引入，不仅改变了国人认识、思考世界的方式，而且生活在时间中的身体也被这种新时间观所影响，形成了一种不同于传统的新的身体形式。尤其是钟点时间的采用，赋予现代时间观念下的身体强烈的现代性气息。台湾学者黄金麟称这种特色为“身体钟点化”。所谓“身体钟点化”，就是身体接受钟点时间的计算与控制，以身体在钟点时间内制造的价值考量身体。

在探讨钟点制对中国身体的改变之前，有必要认识钟点制对身体的影响。钟点制计时最早使用范围在教会中，对身体的影响并不具有普遍性。资本家把钟点制应用于管理工人生产，因此，钟点制计时方式对身体产生了巨大的约束力与控制力。而且，鉴于商品经济逐利的本性，钟点制的应用不只是对身体简单的控制与规范，而是要压榨身体的最大潜能，使其利益最大化。对于这一点，马克思的“社会必要劳动时间”理论做了透彻的论述。按照马克思的分析，商品经济下，商品的交换价值，不是取决于工人身体的劳动时间，而是由生产商品的必要劳动时间决定的。这就意味着，提高商品竞争力的途径在于压缩生产商品的劳动时间，尽可能地低于生产同一商品所需的社会必要劳动时间，换而言之，工业化社会追求的是效率。向单位时间内的身体提出更高的要求，这是商品经济时代下钟点制中的身体遭遇的最大特色，即台湾学者黄金麟所称的身体“钟点化”。也就是说，身体钟点化，不仅意味着身体被钟点时间所控制与约束，还意味着钟点时间对身体的计算与考量，对身体效率的压榨。在钟点制时间下，身体成为单纯的利益生产者，是未来目标的工具，被逐步工具化。这也是现代身体的困境。

随着现代时间观的引入，钟点制时间渐渐俘虏国人身体。近代身体钟点化最早与洋务运动着力追求工业化有着直接的联系。清政府主导的洋务运动提倡积极开办与军事国防相关的工业，“师夷长技以制夷”“仿立外国船厂”“废弃弓箭，专精火器”。在张之洞、李鸿章等人的大力支持与推动下，工业化生产方式在中国兴起。各种商办及民营工业在20世纪初大量崛起。一时之间，大量的工厂在中国这个素来提倡“以农立国”的大地上拔地而起。进入到工厂制造产品的身体，正在“经历一个依晨昏而作息改为依钟点而作息”[①]的改变。并且，这种依循钟点划分身体活动的情形，随着工业化的急剧发展，愈加制度化。身体必须配合机器的运转，而且冷漠呆板的钟点制使得身体丧失了自由。无论白天黑夜，无论春夏秋冬，嘀嗒转动的表针犹如悬在身体上方的戒尺，稍微脱离管制，随即就会遭到惩罚。从1909年广东士敏土厂的工作时间安排，可以直观地看到钟点制对工人身体的约束：

> 春分后，早六点半钟开工，十一点半钟放工。饭后十二点半钟开工，六点半钟收工。秋分后早七点钟开工，十二点放工。饭后一点钟开工，六点钟收工。凡开工五分钟之前，先放汽笛，各工匠齐集厂门，听第二次汽笛，均进厂各任所事。[②]

在严苛、冷漠的钟点制下，工人的身体无可逃脱地走向机械化，成为机器大生产的附庸。钟点制对身体的掌控，不止局限于生产场域，随着新式教育体制的建立，以钟点制为代表的现代时间观念在新教育体制的构建中前所未有地渗透入学校场域。确立现代教育时间成了新教育体制构建的重要组成部分。现代教育时间维度下的教育，不仅改变了学校教育的目的，同时使其产生了不同于传统的教化方式。

---

① 黄金麟．历史、身体、国家：近代中国的身体形成(1895—1937)[M]．北京：新星出版社，2006：169.

② 汪敬虞．中国近代工业史资料(1895—1914)：第二辑：下册[M]．北京：科学出版社，1957：1200.

三、现代时间制中的学校

学校教育是在一定的空间和时间中完成的。谈到学校教育的现代化，常为人们所谈起的是教育体制、教育管理、教育内容等方面的革新。其实，现代性的学校教育，还意味着异于传统教育的教育时间观及教育追求。近代中国学校教育的现代化有一个不容忽视的标志，那就是现代教育时间的确立。现代教育时间在中国教育中的渗透，存在于学校场域中的身体遭受现代教育时间的规制及影响，使得学生身体在现代学校时间的引导、穿透及模塑中，由“生疏—现代性”的身体成长为“熟稔—现代性”的身体。在国族建构期待下，女学生身体同样接受以“熟稔—现代性”身体为目标的养成与训练，从而使得现代教育时间的推广与采纳显得毫不费力。

（一）现代时间建制与新式学校

近代学校教育的现代化改革，主要措施是借鉴并引入西方教育体系建构的现代学校体制。现代学校体制内的现代时间观，随其一起从容进入中国学校场域，改变和形塑着学生身体，促使中国教育产生根本性改变。

现代教育时间分为形式和实质两个层面，钟点制、星期制与学年制等构成了形式层面上的现代教育时间；主张教育为应对新的社会状态而准备，体现了现代教育时间的实质层面。[①]结合这两个层面，以现代教育时间对身体绵密、有序的控制为着眼点，可以发现现代教育时间对学校教育的改变主要表现为三个方面：第一，与古代时间制下的教育强调因循守旧不同，现代教育时间制下的教育目标指向未来，致力于对新社会的追求。指向来世的基督教信仰确立了“未来”在现代性时间观中的中心位置，这种时间心态使得未来对当下的教育起着支配性意义。梁启超的“新民论”，主张“欲其国之安富尊荣，则新民之道不可不讲”[②]，其中的“新”在时间意义上指向“兵强国富”的未来。第二，时间对教育的控制力加强，表现出较强的制欲取向。

① 胡振京．论现代性教育时间构建[J]．教育研究，2014(8).

② 梁启超．新民说[J]．新民丛报，1902(1).

现代教育时间制下的教育，在绵密、有序的时间安排下，秩序井然地进行，不同教育活动之间环环相扣，每一个单独的教育活动都嵌入一定的时间表，确保所有活动在掌控之中，表现出对学生身体细致入微的控制与规范。第三，教育活动的工具理性意义极大张扬。现代教育时间构建的教育活动，有一个很强的企图，就是依据未来的需要，把学生身体模塑成深具生产性的工具。在这种企图的鼓动下，教育活动致力于挖掘身体的各种潜能，速度、效率成为衡量教育活动的价值标准。

反观现代教育时间洗礼后的学校教育可以发现，正是由于现代时间制的实施与采纳，学校教育的工具理性目标得以确保。我们暂且不论教育工具理性价值的优劣，考虑到近代中国特殊的时局，就可以理解当时忧虑国族危亡的精英人士为何对这种追求工具理性价值的学校教育充满向往与追求。在生产性与驯服性兼备的身体塑造想象中，国家及民间人士通过各种教育实践活动，逐步推动现代教育时间对学校教育的渗透与洗礼，一种更具时间区隔、统一作风的身体教育体制建立起来。

现代性女学生身体的养成，所需的营养成分当然是多方面的，比如思想、制度及各种规训身体的技艺等，但上述这些因素作用的发挥，倘若没有现代教育时间的介入，效果与速度肯定大打折扣。正是因为现代教育时间的这种功能，它得到新式女子教育的特别倚重。现代教育时间对女学生身体的规范，贯穿于学校生活的全过程，通过对教育任务的时间区隔和协调得以高效执行。以历时性眼光来看，现代教育时间对女学生身体的渗透是渐进式的，伴随着近代学校教育体制的推行，而逐步实现同教育的紧密镶嵌。

（二）女子学校的现代时间化

1907年，晚清政府颁布《女子师范学堂章程》及《女子小学堂章程》。该章程中对女子师范学堂、女子小学堂的修业年限，各学科每年、每星期的教授时刻数都做了细致、严格的要求（见表7-2），女子师范学堂“修业年限为四年，教授日数每年四十五星期，教授时刻每星期三十四点钟”[①]，女

① 璩鑫圭，唐良炎．中国近代教育史资料汇编：学制演变[M]．上海：上海教育出版社，1991：584.

子小学堂，无论初等或高等均为四年，具体到每星期授课时间“女子小学堂，至少以二十四点钟为率，多不可超过二十八点钟；在女子高等小学堂，至少以二十八点钟为率，多不得超过三十点钟”[①]。随着这个章程的颁布，一种以学年、星期、钟点制为内容的现代教育时间以官方命令的形式，在新式女子教育中取得正统地位。这种以西方学校时间体系为参照对象，设立规范女学生身体的时间形式，并非前所未有的动作，恰恰相反，自国人兴办女学之始，上述意识已经存在，并贯彻在办学实践中。而且，在此之后，随着现代学校教育体制的完备，现代教育时间愈加完善与精准，完全取代了传统教育时间，在女子学校场域中居于支配地位。

表7-2　女子师范学堂各学科四年级间，每星期教授时刻表[②]

学科	第一年 每星期钟点	第二年 每星期钟点	第三年 每星期钟点	第四年 每星期钟点
修身	2	2	2	2
教育	3	3	3	15
国文	4	4	4	
历史	2	2	2	
地理	2	2	2	
算学	4	4	3	2
格致	2	2	2	2
图书	2	2	2	1
家事	2	2	2	2
裁缝	4	4	4	3
手艺	4	4	4	3
音乐	1	1	2	2

① 璩鑫圭，唐良炎．中国近代教育史资料汇编：学制演变[M]．上海：上海教育出版社，1991：592.
② 璩鑫圭，唐良炎．中国近代教育史资料汇编：学制演变[M]．上海：上海教育出版社，1991：580.

（续表）

学科	第一年 每星期钟点	第二年 每星期钟点	第三年 每星期钟点	第四年 每星期钟点
体操	2	2	2	2
合计	34	34	34	34

中国传统教育活动是在与农耕生活匹配的传统时间体系中展开的。朱熹提出的“宽着期限，紧着课程”，可谓是对传统教育时间原则的精准概括。传统教育对学生的学习虽是严格遵循着“四书五经”的顺序要求，具体教学时间安排却比较宽松，一切循序渐进而来。学生的入学、毕业都没有固定的时间安排，学习可以随时开始，随时终止，也有假期，但不是现代教育时间中的星期天、寒暑假，而是庆祝中国传统节日才有的休息时间。传统教育时间要求读书人从早到晚“着紧用力”，具体到每个人的时间要求不一，力求多给个人“虚心涵泳”的时间。在这种时间体系下，学生身体拥有一定程度的自由，超越个别需求的统一的作息时间在传统教育中并没有发挥作用。换而言之，在现代教育时间俘虏女学生身体方面，中国传统时间体系并未提供太多有参考价值的因素。现代教育时间在女子学校的推行，早期主要得益于男子学堂及教会学校的示范作用，继而官方以制度的形式规定下来，并不断得到补充与完善。

19世纪60年代以后，在一些新式学堂及书院中萌芽了中国现代教育时间。创建于1874年的上海格致书院规定：“书院每晨十点钟开门，晚七点钟关门。”[①]这应该是近代依据钟点制实施教育的较早记录。1881年设立的中西书院在《书院课规》里，不但明确了八年学习年限内每年的学习课程，还详细制订了学生每日的作息时刻表：“每日八点钟进馆，十二点钟放饭，一点半钟再进馆，春夏五点钟，秋冬四点钟解馆。”[②]这些说明，一种按照钟点制实施的教育形式正在酝酿中。1898年，经正女学堂开办，学堂章程明文顺理成章地规定：

① 徐锡村先生为上海设格致书院上李爵相禀并条程[J]. 万国公报，1874(314).

② 中西书院课规[J]. 万国公报，1882(676).

> 本塾正月二十日开馆，十二月望日散馆，其余令节、诞忌、星期休沐外，平时不宜轻易作辍……本塾华三月朔起，每晨七点半钟开课，十二点钟放饭，午后一点钟开课，五点半钟放学。九月朔起，每晨八点半钟开课，十二点钟放饭，午后一点钟开课，四点半钟放学。①

以钟点时间甚至星期的形式来安排女学生的日常作息及课程学习，充分表明以钟点制为代表的现代教育时间正在与女学生的身体活动建立联系。并且，这种用以钟点制为核心的现代教育时间统筹安排学校教育活动的做法，为后来的女子学校所承袭。以创办于1902年的上海务本女塾为例，该学校的教学安排“大概也像西国的样子，读六日息一日，一日分六节，每节约五十分钟”②。学生的读书时间，以每星期周而复始地循环进行，一天的时间则被分为“六节”，“每节约五十分钟”的片段。这种以钟点来定每天的学习安排，以“星期”来区隔每一段的学习，甚至引入“学期”来规划衡量学习程度，在1902年创办的爱国女学校③、1903年设立的文化女学堂等中均可看到。④

然而，这种情形在当时并不具有普遍性。在查阅1904年前后国人兴办的女子学堂章程时可以发现，对教学时间的安排并未引起一些学校的特别关注，仅在章程中对假期安排给出规定，这说明现代教育时间采用的有限性。嘉兴爱国女学社规定：“暑假四十五天，愿留作晨课者听。年假三十天，清明五天，立夏、端午、夏至、中秋、重阳、下元、冬至、星期，各一

---

① 李又宁，张玉法. 近代中国女权运动史史料(1842—1911)：下册[M]. 台北：龙文出版社股份有限公司，1995：1001.

② 熊贤君. 中国女子教育史[M]. 太原：山西教育出版社，2006：205.

③ 爱国女学校开办简章[J]. 选报，1902(27).

④ 参见：爱国女学校开办简章[J]. 选报，1902(27).

广东女学堂简要章程[J]. 女子世界，1904(4).

培萼初级女学校简章[J]. 女子世界，1904(8).

文化女学堂章程[J]. 政艺通报，1903(6).

天。”[①] 类似这样的粗犷式的教学时间规定，在当时的女子学校章程中比较常见。[②] 因为无法查找到更为详细的关于上述学校实际教学活动执行时的时间安排史料，无法明确给出这些学校实际执行的时间制。不过，根据当时女子学校多依据男子学校的体系而创制的惯例可以推测，不采用钟点制的学校，多数是沿用时辰来区隔学生身体活动。1904年，斌新学堂制订了新的学生规约，对课程安排规定如下：

> 午刻，乙班上书，书经、左传；未刻，单日讲通鉴，双日讲西史；申刻，看报纸，兵式体操；酉刻，读古文诗，五日一换，灯下习算，逢十五放假一日。[③]

这种安排，说明时辰制在当时的学校运作中依然存在。另外，值得注意的是，在没有明确规定采用钟点制的女子学校中，“星期”“学期”及“学年”等象征现代教育时间的时间安排频繁出现在学校章程中，再次说明了以现代时间为主要标志的现代学校体系在中国构建的渐进性。

1904年，晚清政府颁布《癸卯学制》，明确钟点、星期、学期及学年在安排课程及学业程度中的基准作用，确立了现代教育时间在中国学校教育中的法定地位，以钟点制、星期、学期及学年等为主要内容的现代教育时间被强制性地推行到全国，一种超越地区、家族、家庭与个人的统一性的教化时间在中国学校中出现，使得之前传统与现代教育时间杂糅的状态有大幅改观。受此影响，女子学校也多采用现代教育时间，学校规定具体毕业年限要求，以星期、学期区隔学习进度，以钟点时间作为安排授课时数、授课进度及其他教育活动的基础参照，使得学生的身体时间化步入一种前所未有的统

① 嘉兴爱国女学社简章[N]. 苏报，1903-06-16.

② 上海女子苦学社简章[N]. 苏报，1903-06-22.
公立杭州女学校章程[J]. 浙江潮，1903(10).
宗蒙女学堂新章程[N]. 警钟日报，1904-03-16.
石门公立文明女塾简章[J]. 女子世界，1904(8).

③ 甲辰年斌新学堂续订学生规约[J]. 萃新报，1904(2).

一与精准中。北洋高等女学堂明确规定：高等本班及师范班的毕业年限为3年，预备班的为1年，至于学期假期“遵奏定各学堂章程，一律办理”[①]。这既说明在《女子学堂章程》尚未颁布之时，女子学校的教学安排更多的是依据《奏定学堂章程》，又说明女子学校采用“癸卯学制”中现代教育时间的自觉性。这种按钟点、学期及学年来安排学校教学的做法，随着1907年《女子学堂章程》的颁布而成为女子教育场域中主导性的时间概念。

现代教育时间在女子学校场域中的地位，从清末教育改革开始，一直到民国时期，呈现出逐步加强的趋势，而且，随着现代学校体系愈加完善及民国政府对学校教育的不断整顿，一种更密集、紧凑的教育时间安排机制在学校中形成。整体来说，相较于传统学堂，引入现代教育时间的女子学校在管理上表现出以下特点：1. 传统教育中模糊、不间断的教学时间，被学年、学期、星期及钟点等时间区隔方式加以分割，将教学与休息时间明确区分开来，同时，表明教学程度的深浅。2. 在学校日常时间安排中明确“休息”的重要性，营造出了动静结合的教学氛围。这样的现代教育时间体制，开发出了为时间所网罗的女学生身体。

四、现代教育时间下的女学生身体

受“男主外，女主内”性别秩序的影响，传统中国女子身体活动局限在家庭这方狭小的空间。在这方空间内，女子身体活动的对象主要是家务劳动。1868年，曾国藩在担任两江总督任内，曾为家族女性制订了一个时间表，如下：

> 早饭后，做小菜、点心、酒酱之类食事
> 巳、午刻后，纺花或麻衣事
> 中饭后，做针线刺绣之类细工

① 北洋高等女学堂试办章程[J]. 教育杂志，1905(19).

酉刻（过二更后），做男鞋、女鞋或缝衣粗工[①]

从曾家这份女性生活作息时间表中可以看出，家务劳动是传统女性生存价值体现的根本渠道。家务劳动的时间特点是从原点开始回到原点式的，无穷式循环。也就是说，传统女子身体活动遵循着典型的古代时间。近代女子学校教育的兴起，从女子身体活动的时间面向上来看，增加了现代时间这种新的时间形式对女子身体的影响。对现代教育时间制下的女学生身体的分析，有两个参照体系：一是传统女子身体活动，二是同时期的男学生身体活动类型。虽然由于历史的连续性，女学生身体活动同传统女子身体活动之间有某些类似，但二者之间主要表现为巨大的裂变，而且，在女学生身体国家化的主导下，同时为现代教育时间所规范的身体，男女学生身体之间仍然存在一定差异。

（一）身体活动钟点化区隔

现代教育时间引入女子学校的过程，也是女学生身体钟点化的过程。在这个过程中，学校的课程安排、学生操行评价、学生作息时间、学生轮值安排等，都是以钟点时间为基准而设定的，借助于各种时间表，学生的身体活动趋于统一化与标准化，从而塑造出钟点化身体。女学生身体的钟点化体现在三个方面：身体活动的钟点制分割、身体评价“时间导向”的确立、学习时间与休息时间的严格区分。

女学生身体钟点化的突出表现是身体活动被钟点时间所分割。作为集体性社会化组织，现代学校最大的特征是依靠制度时间运转。所谓制度时间，指的是根据组织的运转安排而制订出的时间表，是要求组织成员共同遵守的时间，[②]“要求且刺激着以数量化的时间来调节社会生活”[③]。依靠制度时间运转的女子学校教育，把女学生身体收编其中，使其行为与活动严格遵循时

① 杨联陞. 国史探微[M]. 北京：新星出版社，2005：50.

② J. D. Lewis, Andrew J. Weigert. The Structure and Meanings of Social Time[J]. Social Forces, 1981, 60: 432—462.

③ [英]安东尼·吉登斯. 民族国家与暴力[M]. 胡宗泽，译. 北京：生活·读书·新知三联书店，1998：215.

间管理。下表是苏州女子中学订立的起居作息时间表，早上6：30鸣钟50声召唤学生起床，晚上9：30鸣钟12声督促学生就寝，一天24小时全部在学校钟点时间表的安排中进行。在此期间，身体依据钟点而起的钟鸣声随时调整，或上课，或进早膳，或自习，或休息游戏，以钟点制为基础而订立的时间表，通过鸣钟而实现对女学生身体活动的控制与分割。随着现代教育时间在女子学校教育中的确立，女学生在学校的所有生活都纳入钟点时间之网，当然也可以说，这是学生身体活动被钟点制所分割而产生的碎片化。身体活动的碎片化容易让学生产生机械、无聊之感。在一名女学生对校园生活的描述中就流露出上述情绪："急急地走过走廊上，心想这机械生活，不知何时能完。"①

严格的时间表不仅是学校集体管理得以实现的重要手段，是学校秩序与领导权威得以建立的保障，也使得女学生把这种钟点制内化为安排自己生活的方式。学校以精确计时安排学生生活影响学生时间观念的养成，尤其是学校运用惩罚及奖励措施，鼓励学生形成守时意识，促使学生自觉依据钟点时间对自己的身体活动进行规约，达到合理安排时间的目的。

身体评价"时间导向"的确立是女学生身体钟点化的表现之一。当钟点时间主宰女学生学校生活后，身体"遵守时间与否"受到前所未有的重视。我国传统教育有重考试、轻教学的传统，无论是在官学、社学、书院还是私塾，教师的讲授比较少，大多以学生自学为主，但考试则比较频繁。很显然，在这样的教育体系中，守时与否在对学生的衡量中没有太大意义。但是，现代教育时间下的学校中，身体的准时到场成为学校管理与教学开展的基本前提，学校评价学生的维度中必然增加对时间的考察，身体守时性无疑成为一项新的评价学生的标准。"时间导向"的身体评价的确立，也意味着传统的富有弹性的自主学习方式的消失，对学习的严格监管与时间约束在学校中盛行。现摘录几条定海女中的请假规程，以示说明：

学生请假满半日以上者，须有家长鉴印之请假书说明理由；学生全

① 朱蔓荫．学校生活的片断[J]．玲珑，1935(10)．

学期缺席时数满上课时数四分之一以上者，不给学分或分数；凡缺课满二十五节者，扣学业总评半分，五十节者扣一分，余类推。[①]

从定海女中的请假规程中可以看到现代学校体制的建立与学校管理制度的制定有着对时间考量的高度关切。对身体来说，这一套时间体系实际上意味着必须严格遵守规定的学习时间，她们在失去学习自主权的同时，被迫进入身心高度紧张的焦虑状态。如何妥当地分配时间，确保身体准时且高效地在场，成为学生最在意的事情。一名女学生在日记中这样记载：

早上起得太晚了，匆忙地梳洗完，将要吃点心，一眼瞥见了漱口水在那里满满的放着，不禁想起“忙中出错”的一句话，并不是丝毫没有根据的。国文课时，马先生因为我们的日记里，看出我们都觉得时间上不够分配，所以他说“在你们读书的时候，聚精会神地注意功课，玩的时候，就尽量地玩，所得的成效一定很大”。但是，我们连玩的时间都没有，“尽量”两个字也就谈不上了。[②]

在学校围绕着上下课、吃饭、起床、就寝、奖惩等制定了一系列严格的时间规制后，传统女性身体的悠闲与随意荡然无存，取而代之的是依照冷漠的钟点而生活的匆忙与“忙中出错”。与此同时，过去不予考虑的“时间分配”问题进入女学生考量的视野，说明她们试图通过合理分配时间而主宰时间，这从另一个角度反映出“时间导向”身体评价下女学生对被时间严格控制而丧失主动性的不满与反抗。

女学生身体钟点化的又一个表现，是学习时间与休息时间的明确区分。引入现代教育时间制的女子学校对学生身体活动进行了明确区隔，产生了标准的作息时间表，劳动与休息交错安排，劳逸结合，这同传统教育中学习与休息的混沌一体形成鲜明对比。蒋梦麟曾谈到自己在旧私塾读书时的经历：

① 请假规程[J]. 定海女中校刊，1932：105—106.

② 李鸾鼎. 学生生活：三日记[J]. 女师学院季刊，1932(1—2).

“根本没有礼拜天这回事，每逢初一、十五，我们就有半天假，碰到节庆，倒也全天放假，例如端午节和中秋节。新年的假期比较长，从十二月二十一直到正月二十”；具体到一天的学习安排，则是“先生从清晨到薄暮都端端正正地坐在那里”[①]，当然，学生也必须端端正正地坐在书塾内诵读经书，除了吃午饭外，都是上课时间。学生要想休息，只有采用“尿签制度”，轮流上厕所，以求得片刻的闲暇，因此，“书房内，出去小便与出恭的学生总是川流不息的”。

在传统教育中，时间区隔是模糊且被动的，学生只得用“尿签”这种具象的身体行为，换取片刻的休息。钟点时间用长短不一的转针，将抽象的时间机械性地加以视觉化呈现，并借助于学生身体行为的改变把秒、分、时等这些空洞的时间刻度转化为直观真切的存在。从一名女学生对学校生活的描述中，可以看到劳逸结合的时间区隔带给学生快乐的身体体验：

> 受课之时，有不明了者，师长谆谆教我，不惮烦劳，我等由昧而明，其中之乐，何可言喻。课毕之暇，同学互相研究，析疑问难，借他山之助而我之学业，无形中受益匪浅。治课之余，则有操场可以散步，各种器械可以运动。当夫春秋二季，风景最佳之时，校中有旅行之举，使我等眺览名胜，以补课内之不足。[②]

通过这名女学生对普通学校生活的记述，可以窥见当时女学生的校园生活情形。在时针的精确指引下，学校生活分割为紧张的“受课之时”与放松愉悦的“课毕之暇”，即便学校功课有“不明了”之处，因有师长、同学相伴解疑，因有课暇快乐时光，所以，该名女学生说，虽然“余幼时挟书随邻儿入学，终日昧昧，常以学校为苦境”，“迨入高小，知学校生活之乐”[③]。

---

① 蒋梦麟．西潮与新潮：蒋梦麟回忆录[M]．北京：东方出版社，2006：37—38.

② 彭湫兰．学校生活之乐处[J]．江苏省第二女子师范学校校友会汇刊，1925(18).

③ 彭湫兰．学校生活之乐处[J]．江苏省第二女子师范学校校友会汇刊，1925(18).

其实，工作（学习）时间与休息时间的决然分割是社会现代性的重要标志之一。日常生活批判理论之父列斐伏尔曾指出：生产与生活融为一体是古代社会与现代社会最大的不同。古代社会，农民每天的生活与生产在同一个场所，生产、生活与休息浑然不分，到了现代社会，因为生产与生活不再在同一个场所，生产与生活的关系发生改变，出现分化与分离，工作与休息区隔开来。①而现代时间则为这种区隔提供了严谨、精准的计时，工作间的休息以钟点制、星期制的形式规定下来，使得人们可以从繁忙的劳动中解脱出来。学校中的休息同样发挥着这样的作用，“课毕之暇”“日曜日（星期日）”的存在，让女学生身体获得放松。当然，这种区分在学校生活中增加了“课余生活”这一环节，让女学生体会到了由现代时间所带来的生活方式的变化。

（二）讲究身体活动效率

现代时间同资本主义生产的结合，赋予时间以经济价值。马克思在“必要劳动时间”理论中更是揭示出现代时间追逐效率的本性。不难理解，守时、惜时因此成为西方工业文明所推崇的价值观。近代以来，在西风东渐的历史时局下，国人引入代表现代文明的现代时间体系，对以传统文化为载体的传统时间体系展开了深刻的检讨与批判，提倡守时高效的生活，②“效率”与“时间经济”开始影响国人生活，并成为近代国民性改造话语中的重要内容。1934年，蒋介石在南昌发表讲话，教导人们“要宝贵时间”，并主张“提倡新生活运动，一定要使一般国民人人明了时间之可贵，人人能及时努力！第一步尤其是要养成遵守时间的习惯……如此则使时间不致浪费，事事可以办好”。抗战结束后，1947年南京国民政府行政院颁布《厉行守时运动实施办

① 刘怀玉．现代性的平庸与神奇：列斐伏尔日常生活批判哲学的文本学解读[M]．北京：中央编译出版社，2006：191.

② 1898年，谭嗣同、熊希龄等在湖南创办“延年会”，制订严格的作息时间表，提倡入会会员遵守，从而引导会员过节制、规律、高效的生活。

参见：蔡尚思，方行．谭嗣同全集[M]．北京：中华书局，1981：411.

法行政院令》[1]，对守时、惜时制定出一套详细的实施细则。可以说，守时、惜时，向时间要效率、要经济，成为一场遍及国家各个领域内的运动。

时间经济在近代中国被赋予更多的社会意义与期待，攸关经济发展、教育改善、社会进步乃至国族存亡。对此，台湾学者黄金麟指出："为了国族的生存，中国在此阶段积极吸纳西方的时间计算方式，甚至以此作为效率化身体发展的基础，但也在这个吸纳过程中，身体成为计算的对象甚至变成一个普遍的形式。"[2] 尤其是现代工业化时间计算引入教育领域后，改变了之前依晨昏和季节作为教育时间的节奏，学生身体发展被纳入强烈的时间感应与计算中。为了保障现代性的女学生身体发展得以具体高效落实，讲究教育时间内身体活动的效率成为现代教育时间下女学生身体遭遇的另一种挑战。因此，关于教育时间的安排与分配问题为人们所重视。

从时间角度对教育效益的追求，主要有两种途径：一是外延式，主要表现为延长或增加教育时间，从而增大教育效益；一是内涵式，主要表现为着力提高教育时间密度。[3] 通过上述两种方式，近代国人谋求教育时间内女学生身体发展的最大效果。

确保受教育时间总量，以时间为核心计算要素，考量教育效益的提升，是外延式谋求女学生身体活动效益最大化的方式。基于这种考虑，无论是清末政府、民国教育部，抑或私立女子学校，均注重授课时间总量的稳定。首先，在章程中对授课时间总量进行制度性规定。1907 年，清末政府颁布《女子学堂章程》，对女子师范教育及女子初小、高小教育的授课时间进行了细致、明确的规定：女子师范学堂"修业年限为四年，教授日数每年四十五星期，教授时刻每星期三十四点钟"。女子初等、高等小学堂"修业年限，均为四年。其星期授业钟点，在女子初等小学堂，至少以二十四点钟为率，

① 厉行守时运动实施办法行政院令[J]. 北平政府官报，1947(20).

② 黄金麟. 历史、身体、国家：近代中国的身体形成(1895—1937)[M]. 北京：新星出版社，2006：185.

③ 我国学者孙孔懿依据马克思提出的"劳动时间密度"的概念，创造性地提出"教育时间密度"，即"在单位时间内，教育者和受教育者为达到某一教育目的而付出的劳动(脑力的和体力的)数量和质量。换而言之，教育时间密度就是单位时间内教育活动的紧张度"。参见：孔孙懿. 教育时间学[M]. 南京：江苏教育出版社，1998：160—165.

多不得过二十八点钟；在女子高等小学堂，至少以二十八点钟为率，多不得过三十点钟。但依地方情形，有只教半日者，则年限、钟点可酌量变通”[①]。

在清末学制的基础上，民国教育部对各级学校的教学时间进行了更为专业、精确的厘定。1928年，南京国民政府大学院颁布《小学暂行条例》，规定每周授课时间：小学一、二年级为1140分钟，三、四年级为1320分钟，五、六年级为1530分钟。[②]后来，在1932年颁布的《小学课程标准》及1942年颁布的《小学课程修订标准》中，均对各年级的教学时间给出明确规定，且总教学时数呈增长趋势。[③]不仅官方重视教学时间总量，私立女校对教学时数同样重视。以无锡竞志女校为例，该校规定每周授课时间：“幼稚，24小时；初等小学一、二年级，29小时；三、四年级，30小时；高等小学一、二年级，33小时；中学及师范，各35小时至38小时。”另外，对“通学生”，要求“每日上午八时半到校，下午四时后散课”，对“寄宿生”，规定“晨以六时半起，晚以九时半寝”。[④]

上述是从整体教学时间来谈的。另外还应注意的是，晚清民国时期，在一定的女子教育目的下，会对科目的教学时间数进行相应的调整、更新，换而言之，根据一定的教育目的，构建不同的教育时间结构。清末政府颁布的《女子学堂章程》，在教育总要中强调：“女子性质及将来之生计，多与男子殊异。凡教女子者，务注意辨别，施以适当之教育。”[⑤]1919年，根据全国中学校长会议讨论的“女子中学校应注重家事实习”提议，北洋政府教育部在女子教育应养成学生注重家庭生活的“兴女学之本旨”下，颁布第217号

① 璩鑫圭，唐良炎．中国近代教育史资料汇编：学制演变[M]．上海：上海教育出版社，1991：576，584.

② 毛礼锐，沈灌群．中国教育通史：第5卷[M]．济南：山东教育出版社，1988：305.

③ 在1932年颁布的《小学课程标准》中，每周教学时间为：一年级1170分钟，二年级1260分钟，三年级1380分钟，四年级1440分钟，五、六年级1560分钟。1942年，教育部公布《小学课程修订标准》，规定每周教学时间为：一年级1080分钟，二年级1170分钟，三年级1290分钟，四年级1350分钟，五、六年级1500分钟。选自：毛礼锐，沈灌群．中国教育通史：第5卷[M]．济南：山东教育出版社，1988：304—305.

④ 璩鑫圭，唐良炎．中国近代教育史资料汇编：学制演变[M]．上海：上海教育出版社，1991：906—907.

⑤ 璩鑫圭，唐良炎．中国近代教育史资料汇编：学制演变[M]．上海：上海教育出版社，1991：585.

训令，规定“家事为女子中学校最重要之科目，应增加时数，注重实习”，在从设备上补充完善的同时，增加实习时间，“拟每周增加一小时，专供实习之用，并得于课外实习”。①

除了对教学时间总量给出制度性要求外，学校还严加考勤，控制请假，惩戒缺席，确保女学生身体在教育场域中在场的时间量。竹荫女校制订“告假规则”，要求女学生无事不得随意请假，“家族不在本城者，无事不得藉端请假外出”，因事或有病请假，应履行请假手续，“须向管理员陈明理由，给予假牌”②。云南省立女子中学对请假手续要求更为繁杂：“凡因不得已事故缺席者，须先时由家长填写通知表，叙明理由，签盖名章，到校请假”，“在校内因临时疾病或不得已事故，不能上课者，须向学监声明，经其许可填写通

本學期寄宿生請假外宿統計表

級別		高師三年級	高師二年級	高師一年級智	高師一年級眞	高普三年級	高普二年級	初中三年級甲	初中三年級乙	初中二年級甲	初中二年級乙	初中一年級甲	初中一年級乙	備考
全級人數		36	43	43	44	29	44	27	24	39	43	49	47	
外宿人數		23	29	19	17	18	19	11	11	7	12	16	21	
外宿事由及次數	例	176	62525	4247	853	151	83	61	213	36	125	110	249	
	事	146	167	1010	26	117	117	31	34	33	44	46	44	
	病	77	53	15	41	58	30		14	2	3	21	8	

二十一年度上學期　　訓育處統計

图7-12　苏州女子师范学校寄宿生请假外宿统计表

〖资料来源：本学期寄宿生请假外宿统计表[J]. 苏州女子师范学校校刊，1933(24).〗

① 教育部训令第217号：女子中学校家事一科应注重实习[J]. 政府公报，1919(1188).

② 告假规则[J]. 竹荫女学杂志，1913(1).

知表呈学监盖章”。[①]在控制请假的同时，对缺课者给予惩罚，以惩戒身体的缺席。广东女子中学校章规定对缺课超过五分之一者，给予“不得参与学期考试”[②]的处罚。云南省立女子中学对无故旷课者，“至每月终计算其多寡，减去其操行分，或令其停学”；对迟到者“每月迟到至十小时者，减去其学业成绩总平均分”。[③]一言蔽之，在“时间者，黄金也”的认识主导下，“学生不应以细故告假”[④]的原则渐渐从学校外部控制与学生自我约束两个方面规范着女学生身体。

通过增加教育时间密度，提高在场身体活动的价值。马克思曾说：“计量劳动时间的，除了它的‘外延量’以外，还有它的密度。”[⑤]借用马克思的话，讲究教育时间，除了增加教学时数以外，还可以提高教育时间密度。合理分配教学时间，使其适合学生身心发展，帮助儿童养成“从事紧张的、创造性的脑力劳动的习惯，善于把整个学生集体保持在这种紧张的状态里，并赋予这种紧张感以积极的性质”[⑥]，是增加教育时间密度的途径之一。事实上，从西方和日本传入我国的对教育时间进行科学研究的关注，早在清末已经兴起，并一直持续到民国仍方兴未艾。[⑦]国人除了译介西方和日本的研究成果外，还援引国外理论，结合本土教育现状对教育时间相关问题展开探讨，如授课时间的长短、温课时间、复式班级的讲授时间安排、教学时间与

① 禁止学生无故缺席[J]. 女学界，1923(4).

② 统计缺课学生[J]. 女中半月刊，1932(4).

③ 禁止学生无故缺席[J]. 女学界，1923(4).

④ 芙岑. 论学生不当以细故告假[J]. 女学生杂志，1911(2).

⑤ [德]卡尔·马克思. 资本论：第1卷[M]. 郭大力，王亚南，译. 上海：生活·读书·新知三联书店，2013：449—450.

⑥ [苏联]苏霍姆林斯基. 给教师的建议[M]. 杜殿坤，译. 北京：教育科学出版社，1984：152.

⑦ 陆费逵. 减少授课时间[J]. 教育杂志，1909(7).

沈颐. 小学堂宜定温课时间[J]. 教育杂志，1909(10).

教授时间之研究[J]. 教育杂志，1914(12).

吴剑飞. 小学教育时间之经济问题[J]. 教育周报，1915(90).

[美]Hallquest. 上课时间的三个作用[J]. 杨贤江，译. 教育杂志，1920(5).

复式学级时间支配举例[J]. 义务教育月刊，1925(7).

儿童精神疲劳问题的实验[J]. 江苏省小学教师半月刊，1935(21).

儿童精神疲劳等。根据孙孔懿的研究，合理的教育时间密度表现为促使学生保持积极的学习状态和主动的求知意识，能调动学生的各种感觉器官参与学习活动。[①]上述关于教育时间的讨论，致力于运用教育学与心理学知识，从学生生理与心理发展的科学角度，精细化安排学生的学习与休息时间，着力提高教育时间密度。近代关于"教育时间"的研究成果颇丰，实际影响也很大，比如关于"分数制授课时间"[②]的研究成果就得到实际推广应用。1922年，江苏省教育厅通令全省所属小学校，依据"分数制"制订教学时间。[③]

讲究教学方法，提高单位教学时间内的效率。现实中的教育时间密度同"合理的教育时间密度"相去甚远，表现为现实中的教育时间密度和教学效率的低与片面。而造成这一问题的主要原因在于，教学内容单一与教学方法单调。为提高女学生身体活动的效率，女子教育注重教学内容的多样化与教学方法的生动性。1907年，清末政府颁布《女子学堂章程》，在对"各教科要旨程度"给出要求的基础上，对讲授要求给予特别强调。例如，对女子初等、高等小学堂中的修身科，要求"授修身者，务援引古今名人及良媛、淑女嘉言懿行，以示劝诫，常使服膺勿忘"；对"授中国历史者，务授以图画、地图、标本，使生徒易想象当时之实状；尤须使与修身所教授事项，互相联络"。[④]竞志女学考虑学生身心特点，在初等小学教授中，多用启发的教学方式；在高等小学，并用输入法与启发式；而在中学及师范，多用输入教

---

① 孔孙懿. 教育时间学[M]. 南京：江苏教育出版社，1998：163—166.

② 所谓"分数制"，是相对于"钟点制"而来。因为"钟点制"教学时间不能有伸缩的弹性，过于整齐划一，不符合儿童心理及个性发展，针对这些弊端，西方研究者提出以"分数制"改革钟点制教学时间。20世纪20年代，"分数制"理论传入我国，并为众多研究者所推崇，江苏省教育厅于1922年通令全省所属学校采用"分数制"制定教学时间表。

参见：钟点制的分数制之异点[J]. 义务教育月刊，1925(1).

小学校教学改用分数制的商榷[J]. 无锡县教育会会刊，1922(3).

孙士庆. 小学校分数制之时间表[J]. 上海：商务印书馆，1923.

③ 蒋维乔. 江苏省教育厅训令第二千二百四十八号[J]. 江苏省公报，1922(3167).

④ 璩鑫圭，唐良炎. 中国近代教育史资料汇编：学制演变[M]. 上海：上海教育出版社，1991：906—907，585—586.

学法，间用启发式教学。[①]教学不是单纯的身体在场，重要的是使身体积极参与，引起身体良好的情绪感觉。教学方法的讲究，一定程度上克服了教学内容文字符号的枯燥与单调，多方位调动身体感官的参与，促进身体与教学世界的积极联系。

随着近代教育改革的推进，钟点制、星期制、学期制及学年制等现代教育时间在女子身体上落地生根。可以说，现代教育时间改变中国学校教育的同时，通过对学校教育的影响而实现对女学生身体的强力渗透，规范与形塑了女学生身体。从上文的论述中所呈现出的女学生身体时间化的变迁画面，可以总结为“松散走向有序”与“悠闲走向焦虑”。这个图景反映出近代学校的时间规制并非一蹴而就，恰恰相反，是由若干因素而逐步完善形成。近代工业化力量、现代学校教育体系改革及国家“惜时”运动共同推动着以铃声、作息时间表、课程表以及校历所构成的现代教育时间分割女学生身体的活动。

在爬梳史料中，很少发现女学生对学校中的现代时间建制的质疑或不适应之感，显然，置身于学校场域中的女学生都觉得遵守规律的作息时间表是很自然的。这里面当然部分源于从传统时间观中借鉴的“惜时”观，更多的应是如杨联陞所提出的，中国“传统对勤劳的强调及遵守作息时间表的习惯，大概有助于中国这一个长久的帝国的维持，而这些因素无疑地将会有助于中国的工业化和现代化”[②]，同样的道理，对“勤”的崇尚与遵守作息时间表的习惯，显然可以解释女学生对现代时间建制的迅速适应。正是在这种时间规制下，钟表时间从表盘上冷冰冰的刻度针上走下来，物化为具体的女学生身体活动与行为，女子的身体和钟点时间紧密联系起来，受到钟点时间无所不在的牵制，形成同传统女性截然不同的身体活动形式，塑造出具有现代性的女性身体。

---

① 璩鑫圭，唐良炎．中国近代教育史资料汇编：学制演变[M]．上海：上海教育出版社，1991：906—907.

② 杨联陞．国史探微[M]．北京：新星出版社，2005：78.

结语

马克思指出："全部人类历史的第一个前提无疑是有生命的个人的存在。因此，第一个需要确认的事实就是这些个人的肉体组织以及由此产生的个人对其他自然的关系。任何历史记载都应当从这些自然基础以及它们在历史进程中由于人们的活动而发生的变更出发。"[①] 教育历史得以发展的第一个前提也是有生命的个人身体的存在。教育史研究必须从人生命的归属"身体"出发，才能回到教育史研究的本质诉求。可以说，教育身体史研究便是这种本质诉求的具体尝试。那么，教育身体史研究要最终顺利开展，必须从以下几方面努力：

首先，重视教育身体史研究的理论探索。具体来说，教育身体史研究的理论探索可从以下几方面努力：

1. "教育身体"的概念。概念是人脑对事物特有属性的反映，概念的明确是研究的出发点。因此，哲学、教育学、历史学等其他学科在研究"身体"时，均注重理清"身体"的概念，这才有助于身体哲学、身体教育学、身体史学等研究顺利开展。教育身体史研究必须要从"身体""教育身体"这两个最基本、最核心的概念出发，清晰定义何谓"身体""教育身体"，以此才能明确教育身体史研究对象的本质。

① [德]马克思，恩格斯.马克思恩格斯选集：第1卷[M].北京：人民出版社，1995：67.

2．“教育身体”的分类。一般来说，在对概念界定的基础上，研究者还要对其进行类型划分。教育身体史研究也不例外。具体来说，教育身体史研究要适当借鉴哲学、教育学、历史学、社会学等学科对“身体”的划分，参照本学科研究对象的独有特点，对“教育身体”进行分类，以此成为研究框架、研究内容得以确定的标准。

3．研究的方法论。ISCHE38摘要集中有学者指出可以使用档案、图片、影像、报告书、日记等，这为教育身体史研究如何确定史料来源提供了借鉴。当然，这对于教育身体史研究顺利开展还远远不够。具体来说，在确定教育身体史研究后，研究者必须考虑研究的方法论问题，可以从明确史料的来源、搜集史料的方法以及确定恰当的研究方法和相应的研究思路等方面入手。

其次，重视教育身体史研究的实践应用。弗里曼·巴茨指出：“研究教育史，就其本身而言，是不能解决目前的实际问题的，但它可以帮助我们更为聪明地解决目前的实际问题。的确，研究教育史可以帮助我们看到目前最重要的问题是什么。我们的任务就是找出这些重要问题是怎样出现的，过去曾怎样解决的，过去解决的办法能否用来解决目前的问题，使我们更为聪明地解决目前的实际问题。研究教育史可以产生两种效果：一是让人看清过去解决问题的要素有哪些还存在于现在；二是让人看清不同时代、不同民族曾怎样解决类似（而非相同）目前出现的问题。每个时代都应该根据其社会和文化需要重新阐释其教育。”①教育身体史研究也如此，要重视实践应用。研究历史上社会、教育活动等对教育参与者的身体规训、对教育空间的改变、对教育感官的训练等，也为更好地规划当前的教育空间、进行性别教育等提供了借鉴。

最后，突出教育身体史研究的最终诉求——生命关怀。可以说，教育实际上“是一种生命与生命之间的相互对接与交融，也是生命与生命之间的相互摄养。这种生命间的对接、交融，也是人的生命之本性。只有人，其生命

① Robert Freeman Butts. A Cultural History of Education Reassessing Our Educational Traditions［M］. New York McGraw-Hill Book Co.， 1947： 1—2.

才有可能从负载他的生物学的生命体中逸出，去与其他人的生命相交会。走向他人，走向社会，走向文化，从而使个体生命得以跨越有限而融合于无限，寄寓于永恒。因此，教育绝不是简单的知识与技能的移植，知识与技能只有当它们凝聚为生命的智慧时，才有可能进入生命交流与融合的渠道。教育的真谛与要义就在于使人获得属于人的生命，去取得人的身份和资格，它要使人成其为人"[①]。教育身体史研究在对教育参与者"身体"关注和研究时，同样注重从"身体"出发实现勾勒出其与社会、文化、教育的互动，前者受后者的影响和制约，同时其主观能动性也会改变后者，实现"身体"的生成。不仅如此，在关注教育参与者"身体"生成和存在的同时，还关注教育参与者的"身体体验"，最终突出对其的生命关怀。

① 鲁洁.南京师范大学：一本用生命打开的教育学[J].南京师范大学学报(社会科学版)，2002(4).

参考文献

期刊类：

陈春声．中国社会史研究必须重视田野调查［J］．历史研究，1993（2）．

陈乐乐．具身研究的兴起及其教育学意义［J］．苏州大学学报（教育科学版），2016（3）．

陈玉华，李雁冰．校服：一种被习惯化的非教育元素［J］．上海教育科研，2009（3）．

陈元朋．身体与花纹：唐宋时期的文身风尚初探［J］．新史学，2003（1）．

陈蕴茜．身体政治：国家权力与民国中山装的流行［J］．学术月刊，2007（9）．

程郁华．发现身体：西方理论影响下的中国身体史研究［J］．历史教学问题，2013，（3）．

楚江亭，郭德侠．身体教育：一个有待拓展的领域：当代学术界身体研究新进展及教育启示［J］．国家教育行政学院学报，2018（7）．

戴军，于伟．身体规训及其合理性论析［J］．教育科学研究，2008（5）．

杜丽红．西方身体史研究述评［J］．史学理论研究，2009（3）．

冯尔康．清初的剃发与易衣冠：兼论民族关系史研究内容［J］．史学集刊，1985（2）．

冯合国．现代教育中的“身体”关怀：基于梅洛-庞蒂身体现象学的视角［J］．现代大学教育，2015（6）．

冯合国．由“反身”到“正身”：现代教育的身体转向［J］．湖南师范大学教育科学学报，2013（3）．

葛红兵．个体文化时代与身体型作家：90年代的小说转向［J］．山花，1997（3）．

葛红兵．身体写作：启蒙叙事、革命叙事之后：“身体”的当下处境［J］．当代文坛，2005（3）．

侯海凤．儿童的时间观念与儿童教育时间的“取法自然”［J］．学前教育研究，2009（8）．

侯杰，姜海龙．身体史研究刍议［J］．文史哲，2005（2）．

胡金木．压制、隐匿与凸显：道德教育中的身体转向［J］．教育理论与实践，2007（10）．

胡适．胡适与陈世棻书：论中国教育史［J］．教育杂志，1924（12）．

胡万年，叶浩生．中国心理学界具身认知研究进展［J］．自然辩证法通讯，2013（6）．

胡艳华．西方身体人类学：研究进路与范式转换［J］．国外社会科学，2013（6）．

黄俊杰．中国思想史中“身体观”研究的新视野［J］．现代哲学，2002（3）．

黄克武，李心怡．明清笑话中的身体与情欲：以《笑林广记》为中心之分析［J］．汉学研究，2001（12）．

蒋竹山．女体与战争：明清厌炮之术“阴门阵”再探［J］．新史学，1999（3）．

金生鈜．“规训化”教育与儿童的权利［J］．教育研究与实验，2002（4）．

李伯聪．免疫系统和身体的“超我”［J］．自然辩证法研究，1996（6）．

李冲锋．学校里的身体：学生的身体遭遇［J］．教育理论与实践，2006（12）．

李宏图．当代西方新社会文化史述论［J］．世界历史，2004（1）．

李柯柯，扈中平. 教育中“身体”的解放与自由 [J]. 教育研究与实验，2015（1）.

李喜所. 辫子问题与辛亥革命 [J]. 社会科学研究，2001（6）.

李贞德. 从医疗史到身体文化的研究：从“健与美的历史”研讨会谈起 [J]. 新史学，1999（4）.

李政涛. 身体的“教育学意味”：兼论教育学研究的身体转向 [J]. 教育理论与实践，2006（11）.

李忠，尹春玲. 论身体教育：教育人学视域的身体及身体教育 [J]. 当代教育科学，2018（10）.

李忠，亓婷婷，郝洁. 从规训到尝试解放：人学视域下的晚清身体教育变革 [J]. 华东师范大学学报（教育科学版），2016（4）.

连新，胡晓红. 身体：社会学的新视域 [J]. 山西师大学报（社会科学版），2015（1）.

刘海萍. 从“身”开始：具身认知对学校管理的启示 [J]. 全球教育展望，2015（9）.

刘铁芳. 生命情感与教育关怀 [J]. 湖南师范大学社会科学学报，2000（5）.

刘宗灵. 身体史与近代中国研究：兼评黄金麟的身体史论著 [J]. 史学月刊，2009（3）.

麻国庆. 身体的多元表达：身体人类学的思考 [J]. 广西民族大学学报（哲学社会科学版），2010（3）.

马维娜. 教学时空的双重建构 [J]. 课程·教材·教法，2004（12）.

毛毅静，丁钢. 别样的历史叙事：作为一个研究领域的教育影像 [J]. 教育研究，2013（1）.

梅琼林. 囚禁与解放：视觉文化中的身体叙事 [J]. 哲学研究，2006（3）.

彭富春. 身体美学的基本问题 [J]. 中州学刊，2005（3）.

彭富春. 身体与身体美学 [J]. 哲学研究，2004（2）.

彭恒礼. 论壮族的族群记忆：体化实践与刻写实践 [J]. 广西民族研究，2006（2）.

彭亚非．“身体写作”质疑［J］．求是学刊，2004（4）．

钱洁．校服：一种身体管理策略［J］．教学与管理，2007（9）．

邱昆树，闫亚军．教育中的身体与身体教育［J］．教育学术月刊，2010（11）．

邱仲麟．不孝之孝：唐以来割股疗亲现象的社会史初探［J］．新史学，1995（1）．

裘锡圭．阅读古籍要重视考古资料［J］．文史知识，1968（8）．

桑志坚．作为一种规训策略的学校时间［J］．湖南师范大学教育科学学报，2014（5）．

史敏．中国现代女性身体史研究述评［J］．史学月刊，2017（2）．

宋剑．时空的教育学意蕴：博尔诺夫教育人类学的独特视阈［J］．教育理论与实践，2009（5）．

孙益，张乐，罗小连．20世纪90年代以来的德国教育史研究：以德国教育史学会和《教育史年刊》为核心的考察［J］．外国教育研究，2014（8）．

孙元涛．身体问题的教育学思考［J］．教育理论与实践，2006（10）．

谭斌．论教育学中关于“生活世界”的话语［J］．南京师大学报（社会科学版），2001（1）．

谭维智．道德教育中的身体处置问题：道家庄子的观点［J］．华东师范大学学报（教育科学版），2011（1）．

田正平．老学科 新气象：改革开放30年教育史学科建设述评［J］．教育研究，2008（9）．

王海英．“凝视”与“倾听”：感官社会学视野下的师生观［J］．教育理论与实践，2005（11）．

王坤庆．关于教育研究方法论的探讨［J］．黄冈师范学院学报，2005（1）．

王强．道德教育与身体关系省思［J］．南京师大学报（社会科学版），2008（1）．

王睿，熊和平．教育类影视中学生身体的“抗诉”方式［J］．教育学术月刊，2012（11）．

魏珂．近代中国小学生身体形塑研究［J］．华东师范大学学报（教育科学版），2016（4）.

文军．身体意识的觉醒：西方身体社会学理论的发展及其反思［J］．华东师范大学学报（哲学社会科学版），2008（6）.

谢光前．古希腊体育与身体意识的觉醒［J］．体育学刊，2006（2）.

谢玉娥．当代女性写作中有关“身体写作”研究综述［J］．河南大学学报（社会科学版），2008（3）.

熊和平，王睿．身体标准化缘何从“头”开始：中小学生的发型管理研究［J］．全球教育展望，2012（12）.

熊和平．课程与身体：微观权力观的视角［J］．比较教育研究，2006（11）.

熊和平．知识、身体与学校教育：自传视角［J］．教育学报，2014（6）.

徐冰鸥，孟燕丽．学校教育中学生身体的在场、规约与解放［J］．山西大学学报（哲学社会科学版），2018（6）.

徐山．塑造身体德性：学校体育的德育使命［J］．教学与管理，2014（11）.

徐卫民．汉废帝刘贺新论［J］．史学月刊，2016（9）.

闫光才．校服的一种文化阐释［J］．教育科学研究，2005（3）.

闫旭蕾．“身体—主体教育”之探［J］．教育研究与实验，2014（2）.

闫旭蕾．“我有身体”与教育［J］．濮阳职业技术学院学报，2005（1）.

闫旭蕾．个体社会化之管窥：身体社会学视角［J］．教育研究与实验，2008（4）.

闫旭蕾．论身体的德性［J］．教育理论与实践，2008（5）.

闫旭蕾．身体：透视教育的视角［J］．教育理论与实践，2007（4）.

闫旭蕾．谈“隐身”与“显身”的教育研究［J］．华东师范大学学报（教育科学版），2007（3）.

燕连福．马克思关于身体概念的三个维度［J］．贵州社会科学，2014（11）.

杨澄宇．回向身体的观念：对语文教育理论的一种探索［J］．华东师范大学学报（教育科学版），2017（6）.

杨莹慧．“身体”研究综述［J］．青年时代，2015（13）.

杨豫，李霞，舒小昀．新文化史学的兴起：与剑桥大学彼得·伯克教授座谈侧记［J］. 史学理论研究，2000（1）.

姚霏. 近代中国女子剪发运动初探（1903—1927）：以“身体”为视角的分析［J］. 史林，2009（2）.

姚文放. 肉体话语、身体美学、身体的审美化：晚近对于经典美学的三次挑战及其学术意义［J］. 江海学刊，2012（1）.

叶浩生. 身体与学习：具身认知及其对传统教育观的挑战［J］. 教育研究，2015（4）.

叶浩生. 西方心理学中的具身认知研究思潮［J］. 华中师范大学学报（人文社会科学版），2011（4）.

叶舒宪. 身体人类学随想［J］. 民族艺术，2002（2）.

尹自强. 基于具身认知的课堂行为规范新探［J］. 教学与管理，2014（5）.

于洋. 异化·僭越·启蒙：《红楼梦》与明清女性身体教育［J］. 华东师范大学学报（教育科学版），2016（4）.

曾清林，陈米欧. 社会学视阈中的身体研究视角述评［J］. 江西社会科学，2010（2）.

臧佩洪. 身体、现象与世界：梅洛-庞蒂早期身体问题研究［J］. 江海学刊，2006（2）.

张东娇，顾明远. 学校教育沟通的影响因素及其干预性策略［J］. 教育研究，2003（5）.

张法. 身体美学的四个问题［J］. 文艺理论研究，2011（4）.

张曙光. 身体哲学：反身性、超越性和亲在性［J］. 学术月刊，2010（10）.

张再林. 从“纯粹”到“不纯粹”：一种身体现象学的观照［J］. 学术月刊，2007（1）.

张再林. 中国古代身体政治学发微［J］. 学术月刊，2008（4）.

张志先. 教育的时空问题［J］. 新疆师范大学学报（哲学社会科学版），1995（1）.

章立明. 中国身体研究及其人类学转向［J］. 广西民族研究，2008（2）.

周洪宇，李艳莉. 论教育活动史研究的多维视野［J］. 江汉论坛，2013（7）.

周洪宇，李艳莉. 教育身体史：教育史学新生长点［J］. 教育研究，2017（1）.

周洪宇，李艳莉. 论教育活动史多维视野的实现途径［J］. 湖北大学学报（哲学社会科学版），2014（2）.

周洪宇，周娜. 国际教育史研究取向与趋势及其启示［J］. 河北师范大学学报（教育科学版），2016（1）.

周洪宇，魏珂. 校园中的“文化”与“身体”：民国时期大学的“拖尸”研究［J］. 湖南师范大学教育科学学报，2017（3）.

周洪宇，周娜. 对晚清女子学堂中女子身体生成的考察（1898—1912）［J］. 河南大学学报（社会科学版），2016（5）.

周洪宇，周娜. 隐喻的身体：民国时期学校中的女子“剪发问题”［J］. 华东师范大学学报（教育科学版），2016（4）.

周洪宇. 对教育史学若干基本问题的看法［J］. 河北师范大学学报（教育科学版），2009（1）.

周洪宇. 教育生活史：教育史学研究新视域［J］. 教育研究，2015（6）.

祝平一. 身体、灵魂与天主：明末清初西学中的人体生理知识［J］. 新史学，1996（2）.

［德］克里斯托弗·乌尔夫. 教育的历史人类学：问题与方法［J］. 北京大学教育评论，2007（4）.

［法］K. 德拉康帕涅. 关于梅洛-庞蒂的一次谈话［J］. 国外社会科学，1981（8）.

［美］费侠莉. 再现与感知：身体史研究的两种取向［J］. 蒋竹山，译. 新史学，1999（4）.

［美］舒斯特曼，曾繁仁，等. 身体美学：研究进展及其问题：美国学者与中国学者的对话与论辩［J］. 学术月刊，2007（8）.

著作类：

许慎. 说文解字［M］. 北京：中华书局，1963.

冯梦龙. 喻世明言［M］. 北京：中华书局，2009.

蔡璧名. 身体与自然：以《黄帝内经素问》为中心论古代思想传统中的身体观［M］. 台北：台湾大学出版委员会，1997.

陈东原. 中国教育史［M］. 上海：商务印书馆，1936.

陈华文. 文身：裸体的雕刻［M］. 上海：上海文化出版社，1997.

陈立胜. "身体"与"诠释"：宋明儒学论集［M］. 台北：台湾大学出版中心，2011.

陈燮君. 学科学导论：学科发展理论探索［M］. 上海：生活·读书·新知三联书店，1991.

陈寅恪. 陈寅恪集·金明馆丛稿二编［M］. 北京：生活·读书·新知三联书店，2001.

党圣元，陈定家. 身体写作与文化症候［M］. 北京：中国社会科学出版社，2011.

丁钢. 声音与经验：教育叙事探究［M］. 北京：教育科学出版社，2008.

窦丽梅. 宋词中的身体叙事：经济因素的渗透与反映［M］. 郑州：河南人民出版社，2012.

杜成宪，崔运武，王伦信. 中国教育史学九十年［M］. 上海：华东师范大学出版社，1998.

冯智明. 广西红瑶：身体象征与生命体系［M］. 北京：生活·读书·新知三联书店，2015.

傅大为. 亚细亚的新身体：性别、医疗与近代台湾［M］. 台北：群学出版有限公司，2005.

高新民. 心灵与身体：心灵哲学中的新二元论探微［M］. 北京：商务印书馆，2012.

龚卓军. 台湾现象学：性、身体、现象学［M］. 台北：梅洛-庞蒂读书会出版，1997.

郭娅. 反思与探索：教育史学元研究［M］. 济南：山东教育出版社，2010.

何静. 身体意象与身体图式：具身认知研究［M］. 上海：华东师范大学

出版社，2013.

何兆武，陈啟能. 当代西方史学理论［M］. 上海：上海社会科学院出版社，2003.

胡春光. 规训与抗拒：教育社会学视野中的学校生活［M］. 武汉：华中师范大学出版社，2011.

黄东兰. 身体·心性·权力［M］. 杭州：浙江人民出版社， 2005.

黄海鸣. 从“身体”到“城市”的阅读［M］. 台北：台北市立美术馆，2000.

黄金麟. 历史、身体、国家：近代中国的身体形成（1895—1937）［M］. 北京：新星出版社，2006.

黄金麟. 战争、身体、现代性：近代台湾的军事治理与身体（1895—2005）［M］. 台北：联经出版事业股份有限公司，2009.

黄金麟. 政体与身体：苏维埃的革命与身体（1928—1937）［M］. 台北：联经出版事业股份有限公司，2005.

黄强. 衣仪百年：近百年中国服饰风尚之变迁［M］. 北京：文化艺术出版社，2008.

黄盈盈. 身体·性·性感：对中国城市年轻女性的日常生活研究［M］. 北京：社会科学文献出版社， 2008.

姜东斌，刘顺利. 王国维文选［M］. 注释本. 天津：百花文艺出版社，2006.

姜宇辉. 德勒兹身体美学研究［M］. 上海：华东师范大学出版社， 2007.

金生鈜. 德性与教化［M］. 长沙：湖南大学出版社，2003.

金生鈜. 规训与教化［M］. 北京：教育科学出版社，2004.

康韵梅. 中国古代死亡观之探究［M］. 台北：台湾大学出版委员会，1994.

柯倩婷. 身体、创伤与性别：中国新时期小说的身体书写［M］. 广州：广东人民出版社， 2009. 06.

李碧芳. 劳伦斯与贾平凹比较研究：身体·性爱·空间［M］. 厦门：厦门大学出版社， 2014.

李建民. 从医疗看中国史［M］. 北京：中华书局，2012.

李贞德. 性别、身体与医疗［M］. 北京：中华书局，2012.

梁其姿. 面对疾病：传统中国社会的医疗观念与组织［M］. 北京：中国人民大学出版社，2011.

梁启超. 中国历史研究法［M］. 长沙：岳麓书社，2010.

廖述务. 身体美学与消费语境［M］. 上海：上海三联书店，2011.

刘成纪. 形而下的不朽：汉代身体美学考论［M］. 北京：人民出版社，2007.

刘天路. 身体·灵魂·自然：中国基督教与医疗、社会事业研究［M］. 上海：上海人民出版社，2010.

刘铁芳. 生命与教化：现代性道德教化问题审理［M］. 长沙：湖南大学出版社，2004.

刘小枫. 沉重的肉身：现代性伦理的叙事纬语［M］. 北京：华夏出版社，2004.

卢家楣. 教育科学研究方法［M］. 上海：上海教育出版社，2012.

罗儒国. 教学生活的反思与重建［M］. 济南：山东人民出版社，2009.

欧阳灿灿. 当代欧美身体研究批评［M］. 北京：中国社会科学出版社，2015.

彭富春. 美学［M］. 武汉：武汉大学出版社，2005.

蒲坚. 中国法制通史：第1卷　夏、商、周［M］. 北京：法律出版社，1999.

齐红深. 流亡：抗战时期东北流亡学生口述［M］. 郑州：大象出版社，2008.

钱穆. 中国史学名著［M］. 北京：生活·读书·新知三联书店，2005.

瞿葆奎，吴慧珠，蒋晓. 教育学文集·课外校外活动［M］. 北京：人民教育出版社，1991.

瞿葆奎. 教育学的探究［M］. 北京：人民教育出版社，2004.

汤晓燕. 革命与霓裳：大革命时代法国女性服饰中的文化与政治［M］. 杭州：浙江大学出版社，2016.

陶建文. 视觉主义：基于图像和身体的现象学科学哲学［M］. 北京：中国社会科学出版社，2012.

汪民安. 身体、空间与后现代性［M］. 南京：江苏人民出版社，2015.

汪民安，陈永国．后身体：文化、权力和生命政治学［M］．长春：吉林人民出版社，2011.

王炳照．王炳照口述史［M］．北京：北京师范大学出版社，2010.

王笛．茶馆：成都的公共生活和微观世界（1900—1950）［M］．北京：社会科学文献出版社，2010.

王金玲，林维红．性别视角：生活与身体［M］．北京：社会科学文献出版社，2009.

王墨林．都市剧场与身体［M］．台北：稻乡出版社，1990.

王晓华．西方生命美学局限研究［M］．哈尔滨：黑龙江人民出版社，2005.

王岫林．魏晋士人之身体观［M］．台北：台湾花木兰文化出版社，2009.

王永昌．走向人的世界［M］．北京：中国工人出版社，1991.

王钰婷．身体、性别、政治与历史［M］．台南：台南市立图书馆，2008.

韦拴喜．身体转向与美学的改造：舒斯特曼身体美学思想论纲［M］．北京：中国社会科学出版社，2016.

文洁华．女性主义哲学与身体美学［M］．桂林：广西师范大学出版社，2016.

吴昊．中国妇女服饰与身体革命（1911—1935）［M］．北京：东方出版中心，2008.

吴其南．成长的身体维度：当代少儿文学的身体叙事［M］．上海：复旦大学出版社，2017.

吴士宏．舞蹈评析与身体观［M］．台北：五南出版有限公司，2001.

吴雪珍，张念宏．图书馆学辞典［M］．深圳：海天出版社，1989.

武斌．美丽的战争：关于身体美学的历史与文化［M］．长春：时代文艺出版社，2002.

肖学周．中国人的身体观念［M］．兰州：敦煌文艺出版社，2008.

谢妮．教育与身体：学校日常生活中的身体［M］．贵阳：贵州人民出版社，2010.

熊和平．学生身体与教育真相［M］．杭州：浙江大学出版社，2014.

熊继宁．海子与法大：纪念海子逝世25周年（1989—2014）［M］．北京：中国政法大学出版社，2015．

许纪霖．公共性与公共知识分子［M］．南京：江苏人民出版社，2003．

许纪霖，等．近代中国知识分子的公共交往（1895—1949）［M］．上海：上海人民出版社，2008．

闫旭蕾．教育中的“肉”与“灵”：身体社会学研究［M］．南京：南京师范大学出版社，2007．

颜健富．从“身体”到“世界”：晚清小说的新概念地图［M］．台北：台湾大学出版中心， 2014．

杨大春．身体的神秘：20世纪法国哲学论丛［M］．北京：人民出版社，2013．

杨念群，黄兴涛，毛丹．新史学：多学科对话的图景：下［M］．北京：中国人民大学出版社，2003．

杨念群．“感觉主义”的谱系：新史学十年的反思之旅［M］．北京：北京大学出版社，2012：280—296．

杨儒宾．中国古代思想中的气论及身体观［M］．台北：巨流图书有限公司，1993．

杨兴梅．身体之争：近代中国反缠足的历程［M］．北京：社会科学文献出版社，2012．

杨源．中国少数民族身体装饰［M］．北京：民族出版社，1998．

游鉴明．超越性别身体：近代华东地区的女子体育（1895—1937）［M］．北京：北京大学出版社，2012．

余新忠．清代江南的瘟疫与社会：一项医疗社会史的研究［M］．北京：中国人民大学出版社，2003．

曾越．社会·身体·性别：近代中国女性图像身体的解放与禁锢［M］．桂林：广西师范大学出版社，2014．

张景焕，陈月茹，郭玉锋．教育科学方法论［M］．济南：山东人民出版社，2000．

张尧均．隐喻的身体：梅洛-庞蒂身体现象学研究［M］．杭州：中国美术学院出版社，2006.

张再林，燕连福，程秋君．身体、两性、家庭及其符号［M］．西安：西安交通大学出版社，2010.

张再林．作为身体哲学的中国古代哲学［M］．北京：中国社会科学出版社，2018.

张之沧，张禹．身体认知论［M］．北京：人民出版社，2014.

章立明．文化人类学视野中的身体与性研究［M］．北京：中国书籍出版社，2013.

中国社会科学院历史研究所文化史研究室．形象史学研究2011［M］．北京：人民出版社，2012.

周洪宇，刘训华．多样的世界：教育生活史研究引论［M］．福州：福建教育出版社，2014.

周洪宇．学术新域与范式转换：教育活动史研究引论［M］．武汉：华中科技大学出版社，2011.

周丽昀．现代技术与身体伦理研究［M］．上海：上海大学出版社，2014.

周与沉．身体：思想与修行：以中国经典为中心的跨文化观照［M］．北京：中国社会科学出版社，2005.

朱立元．身体美学与当代中国审美文化研究［M］．上海：中西书局，2015.

朱希祖．朱希祖日记：上［M］．北京：中华书局，2012.

邹诗鹏．实践——生存论［M］．南宁：广西人民出版社，2002.

邹诗鹏．转化之路：生存论续探［M］．北京：中国社会科学出版社，2013.

译著类：

［德］埃德蒙德·胡塞尔．生活世界现象学［M］．倪梁康，张廷国，译．上海：上海译文出版社，2002.

［德］海德格尔．存在与时间［M］．陈嘉映，王庆节，译．北京：生活·读书·新知三联书店，2006.

[德]赫尔曼·施密茨. 身体与情感［M］. 庞学铨，冯芳，译. 杭州：浙江大学出版社，2012.

[德]克里斯蒂娜·冯·布劳恩，英格·斯蒂芬，等. 科学中的性别［M］. 史竞舟，译. 北京：人民出版社，2014.

[德]马克思，恩格斯. 马克思恩格斯选集：第1卷［M］. 北京：人民出版社，1972.

[德]尼采. 权力意志［M］. 张念东，凌素心，译. 北京：中央编译出版社，2000.

[德]韦伯. 新教伦理与资本主义精神［M］. 苏同勋，覃方明，赵立玮，等，译. 北京：社会科学文献出版社，2010.

[俄]Б. Н. 米罗诺夫. 帝俄时代生活史：历史人类学研究（1700—1917年）［M］. 张广翔，许金秋，钟建平，译. 北京：商务印书馆，2013.

[法]阿兰·科尔班. 身体的历史：卷2　从法国大革命到第一次世界大战［M］. 杨剑，译. 上海：华东师范大学出版社，2013.

[法]阿利埃斯，杜比. 私人生活史Ⅴ：现代社会中的身份之谜［M］. 宋薇薇，刘琳，译. 哈尔滨：北方文艺出版社，2007.

[法]埃马纽埃尔·勒华拉杜里. 蒙塔尤：1294—1324年奥克西坦尼的一个山村［M］. 许明龙，马胜利，译. 北京：商务印书馆，2011.

[法]巴勒克拉夫. 当代史学主要趋势［M］. 杨豫，译. 北京：北京大学出版社，2006.

[法]布罗代尔. 15—18世纪的物质文明、经济和资本主义：第一卷［M］. 顾良，施康强，译. 北京：生活·读书·新知三联书店，2002.

[法]大卫·勒布雷东. 日常激情［M］. 白睿，马小彦，王蓓丽，译. 上海：上海文艺出版社，2014.

[法]大卫·勒布雷东. 人类身体史和现代性［M］. 王圆圆，译. 上海：上海文艺出版社，2010.

[法]费朗索瓦丝·德·博纳维尔. 原始声色：沐浴的历史［M］. 郭昌京，译. 天津：百花文艺出版社，2003.

[法]拉·梅特里. 人是机器 [M]. 顾寿观，译. 北京：商务印书馆，1959.

[法]梅洛-庞蒂. 眼与光 [M]. 杨大春，译. 北京：商务印书馆，2007.

[法]梅洛-庞蒂. 知觉现象学 [M]. 姜志辉，译. 北京：商务印书馆，2001.

[法]米歇尔·福柯. 福柯集 [M]. 杜小真，编选. 上海：上海远东出版社，2003.

[法]米歇尔·福柯. 规训与惩罚：近代监狱的诞生 [M]. 刘北成，杨远婴，译. 北京：生活·读书·新知三联书店，2015.

[法]乔治·维加埃罗. 身体的历史：卷1 从文艺复兴到启蒙运动 [M]. 张竝，赵济鸿，译. 上海：华东师范大学出版社，2013.

[法]让-雅克·库尔第纳. 身体的历史：卷3 目光的转变：20世纪 [M]. 孙圣英，赵济鸿，吴娟，译. 上海：华东师范大学出版社，2013.

[法]帕斯卡尔·迪雷. 身体及其社会学 [M]. 马锐，译. 天津：天津人民出版社，2017.

[古希腊]柏拉图. 斐多：柏拉图对话录之一 [M]. 杨绛，译. 沈阳：辽宁人民出版社，2000.

[古希腊]柏拉图. 文艺对话集 [M]. 朱光潜，译. 北京：人民文学出版社，1959.

[加]约翰·奥尼尔. 身体五态：重塑关系形貌 [M]. 李康，译. 北京：北京大学出版社，2010.

[美]安德鲁·斯特拉桑. 身体思想 [M]. 王业伟，赵国新，译. 沈阳：春风文出版社，1999.

[美]保罗·康纳顿. 社会如何记忆 [M]. 纳日碧力戈，译. 上海：上海人民出版社，2000.

[美]杜威. 民主主义与教育 [M]. 王承绪，译. 北京：人民教育出版社，2001.

[美]玛戈·德梅罗. 雕刻的身体 [M]. 赵海燕，胡越竹，译. 广州：新世纪出版社，2001.

[美]蜜玛·史芭朵拉. 胸部：我们身体最公开的私密部位 [M]. 林瑞

霖，刘鹊君，译．长春：北方妇女儿童出版社，2002.

[美]欧文·戈夫曼．日常生活中的自我呈现［M］．黄爱华，冯钢，译．杭州：浙江人民出版社，1989.

[美]林·亨特．新文化史［M］．姜进，译．上海：华东师范大学出版社，2011.

[美]托马斯·拉克尔．身体与性属：从与希腊到弗洛伊德的性制作［M］．赵万鹏，译．沈阳：春风文艺出版社，1999.

[美]桑内特．肉体与石头：西方文明中的身体与城市［M］．黄煜文，译．上海：上海译文出版社，2016.

[美]舒斯特曼．身体意识与身体美学［M］．程相占，译．北京：商务印书馆，2011.

[美]舒斯特曼．实用主义美学［M］．彭锋，译．北京：商务印书馆，2002.

[美]约翰·奥尼尔．身体形态［M］．张旭春，译．沈阳：春风文艺出版社，2000.

[日]栗山茂久．身体的语言：从中西文化看身体之谜［M］．陈信宏，译．台北：究竟出版社，2001.

[日]中泽愈．人体与服装：人体结构、美的要素与纸样［M］．袁观洛，译．北京：中国纺织出版社，2000.

[斯洛文]斯拉沃热·齐泽克．因为他们并不知道他们所做的：政治因素的享乐［M］．郭英剑，等，译．南京：江苏人民出版社，2007.

[英]阿绮波德·立德．穿蓝色长袍的国度［M］．王成东，刘云浩，译．北京：时事出版社，1998.

[英]保尔·汤普逊．过去的声音：口述史［M］．覃方明，渠东，张旅平，译．沈阳：辽宁教育出版社，2000.

[英]克劳福德．神秘的苏美尔人［M］．张文立，译．杭州：浙江人民出版社，2000.

[英]E. H. 卡尔．历史是什么？［M］．陈恒，译．北京：商务印书馆，2010.

[英]彼得·帕克．图像证史［M］．杨豫，译．北京：北京大学出版社，2008.

[英]布拉恩·特纳．身体与社会［M］．马海良，赵国新，译．沈阳：春风文艺出版社，2000.

[英]戴斯蒙德·莫里斯．身体语言［M］．梁豪，译．上海：生活·读书·新知三联书店，2003.

[英]丹尼·卡瓦拉罗．文化理论关键词［M］．张卫东，译．南京：江苏人民出版社，2006.

[英]德斯蒙德·莫利斯．裸猿［M］．何道宽，译．上海：复旦大学出版社，2010.

[英]德斯蒙德·莫利斯．亲密行为［M］．何道宽，译．上海：复旦大学出版社，2010.

[英]德斯蒙德·莫利斯．人类动物园［M］．何道宽，译．上海：复旦大学出版社，2010.

[英]克里斯·希林．文化、技术与社会中的身体［M］．李康，译．北京：北京大学出版社，2011.

[英]乔安妮·恩特维斯特尔．时髦的身体：时尚、衣着和现代社会理论［M］．郜元宝，译．桂林：广西师范大学出版社，2005.

[英]乔治．体罚的历史［M］．吴晓群，秦传安，译．北京：中央编译出版社，2010.

[英]斯威尼，霍德．身体［M］．贾俐，译．北京：华夏出版社，2006.

[英]约翰·罗布，奥利弗·J. T. 哈里斯．历史上的身体：从旧石器时代到未来的欧洲［M］．吴莉苇，译．上海：格致出版社，2016.

Harding，Jennifer. 性与身体的解构［M］．台北：韦伯文化事业出版社，2000.

Pease，Allan. 身体语言［M］．冯久玲，译．台北：雅登出版社，1992.

报纸类：

戴逸．中国近现代史的研究如何深入［N］．人民日报，1987-07-17.

郭春明．捍卫人的现实生命是马克思哲学的志业［N］．中国社会科学报，2015-11-26.

沈志华. 谨慎使用回忆录和口述史料［N］. 北京日报，2013-03-11.
文明其精神，野蛮其身体［N］. 中国教师报，2008-01-09.

硕博论文类：

程亚丽. 从晚清到五四：女性身体的现代想象、建构与叙事［D］. 济南：山东师范大学博士论文，2007.

何芳. 清末学堂的身体规训［D］. 上海：华东师范大学博士学位论文，2009.

何芳. 人之身体的教育关注［D］. 开封：河南大学硕士论文，2009.

何静. 身体意向与身体图式：具身认知研究［D］. 杭州：浙江大学博士论文，2009.

何敏. 教育时空问题初探［D］. 上海：华东师范大学博士论文，2003.

刘成纪. 汉代美学中的身体问题［D］. 武汉：武汉大学博士论文，2005.

刘孝圣. 医疗与身体：以先秦两汉出土文献为中心［D］. 台北：台湾大学文学院中国文学研究所硕士论文，2009.

柳雨春. 宋代妓女若干问题研究：立足于身体史的考察［D］. 武汉：武汉大学博士论文，2011.

邱志诚. 国家、身体、社会：宋代身体史研究［D］. 北京：首都师范大学博士论文，2012.

王睿. 沉重的身体：近三十年来教育类电影中的身体现象研究［D］. 宁波：宁波大学硕士论文，2013.

王有升. 被规限的“教育”：学校空间中教师与国家的互动［D］. 南京：南京师范大学博士论文，2002.

魏珂. 归属与自主：近代大学生教育身体史研究（1895—1937）［D］. 武汉：华中师范大学博士论文，2017.

韦拴喜. 身体转向与美学的改造［D］. 西安：陕西师范大学博士论文，2012.

徐献军. 具身认知论［D］. 杭州：浙江大学博士论文，2007.

阳学. 现代性身体之重：身体五态的社会学研究［D］. 昆明：云南民族大学硕士论文，2013.

张德安. 身体教育的历史（1368—1919）：关于近世中国教育的身体社会史研究［D］. 天津：南开大学博士论文，2014.

周瑾. 多元文化视野中的身体：以早期中国身心思想为中心［D］. 杭州：浙江大学博士论文，2003.

周娜. 臣属与自决：近代中国女学生身体生成研究［D］. 武汉：华中师范大学博士论文，2017.

周全. 学校恐惧论［D］. 上海：华东师范大学博士论文，2013.

外文类：

Eric Blondel. Nietzsche：The Body and Culture：Philosophy as a Philogical Genealogy. London：The Athlone Press，1991：206.

Jhon Blacking. Towards An Anthropoloy of Body, The Anthropoloy of Body, London：Academic press, 1977：2.

Natural Symbols：Explorations in Cosmology［M］. Taylor & Francis—Routledge，2003.

Prof. Dr. Ali ARSLAN. ISCHE37 Culture and Education Abstracts［M］. Istanbul，2015.

Russell, R. "Ethical Body"，in Hancock, P.（et）The Body, Culture and Society：An Introduction. Buckingham：Open University Press, 2000：101—116.

附 录

异化·僭越·启蒙:《红楼梦》与明清女性身体教育①

一、《红楼梦》:教育身体史研究的一种符号

探究事情的本真是科学研究的重要任务。就事实获取的途径来说，研究历史事实与物理事实在方法论上有根本区别。科学研究可以创造相同的条件和环境，其研究结果是可重复且具有普遍性意义的，但教育史学发现的是一个充满符号的宇宙。历史的史实属于不能复原的传统时代，我们不可能重建它，也不可能在一种纯物理的客观意义上使它再生。除了各种文献或遗迹外，没有任何事物或事件能成为获取历史的第一手资料。教育身体史的研究也是如此。身体是一种经验或感知的历史，它植根于特定的文化领域，隐藏着意识形态与权力。我们只能间接地透过符号来唤醒挥之不去的历史记忆。通达的历史学家大都会公认，科学的治史方法与人文史学观的融会贯通是治史的良策，也是获致“信史”与“良史”和谐统一的不二法门（于洪波，2010)。因此，我们研究教育身体史所使用的“原始资料”并不是通常意义上的物理事物，它们全都包含着特殊的要素，只有通过拥有广泛的符号材料的媒介，才能把握历史的真实。

① 本文作者为湖北大学教育学院于洋，原文发表于《华东师范大学学报（教育科学版）》2016年第4期。

以往的教育史学研究只注重正史史料或官修典籍的运用，这无疑是最主要乃至最重要的史料来源。但实际上，官修典籍“事多隐晦”，且极少触及民间和大众群体。在进入20世纪以后，“另类历史”逐渐成为史学家关心的重要史料，“某些作品本身不是严格的历史著作或史料，但其中包含着某种历史信息，间接地反映了历史的内容”（葛剑雄，2002）。对于历史而言，其外在的真实和内在的真实既对立又统一。“史家追叙真人真事，每须遥体人情，悬想事势，设身局中，潜心腔内，忖之度之，以揣以摩，庶几入情合理。盖与小说、剧本之臆造人物，虚构境地，不尽同而可相通。”（钱锺书，1979）杨绛也认为“一件虚构的事能表达普遍的真理”（杨绛，1993），文学具有真实的可能性。如从野史和杂记中观历史，更可一目了然，“因为他们究竟不必太摆史官的架子”（鲁迅，1980）。文学作品所展现的历史并不是物理的真实，而是一种艺术的真实。教育回归生活，教育史的研究视野从精英下移至民间，官修典籍绝不应该是教育史学研究的唯一史料来源。教育活动史的研究需要吸纳包括小说在内的文学素材、各家言说、谱录、天文算法等作为丰富的史料，以适应研究视野下移的需要（周洪宇，2011）。贴近生活的经典文学作品，成为教育身体史研究的重地。透过正史史料和文学作品，我们能够对明清之际亲历变革的人们的真实感受有所体味，对教育影响下的身体和思想状况有所管窥。

人是教育的出发点。教育学从根本上来说是人学，理解和反思人性是教育学研究的基础。文学名著和教育名著通常是反映人性、反映人的自由解放的佳作，教育史研究也应体现这一点。文学中有历史，历史中有文学。明清之际的女性教育史、作者的亲身体验和《红楼梦》所展现的身体世界，三者之间有着密切的相关性。以《红楼梦》为研究对象探究明清女性教育身体史，是“读入文本”，是高度具化的“观念的单元”，可以突破官方局限，驻足“被压抑的细枝末节”。同时，大观园的女性身体教育不可避免地表现出作者的教育观，反映着明清时期的社会风气、文化心理和女性身体教育的际遇，即“读出文本”。它既是一种对话、论争，又是一种融合、浸入。作者的身体教育观需要靠书中人物的话语来体现，而小说中女性身体教育世界的反映离不开作者的现实体验。明清社会的教育观、女性教育身体史又贯穿于作者价值和作品表现的暗流中（于洋，2016）。

二、走向异化：政治权力支配下的身体教育

首先，明清社会既倾慕女子有才学，又无法挣脱封建礼教根深蒂固的影响。儒家道德在对待女性教育方面出现了对立要求，女性的教育准则也充满着矛盾："愚昧女性是多被受教育男性所回避的"，但相关教材又训导女性不应读太多书（高彦颐，2005）。明清女性教育观念的不一致是女性内心产生矛盾与紧张感的原因。一方面，在经历明中叶两性极度放纵情欲的社会局面之后，单纯的妇容之美已不能满足男性的审美需求。"有色无才，断乎不可""蓬心不称如花貌，金屋难藏没字碑"，明后期的思想解放使社会对于女性的审定，由单纯的美色演变到才貌双全的考量。从教育目的上看，统治者认为女子为学"可以修家政，可以和上下，可以睦姻戚"。另一方面，明清女子教育却并未放松对女性身体、贞节和妇道的禁锢。被奉为明代女性教科书的《温氏母训》言："妇女只许粗识柴米鱼肉数百字，多识字无益而有损也。"清前期，"女子无才便是德"的教育观剥夺了大部分女性受教育的权力。这种矛盾的信号在《红楼梦》中也有表现。一方面，贾府年轻女性皆受过良好的教育，林黛玉读过"四书"，薛宝钗上至国典朝章，下到雕虫小技，都有涉猎，而贾府还有自己的女学；但另一方面，贾母、王夫人、王熙凤却并不认为女子有才学是好事。从教育的目的和内容上看，明清家庭重在教育女子尊规范、守妇道，而轻视文化教育。

其次，明清之际紧张的政治氛围，也强化了对女子身体教育的管控。不论是剃发令还是短存的缠足禁令，明清易代的身体之争皆是满汉政权争斗的载体，同时也营造了整个社会紧张且疯狂的氛围。特别是强令男子剃发，被认为是对汉族男权的攻击，具有降服和归顺的特征，甚至激发了地区性的誓死忠明的抵抗活动。在清朝稳固政权后，男权斗争越发激烈，影射到女子教育领域的规训就愈加猛烈。无形训育是明清女性教育中最为重要的表现，

“它通过操练女性的闺阁和身体，反复灌输各种训诫和价值观”（高彦颐，2005）。清代史播臣从实践中加大女子身体教育的力度，要求“女子无故不许出中门，出中门必拥蔽其面，夜行以烛，无烛则止。出入于道路，男子由右，女子由左”，他代圣人立言，已经远远超出了《礼记》的规训。《红楼梦》里晴雯和金钏儿的死皆因违背了女性身体教育的自我管束，被定义为“轻狂的样子”“下作娼妇”而惨遭逼迫。

再次，建立在传统礼教标榜塑造“道德的身体”的基础上，明清女子身体教育逐渐由“以礼修身”演变为身体的尊卑教育，进而使身体教育法定化。我们研究明清女性身体教育，首先要肯定传统儒家教育的持续性。传统礼教对有关身体教育的训诫和论述，都建立在“修身”的基础上，明清更甚。明仁孝文皇后通过《内训·修身》对天下女性进行修身教育：“夫身不修则德不立，德不立而能成化于家者盖寡矣。……呜呼，闺门之内修身之教，其勖慎之哉！”女性教育以“修身”作为实现人生价值的标榜，以礼来实现自我约束，培养身体德行。在这一前提下，女性的身体教育操练就有了合理且崇高的“外衣”。明清意识形态收紧，女性礼仪教育进一步深化为身体的尊卑教育。一方面，这一时期的女性身体教育往往刻意以“静”来塑造上层形象，借以与下层社会的“动”相区别，“道德的身体”有了尊卑、动静、贵贱之分。“静”不仅是传统社会“静以修身”的要求，在明清女子教育体系中还被审定为是受过教育、懂礼数的文明表现，反之，则被定义为缺少教育、无章法的表现，并被精英阶层所鄙视和诟病。因此，《红楼梦》里林黛玉初进贾府“步步留心，时时在意，不肯轻易多说一句话，多走一步路，唯恐被人耻笑了她去”，正体现了明清女子对身体尊卑对应贵贱之分的规则已经深以为惧。另一方面，明清女子身体教育通过强化君臣、父子、夫妻的伦理结构，使女子的身体从属于丈夫或儿子。男性通过划分活动区域、圈划肢体暴露程度、规范女性姿势和姿态，从身体和视觉上强调男女的尊卑。

最终，明清时期的女子身体教育上升至“以礼为法”的严控状态，身体教育具有了强制性和约束性。明清的女子教材有很多，例如，明成祖徐皇后的《内训》，吕德胜的《女小儿语》，吕坤的《闺范·妇人之道》，明末王相的《女四书》，温璜的《温氏母训》，清顺治帝亲自编纂的《内则衍义》（共十六卷），康熙帝的《庭训格言》，蓝鼎元的《女学》，等等。这些教材的内容集中在女子的“贞节”教育，以贞操观强化女子的身体治理，深化“女主内”思想对女子日常生活中的身体约束，并用“七出”律对女子身体施加法律与社会约束力（张德安，2014）。这些教材以“法”的形式将女性的身体言行禁锢在男性要求的范围内，通过对女性身体进行吃苦和禁欲的教育，使身体在毕恭毕敬的状态下与政权精神达到一致，进而培养政权所需的顺从的身体。同时，民间也皆以之作为女子教育的读本，使其广泛流传。

三、监视与僭越：身体对礼教的悲剧性反抗

女子教育中的无形训育要求女性对自己的身体实践有更强的控制。比如，蓝鼎元在《女学》中告诫人们，“女子守身，当兢兢业业，如将军守城，稍有一毫疏失，则不得生”。明清女子教育教导女性举止谨慎、中规中矩，以免唤起男性原始的情欲，一旦有男性越轨，便归咎于女性没有约束好自己的身体。这就是明清社会常言的“红颜祸水”和“薄命尽出红颜”。它让身体之美与女命相悖，从而造成对女子的恐吓。

明清女性身体教育的异化远不只是社会意识形态的训导和异性监视，更加严酷的是女性群体将其转化为自我监视之可悲。当礼教的控制力达到极致时，外部监视内化成了一种自我监视和规训，被驯化的女性成了“监视者”的同谋和帮凶，她们将男性话语奉为圭臬。如《红楼梦》中王夫人斥责晴雯身体妖娆，说：“有一个水蛇腰，削肩膀儿，眉眼又有些像你林妹妹的……我心里很看不起那轻狂样子。”金钏儿因与宝玉近身嬉戏，被王夫人定为“下作娼妇”，霍乱主子。从明清女子教育对女性的规训来看，晴雯和金钏儿破坏了“妇人起居，必有礼法，视听言动之间，无所苟而已矣。宁为拘谨，勿为放诞”的规矩。少言寡语的薛宝钗见黛玉脱口而出“良辰美景奈何天”“纱窗也没有红娘报”，则立即批评其有失检点。宝钗的精明在于她严守明清

女性教育的规范，不但自己成了为妇之道所规训出的活标本，还将雄性化的“激素”注入到群体内部。明清女性教育对女性的摧残是从赤裸裸的现实暴力到规则性的隐性暴力，它把女性身体当成“工具”，规训它、操作它、役使它，对其身体意识进行彻底的清洗。虽然无形的监视和话语无法比拟君权仪式或国家的重大机构，但它却能逐渐侵蚀和改变后者的机制，使人成为只能按照一定规范去行动的被驯服的肉体（福柯，2003）。

在儒家教育理念中，“身体”是尊贵和神圣的。“身体父母遗，奉之敢不敬”（徐梓，1992），“身体发肤，受之父母，不敢毁伤，孝之始也”（贾德水，2013），这样的身体观念深为明清汉族群体所认同和遵守。在这里，身体与伦理、孝道观念联系在一起。礼教对女性提出的要求是对自我“身体”的尊敬与善待，但与礼教规制相比，女性身体又不值得一提，明朝规定“民间寡妇，三十以前夫亡守制，五十以后不改节者，旌表门闾，免除本家差役”（陈东原，1937）。从这层意义上看，身体已经超脱出个人自我管理的意义，而归属于宗族或家族。在正史史料中，明清县志也多有《列女传》一册，其记载的皆是旌表女子守节殉夫的女子教育。明清社会对女子的身体教育，凭借着国家机器的权威对女性施加约束，逼诱其处决自己的身体，并按照统治阶级的意图，用守节殉节的风气强化社会控制力和影响力。据《二十五史》记载，“清制，礼部掌旌格孝妇、孝女、烈妇、烈女，守节、殉节、未婚守节，岁会而上，都数千人”。然而，我们很难从正史中找到她们是怎样被驱赶上节烈的祭坛，在礼教训育下的真实生存状态又是怎样的记载。在等级森严、言论专制的明清社会，曹雪芹却借助小说家看似虚妄的“假语村言”，在这种对“公”的顺从和拥护下，开始关注和“走私”着女性的身体教育和情感。

与官修典籍中女性守节殉夫的记载不同的是，《红楼梦》揭露了民间女性真正的死因。她们受到明清女子教育的压制，特别是身体教育的禁锢，而被迫选择了死亡，最终以死抗争教育的不公。虽然，身体有时候是在为保全生命的必须做出某些行为，但是，当身体出现某种危机，身体意识会启动抗争方式予以抵抗和申诉，作为身体的话语具有解构和颠覆一切话语的力量。

正如明清民间社会的现实一样，《红楼梦》中的很多女子都是非正常死亡。当女性走投无路之时，唯有处决自己的身体，以身体的毁灭换取情感的救赎：黛玉为爱洒尽毕生眼泪；鸳鸯剪发自尽以抗淫威；尤三姐拔剑自刎以示清白；晴雯痛拔指甲以示恩情；妙玉带发修行苦觅知音；金钏儿含耻投井；尤二姐吞金自尽……对于她们来说，作践身体是对自我尊严的终极维护，她们透过死亡向世界宣示自由的欲望和意志。当明清女性欲摆脱悲剧、实现自我时，她们的身体便以各种退缩、闭合状态作为战斗姿势，以或癫或狂、或病或亡的姿态作为申诉、僭越的武器。

四、“开辟鸿蒙”：《红楼梦》引导女性身体教育由回归走向启蒙

身体史的书写可以有多种表达，相较于明清男性文人笔下往往以家国比喻“政治身体”和“社会身体”，《红楼梦》却能真切地反映明清教育浸染下的女子的生存状态。与传统“男尊女卑”思想不同的是，《红楼梦》对女性给予了前所未有的关注和赞美。小说开卷即云：“今风尘碌碌，一事无成，忽念及当日所有之女子，一一细考校去，觉其行止见识，皆出于我之上。”从中国古典始源性哲学的角度看，《红楼梦》对人类原始的两性关系予以回溯，启蒙人们找回女性身体的“元话语”，即所谓的“开辟鸿蒙”。

从浓墨重彩地描摹女性身体，到以男人之浊臭对比女儿之清爽，作者“离经叛道”地表现出浓厚的女性崇拜意识，引导明清士人回到人类的始源性存在。从中国古代哲学上看，中华儿女的血统中自古以来就流淌着男女共创的基因。“易基乾坤，诗首关雎”。《易经》中“乾”乃男道，“坤”乃女道，男性和女性同构自然、生命之起源。《诗经》以《关雎》为始，而《关雎》又以“窈窕淑女，君子好逑”开篇。老子讲：“谷神不死，是谓玄牝。玄牝之门，是谓天地根。”他把“道”称作天下之母，万物、社会源自女性的身体，“知其雄，守其雌”，贵柔崇阴。然而，中国历史越往后发展，人类文明的始源性意义越被遗弃，根脉文化越被无情阉割，其中的女性特征就越显得渺茫不清。在宗法制发展到鼎盛时期的明清社会，中国文化中的女性也

最终失语。

《红楼梦》为我们展示了一个真正的主题——被儒家礼教过滤掉的女性第一次光彩照人地亮相于历史舞台。《红楼梦》在回归对女性身体的关注，正式对历史去蔽的同时，通过对历史的生命发生学意义的根本性还原，使被历史深深掩埋的真正本源得以如初呈现。犹如海德格尔在“向死而在”中看到了真正的本己，人们也跟随作者的指引走进群芳吐艳的“大观园”，如梦初醒般地第一次看到了我们生命中久违的“另一半”的实存。在明清思想专制的背景下，《红楼梦》可以称得上是明清女性身体教育的启蒙，是对代表中国正统典籍的“二十四史”的颠覆，展现了作为历史主体的真正的大写的“人”，女性也开始破天荒地被载入其从未染指的人类历史的正文。它启发女性身体的真正解放，使女性重新找回自己的生命价值，并在此基础上使自己身体的“元话语”被重新发现（张再林，2008）。

在《红楼梦》引导女性向自我身体回归之后，女性教育应走向何方呢？我们还应谨记，教育是一个介入人类动因的暧昧事业，在目的和结果之间或在准则和行为之间，存在着不可避免的豁隙。女性对其生活的看法是有着自己的逻辑和节奏的，她们不可能永远同儒家理想相一致（高彦颐，2005）。明清社会的上层女性恰好强烈地感受到了这一矛盾。在家庭主义复兴和旧的社会性别准则流行的表面下，酝酿着一种新的女子特性，最引人注目的是女性教育渠道的扩大。正如《红楼梦》中的结诗社、吟诗赋一样，明清女性群体内部出现了自我教育的萌芽。其中，江南女性最先开始进行自我教育，组成了像“宜修社团”“焦园七子”“商景兰诗社”等冲破男性话语的女教社团。女诗人顾若璞不但自己著有《卧月轩文集》，还带动周围妇女形成“学以聚之，问辩研精”的女子教育风气。明清女性身体教育的启蒙意义在于，女性在用抛弃肉身的悲剧予以极致的反抗的时候，也对“存天理、灭人欲”的封闭式教育产生质疑，并最终导向自我教育的开化。以一种积极的调子看，她们设法在有限的历史时空中，创造一个自由的色彩斑斓的世界。

从规训到尝试解放：人学视域下的晚清身体教育变革①

如果说人的精神体现为自我意识、德性、理性、情感性、创造性和实践性的话，它们无一不是依附于身体并通过身体得以实现。正因如此，尼采将人首先作为身体的存在。他说："我完完全全是身体，此外无有，灵魂不过是身体上的某种的称呼。"（尼采，1997）"身体乃是比陈旧的灵魂更令人惊异的思想"，"对身体的信仰始终胜于对精神的信仰"（尼采，2000）。尼采的观点是对忽视物质身体的一种反动。在人学视域中，人是物质身体与精神身体的和谐统一。中国古典文化对人的物质身体相当重视，并积淀了丰厚的物质身体教育资源。然而，由于古典文化主要将人作为德性的存在，物质身体成为德性身体的应用与展示，也成为等级性社会秩序的体现。加之，烦琐的礼仪规范要求，使物质身体被束缚的同时，还成为身份的标识。晚清以来，在传统文化、社会习俗以及教育的作用下，人的物质身体与精神身体同时被规训，成为中国趋于衰亡的缘由。梁启超在《新民说·论尚武》中对国人身体状况做出如下描述：

中（国）人不讲卫生，婚期太早，以是传种，种已孱弱。及其就傅之后，终日伏案，闭置一室，绝无运动，耗目力而昏眊，未黄耇而骀

① 本文作者为陕西师范大学教育学院李忠等，原文发表于《华东师范大学学报（教育科学版）》2016年第4期。

背。且复习为娇惰，绝无自营自活之风，衣食举动，一切需人；以文弱为美称，以羸怯为娇贵，翩翩年少，弱不禁风，名曰丈夫，弱于少女；弱冠而后，则又缠绵床第以耗其精力，吸食鸦片以戕其身体，鬼躁鬼幽，跋步欹跌，血不华色，面有死容，病体奄奄，气息才属：合四万万人，而不能得一完备之体格。呜呼！其人皆为病夫，其国安得不为病国也！

“人为病夫”“国为病国”成为摆在国人面前的现实。在梁启超看来，唯有从身体入手，强健身体之后炼成“新民”，保种强国才有可能。人是物质身体与精神身体，即德性、理性和实践性的协调统一，是晚清时人对人的新认识。以往建立在“重心轻身”“扬心抑身”基础上的文化教育开始发生变化，以身心和谐发展的人为核心的教育现代化由此拉开帷幕。然而，一个半世纪之后，人的身心分离又成为摆在中国教育面前的严重问题。“教育学在论及‘教育必须适应人的身心发展规律’或‘教育的人的制约性’时，往往涉及或主要针对的主体为人的‘心理’发展对教育的影响，而处在二元对立传统中的另一体，即‘身体’却并没有真正进入教育理论的视野。”理论研究如此，实际行动也如此，“身体是最确切的存在，排斥、放逐身体及其感觉的教育不仅表明教育不是在进行完整的人的教育，而且甚至可以质疑教育实践究竟将自己的根基植于何处”（扈中平等，2015）。如此看来，身体教育问题不仅是一个历史问题，更是一个需要重视的现实问题。

一、礼仪与辫子：传统文化与权力对身体的宰制

传统文化（尤其是儒家文化）认为人是德性的存在，物质身体是德性身体的展示与应用。“身体发肤，受之父母，不敢毁伤”，物质身体受到高度重视。但是，传统文化重视物质身体出于尽孝（德性）的考虑，而非体能开发。所谓“百善孝为先”，在所有的“善”中，“孝”处于核心位置。“受之父母，不敢毁伤”的“身体发肤”，只是“孝之始”；“立身行道，扬名于后

世，以显父母”才是“孝之终”。（《孝经》）如果说以血缘为纽带的“孝”针对的是长辈，其范围逐渐拓展到服从“君主”，“夫孝，始于事亲，终于事君”。否则，便是不孝、丧失德性，“事君不忠，非孝也”。（《礼记·祭义》）既然德性是人之为人的体现，孝是德性的内核，“修身”就主要不是修炼物质身体，而是修炼以“孝”为核心的“德性”身体。

“修身”不仅要激发与生俱来的“善端”，更要用礼仪规范加以约束。早在先秦，荀子就明确提出以“礼”“修身”、以“礼”“正身”，并专著《修身》一文予以阐释。儒学向“礼”学过渡，成为规训身体的法则。正如福柯所言，身体不仅是社会建构和文化再造，而且是政治塑造。伴随儒学成为政治意识形态，权力开始介入对身体的规训。“身体正在进入一种探索它、打碎它和重新编排它的权利机制。一种‘身体解剖学’，也是一种‘权力力学’正在诞生，它规定了人们如何控制他人的肉体，通过所选择的技术，按照规定的速度和效果，使后者不仅在做什么方面，而且在怎么做方面都符合前者的愿望。这样就制造出驯服的、训练有素的肉体。”（福柯，1999）规训身体的目的在于建立稳定的社会秩序，“社会‘秩序’问题最终取决于身体的顺从与逾越的问题”（汪安民等，2003）。

礼仪规范是统治者规训民众身体的基本方式。清朝入主中原后，继续借助礼仪规范主宰民众身体。孟德斯鸠在《论法的精神》中说，中国政体的特殊性在于立法者“把宗教、法律、道德、礼仪混在一起，这一切都是行善，都是美德。有关这四个方面的箴规就是礼教。正是由于严格遵守这些礼教，中国的统治者取得了胜利。中国人把整个青年时代都用在学习这些礼教上，并用终身来实践这些礼教。文人用之于育人，官吏用之于说教，生活中的一切细小的举动都包罗在这些礼教里边”（孟德斯鸠，2001）。传教士倪维思观察发现：对中国人而言，礼仪是一门科学，温文尔雅的举止行为是一种学问、一套准则。（倪维思，2011）“礼仪三百，威仪三千”，这些被传教士看作宰制身体的礼仪规范，却被中国人巧妙地化解，“中国人像对待教育一样对待礼仪，使之成为一种本能而非刻意去学的东西”。曾考察中国乡村社会的传教士明恩溥说：“即使中国问题方面最为挑剔的批判家也被迫承认，中国人已经把礼节的实践带到了一个完美的境界。”（明恩溥，2001）规训身体的礼仪规范，成为学生的必学内容。长期执教京师同文馆的丁韪良说，孩子从小便被灌输各种礼仪，学堂里“规则的维持，倒并不困难，一则是因为学生在家庭里面养成了服从的习惯，再则也是由于他们的性情本来恬静，不易激动”。在其25年的执教生涯中，“从没遇过风潮”（朱有瓛，1983）。

礼仪规范对物质身体与精神身体产生的副作用不容忽视。福泽谕吉指出：“中国旧教，莫重于礼乐。礼也者，使人柔顺屈从者也；乐也者，所以调和民间勃郁不平之气，使之恭顺于民贼之下者也。”（夏晓红，1992）丁韪良发现，朝廷礼制的实质在于“使得臣仆们生出一种宗教式的恐惧心”，以达“摄人”目的，（朱有瓛，1983）即便远涉重洋的留美幼童与留欧学生也不能幸免“摄人”礼制的影响。他们必须在规定时间和地点学习礼仪规范，作为约束自我与忠诚权力的体现。在礼仪规范的约束下，求学士子唯礼是从，不敢越礼半步，将自己的身体紧紧束缚在“礼仪”之下，物质身体器官不能被充分利用，感性经验欠缺，精神身体由于缺乏感性经验支撑而陷于空虚。人的物质身体孱弱、精神身体萎靡，成为中国走向衰弱的根源。

如果说礼教以温和方式实现对身体的宰制，留辫子则是通过暴力实现身体宰制。为了使被征服者臣服自己的统治，清朝统治者规定民众一律留辫。1621年，努尔哈赤攻占辽宁沈阳后，强迫汉人剃发留辫。1644年，清军入关后颁布“剃发令”，谕令京城民众十日内、各省官民诏令到达十日内一律剃发结辫，违者“杀无赦”，出现“留发不留头，留头不留发”，甚至“一个不剃全家斩，一家不剃全村斩”的残酷做法。“肉体直接卷入某种政治领域，权力关系直接控制它，干预它，给它打上标记，训练它，折磨它，强迫它完成某些任务、表现某些仪式和发出某些信号。”（福柯，1999）这种做法违背了汉人“身体发肤，受之父母”的历史传统与思想感情，加之剃发留辫等同于投降，受到汉人的抵制，“扬州十日”“嘉定屠城”就是这种抵制的体现。借助血腥暴力形成的威慑，权力实现了对身体的宰制。

在权力的作用下，汉族人的脑袋被改造为满族人的头颅，剃发留辫由强制行为变为自觉行为。“这……是中国汉人被迫服从于当今大清王朝统治的一种标志。现如今，辫子已经成为中国男子外在装扮必不可少的一个特征了，它所受到的呵护简直可以说得上是无微不至。”（倪维思，2011）一位传教士说：“中国人如今骄傲于自己的辫子，胜于骄傲于自己的服饰。”（约翰·汤姆逊，2012）辫子除了让行动不方便之外，还要经常梳理，对于缺水的北方人，梳辫子是一种负担。曾就读于京师同文馆的齐如山说：平时大多数都是几个人用一盆水，这样的洗法，脸还能洗得干净吗？大多数都不洗脖子。从前有讥讽小孩洗脸的民歌，就是说的这个情形。歌曰：“一天到晚只贪玩，洗脸梳头不耐烦，脖比车轴还要黑，多年小辫擀成毡。”从前读书人或商人等都是五天梳一次辫子，十天剃一次头发。农人则不一定，小儿虽然三天两天梳一次，但小孩子的头部与其他物品摩擦的时候较多，更容易乱，往往辫子会拆不开。（齐如山，2005）辫子——这一属于个人装束的身体行为变成了政治问题，成为臣民的象征，也成为男性的标志。

二、缠足：社会习俗对女性身体的规训

缠足是汉族人的社会习俗。如果说剃发留辫是权力对男性身体宰制的一种体现，缠足则是畸形审美对女性身体规训的一种方式。清朝入主中原后，一度禁止缠足，然而，缠足非但没有被禁绝，反而蔓延于满族妇女。传统社会的女孩教育被限制在家庭内部。所谓教育，多数接受的是礼仪规范并养成勤俭节约的习惯，目的在于“让她们在严格而古板的礼教的约束下更好地尽妻子和女儿的本分”（约翰·汤姆逊，2012）。缠足成为家庭教育的重要形式。这种社会习俗一经形成，便被广泛接受，甚至成为性别的标识和身份的标志。

关于缠足的原因有多种解释。有人认为，男子为了阻止妇女在外面“游逛”而强迫妇女缠足；还有人认为，缠足与留长指甲的原因一样，是表明女人过着与体力劳作无关且优雅体面的生活。中国人特别推崇女人的小脚，久而久之，便成为一种习俗。（M.G. 马森，2006）无论如何，女子的爱美之心同男子的认可与推崇相结合，是缠足出现并得以普及的主要原因之一。流行

于四川达县的《缠足歌》颇能说明这一问题："昨见女孩年五六，两脚横缠兼直筑，如在囹圄加桎梏，立且倚门行且仆。问娘何心毋乃酷，忍教自己亲骨肉，未成人先成废物，只因媒妁再三渎，谓足不美美不足，恐娘受骂女受辱，男子心里太龌龊。一念不仁兴大狱，何日深闺解缚束，我为女儿同一哭。"（丁世良，赵放，1991）

缠足以小为美。所谓"三寸金莲"，是对脚部自然生理结构的人为扭曲。孩子的脚正处于生长发育期，缠足必须从孩提开始。"彼时乡间妇女竞以小足为美，予年甫六龄，予母即为缠裹双足。"一位缠足者曾这样记述自己的缠足经历："缠时先浴以温水。然后取长约三尺、宽二寸之脚布，用手将予右足大趾以下之四趾，慢慢向足心下压，缠绕一匝，由足根向前而经足面，再向足心绕过，如是三匝，将所余布端，以手指掖入足下脚布缝中。右足缠毕，如法再缠左足。"由于脚的正常生理结构被人为扭曲束缚，日间行动不便，晚间休息时也疼痛难忍："足趾被迫下弯，触地剧痛，极怕走路。夜间双足火热，胀痛至不可忍。"然而，缠足虽然令人痛苦不堪，却"宁死决不稍松予之脚布。"（姚灵犀，1998）经过不懈努力，"三寸金莲"的目的最终达成。

在"缠足才是女人"观念支配下，缠足已不是一种个人行为，而是清朝妇女的习尚。所谓"小脚一双，眼泪一缸"，缠足虽给妇女带来严重伤害与不便，却在"金莲""香钩"的恭维声中，缠足妇女获得了心理满足。"痛并快乐着"是对妇女缠足的贴切表达。"裹小脚，嫁秀才，白面馒头就肉菜；裹大脚，嫁瞎子，糟糠饽饽就辣子。"民间歌谣表达的内容，可谓社会习俗对女子缠足的认同与肯定。一位传教士说：在中国，女孩子缠足是非常普遍的一种习俗，"如若有谁主张天足，反对缠足，此人必定会被社会所鄙弃"（倪维思，2011）。

缠足不仅是性别的标识，还是身份的体现。有人撰写《香莲品藻》《贯月查》等文章，对各式小脚分出品级，以便参照仿效。举凡"小、瘦、尖、弯、香、次、正"的"金莲七字诀"，以及"瘦小香软尖，轻巧正贴弯，刚折削平温，稳玉敛匀干"的"廿美"，都是缠足的标准。（姚灵犀，1998）山西大同还出现“晾足会”，每年六月初六日，妇女们盛装来到闹市，坐上高凳，晾出小脚，供男子欣赏、品评。（胡香莲，2009）“三寸金莲”是优雅和有教养的标志，普通人家女孩的足一般是天足的一半。与读书一样，缠足还是富贵女子的象征。所谓“富贵女子必缠足何也？其母曰：吾闻圣人立女而使之不轻举也，是以裹其足，故所居不过闺阁之内，欲出则有帷车之载，是以无事于足也”（王申，1999）。

《女儿经》记载：“为什事，裹了足？不是好看如弓曲；恐她轻走出房门，千缠万裹来拘束。”缠足是对女性足部的有意识伤害，本质上是对女性身体的规训。如同福柯所言，这种规训不用武器，不用肉体的暴力或物质的禁制，只要“一个监督的凝视，每个人就会在这一凝视的重压下变得卑微，就会使他成为自己的监视者，因而看似自上而下的针对每个人的监视，其实是由每个人自身实施得以实现的”（福柯，2003）。英国传教士、著名医生德贞曾如此描述他治疗过的小脚：“三寸金莲，不管是从外观上还是从气味上，都与那种最圣洁、最美丽的花儿相去甚远。……在持续的绑扎下，脚背上的骨骼逐渐弯曲变形，直到脚掌与后跟贴到一起，大脚趾以外的其他脚趾几乎都消失无用了。这种人为的致残，使得她全身的重量都压在大脚趾和脚后跟上。”（约翰·汤姆逊，2012）缠足引发脚部的严重变形和伤害，直接影响女孩的身体健康和行动能力。

三、念背打的灌输式教育：传统教育对身体的束缚

为了实现长治久安，清代统治者继承了明代有利于维持统治秩序的措施，并使其变本加厉。早在1655年，顺治皇帝就指出：“帝王敷治，文教是先。臣子致君，经术为本。……今天下渐定，朕将兴文教，崇经术，以开太平。”“文教为先”“经术为本”成为清代教育的基本格调。在礼仪规范与“兴文教，崇经术”的要求下，人的身体被进一步规范。由于书本是知识的来源，直观经验因不被认为是知识因而是无用的，身体器官未能得到充分利用。加之，体育的缺失、游戏的禁止、体罚的盛行以及学校设施的落后与不

卫生，学生的身体状况进一步恶化。

首先，儒家典籍被视为知识的来源，教育围绕书本知识进行。从维护王权统治出发，清统治者对程朱理学高度重视，程朱理学家注释的“四书五经”是法定教科书，也是知识的来源。不仅如此，教育还被科举考试左右，教学服务于考试，学校中的考试为学子参加科举考试做准备。儒童入学考试，初以“四书”《孝经》命题，《孝经》题少，又以《性理》《太极图说》《通书》《西铭》《正蒙》命题。这种考试，“要求人们在儒家经典中寻章摘句，然后加以释义和说明。……结果，应考人得努力把各经典著作的全文以及官方注释都死记硬背下来。科举考试仅仅成了记诵之学与书写能力的考试，它要求的不是逻辑性很强和论点明晰的文章，而是堆砌着骈偶和典故华丽辞藻的文章”（费正清、刘广京，1985）。这种将书本作为知识来源的做法，被《纽约时报》视为中国教育最严重的问题：“把人的知识来源限定在这些古代经典大师们的身上，是大清国教育制度最大的弊端。”（郑曦原，2001）

其次，灌输与死记硬背的教育方法。由于知识源于书本，灌输和背诵成为教育中普遍使用的方法。1887年，毕业于耶鲁大学的“留美幼童”李恩富回忆自己童年教育情形时说：“我必须死记硬背所有的课程……现在是早上6点。所有男孩子正在用最高的嗓门，最大的肺活量在欢叫。”（李恩富，2006）“最大的肺活量在欢叫”就是背诵，这是中国学生最主要的学习方法。明恩溥发现，中国学童“唯一关心的就是背诵”，教师的职责就是强迫学生背书。明恩溥的结论是，“中国人的整个学习方案，从一开始就扼杀了小孩智能的发展”（明恩溥，2006）。倪维思也发现，学童们是靠大声诵读来学习经典的。他的结论是：“中国的教育体制虽然能使人的记忆潜力和储量发展到一种绝无仅有的程度，但它极大阻碍了思想的自由表达和创新能力。”（倪维思，2011）死记硬背的学习方法，除了训练视听器官服务于学生的记忆力之外，其他身体器官与能力难以得到应用和提高。严复曾控诉：“垂髫童子，且未知菽粟之分，其入学也，必先课以《学》《庸》《语》《孟》……讲之既不能通，诵之乃徒强记。如是数年之后，行将执简操觚，

学为经义，先生教之以擒挽之死法，弟子资之于剽窃以成文章。”（王栻，1986）

再次，盛行体罚。所谓“教不严，师之惰”，“严教”意味着严格要求，还意味着惩罚。“惩罚中最常用的工具是戒尺，它放在老师桌上最显眼的地方。如果哪个孩子学习不好，就会被强迫伸出手，挨几下打，通常都是疼得直叫。另一种惩罚方式是跪地，直到学生掌握了所学功课才能起来。”（麦高温，2006）明恩溥发现：“学生所犯的最臭名昭著的过错，莫过于总是不能在指定的时间内完成他的功课。由于这种错误，他总是要受到惩罚，经常是挨上几百板子。通常，坏学生或笨学生几乎每天都可能受惩罚，有时满身都是挨打的伤痕，这在某种程度上令人想起逃奴而不是读书人。”不仅如此，被教师体罚的学生回家后还会受到家长的体罚，“遭到辱骂的孩子又让母亲极为气恼，在气头上又被打一顿，这也十分常见。不难看出，因为孩子闯祸而责打孩子的母亲，会在特别恼怒时死命地打任何一个孩子”（明恩溥，2001）。惩罚身体成为教育中普遍存在的问题。

最后，简陋的教学场地与卫生状况进一步影响了学生的身体健康。传统教育机构如家塾、祠堂、书院、学馆等，有较好的教学条件。但是，底层民众子弟的学习场地极为简陋。麦高温这样描述他见到的乡村教育机构：学校的建筑物就是一间毫无美感、孤零零、不起眼的房子，地面凹凸不平、脏乱不堪，墙上除了厚厚的污物外没有地图、字画，房顶结满蜘蛛网，两扇窗户粗糙而笨拙，“肮脏的屋子里那黑乎乎的墙壁，凹凸不平的地面和污浊的空气”“这确实是一个条件很差、看上去令人失望的校舍。”混浊的空气、污秽的环境、可怕的气味，加上硬木凳椅，构成了底层民众子弟日常生活的一部分。他说：“若对英国孩子来说，在这种环境下读书不论是谁也会生病求医的。”这种情况并非个例，“这所学校如同一个样板，我们身处其间，同样可以了解其他学校的情况”（麦高温，2006）。由于缺乏必要的办学条件，维新变法时期，康有为一度奏请改淫祠为学堂。这种情况在清末兴学时依然存在，清学部于1910年奏请设立识字学塾时，依然将“租借祠庙”作为解决办学场地的措施。

单调的教育内容，灌输的教育方式，体罚的惩戒措施，辅之以低劣的办学条件，学生身体难以正常发育。“孩子们那一张张古板没有神采的小脸总是显得严肃而镇定，仿佛笑声、嬉戏与微笑对他们而言是一种犯罪，是他们不应该有的。”（麦高温，2006）由于缺少运动，孩子身体发育迟缓，精神状态却少年老成。李恩富说：“中国孩子的体育活动是很少的，很难说有什么能使肌肉发达，体态优雅，生动活泼的所谓运动。中国男孩长到16岁时就显得严肃、沉稳，一如美国的老祖父。”（李恩富，2006）出现这种情况，显然与教育内容和方式有关。服务于福建船政局的洋教习发现：船政学堂学生“下完课，他们只是各处走走发呆，或是做他们的功课，从来不运动，而且不懂得娱乐”。他们“不喜欢体力劳动，因为怕弄脏手指。操演时有一些人守在桅上，但是他们看来是不快乐的，是不称职的。”以至于有人怀疑“这些年轻绅士是否真正可以成为良好的水手”（中国史学会，1961）。列强来到中国之后，中国人不仅要应对来自西方人的精神身体挑战，还要应对西方人的物质身体挑战。

四、身体教育的展开：人的重新发现与身体的初步解放

在烦琐的礼仪文化、社会习俗与灌输教育共同宰制下，人的身体（包括物质身体与精神身体）被高度规训。“身体时而变成权力的客体，时而变成情感与伦常的载体，有时则变成意志与行动的主体。”（黄金麟，2005）社会政治、文化所规训的身体，反过来影响规训的政治和文化，结果使双方陷入恶性循环。打破这种循环的动力一方面来自内部的觉醒，一方面来自外力的推动。当然，两者共同指向的是人的自我意识觉醒和对人的重新认识：人是精神身体与物质身体的统一，人的精神身体不仅包含德性，还包含理性，即便德性也不再是束缚人的“三纲五常”，而是以自由、民主与权利为核心的新德性；对物质身体，不仅要保养，更要开发，以利于物质身体与精神身体的协调发展。

晚清时人对人的重新认识源自对东西方文化的比较。人之所以有差异，

是由身体——精神身体与物质身体——的不同造成的。精神身体主要体现为理性和德性。理性体现为知识、智力和理智，理性开发程度取决于学什么、如何学以及学到什么程度。左宗棠说："均是人也，聪明睿智相近者性，而所习不能无殊。"即人人都有以"聪明睿智"为核心的理性，所受习染则大不相同，因而出现差异。差异之处在于"中国之睿智远于虚，外国之聪明寄于实"，原因在于"中国以义理为本，艺事为末；外国以艺事为重，义理为轻"（陈元晖，2007），即中国人将"聪明睿智"运用于虚化之"义理"，西方人则将其运用于实在之"艺事"（随后被格致、科学取代），"艺事"表现为认识与改造世界的知识、技术、智力与理智。因此，在左宗棠看来，中国人弱于西方人，主要是中国人的理性弱，与列强竞争必须开发人的理性，这也是洋务运动以来教育的重心所在。维新运动时期，时人认识到中国人弱于西方人不仅是理性弱，更是德性弱。德性不再是以孝为核心的仁、义、礼、智，而是自由、民主、权利。他们说："惟天生民，各具赋界，得自由者乃为全受。……侵人自由者，斯为逆天理，贼人道。"（王栻，1986）"自由者，权利之表征也。凡人所以为人者有二大要件：一曰生命，二曰权利，二者缺一，时乃非人。"（梁启超，1999）他们将自由、平等、权利当作人之为人的德性。"开民智""新民德"成为革新精神身体的重要内容而受到重视，也成为对人的新认识。当然，物质身体同样不可忽视，"鼓民力"成为与"开民智""新民德"并列的内容。"身体的生命承载有心灵的存在，心灵存在于身体之中。"（普里莫兹克，2003）只有到这个时候，对身体的解放才真正开始。

晚清时期，国人身体的解放从精神身体开始，最终融合于精神身体与物质身体的统一。用自然科学知识开发以知识、智力、理智为核心的理性，用人文社会学科知识开发以自由、平等、权利为核心的德性，用体操开发以体能为核心的物质身体，实现精神身体与物质身体的共同解放，成为教育的基本诉求。维新运动时期，"鼓民力"以培植国民体力的思想得到广泛传播，开设体操课成为新式学堂的普遍做法。20世纪初，体育作为强种、保国的内容受到朝野上下的重视，体操成为各级各类学校的必修课程。如《癸卯学制》规定：初等小学堂的体操课要“使儿童身体活动，发育均齐，矫正其恶习，流动其气血，鼓舞其精神，兼养成其群居不乱、行立有礼之习；并当导以有益之游戏及运动，以舒展其心思”（陈元晖，2007）。高等小学堂以上开设兵式体操，运动会开始成为提倡学生体育锻炼、展示身体风采的形式被普遍采纳。上海南洋公学附属小学传出学堂乐歌《男儿第一志气高》，颇能反映当时体操课的情形：“男儿第一志气高，年纪不妨小，哥哥弟弟手相招，来做兵队操。兵官拿着指挥刀，小兵放枪炮。龙旗一面飘飘，铜鼓咚咚咚敲。一操再操日日操，操到身体好。将来打仗立功劳，男儿志气高。”风气如此，作为全国最高学府的京师大学堂也不例外：“那时候对于兵式体操，很感兴趣。虽然每人仍拖一条猪尾巴，不过短衣窄袖，自愿亦以为有‘纠纠武夫’气概，大可自豪。”（王世儒、闻笛，1998）

校舍选址与讲堂卫生也开始受到重视。《癸卯学制》对学堂选址、讲堂大小、采光与通风、卫生与安全、讲台与桌椅等做出详细规定，学生学习环境与卫生条件开始改观。如学堂选址之前，先要调查附近井泉、河湖是否适用；学堂所选之地，必须符合道德和卫生要求，周围不可有工厂，以防有毒之煤烟尘埃等，不可设在瘴气池沼附近，不可与茶馆、酒肆、戏院狭邪之地相邻；学堂周围以开阔为要，在不碍光线和风向的前提下，多栽无毒之树木花卉，树木以落叶树与常绿树交互栽种为宜。有损学生人格尊严的体罚开始受到严格限制，《癸卯学制》规定：“凡受教学童，须尽其循循善诱之法，不宜操切，以伤其身体，尤须晓以知耻之义。学童至十三岁以上，夏楚万不可用。有过只可罚以植立、禁假、禁出游、罚去体面诸事，亦足示儆。”（陈元晖，2007）在法定的学制系统中有此规定，表明物质身体成为教育关注的重要对象。

与此同时，受权力宰制与习俗规训的身体也开始发生变化。1895年，以孙中山为首的革命者剪掉了臣民象征的辫子。随后，剪辫子现象开始出现在留学生及接受新式教育的学子中。一些地方的学生还成立了剪发会，将断发作为与专制制度决裂以谋求身体解放的方式。1910年底，学生借资政院提议剪辫之际，哄传动议已获批准，引发断发风潮，波及十余省。在学生的一致行动中，清廷对辫子的管理由禁止、惩罚改为听之任之。同期，缠足被认为是摧残妇女身心健康、阻碍社会进步、影响中国国运的重大问题，受到士人讨伐。郑观应在《女教篇》中痛陈缠足之卑劣，“戕贼肢体，迫束筋骸，血肉淋漓，如膺大戮，如负重疾，如构沉灾。稚年罹剥肤之害，毕世婴刖足之罪”（郑观应，2002）。严复将缠足与鸦片并列为荼毒民众的两大恶习，“鸦片、缠足二事不早为之所，则变法者，皆空言而已”（王栻，1986）。梁启超在《论女学》中断言，“天下积弱之本，则必自妇女不学始”，而“缠足一日不变，则女学一日不立”，认为女子缠足之恶远超男子蓄辫。（梁启超，2002）随后，各地成立“不缠足会”，形成“不缠足运动”。1912年3月，孙中山以临时大总统的身份发布《孙大总统令内务部通饬劝禁缠足文》，要求禁止缠足，“违禁者，予其家属以相当之罚”（姚灵犀，1998）。缠足陋俗逐渐得以改观。

晚清兴学过程中，对待身体的态度与方式开始发生变化。“我们必须在一开始就坚持是人的身体”，“只要我有身体，我就有其他灵长类动物也有的被视为生物基础的诸多特点；从这个意义上说，我的身体是我施加控制的一种自然环境。就像环境中的其他现象一样，我可以触、摸、闻、看到我的身体，但是我必须有我的身体”。（布莱恩·特纳，2000）读经讲经虽然还是新式学堂课程内容，却只是一种，算术、地理、历史、格致、图画、手工等出现在学堂课程中，教育由纯粹的书本知识灌输开始向灌输与动手结合过渡，经验知识受到重视，学生的物质身体得到伸展。尤其是体操课的开设，成为身体解放的重要方式。但是，这种解放仅仅是开始而且有其限度。因为，人身体的解放程度与对人的理解程度相关。按照玛丽·道格拉斯的观点，社会（精神）身体一旦形成，便制约着人们对物理身体的理解。（恩特威斯特尔，2005）当人被理解为精神身体的存在时，物质身体就会被忽视，身心和谐发展就是一种奢望而非现实。需要注意的是，应试教育及灌输式教学引发的身体问题，广泛存在于今日中国教育之中。晚清时期的身体教育依然是今日中国教育必须面对的问题。

近代中国小学生身体形塑研究①

近代中国面临千年未有之变局，亡国灭种的危机迫使中国人去探寻救国道路，经过相当一段时间的艰难探索和比较分析，国人终于意识到，救国的途径有多条，但改造国民性是根本，而国民性改造的关键在身体。蔡锷《军国民篇》指出教育与国民身体改造的关系：

> 教育者，国家之基础，社会之精神也。人种之强弱，世界风潮之变迁流动，皆于是生焉。东西各强国，莫不以教育为斡旋全国国民之枢纽。教育机关之要津在学校，故儿童达期不入校者，罚其父兄。既入学也，其所践之课程，皆足发扬其雄武活泼之气，铸成其独立不羁之精神焉。（曾业英，1984）

蔡锷认为教育决定人种的强弱，只有推广军国民教育，使国民身体强壮才能救国。与此同时，严复、梁启超等一批有识之士面对国家危亡的严酷现实，指出要救国就必须改造国民性，要强国必须保种、强种。“强国保种”的口号一反传统的“修心养性”，唤醒了国人对自身身体的认知。可以说，自晚清到民初，国家、社会、学校、家庭对改造国民身体的紧迫性问题已有

① 本文作者为岭南师范学院教育科学学院魏珂，原文发表于《华东师范大学学报（教育科学版）》2016年第4期。

相对一致的认识。台湾学者黄金麟在《历史、身体、国家：近代中国的身体形成（1895—1937）》一书中明确提出，近代国人身体经历了国家化的过程，其间学校教育提供了一个制度化与常规化的场域，让学生的身体在一定的教育目标导向下和时空均受严格管制的环境中，经受了一系列模塑与调教。（黄金麟，2004）可见，学校成为形塑国民身体的重要场所。作为最基础的受教育者，小学生的身体形塑最先被重视起来。

教育参与者身体的转型是中国近代教育转型的重要方面。现有研究成果多关注近代的体育和卫生问题，忽视了身体的复杂性，缺乏对教育参与者身体的整体关照及教育多角度、多领域的深入探讨，尤其在身体转型的原因、内容和影响等方面缺乏细致、实践层面的研究，更少从受教育者角度去分析，导致很难全面把握中国近代教育转型的特点，也无法全面透彻了解教育活动中教育者和受教育者的“身体”及实现对其生命的关怀。各级各类教育中，小学教育是基础，研究中国近代小学生的身体教育问题有助于我们解决上述问题。本文拟从政府、社会、学校的身体形塑与学生自身形塑两条路径对中国近代小学生的身体塑造问题展开探讨。

一、近代中国小学生身体的外部形塑

形塑，主要是指近代中国在教育全面转型的过程中，出于强国保种的需求，按照一定的理想人格标准，塑造标准化身体形象的教育活动；形塑的前提是人的未完成性，形塑的主要对象是小学生。形塑强调环境塑造和自我形成并行发展，主要包括小学生卫生、体育、礼仪、秩序等方面行为习惯的养成。这是个系统工程，国家、社会、学校和学生个人都厕身其间，从内外两方面来规范小学生的身体。

（一）政府形塑：理念与政策双向控制

自清末颁行新学制、兴学堂起，中央颁布的学制和各部门的具体政策中便有关于学生身体形塑的内容，代表了国家层面对小学生身体的理想追求。

清末教育宗旨为“尊君、尊孔、尚武、尚公、尚实”，其中，“尚武”就是对学生身体形塑的规定。1904年颁布的《奏定小学堂章程》规定初等小学应“启其人生应有之知识，立其明伦理爱国家之根基，并调护儿童身体，令其发育”。可见，政府要求初等小学于传授知识外，应注重对学生身体的爱护。高等小学堂则“培养国民之善性，扩充国民之知识，强壮国民之气体。以童年皆知做人之正理，皆有谋生之计虑为成效”。在“调护身体”的基础上，章程强调学生还应“强壮”。基于上述目的，章程提出学校要注意空气、阳光、卫生等方面适合小学生身体发展要求。在课程方面，学校应设体操科，使学生身体发育健康均齐，流动气血，精神上“群居不乱，行立有礼”。修身科则重在平时约束，“以和平之规矩，不令过苦，指示古人之嘉言懿行，动其羡慕效法之念”，由此养成儿童德性，“使之不流于匪僻，不习于放纵”。教学方法上，重在循循善诱，而体罚“只可示威，不可轻施”（舒新城，1981）。这些规定是近代中国政府首次提出关注学生身体的要求，既体现了对学生的尊重，也是从国家层面对学生身体的解放。总之，“癸卯学制”旨在塑造文明有礼、身强体健的学生形象。

民国肇建，新的教育宗旨颁布，军国民教育备受推崇。民初颁行的教育法令和政策，强壮身体仍是政府的指导思想。1912年9月，政府颁布《小学校令》，其宗旨为“留心儿童身心之发育，培养国民道德之基础，并授以生活所必需之知识技能”。《小学校教则及课程表》强调，儿童身体重在发达健全，“凡所教授，必适合儿童身心发达之程度”。可见，民国时期对小学生身体的基本要求仍是健康体魄，强调传授知识与学生身心发展相适应。此外，初等小学校修身科重“恭敬”“清洁”诸德，同时“渐及于对社会国家之责任”，激发进取之志气，养成爱群爱国之精神。高小除前项扩充外，修身以“嘉言懿行及谚辞等指导儿童，使知诫勉，兼演习礼仪”，不同的是授以民国法制大意，使学生具有国家观念（舒新城，1981）。

此外，教育部为更好地规范和统一学生“身体”，1912年公布了《学校制服规程》，要求高小以上学校学生必须着制服。不仅如此，随着卫生和健康教育的大力宣传和践行，政府还注意到通过卫生课、健康教育等形塑和养护学生身体。民初小学理科课程涉及生理卫生，1923年《新学制课程标准纲要》明确小学单设卫生科，内容包括卫生习惯和人体器官、疾病预防等。国民政府时期遵循三民主义教育宗旨，按照“儿童身心发展的程序”开展教育，主张卫生教育和健康教育并重，加强对中小学生的训育（顾明远，1994）。1929年各省市成立了健康教育委员会，同年颁布《小学课程暂行标准》，卫生科增加了卫生出行等内容，并要求教师按时对学生进行卫生检查（吴履平，2001）。1936年教育部公布《修正小学规程》，强调传统道德与新时代的卫生健康观念结合，提出小学生不得施以体罚，校舍等设备须适合学生的身体及卫生，小学生所用桌椅，宜适合其身长比例，小学应力求充实卫生及运动之设备等要求。可见，随着中西方观念的不断交流、对受教育者的认识和关注不断加强等，民国政府除注重强调小学生身体强壮、身体形塑外，还注意到了从桌椅长度、卫生习惯、校舍建筑等细微处对其身体进行养护。

（二）社会形塑：媒体的舆论引导与观念传播

近代中国，批判传统教育、介绍西方教育、研究新教育最有影响力的当属《中华教育界》《教育杂志》等刊物。它们亦成为传播新的身体教育观念的排头兵。这些杂志刊载了大量小学生身体形象的图片和文章，以其强大的舆论宣传功能深刻地影响、左右着当时政府的教育思想及学生的教育观念，成为身体形塑的重要思想阵地。

1911年第15期《儿童教育画》呈现出当时的小学生形象：小学生周末早上6点起来锻炼，举哑铃15分钟，早饭后温课、看报纸，整个过程小学生都穿着制服。当时影响甚广、代表社会主流教育思想的《教育杂志》登载了凉州模范小学生哑铃操的照片（朱元善，1912）。此类宣传使小学生早起锻炼的形象受到社会认可，符合当时政府对学生身体健康的要求，因而成为塑造的典型。《中华教育界》1914年第19期《小学生徒坐立之姿势》细致地分析了小学生应该如何注意坐、站、写字三种姿势，具体易行。同时，小学生身穿制服的形象亦同样成为大众关注与形塑的内容。《模范之女学生》一文主张学生无论在学堂、在家庭都应衣着朴素，“不以新奇之装束为出色惊人者，星期休业，仍在家温习功课，不成群结队，徘徊于洋货铺绸缎店中者。化妆品如香水、香粉、香皂等概不购用，只求清洁不事修饰者。目不支金丝眼镜，颈不悬链索，力戒浮华，足为闺范者。不缠足而姿势端正，举止大方，无轻佻浮薄之状态者”（城东女学社，1911）。女学生要朴素整洁，举止大方，且不缠足。可见，在“强国保种”背景下兴起的妇女身体解放运动，亦影响到学校教育中的女学生，经报刊的宣传扩大，迅速成为塑造新国民形象的有效途径。

以上对于小学的形塑宣传案例，不胜枚举。这些舆论宣传行为，使政府的形塑主张得到广泛传播，成为塑造新国民形象的有效途径。

（三）学校形塑：规章制度的实操与规范

学校不单是教育学生心智的场所，也参与监控并形塑年轻人的身体。（希林，2010）学校形塑指学校贯彻实施政府的形塑方针政策时采取的具体措施。

清末新式学堂已开始对学生身体进行规训。1907年的《保定师范小学堂操行考察法》将操行分为勤学、私德、公德、服从、仪容五德。其中仪容主要考查学生有无以下不良行为：容止不正、面垢手污、衣服不洁、冠侧纽解等是否注意；成队时脱列、拥挤、交手、私语、低头、左右顾及行礼时乱列失仪，因而嬉笑等。（刘续曾，1908）前者着重考查卫生、服饰之整洁，后者则强调在集体列队时能否遵守纪律。

民初北京高等师范附小以严格的制度规范学生日常身体行为，该校规定，体质健全方有入学资格，学生每日必须穿制服整齐来校。作息应早起早睡；时常沐浴，夏季尤要清洁；早起及食后要清洁口齿；饮食宜有节制；宜禁烟酒有害之物等。（李桂林，1995）该校从服饰到作息制度，甚至是对口腔、身体清洁等影响身体健康的因素都一一详加规定，可谓细致入微。可见，对小学生的身体形塑亦是一定纪律要求下的身体规范化过程。

1925年浙江第十师范附小训练要目中，主要强调要培养学生端正姿势、清洁整顿、尚礼仪等9个方面的习惯。其中端正姿势之习惯包括4点：

1. 在坐：敛颚闭口，脊柱始终挺直，腰宜深藏，两足任势整齐，两手置于腿上。

2. 起立：腿宜伸直。

3. 步行：着地时趾踵并下。

4. 作业：写字时脊柱挺直，左腕放在桌面，读书时其视距离宜适当（约一尺二三寸），对话时宜直立垂手。（小学教育，1925）

可见，该校对小学生坐、立、行、学习时的姿势都有明确细致的要求，传统教育中学生“隐喻”的身体顿时鲜活起来，在国人眼中成为榜样。1928年南京市立马道街小学着手培育好学生，制定了具体标准十二级120条，学生六年级十二学期，每学期一级。低年级着重卫生和秩序，高年级注重礼仪和人格塑造。每一级由年级主任指导儿童实行，学期初将本级条文示于教室并向儿童解释。为了落实此项内容，学校采取教师与儿童公开考查制度，把十二级的标准印成表格，随时考查儿童的表现，结果用4种不同符号记在表格上，每个月由训育主任汇集并公布成绩，使学生明白个人的进度。（吴瑞芳，1928）可见，学校对小学生身体的形塑更加细致，不但具体到年级、学期，而且要求教师参与形塑全过程，实行随时抽查与阶段总结的考核制度，将学生的身体形塑内化为日常的行为。当时小学实行学生自治，设巡察团，对学生走路姿势等身体行为实施监督，可见学校对学生身体形塑已经完全走向规范化。（张九如，1933）

部分教师的日记也印证了当时学校对小学生身体形塑的努力。徽州小学教员黄卓甫在其1930年的日记中记载了学生从初入学到适应的过程。根据他的记载，由于学校侧重学生遵守纪律与行为习惯的培养，经过一段刻意引导后，学生行为大为改观。（黄卓甫，1930）刘百川1931年任江苏东海中学实验小学校长，在任期间，特别注意卫生问题，对学校进行整修，如教室的采光、黑板的高度、痰盂的制法等，并且制定了学校卫生设施办法，促使儿童养成好的卫生习惯。（刘百川，2011）

总之，近代小学生身体形塑过程中，政府制度发挥了重要的规范作用，在报刊的舆论宣传下，新的小学生形象深入人心，各地小学因地制宜，进行不同层面的实践，使身体形塑真正融入学生日常生活中。

二、近代中国小学生身体的自我形塑

小学生是教育活动的主体和被形塑的主要对象，其作为具有主观能动性的主体，在被政府、舆论和学校形塑的同时，也在自我塑造。究竟民国时期的小学生是如何看待政府、舆论及其学校的身体形塑的呢？其亲身记载的日记内容，有助于进一步分析小学生在外界规训下的自我形塑。下文重点结合具有代表性的民国小学生日记，考查当时小学生对身体形塑的认知及形塑体验。具体来说，在政府、舆论及其学校引导下，小学生形成了强身卫国、重视卫生等身体养护观念，对待体罚亦有个人的看法。

（一）强身健体，保家卫国

日记表明，小学生已普遍认识到体育锻炼与身体健康的关系。小学生吴立基认为，下雨便不能到操场上运动，“不能使血脉流通”，因而不喜欢下雨。（吴珮瑛，2012）群益女校凌小英描述了自己对体育运动的认知过程：上午上体操课，由于天气寒冷跑回教室；“下午，我想尝尝运动的滋味了，哪知一经运动，果然一点不冷了，等到回来的时候，呼呼的北风，只像和暖的春风一样。运动强身体，不错，人的健康术，就是运动”（凌小英，1935）。此外，小学生杭茂祥坚持每日打拳（承国新，1934），周建中坚持每天散步（吴贤岳，1933），此类事例日益成为日记中经常出现的内容。可见，小学生在体育锻炼中体验到快乐的同时，也逐步养成了健康的身体锻炼习惯。

与此同时，小学生将身体与国家命运和前途联系在一起。河北定兴简师附小三年级孙金声认为，中国不强盛的原因，一半是因为国民身体不健全。在看他来，当时国民个个面黄肌瘦，所以被外国人称为“东亚病夫”，而西人注重“健全的精神寓于健全的体魄”，挺着胸身，故个个身体强健。（董志渊，2011）小学生杨延壎认为运动可以救国，“锻炼身体全靠运动，如果将身体练好，长大就可以和外国人一拼了”（瞿世镇，1936）。

（二）重视卫生，远离疾病

许多小学生日记中记载了对卫生与疾病关系的认识。

首先，学生重视卫生习惯的养成。1931年8月18日，浙江奉化东区镇东区小学六年级学生周建中在日记中列举了自己在该学期的计划，共18条，其中12条与身体有关，分别为：养成爱美的习惯；工作不操劳过度；思想不思虑过度；早起早睡；饮食有节制；衣服寒暖合体；随时改正举动；运动、技艺各科努力求进；注意中暑；注意发现眼病；留心秋天的疟疾；防止冬天发生冻疮。可以看出他对自己的身体非常关注，12条计划中，涉及身体美学一点，体育锻炼两点，强调学习与身体关系的两点，其余都是疾病和卫生习惯的培养。（吴贤岳，1933）1934年8月27日，江苏宜兴周铁镇西桥小学学生杭茂祥的日记记载有每周换洗衣裤3次，洗鞋子2次，洗澡7次，扫地6次，擦桌子一次，早早起身打拳3次等。（承国新，杭茂祥，1934）不少小学生已经注意到卫生与健康的重要关系，认为洗浴有“清洁皮肤，促进抵抗力，增加营养，预防感冒的效力，卫生上是不可缺少的”（董坚志，2012）。小学生都认识到身体健康的重要性并积极维护。

很多小学生非常注重牙齿卫生。程日芬常唱一首卫生歌：“打起堂锣敲起鼓，请听卫生刷牙歌。早饭午饭晚饭后，日刷三次不为多。白齿洁似山中玉，红唇香如六月荷。免着蜡黄一板齿，被人厌恶心难好。”（吴佩瑛，2012）承国新认为平日不刷牙齿，牙齿便容易蛀，并且还会痛。（承国新，1934）

其次，注意预防疾病。民国时期，时疫流行，小学生对此也有着自己的看法。小学生周建中称镇里有很多人染病，见到同学王顺全面目苍白、周身冰冷的状况，他感觉时疫非常可怕，预防时疫“对于卫生方面，要格外地留意才好”（吴贤岳，1933）。小学生不仅自己注意保持清洁，还要求周围的人注意卫生。比如，吴珮瑛督促佣人常剪指甲，因为指甲长了会藏污纳垢。（吴佩瑛，2012）小学生杭茂祥常常劝诫他的同学们不要乱吃东西。（承国新，1933）可见，小学生已经意识到卫生习惯与身体健康密不可分，并且身体力行，努力自我形塑。

（三）正视体罚，自省诫勉

传统教育中体罚盛行。民国初年，政府三令五申禁止体罚，不少教育家亦呼吁提高儿童地位，禁用体罚，一线教师也认识到体罚容易伤害学生身体。但体罚仍时有发生，比如，1926年7月北平振华小学曾发生教师责打学生致伤的事件。（京师学务报，1926）

日记显示，对小学生来说，体罚带来的羞愧感要大于疼痛感。小学生淑民迟到5分钟，被老师打手板3次。打得他“手怪痛麻，心里又很害羞”，终于忍不住哭了。（淑民，1932）龚家麟因被打手板而感觉“难为情”。（龚家麟，1931）吴珮瑛对体罚的认知颇具代表性，因为常识课背不下来，她被先生打了三手板而心感惭愧。“先生和我们说了几次，叫我们预备，我至今还背不来，岂不惭愧吗？我们切不可说先生不该打，只可怪自己不用心。”（吴珮瑛，2012）在处理身体与成才的关系中，她感受到体罚赋予的羞辱感；同时认为如若每个人都能自觉，谁“都可以永久不消打手的”，将打手板视为教师督促学生成长的手段。为了成才，将免受体罚的前提归于自身努力，而非怪罪施罚者。可见，小学生虽然受传统观念的影响，但能积极反省，主动改造自我，客观上推动了形塑的进程。

正如法国学者梅洛-庞蒂所说，身体是一种实践模式。（梅洛-庞蒂，2001）身体既是我们实践的环境，也是实践的手段。（特纳，2000）日记体现了近代小学生身体形塑中的主动性，其身体认知与生活息息相关，是身体实践的一种。在经历了运动、锻炼、体罚的阵痛、疾病的苦痛等磨炼后，小学生逐步认识到身体的需要，进而积极追求“生命”的主旨。

三、近代中国小学生身体形塑的特点及效果

身体是教育的起点，也是教育的归宿。在“强国保种”的大背景下，国民身体承载着国家的希望，成为民族强大的隐喻。近代小学生身体塑造的过程具有如下特点：

第一，内塑转外塑，多重合力。与传统教育注重塑造个体学生内在的道德人格不同，近代教育更强调“野蛮其体魄”，强调学生外在自然形体的改造。近代以来，国家、社会都在强调形塑和身体养护的重要性；强调形塑和身体改造与社会改造、追求国家富强有着密切联系。身体承载着国家、社会、个人的理想，教育成为国家实施身体控制的一种形式和手段。从培养目标来说，从清末的“新民”，到民初的“国民”，再到后来的“公民”，近代小学生的形塑中，无一不贯穿国家对教育对象的身体形塑要求。从传统教育的内塑向现代教育的外塑转换，从没有统一国家意志的身体塑造到由国家主导形塑目标，国家、社会、学校共同作用目标的实施，这是近代形塑教育的基本特点。

第二，日益细致，日趋科学。德国学者埃利亚斯认为，在文明发展的进程中，政府对个人行为的控制越来越复杂、越来越稳定，它要求人们在组织中有正确的表现。（埃利亚斯，2009）近代中国被迫向西方文明转变，在小学生身体形塑的过程中，国家、社会、学校和学生厕身其间，人们从修身、训育、训练、卫生、体育等多个方面着手，最终层层落实到每个学生的身体。形塑的要求逐渐从模糊走向细致。随着社会的进步，现代卫生观念、体育课程等被引入，形塑的内容也不断丰富。科学形塑是近代形塑的重要特点。

第三，适塑同步，严禁体罚。法国学者奥尼尔指出，从生到死，人们做的许多事情都仅仅是为了维持工具性身体的存在；人需要食物、饮料、清洁的空气、休息、住房、衣服以及一定标准的社会健康和安全，从而延续自身的生命。（奥尼尔，2010）适塑即办学条件要适合身体的发展，将学生形塑建立在安全舒适的基础上，逐步追求适身与塑身的和谐统一。纵观晚清、民

国政府颁布的教育政策法令，“宜于卫生”“安全”“方便”“适合”等字眼随处可见。随着医学卫生事业的进步，影响身体发展的各种积极因素被加进来，如强调桌椅等设备与学生身体发展相适应等。同时，禁止体罚是对学生身体权的尊重，也迈出了学生身体解放的重要一步。

第四，全民参与，辐射广泛。学生身体的变化不仅影响了自身的健康与卫生，而且辐射到家庭与社会，有利于推动国人良好卫生习惯的形成。1914年《市政通告》提出学生宜作路上行人之模范。（论说，1914）《一个乡村小学教师的日记》描述了小学生种痘以后，家长要求学校为其弟妹种痘，学校前后为25人成功接种牛痘苗的过程。（俞子夷，1930）前述吴佩瑛和杭茂祥对亲友的要求也说明了这一点。可见，小学生作为各级教育中人数最多的群体，不仅被形塑，也在将自身的经历和形象积极推广，其影响远远超越其自身范围，成为提高国人身体素质的重要途径。

学生身体涉及方方面面，每个个体又千差万别，因而塑造过程也复杂多变。形塑的效果很难有统一的评价标准，总的来说，当时社会各界对形塑效果大多持肯定态度。前述北京高师附小的形塑成效，得到专家的一致认可。1914年，学者庄俞参观该校，课堂上“学生一律以手执书，使竖于案上，各自观览，学生无从有偷惰嬉戏之事”。休息时活泼，下课、上课一律排队。庄氏从该校的教学管理、课堂姿势方面描述了学校对学生身体形塑的要求与内容：以达到“教室安静肃穆，学生拿放学具迅速稳静，案上整洁，姿势宜佳”的培养目标。同年，教育家顾树森参观该校，对该校学生的生活纪律给予肯定，认为学生吃饭或处理食器，井然有序，食时仪容颇佳；路遇教师需敬礼。10月13日，教育家黄炎培参观学校，认为学生勤劳活泼，师生都着校服，整齐大方。（李桂林，1995）该校教学与生活管理中学生的有序、安静、整洁，反映了小学生身体形塑的成效。小学生的日记则直观地呈现了他们身体塑造和身体观念的变化。可以说，小学生的身体形塑顺应和推动了国民对身体的科学认知。

总之，受教育者的身体变化是研究近代教育的重要方面，它使身体由“隐喻”走向“公众”。学生身体的变化，从一个重要侧面体现着中国教育现代化的进程。近代小学生身体的形塑，遵循自上而下与自下而上双重路线，前者是国家层面的塑造，后者是小学生的自我形塑。人的身体最容易用来反映一个社会系统的意向。小学生身体是一种兼具生物性与社会性的未完成实体，在被社会充分接受之前，需要经过漫长的教育过程。（希林，2010）身体的未完成性是教育存在的前提，改造身体进而关怀身体、关怀生命是教育的最终目的和根本追求。研究近代小学生的身体变化，可以更全面地了解近代教育和社会的转型，更好地切入对小学生的身体和生命关怀，并为当前小学生的身体生成提供一定借鉴。